조종이 울린다

HOW WILL CAPITALISM END?

자본주의라는 난파선에 관하여

조종이
弔鐘
울린다

볼프강 슈트렉 WOLFGANG STREECK 지음

유강은 옮김

여문책

일러두기

— 이 책은 볼프강 슈트렉의 *How Will Capitalism End?*(Verso, 2016)를 우리말로 옮긴
것이다.

— 독자의 이해를 돕기 위해 인명, 단체명, 정기간행물 등 익숙하지 않은 것은 처음 나
올 때 한 번만 원어를 병기했다. 주요 개념이나 한글만으로는 뜻을 짐작하기 어려운
용어의 경우에도 한자나 원어를 병기했다.

— 단행본은 국역본을 밝혀두었다. 다만 마르크스의 『자본』 등 국역본이 여러 개 있는
유명한 저서는 따로 밝히지 않았다.

— 지은이는 'system'과 'regime'을 엄격하게 구분해서 쓰는데, 'system'은 부분들이 유
기적으로 결합해서 전체를 이루는 현상을, 'regime'은 제도와 역관계에 따라 전체를
이루는 현상을 가리킨다. 이에 따라 'system'과 'regime'은 각각 '체계/시스템'과 '체
제'로 옮겼다. 'people'은 일관되게 '인민'으로, 'voluntarism'은 맥락에 따라 '주의주
의主意主義'와 '자발주의'로 옮겼다.

— 저자 주는 본문 하단의 각주로, 옮긴이 주는 본문 안 [ ]의 설명으로 구분했다.

차례

그림 목록

본문에 관한 주석

서론을 제외하고 이 책에 실린 각 장은 모두 이전에 발표되었던 글이다.[1]
열한 개 장 중 다섯 장이 『뉴레프트리뷰*New Left Review*』에, 한 장은 내가
20년 가까이 소장으로 일한 연구소의 토론문으로 발표되었으며, 나머지

---

1 1장은 2014년 1월 23일 영국학술원 영국-독일재단 강연Anglo-German Foundation Lecture
에서 언급한 내용을 토대로 했다. *New Left Review*, vol. 87, May/June 2014, 35~64쪽.
2장은 2011년 피렌체 유럽대학연구소European University Institute에서 행한 막스 베버 기
념 강연Max Weber Lecture에서 처음 발표되었다. 연구조교 다니엘 메르텐스Daniel Mertens
에게 감사한다. *New Left Review*, vol. 71, September/October 2011, 5~29쪽. 3장은
New Left Review , vol. 76, July/August 2012, 27~47쪽에 처음 발표되었다. 4장은 MPIfG
Discussion Paper 15/1, Cologne: Max-Planck-Institut für Gesellschaftsforschung,
2015에 처음 발표되었다. 5장은 *New Left Review*, vol. 73, January/February 2012,
63~71쪽에 처음 발표되었다. 6장은 *European Law Journal* 21(3), 2015, 361~370쪽에
처음 발표되었다. 7장은 2015년 4월 21일 베를린 사회연구학문센터Wissenschaftszentrum
Berlin 사회과학 특별강연Distinguished Lecture in Social Sciences을 바탕으로 했다. *New Left
Review*, vol. 95, September/October 2015, 5~26쪽. 8장은 *Zeitschrift für Vergleichende
Politikwissenschaft* 9, 2015, H. 1-2, 49~60쪽에 처음 발표되었다. 9장은 2011년 9월 7~
10일 제네바에서 열린 유럽사회학회European Sociological Association 10차 총회 '소란스러
운 시대의 사회적 관계Social Relations in Turbulent Times' 중 '현대 자본주의 연구Studying
Contemporary Capitalism' 본회의에서 처음 발표되었다. *European Journal of Sociology*
53(1), 2012, 1~28쪽. 10장은 Julian Go (ed.) *Political Power and Social Theory*, Vol. 23,
Bingley: Emerald Group Publishing Limited, 2012, 311~321쪽에 처음 발표되었다. 11장
은 2011년 9월 16~17일에 사회과학연구회의SSRC와 베를린 사회연구학문센터가 주최한 학
술회의 '사회과학과 인문학의 공적 사명: 변화와 혁신The Public Mission of the Social Sciences
and Humanities: Transformation and Renewal'에서 처음 발표되었다.

는 다양한 단행본과 저널에 실렸다. 이 글들은 2011년(피렌체 유럽대학연구소의 막스 베버 기념 강연을 바탕으로 쓴 2장)에서 2015년(4, 6, 7, 8장) 사이에 처음 발표되었다. 두 개는 원래 독일어로 쓰고 번역된 것이며, 나머지는 내가 영어로 쓴 것이다. 탁월하고 유능한 편집자들이 도와주었음에도 여러 곳에서 이 점이 여전히 눈에 띈다는 사실을 뼈저리게 알고 있다.

이 책에 실린 장들은 2008년 금융위기가 사회과학과 사회학 이론, 특히 정치적 거시사회학에 대해 갖는 함의와 정치경제와의 관계를 이해하려는 나의 지속적인 노력에서 나온 것이라는 점에서 공통점이 있다. 이런 이유 때문에 몇몇 주제는 계속 되풀이되며 이따금 장들이 서로 중첩되기도 한다. 그런 중첩을 없앤다면 각 장의 통일성이 무너지고 결국 여러 장을 하나의 체계적인 논문으로 통합해야 할 것이다. 이렇게 하면 이책이 추구하는 목적—공통된 주제의 상이한 측면들에 관한 분산된 글들을 보기 쉽게 한데 모아놓는다는 취지—이 바뀔 뿐만 아니라 현재 나의 이론적 역량이나 여유시간으로 보아 그런 시도는 무리일 것이다.

이 책의 주요한 주제는 현대-자본주의 글로벌 체계의 중심부에 존재하는 자본주의와 자본주의 사회의 지속적인 위기다. 이 책의 취지는 그 체계의 내적인 모순이 펼쳐지는 결과로, 계승하는 체제가 눈에 보이지 않는 가운데서도, 멀지 않은 미래에 그 체계가 어떻게 종언을 고할 것인지에 관한 좀더 구체적인 사고를 고무하는 것이다. 서론은 이 책의 주제를 드러내는 1장을 자세히 설명하고 보완하는 글로 읽을 수 있다. 2장은 앞의 두 글의 배경을 제공하며, 3장은 현재 태동하는 이른바 신자유주의적 '사회 라이트society lite'가 언뜻 안정성을 나타내게 해주는 원천 몇 가지를 다룬다. 4장부터 8장까지는 다양한 방식으로 자본주의와 민주주의의 변화하는 관계를 다룬다. 글로벌 자본주의와 유럽 민족국가들 사이의 중간적 위치를 차지하는 유럽연합 여러 기구의 진화가 한 예다. 마지막으로 9, 10, 11장은 오늘날의 사회학이 현대 사회의 동학과 계속 진행 중인 결정적인 구조변화를 설명할 수 있는 능력을 회복하기 위해 해야 한다고 생각하는 숙제로 관심을 돌린다.

2016년 4월 6일, 쾰른에서

볼프강 슈트렉

자본주의: 죽음과 내세

자본주의는 언제나 갈등과 모순으로 가득 차 있기 때문에 영원히 불안정하고 유동적이며, 역사적으로 우연히 나타나고 불확실하게 지지할 뿐만 아니라 제약하기도 하는 여러 사건과 제도들에 크게 좌우되는, 있을 법하지 않은 사회 형성체social formation였다. 자본주의 사회는 애덤 스미스[1]와 계몽주의의 의미에서 '진보적인' 사회, 즉 자신의 '진보'를 생산적 자본의 지속적이고 무제한적인 생산과 축적에 연결하는 사회라고 간략하게 묘사할 수 있다. 이런 생산과 축적은 시장의 보이지 않는 손과 국가의 보이는 손에 의해 물질적 탐욕의 사적인 악덕이 공공의 이익으로 전환됨으로써 이루어진다.[2] 자본주의는 자본주의 사회를 최초의 산업사회로 만들어준 현대 과학기술과 힘을 합침으로써, 그리고 헤게모니적인 항

---

1 Adam Smith, *An Inquiry into the Nature and Causes of the Wealth of Nations*, New York: Oxford University Press, 1993[1776].

2 Bernard de Mandeville, *The Fable of The Bees: or, Private Vices, Publick Benefits*, Indianapolis, IN: Liberty Fund, 1988[1714][버나드 맨더빌 지음, 최윤재 옮김, 『꿀벌의 우화』, 문예출판사, 2010].

공모함 국가와 그것의 국내적·국제적 시장개방 정책에 이어지는, 다툼의 여지가 있다는 의미에서 자유롭고 위험한 시장들의 끝없는 확장을 통해 유한한 세계에서 상품화된 물질적 부의 무한한 성장을 약속한다.[3] 산

---

3 자본주의의 정의는 대단히 많으며, 선별된 특징들의 조합이 각기 다르다는 의미에서 복잡한 동시에 절충적이다. 여기서 이 정의들을 자세히 탐구할 필요는 없다. 각기 다른 정의들은 저자의 개인적인 편견이나 이데올로기에 따라 자본주의 형상의 상이한 요소들을 강조한다. 또한 이 짐승의 진화에서 각기 다른 단계를 반영함으로써 그것의 역사적 역동성을 보여준다. 예를 들어 다음의 정의들을 보라. 좀바르트: "자본주의는 '자본'의 지배를 커다란 특징으로 하는 경제체계를 가리킨다. (……) 이 경제체계는 물질적 욕구를 채워주는 단일한 양식으로서 유한한 정신에 의해 움직이고, 유한한 계획에 따라 조절되고 조직되며, 유한한 기술 지식을 이용한다."(Werner Sombart, 'Capitalism'. In: Johnson, Alvin and Edwin Seligman, eds, *Encyclopedia of the Social Sciences*, Vol. 3, New York: Macmillan, 1930, 196쪽); 베버: "욕구의 종류와 무관하게 한 인간 집단의 욕구를 산업이 채워줄 때 그것이 기업의 방식에 의해 실행된다면 언제나 자본주의가 존재한다. 좀더 구체적으로 말하자면, 합리적인 자본주의 체제establishment는 자본 계정을 가진 체제, 즉 현대적인 회계와 대차대조 기법에 따라 계산을 함으로써 수입 창출 능력을 결정하는 체제다."(Max Weber, *General Economic History*, New Brunswick, NJ: Transaction Publishers, 2003[1927], 275쪽); 슘페터: "자본주의는 논리적으로 필연적이지는 않지만 일반적으로 신용 창출을 함축하는 차입 자금에 의해 혁신이 이루어지는 사유재산 경제형태다."(Joseph A. Schumpeter, *Business Cycles*, Vol. 1, Philadelphia, PA: Porcupine Press, 1982[1939], 223쪽); 케인스: "자본주의의 본질적인 특징은 [내가 보기에] 경제기구의 주된 원동력으로서 개인들의 돈벌이 본능과 돈 사랑 본능에 대한 강렬한 호소에 의존한다는 것이다."(John Maynard Keynes, *The End of Laissez-Faire: The Collected Writings of John Maynard Keynes*, Vol. 9, London: Macmillan Press Ltd, 1972[1931], 293쪽). 치아펠로는 통찰력 있는 논문에서 마르크스에 관해 이렇게 주장한다. "마르크스가 묘사하는 자본주의 체계는 좀바르트나 베버가 적어도 비판적인 정의를 내릴 때는 그들이 말하는 자본주의와 어느 정도 동일하지만" 마르크스는 그 개념을 전혀 쓰지 않는다는 것이다. "역사의 아이러니는 마르크스가 …… 좀바르트나 베버와 달리 회계를 전혀 또는 거의 언급하지 않는다는 것이다. 그러나 확실히 마르크스는 그를 따르게 되는 두 독일 사회학자들보다 당대의 회계 관행에 관해 더 많이" 알았다(Eve Chiapello, 'Accounting and the Birth of the Notion of Capitalism', *Critical Perspectives on Accounting*, vol. 18, no. 3, 263~296쪽. 뒤의 인용은 293쪽. Ivan Tibor Berend, 'Capitalism'. In: Smelser, Neil and Paul Baltes, eds, *International Encyclopedia of the Social and Behavioral Sciences*, Vol. 3. Amsterdam: Elsevier, 2001, 1454~1459쪽; Jürgen Kocka, *Geschichte des Kapitalismus*, München: Verlag C. H. Beck, 2013) 등도 보라. 한편 좀바르트는 "사실상 이 **현상**을 발견한" 마르크스가 "필요에 따라 자본주의의 일부 측면들만을 정의했다"고 주장했다(Sombart, 'Capitalism', 195쪽).

업사회의 한 형태로서 자본주의 사회의 독특한 특징은, 그 집단적 생산 자본이 사유재산권의 형태로 자본을 그냥 놀리거나 해외로 이전하는 등 마음대로 처분할 수 있는 법적 특권을 누리는 소수의 수중에 축적된다는 사실이다. 이런 사실에 담긴 한 가지 함의는 자본주의 사회 구성원의 절대 다수가 생계를 유지하는 데 필요한 도구를 가진 사적 소유자에게서 이런저런 중개를 거쳐 지시를 받으면서, 그리고 자본 증가율을 극대화하려는 소유자의 욕망에 맞춰 그가 정한 조건에 따라 일해야 한다는 것이다. 비소유자들에게 그렇게 일할, 다시 말해 소유자의 이익을 위해 근면하고 힘들게 일할 동기를 부여하려면 교묘한 장치—절대 확실히 기능하지 않는 온갖 다양한 종류의 당근과 채찍—가 필요하다. 자본주의가 진보함에 따라 이 장치들은 계속 낡은 것이 되기 때문에 지속적으로 재발명되어야 한다.

자본주의 정치경제 형상 안에 존재하는 긴장과 모순은 항상 존재하는 구조적 붕괴와 사회적 위기의 가능성에 기여한다. 현대 자본주의하의 경제적·사회적 안정은 경쟁과 확대에 의해 생산되는 체계적인 동요 systemic restlessness[4] 위에서 확보되어야 하는데, 이것은 끊임없이 불확실한 결과를 낳는 어려운 균형 잡기 행동이다. 자본주의의 성공은 무엇보다도 새로운 기술 패러다임의 시기적절한 등장이나 지속적인 경제성장의 변화하는 요구를 보완하는 사회적 욕구와 가치의 발전을 조건으로 한다. 예를 들어 자본주의 사회는 구성원의 절대 다수에 대해 경제적 또는

---

4 William H. Sewell Jr., 'The Temporalities of Capitalism', *Socio-Economic Review*, vol. 6, 2008.

기술적 구조조정 때문에 생산과정에서 잘릴지 모른다는 끊임없는 공포를, 자본주의 경제에 의해 생겨나는 부와 권력의 매우 불평등한 분배에 대한 수용과 사회질서로서 자본주의의 정당성에 대한 믿음으로 뒤바꿔야 한다. 이를 위해서는 매우 복잡하고 불가피하게 허약한 제도적·이데올로기적 대책이 필요하다. **불안정한 노동자**─고분고분한 노동자로 만들기 위해 계속 불안정해야 한다─를 노동시장과 고용의 근본적인 불확실성 앞에서도 소비주의 사회의 의무를 기꺼이 이행하는 **확신에 찬 소비자**로 뒤바꾸는 것도 마찬가지다.[5]

자본주의 경제 위에 세워지고 그 경제에 의해 역동적으로 형성된 현대 사회에 고유한 불안정성에 비춰볼 때, 1800년대 초 독일[6]과 1800년대 중반 영국[7]에서 처음 자본주의라는 개념이 쓰인 시절부터 자본주의 이론은 언제나 또한 위기 이론이었다는 사실은 별로 놀랄 일이 아니다. 비단 마르크스와 엥겔스만이 아니라 리카도, 밀, 좀바르트, 케인스, 힐퍼딩, 폴라니, 슘페터 등의 경우도 마찬가지다. 그들은 모두 이런저런 식으로 자기 생전에 자본주의의 종말을 볼 것으로 예상했다.[8] 어떤 종류의 위기가 자본주의를 끝장낼 것으로 기대되는지는 시기와 저자들의 이론적 선행

---

5 Colin Crouch, 'Beyond the Flexibility/Security Trade-Off: Reconciling Confident Consumers with Insecure Workers', *British Journal of Industrial Relations*, vol. 50, no. 1, 2012, 1~22쪽.

6 Ingomar Bog, 'Kapitalismus'. In: Albers, Willi et al., eds, *Handwörterbuch der Wirtschaftswissenschaft(HdWW)*, Stuttgart: Gustav Fischer, 1988, 418~432쪽.

7 R. M. Hartwell and Stanley L. Engerman, 'Capitalism'. In: Mokyr, Joel, ed., *The Oxford Encyclopedia of Economic History*, Vol. 1, New York: Oxford University Press, 2003, 319~325쪽.

연구에 따라 달랐다. 과잉생산이나 과소소비, 또는 이윤율의 경향적 저하(마르크스)에 의한 구조주의적 종말 이론들이 욕구와 시장의 포화(케인스), 삶과 사회의 상품화 진전에 대한 고조되는 저항(폴라니), 축자적인 동시에 비유적인 의미에서 식민화에 필요한 새로운 땅과 새로운 노동력의 고갈(룩셈부르크), 기술 스태그네이션(콘드라티예프), 자유시장을 중단시키는 독점 대기업의 금융-정치조직(힐퍼딩), 전 세계적인 지식인의 배반 trahison des clercs에 의해 조성되는, 기업가 정신에 대한 관료적 억압(베버, 슘페터, 하이에크) 등의 예측과 공존했다.[9]

이 이론들 중 어느 것도 생각한 것처럼 실현되지 않았지만, 그 대부분이 완전히 틀린 것은 아니었다. 실제로 현대 자본주의의 역사는 자본주

---

8 이런 사실은 자본주의 이론가들이 일반적으로 제시하는 자본주의 역사의 시기 구분에 반영된다. 그리하여 좀바르트는 '초기'(상업)자본주의, '고도'(산업)자본주의, '후기' 자본주의를 구분하는데, 후기는 1920년대와 1930년대를 가리킨다. 힐퍼딩의 경우에 그가 생전에 관찰한, 자유자본주의에서 조직자본주의로, 산업자본주의에서 금융자본주의로의 이행은 자본주의에서 다른 체제로 넘어가는 이행이었다. 마르크스와 엥겔스는, 바로 뒤에 등장한 로자 룩셈부르크와 마찬가지로, 자신들이 아직 살아 있는 동안에 사회주의 혁명이 일어나리라고 기대했다. 폴라니는 제2차 세계대전의 종식과 동시에 자본주의의 종말을 보았다고 믿었다. '프랑크푸르트 학파'는 1970년대에 '후기 자본주의Spätkapitalismus'를 발견했다. 이는 1945년 이후에 자유자본주의나 자유시장 자본주의의 자리를 차지한 것이었다. 슘페터는 이미 1918년에 "자본주의가 자기 일을 끝내고, 넉넉한 자본을 갖추고 기업가적 두뇌집단에 의해 철저하게 합리화된 경제가 존재하는" 시대가 올 것으로 확신했다. "그때가 되어서야 사회주의의 부수물인, 단순한 경제발전의 불가피한 속도 저하를 조용히 예상할 수 있다. 사회주의란 경제로부터 삶의 해방, 경제로부터의 소외를 뜻하기 때문이다. 이 시간은 아직 오지 않았다. (……) 그러나 그 시간은 올 것이다. 머지않아 사기업은 경제발전과 그에 따른 사회적 공감 영역의 확장을 통해 사회적 의미를 잃게 될 것이다. 이런 변화의 징후는 이미 우리 곁에 존재한다."(Joseph A. Schumpeter, 'The Crisis of the Tax State'. In: Swedberg, Richard, ed., *The Economics and Sociology of Capitalism*, Princeton, NJ: Princeton University Press, 1991 [1918], 131쪽)

9 '자본주의의 종언'에 관한 과거의 여러 예측을 다소 편향적이지만 훌륭하게 요약한 글로는 Hartwell and Engerman, 'Capitalism'을 보라.

의의 경제적·사회적 제도가 밑바닥에서부터 변형되는 대가를 치르고서야 살아남은 위기의 연속으로 서술할 수 있으며, 이 위기들은 예측할 수 없고 종종 의도치 않은 방식으로 자본주의를 파산에서 구해주었다. 이렇게 보면, 자본주의 질서가 여전히 존재한다는 사실은 그토록 자주 이 질서가 붕괴 직전으로 내몰리고 계속해서 변화해야 했다는 사실만큼 인상적으로 보이지 않는다. 자본주의 질서는 종종 내부에서 동원할 수 없는 지지를 우연히 외부로부터 받으면서 겨우 살아남았을 뿐이다. 지금까지 자본주의는 임박한 죽음에 관한 온갖 예측을 뛰어넘어 생존할 수 있었지만, 그렇다고 해서 영원히 살아남지는 못할 것이다. 지금 당장 귀납적 증명을 할 수는 없고, 다음번에는 자본주의를 구하기 위해 필요한 그 어떤 기사자본주의cavalry capitalism도 등장하지 않을 가능성을 완전히 배제하지는 못한다.

현대 자본주의의 역사를 간략하게 요약하는 것은 이 점을 보여주는 데 유용하다.[10] 19세기의 자유자본주의는 혁명적인 노동운동에 맞닥뜨렸고, 민주적 권력 공유와 사회개혁을 비롯해 억압과 선별적 흡수co-optation를 복잡하게 결합해서 정치적으로 길들일 필요가 있었다. 20세기 초, 자본주의는 국제적 전쟁에서 국익에 기여하도록 징발되었으며, 그에 따라 새로운 전쟁경제의 계획체제 아래서 공익사업체로 전환되었다. 사유재산

---

10 자본주의가 언제 세상에 등장했는지에 관한 끝없는 토론에 뛰어들 필요는 없다. 가장 유력한 주장은 1600년대지만, **현대** 자본주의 또는 **하나의** 사회체계나 **사회**로서의 자본주의는 초기 산업화 시대, 그러니까 18세기 말에 과학기술과 결합하면서 시작되었을 것이다. 특히 Kocka, *Geschichte des Kapitalismus*를 보라.

과 시장의 보이지 않는 손은 각국이 국제적 교전에서 승리하기 위해 필요한 집단적 역량을 제공하기에는 불충분해 보였기 때문이다. 제1차 세계대전 이후 자유자본주의 경제의 복구는 생존 가능한 사회질서를 창출하는 데 실패했으며, 공산주의나 파시즘에 산업세계의 대부분을 내주어야 했다. 한편 후에 '서구'를 형성하게 되는 핵심 국가들에서는 대공황의 여파로 자유자본주의가 점차 케인스주의적인 국가관리 자본주의로 계승되었다. 여기에서 전후 30년의 민주적인 복지국가 자본주의가 성장했다. 지금 와서 보면, 이때가 민주주의를 통해 달성된 경제성장과 사회적·정치적 안정이 자본주의 아래서 공존한 유일한 시기였다. 적어도 자본주의가 '선진' 자본주의라는 별명을 얻게 된 경제협력개발기구OECD 국가들에서는 말이다. 하지만 1970년대에 뒤늦게 사회민주적 자본주의의 '전후의 타협'이라고 불리게 된 체계가 해체되기 시작했다. 처음에는 점진적이어서 알아차리기 힘들었지만, 점차 연속적이고 어느 때보다도 심각한 위기들이 잊을 만하면 재발했다. 자본주의 경제의 위기일 뿐만 아니라 그것을 한 층으로 내장embed하고 있는, 즉 그것을 지탱하는 동시에 포함하는 사회적·정치적 제도들의 위기이기도 했다. 당시는 1920년대에 베르너 좀바르트가 인상적으로 묘사한 '후기 자본주의'가 신자유주의에 길을 내주는, 심화하는 위기와 심대한 변형의 시기였다.[11]

돌아온 위기 이론

2008년 금융위기의 분수령을 넘은 오늘날, 자본주의와 자본주의 사회의 전망에 관한 비판적인, 아니 위기 이론적인 고찰이 다시 유행이다. 이매뉴얼 월러스틴, 랜덜 콜린스, 마이클 맨, 게오르기 데를루기얀, 크레이

그 캘훈 등 다섯 명의 탁월한 사회과학자들이 2013년에 출간한 책의 제목은 『자본주의는 미래가 있는가?*Does Capitalism Have a Future?*』다. 공동 집필한 서론과 결론을 제외하면, 저자들은 각 장에서 자신의 견해를 소개하는데, 각자 견해가 크게 다르기 때문에 이 방법밖에는 없었을 것이다. 그러나 다섯 명 모두 서론에서 말하는 것처럼 같은 확신을 갖고 있다. "무언가 거대한 것이 지평선 위에 나타나고 있다. 최근 일어난 대불황 Great Recession보다 훨씬 더 큰 구조적 위기가. 훗날 돌아보면 이 대불황은 더 심대한 고난과 변화 시기의 서론에 불과할 것이다."[12] 하지만 무엇이 이 위기를 야기하고 있으며 위기가 어떻게 끝날지에 관해서는 상당한 견해차가 존재한다. 이 정도의 저자들을 감안할 때, 이런 견해차는 자본

---

11 비록 점진적으로 진행되어서 오랫동안 감지되지 않았지만 이런 급격한 변화가 어느 정도 규모로 일어났는지를 알려면, '후기 자본주의'하의 '경제적 삶의 형태'에 관한 좀바르트의 모델을 보라. "고도 자본주의 시기에 특징적인 외적 제약으로부터의 자유는 후기 자본주의 시기에 체계 전체가 자유롭기보다는 규제될 때까지 여러 제한이 증가하는 변화로 대체된다. 이런 규제의 일부는 스스로 떠맡는 것이다(내부 관리의 관료화와 업종별 협회, 거래소, 카르텔, 기타 유사조직의 집단적 결정에 대한 복종). 다른 규제는 국가에 의해 규정된다(공장 입법, 사회보험, 가격 규제). 또 다른 규제들은 노동자들에 의해 강제된다(직장평의회, 단체협약). 고용주와 피고용인의 관계는 공적이고 공식적인 성격을 띠게 된다. 임금 노동자의 지위는 정부 공무원의 지위와 흡사해진다. 임금 노동자의 활동은 준準공적 성격의 규범에 따라 규제되고, 노동방식은 공무원의 방식과 유사해지며(잔업 없이), 임금은 경제 외적·비상업적 요인들로 결정된다. 앞선 시기의 물가연동 임금제는 공무원 급여체계의 밑바탕을 이루는 것과 동일한 원리를 나타내는, 이전과 정반대인 생활임금으로 대체된다. 실업상태가 되어도 노동자는 계속 급여를 받으며, 질병에 걸리거나 노년이 되면 정부 공무원처럼 연금을 받는다. (……) 일반적으로 유연성이 경직성으로 대체되는 중이다."('Capitalism', 207쪽) 좀바르트를 읽다 보면 현재의 자본주의 발전 시기에 '신자유주의'라는 용어가 정말로 타당하다는 확신을 갖게 된다.

12 Immanual Wallerstein, Randall Collins, Michael Mann, Georgi Drerluguian and Craig Calhoun, *Does Capitalism Have a Future?*, Oxford: Oxford University Press, 2013[국역: 이매뉴얼 월러스틴·랜들 콜린스·마이클 맨·게오르기 데를루기얀·크레이그 캘훈 지음, 성백용 옮김, 『자본주의는 미래가 있는가』, 창비, 2014], 1~2쪽.

주의 정치경제의 현재 상태에 고유한 불확실성과 가능성이 다수임을 보여주는 징후일 수 있다.

오늘날 주요 이론가들이 자본주의의 미래를 상상하려고 할 때 어떻게 다를 수 있는지에 관한 인상을 보여주기 위해 이 책에서 제시된 전망과 예측을 좀 길게 검토해보고자 한다. 비교적 전통적인 위기 이론은 아마 월러스틴(9~35쪽)이 제시하는 것일 텐데, 그는 현대 자본주의가 콘드라티예프 순환의 저점(콘드라티예프 B국면)에 있으며 새로운 상승(콘드라티예프 A국면)의 가능성이 전혀 없다고 본다. 이것은 1970년대에 시작된 '구조적 위기' 탓이라고 말해지며, 그 결과로 "이제 자본가들은 자본주의가 수익성이 있다고 생각하지 않는다." 월러스틴은 두 가지 주요 원인을 제시하는데, 하나는 '자본의 끝없는 축적을 끝장내는' 일군의 장기 추세고, 다른 하나는 '1968년의 세계 혁명' 이후 '중도 자유주의자들의 지문화geoculture 지배'의 종언이다(21쪽). 구조적 추세에는 미개발지의 고갈과 그로 말미암은 환경회복 작업의 필요성, 자원부족 심화, 공공기반시설의 필요성 증대 등이 포함된다. 이 모든 일에는 돈이 들어가며, 점점 늘어나는 불만을 품은 노동자와 실업자 대중을 진정시키는 데도 돈이 필요하다. 글로벌 헤게모니에 관해 월러스틴은 미국 중심의 세계질서가 군사적·경제적으로만이 아니라 이데올로기적 면에서도 최종적으로 쇠퇴하고 있다고 지적한다. 사업비용 상승은 글로벌 무질서와 결합해서 안정된 자본주의 세계체계의 회복을 불가능하게 만든다. 그리하여 월러스틴은 "체계의 체증이 점점 더 심해질 것"으로 예상한다. "이번에는 체증이 한층 더 난폭한 파동들로 이어질 것이며, 따라서 경제와 정치 양면의 단기적 예측들은 더욱 신뢰하기 힘들 것이다. 그리고 이것은 다시…… 대중의 불안과 소외를 가중할 것이다. 일종의 악순환이다."(32쪽) 월러스틴은 가까운 미래에 자본주의 질서의 수호자와 반대자들 사이에, 그가 붙인 암시적인 이름을 빌리면 다보스 세력과 포르투알레그리 세력[다보스 세력 은 매년 스위스 다보스에서 열리는 세계경제포럼(다보스포럼)에 참석하는 세계 정 계·경제계 수뇌들을 가리키며, 포르투알레그리 세력은 세계경제포럼에 대항하는 성 격으로 2001년 브라질 포르투알레그리에서 처음 시작된 세계사회포럼 참가자들인 시민사회 세력을 가리킨다] 사이에 전 지구적 정치대결이 벌어질 것으로 예 상한다. 바야흐로 '후속 체계를 둘러싼'(35쪽) 양 세력의 최종 결전이 무 르익는 중이다. 월러스틴에 따르면 그 싸움의 결과는 예측할 수 없다. 다 만 "우리는 이쪽 또는 저쪽 진영이 향후 수십 년 안에 승리를 거둘 것이 며, 웬만큼 안정된 새로운 세계체계(또는 일단의 세계체계들)가 세워지리라 는 것을 확신할 수 있다."

자본주의가 문을 닫는 모습을 보고자 하는 이들의 관점에서 볼 때 비 관적인 성격이 한결 덜하거나 낙관적인 사람은 크레이그 캘훈이다. 그 는 자신 역시 심층적이고 어쩌면 최종적인 위기라고 여기는 상황에서 개 혁과 혁신의 가능성을 발견한다(131~161쪽). 캘훈은 과거에 그랬던 것처 럼 어쩌면 '충분히 계몽된 자본가 당파'의 도움을 받아 자본주의를 구하 기 위해 정치적으로 개입할 수 있는 시간이 있다고 생각한다(2쪽). 하지 만 그는 또한 '중앙집권화된 사회주의 경제'가 가능하며 '중국식 국가자 본주의'의 가능성은 더 높다고 믿는다. "미래에 자본주의적 소유와 금융 양식이 쇠퇴한 가운데서도 시장은 존재할 수 있다."(3쪽) 생산의 문제에 관한 한 캘훈은 월러스틴에 비해 훨씬 말을 아낀다(그의 견해를 요약한 내용 으로는 158~161쪽을 보라). 그는 자신이 쓴 장에서 자본주의의 안정을 위협하는 내적 모순들과 가능한 외적 교란의 목록을 제공하며, 광범위한 대안적 결과들을 지적한다. 월러스틴과 마찬가지로 캘훈 역시 국제체계에 특별히 중요성을 부여하는데, 여기서 그는 다원적인 자본주의 정치경제 체제들이 등장하면서 조정과 경쟁이라는 부수적 문제와 함정들이 생겨날 것이라고 예상한다. 그는 "대규모로 그리고 다소간 동시적으로 자본주의 시장들이 붕괴되어…… 경제에 지각변동이 일어날 뿐만 아니라 정치·사회제도가 뒤집어질" 수 있음을 배제하지는 않지만(161쪽), 국가, 기업, 사회운동들이 자본주의를 변형하는 혁신을 위해 효과적인 거버넌스를 재확립할 가능성을 믿는다. 그의 말을 들어보자.

자본주의 질서는 규모가 대단히 크고 복잡하기 이를 데 없는 체계다. 지난 40년 동안 벌어진 사건들은 전후 시기 내내 자본주의를 비교적 질서정연하게 유지해준 제도들을 뿌리부터 뒤흔들었다. 이 제도들을 복구하거나 교체하려는 시도는 새로운 기술, 그리고 새로운 사업 또는 재정 수단들이 그렇듯이 체계를 변화시킬 것이다. 자본주의의 성공적인 혁신조차도 자본주의를 변형시킬 것이다. (……) 문제는 변화가 체계적 위험을 관리하고 외부의 위험을 물리치는 데 적합할 것인지 여부다. 만약 그렇지 못하다면 새로운 질서가 등장하기 전에 대대적인 파괴가 일어날 것인가?(161쪽)

자본주의의 미래에 관해 한결 더 불가지론적인 입장은 마이클 맨이다(「종말이 가까울지 모른다, 그런데 누구에게?The End May Be Nigh, But for Whom?」). 맨은 '인간 사회에 대한 [자신의] 일반 모델'에서 자신은 "사회를 체계로 생각하는 게 아니라 다중적이고 중첩되는 상호작용의 네트워크로 생각한다"는 점을 독자들에게 상기시키는 것으로 이야기를 시작한다. "그중 가장 중요한 네트워크는 이데올로기, 경제적·군사적·정치적 권력 관계의 네 가지 네트워크다. 이 네 가지에 지정학적 관계를 덧붙일 수 있다." 계속해서 그의 말을 들어보자.

이 네 가지 또는 다섯 가지 권력의 원천들은 내적 발전 논리나 경향을 가질 수 있으며, 따라서 가령 자본주의 내에서 균형이나 순환, 모순을 향한 경향을 확인하는 게 가능하다. 사회권력의 다른 원천들 속에서도 비슷한 경향들을 확인할 수 있는 것처럼 말이다(72쪽).

맨은 네트워크들 사이의 상호작용은 빈번하지만 체계적이지는 않다고 지적한다. "일단 이러한 상호작용의 중요성을 인정하면 우리는 가령 자본주의의 발전이 또한 이데올로기, 전쟁과 국가에 영향을 받는 더욱 복잡하고 불확실한 세계로 들어가게 된다."(73쪽) 그는 여기에 지리적 공간을 가로지르는 불균등한 발전의 가능성, 그리고 합리적인 이익 계산, 심지어 생존과 관련된 이익 계산에도 개입하는 비합리적 행동의 가능성을 추가한다. 월러스틴-콘드라티예프의 역사 모델에서 예견한 것 이외의 우발적 사건들과 순환의 중요성을 보여주기 위해 맨은 1930년대의 대공황과 2008년의 대불황을 논의한다. 계속해서 그는 자신의 접근법이 우선 미국 헤게모니의 미래, 그리고 '자본주의 시장'의 미래에 어떤 이야기를 하는지를 보여준다.

미국 헤게모니의 미래에 대해 맨은 경제쇠퇴에서부터 정치적 아노미 현상, 점차 효력을 잃는 군사력에 이르기까지 미국이 국내적·국제적으로 갖는 약점의 일반적인 목록을 제시한다. 이 약점들은 "우리가 확실히 알지는 못하지만 미국을 무너뜨릴 수도 있다."(83~84쪽) 하지만 설령 미국의 헤게모니가 끝난다 할지라도 "그것이 반드시 자본주의의 체계적 위기를 야기하지는 않는다." 그보다는 "옛 서구에서 아시아 대부분을 포함하는, 성공적으로 발전하는 비서구 세계로" 경제권력이 옮겨가게 될 것이다. 그리하여 결국 미국과 유럽연합, 브릭스BRICS(의 일부)가 경제권력을 나눠 갖게 되고, 그 결과로 "중기적 관점에서 자본주의는 국가주의적 성격이 강화될 공산이 크다."(86쪽) '자본주의 시장'(86~87쪽)과 관련해서 맨은, 월러스틴에게는 미안한 말이지만, 아직도 정복할 새로운 땅과 발견하고 발명할 수요가 충분하기 때문에 광대하고 집약적인 성장을 할 수 있다고 믿는다. 또한 온갖 종류의 문제에 대해 어느 때든 기술적 해법이 등장할 수 있고, 어쨌든 '종말이 가까운' 것은 자본주의보다는 노동계급과 혁명적 사회주의 쪽이다. 실제로 만약 일각에서 예측하는 것처럼 성장률이 떨어진다면, 그 결과는 상당한 생태적 이익을 주는 안정된 저성장 자본주의가 될 것이다. 이 시나리오에서 "좌파의 미래는 기껏해야 개혁주의적 사회민주주의나 자유주의일 공산이 크다. 고용주와 노동자들은 자본주의적 고용의 일상적인 부당성을 놓고 계속 싸울 테고 [……] 현실성 높은 결과는 타협과 개혁일 것이다."

하지만 맨은 별로 낙관적이지 않은 어조로 끝을 맺으면서 그가 가능하다고 여기는 두 개의 커다란 위기를 거명하는데, 그중 하나는 현실적으로 벌어질 법하다. 이 두 위기는 자본주의의 위기 또는 자본주의만의 위기는 아니겠지만, 그럼에도 자본주의는 그것을 겪을 것이다. 자본주의는 모든 인간 문명이 파괴되는 결과로서만 멸망할 것이기 때문이다. 이러한 한 가지 시나리오는 인간의 집단적 비합리성 탓에 시작되는 핵전쟁이고, 다른 하나는 '고조되는 기후변화'의 결과로 벌어지는 생태 재앙이다. 후자의 경우에 자본주의는 민족국가 그리고 무제한적 소비를 할 자격으로 정의되는 '시민권'과 더불어 생태적으로 지속 가능하지 않은 '근대의 세 가지 대성공'으로 손꼽힌다(93쪽 이하). "우리는 아주 거대하고 어쩌면 실현 불가능한 질서인 다소 추상적인 미래를 위해 이 세 가지 대성공 모두에 도전해야 한다."(95쪽) 자본주의와 관련해서 볼 때, 생태 재앙은 '자본주의보다 더 큰 인과사슬'의 결과일 것이다. 하지만 "정책의 결단이 상당히 중요하며", "인류는 원칙적으로 미래에 관한 더 좋은 시나리오와 더 나쁜 시나리오 중에서 자유롭게 선택할 수 있다. 그리하여 궁극적으로 미래는 예측할 수 없는 것이다."(97쪽)

이 책에서 가장 직설적인 자본주의 위기 이론은 랜덜 콜린스가 제시한다(37~69쪽). 그는 이 이론을 "이미 1840년대에 마르크스와 엥겔스가 정식화한 기본적인 통찰에서 껍데기를 다 벗겨낸 고갱이"라고 올바르게 규정한다(38쪽). 콜린스가 개작한 이 통찰은 자본주의는 '장기적인 구조적 약점', 즉 '기계에 의한 노동의 기술적 대체'를 조건으로 한다는 것이다(37쪽). 콜린스는 월러스틴보다도 훨씬 더한 자신의 엄격한 구조주의적 접근법뿐만 아니라 자신의 단일 요소 기술 결정론에 대해서도 전혀 변명하지 않는다. 실제로 그는 금세기 중반에 이르러 '노동의 기술적 대체'가 혁명적 폭력의 존재 여부와 관계없이 자본주의를 완성시킬 것이라고 확신한다. 원칙적으로 똑같이 파괴적이고 결정적인 생태 위기로 허물어지는 것보다 일찍, 또한 비교적 예측하기 어려운 금융거품에 의해서보다 더 확실하게 말이다. 콜린스의 후기 자본주의적 구조주의가 '껍데기를 다 벗겨낸' 고갱이인 것은 무엇보다도, 이윤율의 장기적 저하라는 상응하는 법칙을 내세운 마르크스와 달리, 콜린스는 상쇄 요인들[13]의 목록으로 자기 예측의 위험을 회피하려고 들지 않기 때문이다. 그는 자본주의가 과거에 자신의 사망을 늦춰준 마지막 장점까지 모조리 다 소진해버렸다고 믿는다. 콜린스는 맨과 캘훈이 말하는 역사의 경로에 대한 비자본주의적·'베버주의적' 영향을 참작하지만, 이런 것들은 자본주의의 역사를 아래로부터 움직이는 근본적인 구조적 경향이 실현되는 방식을 수정하는 부차적 영향력일 뿐이다. 글로벌 불균등 발전, 자본주의와 관련이 없는 여러 차원의 충돌, 전쟁과 생태적 압력 등은 자본주의 노동시장과 고용체계의 위기를 가속화할 수도 있고 그러지 않을 수도 있다. 하지만 이 위기를 중지시키거나 방지하지는 못한다.

이 위기는 정확히 무엇으로 이루어지는가? 지난 200년 동안 노동이 점차 기술로 대체되면서 정보기술, 그리고 아주 가까운 미래에 인공지능이 부상하고 있지만, 이 과정은 적어도 두 가지 면에서 현재 정점에 다르고 있다. 첫째, 이 과정은 엄청나게 가속화되었고, 둘째, 20세기 후반기에 육체노동계급을 파괴한 데서 나아가 지금은 중간계급도 공격하면서 파괴하려 하고 있다. 다시 말해 뒤에서 이야기하는 것처럼 실제로 현대 자본주의 사회의 필수불가결한 문화적 토대로 간주될 수 있는, '열심히

---

13 마르크스가 『자본』 3권에서 '이윤율 저하 경향 법칙'의 맥락에서 'entgegenwirkende Ursachen'이라고 부르는 것(독일어판 13장 이하. Karl Marx, *Das Kapital. Kritik der Politischen Ökonomie*, Dritter Band. Berlin: Dietz Verlag, 1966[1894]). 실제로 콜린스는 그가 '빠져나갈 구멍'이라고 부르는 상쇄 요인들을 다루지만, 이 요인들이 전혀 또는 이제 더는 효과적이지 않음을 보여주기 위해서다. 아래를 보라.

일하고 열심히 노는' 출세주의–겸–소비주의careerism-cum-consumerism라는 신자본주의적·신자유주의적 생활방식의 매개체인 새로운 프티부르주아 계급이 바야흐로 허물어지려는 것이다. 콜린스가 출현을 목도하는 것은 더욱 발전된 새로운 기계를 설계하고 창조할 정도로 지능적인 기계가 프로그래밍·관리·사무·행정·교육 노동을 급속하게 차지하는 현상이다. **전자화**는 기계화가 노동계급에게 한 일을 중간계급에게 할 것이며, 그것도 한층 더 빠른 속도로 할 것이다. 그 결과, 세기 중반에 이르면 약 50~70퍼센트의 실업이 생겨나서 값비싼 교육과 (정체하거나 줄어드는 임금을 받는 대가로) 규율 잡힌 직무수행을 통해 노동계급들에게 수반되는 잉여상태의 위협을 벗어나기를 기대했던 이들을 강타할 것이다. 한편 그 혜택은 어마어마한 부자가 될 '소수 로봇 소유자 자본가 계급'에게 돌아갈 것이다. 하지만 자본가들에게 불리한 점은 "생산품을 구매할 만큼 충분한 수입이 있는 사람들이 너무 적기 때문에" 점점 그 생산품을 팔기가 힘들어진다는 것이다. 콜린스에 따르면, "마르크스와 엥겔스는 이 근본적인 경향에서 추정해서 자본주의의 몰락과 사회주의에 의한 교체를 예언했는데", 그 역시 지금 똑같은 예언을 하고 있다(39쪽).

콜린스의 이론은 기술의 대체가 과거에 성공하지 못한 자본주의를 끝장내는 일에 이제 막 착수하고 있는 이유를 설명할 때 가장 독창적이다. 그는 마르크스의 발자국을 따라 지금까지 자본주의를 자멸에서 구해준 다섯 가지 '탈출로'를 열거하고 계속해서 이 탈출로들이 왜 더는 자본주의를 구해주지 못하는지를 보여준다. 탈출로들은 다음과 같다. 기술진보가 야기한 고용손실을 보상해주는 새로운 일자리와 전체 부문의 성장 (일단 로봇이 다른 로봇을 설계하고 조립하기 시작하면 특히 인공지능 분야의 고용은 극히 적을 것이다), 시장의 팽창(이번에는 중간계급 직종의 노동시장), 수입의 원천('투기')이자 하나의 산업(신기술에 따른 고용손실과 실업에 따른 수입손실의 균형을 맞출 수 없다. 전산화 때문에 금융산업의 많은 부분에서 노동자들이 잉여인력이 될 것이기 때문이다)으로서 금융의 성장, 민간 부문의 고용을 대체하는 정부 고용(국가의 재정위기 때문에 실현 불가능하고, 어쨌든 궁극적으로 '소유체계의 혁명적인 전복'이 필요하다[51쪽]), 노동자를 실업에서 보호하기 위한 완충장치로 교육을 활용한 결과로 교육이 일종의 '감춰진 케인스주의'가 되는 한편 '자격증 인플레이션'과 '학력 인플레이션'으로 귀결되는 현상(콜린스가 보기에는 이것이 가장 현실성 있는 경로지만 궁극적으로 다른 탈출로와 마찬가지로 헛된 시도임이 드러날 것이다. 교육제도 내의 사기저하와 공공 부문과 민간 부문 모두의 재정조달 문제 때문이다).

이 다섯 가지 탈출로가 모두 닫히면, 사회가 나서서 자본주의가 노동의 가속화된 대체, 그리고 그에 수반되는 적나라한 경제적·사회적 불평등을 야기하지 못하게 막을 방법은 없다. 따라서 콜린스는 모종의 사회주의가 결국 자본주의의 자리를 차지해야 할 것이라고 결론짓는다. 그 사회주의가 정확히 어떤 모습일지, 사회주의 이후에 또는 그것과 함께 무엇이 등장할지에 관해서 콜린스는 모든 가능성을 열어두며, 이행의 정확한 방식에 관해서도 알지 못한다고 말한다. 혁명적인 변화가 일어날 테지만, 자본주의를 끝장내는 **폭력적인 사회혁명**이 될지, 아니면 정치적 지도부 아래서 이루어지는 **평화로운 제도혁명**이 될지는 미리 알 수 없다. 콜린스의 '껍데기를 다 벗겨낸 고갱이 마르크스주의'는 일단 자본주의가 생을 마감하고 나면 어떤 사회가 등장할 것인지에 관해 예언을 하지 않기 때문에 우리는 자유롭게 이런 추측을 할 수 있다―공공고용 확대나 모두를 위한 기본소득 보장을 위해 슈퍼리치super-rich에게 높은 세금을 부과하고, 케인스식의 다소 독재적인 수단으로 크게 제한된 노동시간을 엄격하게 배분하며 부를 공평하게 분배하기.[14] 한 가지는 확실하다. 자본주의는 종언을 고할 것이다. 그것도 우리가 생각하는 것보다 훨씬 빨리.

게오르기 데를루기얀이 쓴 글은 이 책을 구성하는 모음곡들 가운데 외부자에 가깝다. 데를루기얀은 공산주의, 특히 소비에트 공산주의의 쇠퇴와 궁극적 사멸에 관해 내부자의 매혹적인 설명을 들려준다(99~129쪽). 이 장이 흥미로운 것은 공산주의의 사멸과 자본주의의 잠재적 종말과의 차이점, 그리고 잠재적인 유사점에 관해 고찰하기 때문이다. 차이점에 관해 데를루기얀은 소비에트 공산주의가 처음부터 줄곧 '자본주의 세계체계'(111쪽)의 '적대적인 지정학'(110쪽)에 한 층으로 내장되어 있었다는 사실을 중시한다. 그리하여 소비에트 공산주의의 운명은 경제적·전략적으로 지나치게 확대된 다민족 국가로서의 소련의 운명과 떼려야 뗄 수 없게 연결되었다. 그 국가는 특히 스탈린주의 독재가 끝난 뒤 장기적으로 지탱 불가능하다는 것이 드러났다. 그때까지 소비에트 공산주의의 독특한 계급구조는 미국 자본주의와 무척 다르게 정치적 무기력과 경제 스태그네이션을 포함한 국내적인 사회적 타협을 낳았다. 그 결과, 1960년대 말 혁명의 시대에 사회화된 새로운 세대의 문화·테크노크라트·과학 엘리트들 사이에서는 불만이 만연했다. 또한 지나친 중앙집권화는 소비에트 공산주의의 국가 중심 정치경제를 지역적·종족적 분리주의에 취약

---

14 John Maynard Keynes, 'Economic Possibilities for our Grandchildren'. In: Keynes, John Maynard, *Essays in Persuasion*, New York: W. W. Norton & Co., 1963[1930].

하게 만든 한편, 그것을 둘러싼 글로벌 자본주의는 기회주의적인 당간부 apparatchik들뿐만 아니라 분노하는 반대파들에게도 바람직한 질서의 본보기를 제공했다. 이 질서에서 당간부들은 결국 자수성가형 과두 자본가 capitalist oligarch로 자리를 잡을 수 있었다.

물론 현대 자본주의는 그에 비해 단일한 제국적 국가의 지정학적 행운에 크게 의존하지 않는다. 다만 이런 점에서 미국의 역할을 과소평가해서는 안 되지만 말이다. 무엇보다도 자본주의는 대안적인 정치경제 모델의 압력에 노출되어 있지 않다. 이슬람의 경제 교의는 예측 가능한 미래에 이슬람 엘리트집단(그들 자체가 자본주의 글로벌 경제에 깊숙이 통합되어 있다)에게도 매력이 없을 것이기 때문이다. 하지만 두 체계가 서로 비슷해지는 것은 제도적·경제적 쇠퇴로 말미암아 내적인 무질서가 발생한다는 점이다. 데를루기얀이 말하는 것처럼 소련이 '국가의 통합성'을 상실했을 때, "모든 근대적 제도가 잠식되었고, 그리하여 가족과 친지 네트워크 이상의 어떤 수준에서도 공동행동이 불가능한 상태가 되었다. 이런 상태는 저절로 영속성을 띠게 되었다."(122쪽) 한 가지 결과는 지배 관료집단이 "1968년 프라하의 봄이나 1989년 정점에 달한 소비에트 페레스트로이카 같은 대대적인 시민 결집"에 직면했을 때 "노골적인 폭력보다 공황상태"에 빠져 반응한 동시에 "반정부운동들은······ 지배계급의 대열에서 나타난 결정적인 혼란을 이용하지 못했다"는 것이다(129쪽). 상황과 이유는 각기 다르겠지만, 탈제도화 때문에 생겨난, 이와 유사한 집단행동의 약점은 구질서의 옹호자들과 도전자들 모두에게 비슷한 불확실성을 조성하면서 자본주의에서 포스트자본주의로 넘어가는 미래의 이행을 규정할 것이다. 그런 가운데 파편화된 사회운동들과 방향성을 잃은 정치경제 엘리트들은 서로 반대편에 서서 경쟁할 것이다.

나 자신의 견해는 다섯 명의 필자 모두를 기반으로 하지만 그들 각각과 다르다. 나는 모두가 입을 모아 말하는 자본주의와 자본주의 사회의 심각한 위기에 관한 이론들의 다양성을 현대 자본주의가 깊은 **불확정성**의 시기—오랫동안 타당했던 인과관계가 역사적으로 진부한 것이 된 탓에 언제든 예상치 못한 일들이 생길 **수 있고**, 식견 있는 관찰자들은 **앞으로** 무슨 일이 일어날지에 대해 당연히 의견이 갈리는 시기—에 접어들었다는 징후로 받아들인다. 다시 말해 나는 공통된 위기의식과 그 위기의 성격에 관한 서로 다른 생각이 공존하는 현상을, 전통적인 경제학 이론과 사회학 이론이 오늘날 예측능력을 많이 잃었음을 보여주는 징후로 해석한다. 앞으로 좀더 자세히 말하겠지만, 나는 이런 불확정성을 자본주의가 발전하는 과정에서 집단행동이 파괴된 결과인 동시에 원인으로 본다. 이것은 월러스틴의 다보스 사람들과 포르투알레그리 사람들에게 똑같이 영향을 미치며, 목적의식적이지만 그 효과는 점차 예측할 수 없는 사회적 행동의 의도치 않고 예상치 못한 결과에 시달리는 사회적 맥락으로 귀결된다.[15]

---

[15] 나와는 달리 불확정성에 관해 좀더 '낙관주의적인' 견해로는 Wallerstein et al., *Does Capitalism Have a Future?*, 4쪽을 보라. "우리는 …… 우리의 미래가 정치적으로 결정되어 있지 않은 정도만큼 희망을 찾는다. 체계의 위기는 그 자체가 과거의 딜레마들이 남긴 유산인 구조적 제약을 느슨하게 하고 산산조각 낸다. (……) 자본주의의 심각한 위기는 더 많은 사회정의와 더 살기 좋은 지구 환경을 증진하는 쪽으로 인류의 지구적 문제를 재조직할 기회가 될 수 있다." 나는 구조적 제약이 약해진다는 점에는 동의하지만, 이런 상황을 활용할 수 있는 집단적 행위자가 누가 될지는 모르겠다. 내가 보기에 불확정성은 신자유주의 혁명의 과정에서 일어난 집단행동의 분쇄의 결과이며 그런 분쇄를 강화한다.

게다가 나는 다양한 위기 시나리오 중 하나를 골라잡아 그것만을 특별히 다루기보다는 모든 시나리오 또는 대부분의 시나리오를 한데 합쳐서 **복합만성질환** 진단을 내려보자고 제안한다. 여러 질환이 공존하면서 종종 서로를 강화하는 상태인 것이다. 처음에 지적한 것처럼 자본주의는 언제나 허약하고 현실성 없는 질서였으며, 생존을 위해 계속 보수작업을 해야 했다. 하지만 오늘날에는 너무 많은 약점이 동시에 심해지는 한편 대부분의 치료법이 소진되거나 못쓰게 되었다. 따라서 자본주의의 종언은 수많은 자상刺傷이나 여러 질환으로 말미암은 죽음일 것이라고 상상할 수 있다. 이 각각의 상처와 질병은 동시에 치료를 해야 하기 때문에 더욱더 치료가 불가능할 것이다. 차차 분명해지겠지만, 나는 다원적 체제나 지역적 다양성, 불균등 발전, 정치개혁, 독립적인 위기의 순환 등 맨과 캘훈이 언급하는 잠재적인 안정화 요인들 가운데 어느 것도 현대 자본주의를 특징짓는 축적된 약점의 증후군을 중화시킬 만큼 강하지 않다고 생각한다. 효과적인 어떤 반대파도 남아 있지 않고 역사의 날개를 펴고 기다리는 실행 가능한 어떤 후계 모델도 없는 가운데, 콜린스에게 자본주의의 결함 축적은 자본축적과 나란히 완전히 내부의 원인에 따른 자멸의 동학으로 보일지 모른다.[16] 이 동학은 그 표현 속에 주조되어 있지만 우발적이고 우연한 사건들에 의해 중단되지 않는 진화의 논리를 좇아 초기의 자유주의적 자본주의에서 국가관리 자본주의를 거쳐 신자유주의적 자본주의에 이르기까지 역사적 궤적을 따르며, 당분간은 2008년 금융위

---

16 콜린스는 단일 원인에 따른 설명을 제시하지만, 나는 자본주의가 다소 연관된 원인들의 묶음 또는 증후군에 의해 난파될 것으로 예상한다.

기와 그 여파에서 정점에 도달했다.

다시 말해 자본주의 쇠퇴가 계속되기 위해 어떤 혁명적 대안도 필요하지 않으며, 자본주의를 대체하는 더 나은 사회의 마스터플랜도 전혀 필요하지 않다. 현대 자본주의는 스스로 사라지면서 내부의 모순들 탓에, 특히 적들을 정복한 결과로 붕괴하는 중이다. 앞에서 언급한 것처럼 이 적들은 종종 자본주의에 새로운 형태를 강요함으로써 자본주의를 스스로부터 구해주었다. 현재 진행 중인 최종적 위기에 빠진 자본주의 이후에 등장하는 것은 사회주의나 다른 어떤 식으로 정의된 사회질서가 아니라 지속적인 **공위기간**interregnum[국왕이나 교황이 교체되는 시기의 공석 기간]이다. 월러스틴 식의 새로운 세계체계적 균형은 없으며, 장기에 걸친 사회적 엔트로피 또는 무질서의 시기가 있을 뿐이다(바로 이런 이유로 불확실성과 불확정성의 시기다). 한 사회가 상당한 기간 동안 **사회에 미달하는 사회**less than a society, 말하자면 **포스트사회적 사회**post-social society['사회 이후의 사회', '사회로서의 실체를 상실한 사회'라는 뜻으로 저자가 만든 용어]나 **사회 라이트**로 바뀔 수 있는지, 만약 그렇다면 그것이 어떻게 가능한지는 사회학 이론에서 흥미로운 문제다. 이 사회가 회복해서 다시 그 단어가 가진 온전한 의미 그대로의 사회가 될지는 알 수 없다.[17] 나는 **체계통합**과 **사회통합**, 또는 사회의 거시적 차원과 미시적 차원의 통합을 구분하는 데이비드 록우드David Rockwood의 유명한 논문에 자유롭게 의존함으로써 이 문제에 관한 개념적 해법을 얻을 수 있다고 본다.[18] 그렇다면 공위기간은 거시적 차원의 체계통합의 붕괴로 정의될 것이다. 이렇게 체계통합이 붕괴되면, 미시적 차원에서 개인들이 제도적 구조화와 집단적 지원을 상실하고, 사회적 삶의 질서를 잡는 부담, 즉 사회적 삶에 작으나마 안전과 안정을 제공하는 부담이 개인들 자체에, 그리고 그들이 스스로 만들어낼 수 있는 사회적 조정에 전가된다. 다시 말해 공위기간 동안 사회는 **탈제도화**de-institutionalized 또는 **저제도화된**under-institutionalized 사회가 된다. 국지적인 임시방편에 의해 잠시 동안만 기대가 안정되는 사회, 바로 이런 이유로 사실상 통치 불가능한 사회가 되는 것이다.

그렇다면 현대 자본주의는 체계통합이 결정적으로, 걷잡을 수 없이 약해진 사회처럼 보이며, 따라서 자본축적의 지속은—얼마나 계속될지 불확실한 중간 시기 동안—오로지 집단적으로 무능해진 **개별화된 개인들**의 낙관주의에만 의존하게 된다. 이 개인들은 자신의 사회적·경제적 지위에 가해지는 구조적 압력과 불길한 사건들로부터 스스로를 보호하기 위해 분투한다. 국가, 정부, 국경, 노동조합, 기타 조절세력들을 일소한 신자유주의적 자본주의에 이어 등장한 포스트자본주의 공위기간의 사회세계['사회를 이루어 살아가는 세계'를 의미]는 통치와 관리가 부족한 가운데 언제든 재앙에 직면할 수 있다. 가령 거품이 터지거나 붕괴하는 주변부

---

17 뒤르켐주의자들이라면 여기서 사회통합이 부족한 정상 이하의 상태를 의미하는 아노미anomy 개념에 호소할 것이다(Emile Durkheim, *The Division of Labor in Society*, New York: The Free Press, 1964[1893]). 이론적 식견이 있는 정부의 개입으로 이런 '병리적' 상태를 교정할 수 있다는 뒤르켐의 굳은 믿음을 신봉하지 않는다면, 공위기간 개념은 역사에는 퇴보가 있을 수 있으며, 진보만이 아니라 손실도 존재하고, 대수롭지 않은 중간기도 있게 마련임을 함축한다. 문명에서 장기적인 야만의 시기로 옮겨가다가 결국 서로마제국의 종말로 이어진 때처럼 말이다. 물론 이런 사고방식은 어쩔 수 없이 '낙관적인' 근대적 사고의 기질에 근본적으로 위배된다.

18 David Lockwood, 'Social Integration and System Integration'. In: Zollschan, George K. and Walter Hirsch, eds, *Explorations in Social Change*, London: Houghton Mifflin, 1964, 244~257쪽.

에서 중심부로 폭력이 관통할 수 있다. 개인들이 집단적 방어를 박탈당하고 제멋대로 앞가림을 해야 하기 때문에 그나마 남아 있는 사회질서는 개인들이 그때그때 필요에 따라 남들과 협력하려는 동기에 의존한다. 공포와 탐욕, 개인의 생존에 관련된 기본적인 이해관계에 좌우되는 것이다. 사회가 구성원들에게 효과적인 보호, 그리고 사회적 행동과 사회적 존재를 위한 증명된 틀을 제공하는 능력을 상실한 가운데 개인들은 오로지 자기 자신에게만 의존할 수밖에 없고, 다른 한편 사회질서는 사회통합의 가장 허약한 양식인 **목적합리성**Zweckrationalität에 의존한다.

이 책 1장에서 지적하고 서론의 나머지 부분에서 어느 정도 자세히 설명하는 것처럼, 나는 이 상태의 근거를 상호 연관된 다양한 사태 진전들 속에서 찾는다. 분배갈등을 격렬하게 만드는 성장의 쇠퇴, 그로 말미암아 귀결되는 불평등 확대, 무엇보다도 꾸준히 증가하는 채무와 가속화되는 화폐공급과 또 다른 경제붕괴의 상존하는 가능성으로 표현되는 거시경제관리 가능성의 소멸,[19] 전후 자본주의의 사회진보와 민주주의, 그리고 그에 따른 과두적 지배의 부상을 이끈 엔진의 중지, 노동·자연·화폐의 상품화를 제한하는 통치의 체계적인 무능과 각국 정부의 능력 축소, 자수성가의 기회가 무제한으로 열려 있는 승자독식시장에서 경쟁이 격

---

19 이것은 오늘날 진지한 언론에서 흔히 거론되는 주제다. 예를 들어 Binyamin Appelbaum, 'Policy Makers Skeptical on Preventing Financial Crisis', *New York Times*, 4 October 2015, nytimes.com(2016년 1월 21일 접속); Paul Mason, 'Apocalypse Now: Has the Next Giant Financial Crash Already Begun?', *Guardian*, 1 November 2015, theguardian.com(2016년 1월 21일 접속) 등을 보라. 2016년 1월 다보스 회의에서 제출된 '전 지구적 위험들'에 관한 보고서도 보라.

화되는 데 따른 온갖 종류의 부패의 만연, 상품화와 사유화 과정에서 공공기반시설과 집단적 이익의 잠식, 1989년 이후 자본주의 종주국인 미국이 안정된 세계질서를 구축하고 유지하지 못한 실책 등등. 나는 이런 여러 사태의 진전이 경제생활을 지배하는 냉소주의의 확산으로 귀결되고 있다고 말하고 싶다. 그리하여 개인의 진보를 위한 동등한 기회를 제공하고, 자본주의 사회질서 또는 사회무질서의 최후의 기둥으로서 **집합적 권리 포기**에 근거하여 **사회통합**을 세우는 정의로운 사회로서 자본주의의 규범적 정당성(자본주의가 결정적인 순간에 필요로 하는 정당성)의 회복은 영원히는 아니더라도 오랫동안 배제된다.[20]

---

[20] 서론 마지막 부분에서 이야기하겠지만, 어떤 이는 체계의 해체와 사회적 엔트로피를 개인의 자유와 자유로운 사회를 향한 역사적 진보로 제시할 수 있다. 이런 사고야말로 신자유주의적 초자유주의의 핵심으로, 여기서는 사회 구성원들에게 시장에서 자신의 효용을 극대화할 수 있도록 해주는 것 말고는 사회에 어떤 것도 기대하지 않는다. 따라서 정치적 민주주의와 집합재(순수공공재)는 불필요해진다(상징적인 논의로 Ayn Rand, 'What is Capitalism?' In: Rand, Ayn, ed., *Capitalism: The Unknown Ideal*, New York: The New American Library, 1967[1965], 11~34쪽; Ayn Rand, *Atlas Shrugged*, New York: Penguin, 1992[1957][국역: 에인 랜드 지음, 민승남 옮김, 『아틀라스』 1~3, 휴머니스트, 2013] 등을 보라). 경제학자 베르나르 마리스Bernard Maris(*Houellebecq, Économiste*, Paris: Flammarion, 2014)에 따르면, 경제학 이론의 처방에 따르는 신자유주의의 사회적—또는 더 정확히 말해 포스트사회적—삶의 현실을 가장 잘 묘사한 것은 작가 미셸 우엘벡의 작품이다. 우엘벡은 여러 소설에서 퇴행적인 정체성주의적 집단주의로 빠져들라는 처방에 따라 살아가는 개인들의 책임을 포함해서 저사회화된undersocialized 개인주의를 수반하는 다면적인 개인적·집단적 기형을 탐구한다(예를 들어 Michel Houellebecq, *Soumission*, Paris: Flammarion, 2015[국역: 미셸 우엘벡 지음, 장소미 옮김, 『복종』, 문학동네, 2015]를 보라).

이동하는 불균형

나는 이 책에 많은 부분을 정리해서 수록한 최근 연구에서 글로벌 이윤 압박에 대응해 자본이 전후의 타협을 포기한 역사적 전환점인 1970년대 이래 OECD 자본주의가 위기의 궤적을 그리고 있다고 주장한 바 있다. 정확히 말해 세 차례의 위기가 이어졌다. 1970년대의 글로벌 인플레이션, 1980년대의 공공부채 폭증, 이후 10년 동안 민간부채의 급증에 따른 2008년 금융시장 붕괴가 그것이다(더 자세한 내용으로는 2장을 보라). 이런 연속적인 위기는 대체로 모든 주요 자본주의 국가가 똑같이 겪었다. 이 나라들의 경제는 1960년대 말에 전후 성장이 끝난 이래 한 번도 균형을 이루지 못했다. 세 위기 모두 같은 방식으로 시작되고 끝나면서 동일한 정치경제적 논리를 따랐다. 자본과 노동 사이의 분배갈등(그리고 1970년대에는 자본과 노동 양자와 비용이 무시하지 못할 정도로 커진 원료 생산자 사이의 분배갈등)에 대한 정치적으로 편리한 해법으로 인플레이션, 공공부채, 민간부채의 규제완화가 시작되었다가 결국 이 세 가지 자체가 문제가 되었다. 상대 가격이 왜곡되고 화폐자산 소유자들이 투자를 그만두는 가운데 인플레이션은 실업을 초래했고, 1990년대에 산더미처럼 증가하는 공공부채는 채권자들의 신경을 곤두세우고 부채 정리 압력을 낳았으며, 공공지출삭감으로 생겨난 총수요의 간극을 메우던 민간부채의 피라미드는 금융완화와 무절제한 신용이 빚어낸 거품이 터지면서 내부에서 폭발했다. 해법이 새로운 해법을 요구하는 문제로 바뀌었는데, 다시 10년 정도의 시간이 흐르면 새로운 해법 역시 문제로 바뀌었다. 또다시 요구된 해법은 금세 그전의 해법만큼이나 단명하고 자멸하는 것임이 드러났다. 정부 정책은 정치적인 균형점과 경제적인 균형점 사이에서 동요했는데,

두 균형점을 동시에 손에 넣기는 불가능해진 상태였다. 민주적인 정치적 정당성과 사회적 평화의 요구를 돌보고, 꾸준히 높아지는 경제번영과 사회안정에 대한 시민들의 기대에 부응하려고 하는 가운데 정부 정책이 경제성과에 손상을 가져올 위험이 있음이 드러났다. 한편 경제적 균형을 복구하려는 시도는 정치적 불만을 촉발하고 당대 정부와 자본주의 시장경제 일반에 대한 지지를 손상시키는 경향이 있었다.

대략 두 정치적 세대에 걸쳐 상황이 서서히 전개되었기 때문에 오랫동안 제대로 지각되지는 않았지만, 실제로 상황은 그보다 훨씬 더 엄중했다. 민주적 자본주의 국가에서 서서히 진전되는 재정위기가 1970년대 이후의 위기 연쇄와 뒤얽혔다. 이 재정위기 역시 기본적으로 '후기' 자본주의에서 신자유주의적 자본주의로 장기이행을 겪고 있는 모든 나라에서 나타났다. 1970년대에는 각국 정부가 자본과 노동의 결합된 분배 요구와 가용한 분배 자원 사이의 간극을 메우기 위해 인플레이션과 공공부채 중에서 제한적이나마 선택권이 있었던 반면, 1980년대 초에 인플레이션이 종식된 뒤에는 현대 자본주의의 '조세국가tax state'가 '부채국가 debt state'로 바뀌기 시작했다. 이 과정에서 부채국가는 급속하게 탈산업화하는 글로벌 자본주의 헤게모니 국가인 미국에 본부를 둔 글로벌 금융산업의 역동적이고 점점 글로벌한 성장에 도움을 받았다. 부상하는 금융부문은 일방적으로 부채를 무효화할 수 있는 새로운 고객들—어쨌든 주권국가들이었다—의 힘을 걱정하면서 금세 차관의 이자를 지불하고 상환할 수 있는 정부의 경제적·정치적 능력과 관련해 각국 정부로부터 보장을 받으려고 시도했다. 그 결과 민주주의 국가가 다시 변형되었는데, 이번에는 1990년대 중순부터 시작된 '건전화 국가consolidation state'로의 변형이었다. 지출삭감을 통한 공공재정의 건전화가 수요나 시민 불만의 전반적인 간극으로 귀결되는 정도만큼, 금융산업은 민간 가구에 대출을 해주면서 기꺼이 발을 들여놓았다. 신용시장에 대한 규제가 충분히 완화되기만 하면 되었다. 이런 상황은 늦어도 1990년대에 시작되었고, 결국 2008년 금융위기를 야기했다.

위기 연쇄, 그리고 조세국가에서 **건전화 국가**로의 변형과 나란히 세 가지 장기적인 경향이 펼쳐졌다. 세 경향 모두 전후 시대가 막을 내릴 즈음 시작되어 부유한 자본주의적 민주주의 가족 전체를 통해 나란히 이어졌다. 성장 감소, 불평등 증대, 공공과 민간의 전반적인 부채 증가가 그것이다. 해가 갈수록 세 경향은 상호 강화하게 된 것처럼 보인다. 낮은 성장은 분배갈등을 강화함으로써 불평등에 기여하고, 불평등은 유효 수요를 제한함으로써 성장의 기를 꺾으며, 현존하는 높은 수준의 부채는 신용시장을 경색시키고 금융위기의 가능성을 높이고, 지나치게 성장한 금융 부문은 경제적 불평등의 결과인 동시에 불평등을 부추긴다 등등. 이미 2008년 이전 마지막 성장 사이클은 실제보다는 상상에 가까웠고,[21]

---

21 미국 자본축적 기구의 수석 정비사인 로렌스 '래리' 서머스Lawrence 'Larry' Summers는 2013년 11월 국제통화기금 경제포럼에서 이렇게 말했다. "과거로 돌아가서 위기 이전의 경제를 연구해보면, 약간 이상한 점이 있습니다. 많은 사람이 통화정책이 너무 느긋했다고 생각합니다. 무분별한 대출이 엄청난 규모로 진행됐다는 데 모두 동의합니다. 누구랄 것 없이 가구들이 경험한 부가 실제보다 부풀려졌다는 데도 동의합니다. 금융완화가 지나쳤고, 대출이 너무 쉬웠으며, 지나칠 정도로 부가 넘쳤습니다. 엄청난 호황이 있었던 걸까요? 설비 가동률은 큰 압력을 전혀 받지 않았고, 실업도 두드러지게 낮은 수준이 아니었으며, 인플레이션은 전혀 보이지 않았습니다. 그러니까 어쨌든 총수요의 과잉을 낳을 만큼 거품이 크지는 않았습니다."(James Decker, 'Larry Summers at IMF Economic Forum, Nov. 8', 8 November 2013, youtube.com)

2008년 이후의 회복은 기껏해야 무기력했다. 통화나 재정을 통한 케인스식 자극 처방은 전례 없는 규모로 축적된 부채 앞에서 효력을 발휘하지 못하기 때문이다. 우리가 단순히 순간적인 불운의 일치가 아니라 장기 경향, 그리고 실제로 자본주의 체계 전체에 영향을 미치는 글로벌 경향에 관해 이야기하고 있음을 주목하자. 이 세 경향이 깊이 뿌리박히고 조밀하게 뒤엉키는 가운데 이것들을 깨뜨릴 만큼 강한 반대 요인은 전혀 보이지 않는다.

4국면

2008년 이래 우리는 1970년대 이후 위기 연쇄의 네 번째 단계를 살고 있으며, 지금쯤 익숙해진 문제들의 변증법, 즉 문제의 해법이 다시 문제가 되는 변증법이 새삼 실감나게 느껴지는 중이다.[22] 현대 자본주의의 세 묵시록의 기사(스태그네이션, 부채, 불평등)는 경제와 정치의 풍경을 계속 황폐하게 만들고 있다. 대불황에서 벗어나는 회복이 거의 또는 전혀 진전이 없어서 성장이 어느 때보다도 부진한 가운데 차입 축소deleveraging는 전혀 미뤄지지 않았고, 전반적인 부채 수준은 사상 유례 없이 높다.[23] 전례 없는 규모의 총부채 부담 안에서 공공부채가 다시 증가하면서(99쪽의 〈그림 1-4〉를 보라) 재정 건전화의 첫 국면에서 이루어진 모든 성과가 사

---

22 이 네 번째 단계는 아직 결말이 정해지지 않았으며, 이 책의 초반 두 장을 쓸 때는 충분히 인식하기도 어려웠다.

23 McKinsey Global Institute, *Debt and (Not Much) Deleveraging*, London: McKinsey & Company, 2015.

라질 뿐만 아니라 다시 성장을 개시하려는 어떤 재정적 시도도 사실상 봉쇄되고 있다. 그리하여 실업률은 OECD 세계 전체에서 여전히 높았고, 심지어 스웨덴 같은 나라도 이제 당분간은 8퍼센트 정도의 고지에서 움직이지 않았다. 고용이 어느 정도 회복된 곳에서는 저임금과 열악한 노동조건이 일반적인 추세였다. 기술변화, 노동자의 실질 유보임금[노동자가 받아들일 만한 수준의 임금]을 낮추는 사회보장 체계의 '개혁', 탈노동조합화 등의 요인과 그에 따라 고용주들의 힘이 증대된 결과였다. 실제로 종종 '회복'이라 함은 실업을 과소고용underemployment으로 대체하는 것이나 마찬가지였다. 이자율이 기록적으로 낮은 수준임에도, 투자와 성장이 여기에 호응하지 않으면서 정책 결정자들 사이에서는 금리를 마이너스까지 더 낮추는 문제를 놓고 논의가 벌어지는 중이다. 1970년대에는 인플레이션이 공공의 적 1호였다면, 지금은 OECD 세계 전역에서 물가인상률을 최소한 2퍼센트까지 높이려는 시도가 필사적으로 진행되고 있지만 아직까지는 성과가 없다. 1970년대에는 경제학자들로서는 당혹스럽게도 인플레이션과 실업이 동시에 발생한 것과 대조적으로, 지금은 아주 낮은 금리와 디플레이션 압력이 공존하면서 2008년보다 훨씬 큰 규모로 누적부채의 피라미드가 붕괴하고 '부채 디플레이션debt deflation'[물가하락으로 실질금리(명목금리 – 물가상승률)가 상승할 때 채무상환에 부담을 느낀 사람들이 보유자산을 서둘러 매각하면서 자산가치가 하락하고 경기침체가 장기화되는 현상]이 벌어질지도 모른다는 악몽이 엄습하고 있다.

현대 자본주의가 처한 장기적 위기의 현 국면이 자칭 관리자들[24]에게 얼마나 많은 수수께끼를 던지는지를 가장 잘 보여주는 것은 자본주의 세계의 주요 중앙은행들이 여러 가지 이름으로 채택한 '양적 완화'의 관행이다. 2008년 이래 각국 중앙은행은 다양한 종류의 금융자산을 매입하면서 민간 금융기업들에 느닷없이 생겨난 현금을 나눠주고 있다. 그 대가로 중앙은행들은 온갖 부류의 채무자들로부터 미래의 소득 흐름에 대한 권리 자격을 받으면서 민간채무를 공공자산으로, 또는 더 나은 경우에는 경제의 통화 공급을 일방적으로 결정할 수 있는 특권을 가진 공공기관의 자산으로 전환한다. 지금 당장의 수치만 보아도 손꼽히는 규모의 중앙은행들의 대차대조표는 지난 7년 동안 약 8조 달러에서 20조 달러 이상으로 늘어났는데(228쪽의 〈그림 4-3〉을 보라), 2014년에 유럽중앙

---

24 흥미로운 사례 하나는 '케인스주의' 중도좌파가 총애하는 이데올로그인 폴 크루그먼이다. 서머스의 '장기 스태그네이션' 선언(각주 21을 보라)에 대해 『뉴욕타임스』(2013년 11월 16일)에 기고한 글에서 크루그먼은 케인스의 말을 살짝 비트는 것으로 시작한다. "지출은 좋은 것이고, 생산적 지출은 가장 좋은 것이며, 비생산적 지출은 지출을 전혀 안 하는 것보다 낫다." 여기서 그는 "전부 또는 부분적으로 쓸모없는 낭비인 민간지출"이 "좋은 일"이 될 수 있다는 주장을 끌어낸다. 크루그먼의 말을 계속 들어보자. 실례로 "구글 안경과 스마트 워치가 넘쳐나는 세상에서 현재 막대한 현금을 쌓아놓고 있는 미국 대기업들이 여하튼 직원들을 사이보그로 변신시키는 게 좋겠다고 확신을 갖게 된다고 가정해보자. 또 3년 뒤에 기업들이 이 모든 지출이 사실 큰 이득이 없음을 깨닫는다고 가정해보자. 그럼에도 그 결과로 생긴 투자 호황은 우리에게 몇 년 동안 한층 높은 고용을 주는 반면 실제로 낭비는 전혀 없었을 것이다. 사용된 자원은 그 호황이 없었다면 놀고 있었을 것이기 때문이다." 거품에 관해서는 "이제 우리는 2003~2007년의 경제 팽창이 거품으로 추동된 것을 안다. 1990년대 후반의 팽창에 관해서도 똑같은 말을 할 수 있다. 그리고 실제로 레이건 시대 마지막 몇 년 동안의 팽창도 마찬가지다. 당시의 경제 팽창을 이끈 것은 고삐 풀린 저축기관과 민간 부동산 부분의 커다란 거품이었다." 크루그먼에 따르면, 이런 사실에는 "일정한 급진적인 함의"가 있는데, 그중 하나는 서머스의 경우처럼 "향후의 위기를 방지한다는 명분으로 이루어진 많은 일"이 새로운 상황에서는 "역효과를 낳는다"는 것이다. 또 다른 함의는 "개선된 금융규제조차도 반드시 좋은 것은 아니"라는 것이다. "종류를 막론하고 지출이 많아질수록 경제에 좋은 시기에 무책임한 대출과 차입을 줄일 수 있기" 때문이다. 게다가 "우리의 화폐체계monetary system 전체를 재구성하는 것, 이를테면 종이 화폐를 없애고 예금에 대해 마이너스 금리를 주는 것"이 현명한 방책이 될 것이다. Paul Krugman, 'Secular Stagnation, Coalmines, Bubbles, and Larry Summers', *New York Times*, 16 November 2013, krugman.blogs.nytimes.com(2015년 8월 4일 접속).

은행ECB이 착수한 거대한 자산 매입 프로그램은 집계하지 않은 것이다. 이 과정에서 각국 중앙은행은 공공당국이자 민간 금융기업들의 건전성의 수호자라는 이중의 역할 속에서 경제정책에서 가장 중요하고 사실상 유일한 행위자가 되었다. 각국 정부가 엄격한 긴축상태 아래서 통화정책 결정에서 배제되었기 때문이다. 양적 완화는 일본(10년 이상 동안 거대한 규모의 양적 완화에 의존하고 있다) 같은 경제에서 디플레이션 압력을 전혀 물리치지 못했지만, 다른 대안이 없기 때문에 꾸준히 추구되며, 부채 매입에 의한 현금 생산이 끝나면 무슨 일이 생길지 아무도 모른다. 한편 유럽에서는 은행들이 정부 국채를 포함해 이제 더는 안전하지 않은 증권을 유럽중앙은행에 매각한다. 설령 마이너스 금리를 치러야 한다고 할지라도 그 대가로 받는 돈을 예금에 넣어두거나, 중앙은행이 정부에 직접 자금을 조달해주지 못하는 나라의 현금이 궁한 정부에 대출을 해주어 민간 신용시장에서 벌 수 있는 것보다 높은 금리를 거둬들인다. 이런 정도만큼 양적 완화는 적어도 금융 부문을 보호하는 데 기여한다.[25]

민주주의의 분리

위기 연쇄가 경로를 따라감에 따라 전후에 마지못해 이루어진 자본주

---

25 만약 '양적 완화'가 계속해서 경제 전반에 아무런 효과를 미치지 못하거나 중앙은행들이 새로 찍어낸 돈으로 사들인 자산을 너무 많이 포기해야 한다면, 통화정책, 아니 정책 일반이 쓸 수 있는 마지막 총알은 시민들에게 '헬리콥터 머니helicopter money'를 나눠주는 방식이 될 것이다. 결국 유효 수요의 시발점으로 귀결될 것으로 기대하면서 금융체계를 우회해서 가령 각 납세자에게 3,000달러짜리 수표를 발송하는 것이다. 하지만 사람들이 공짜로 얻은 돈을 자산시장에 투자해서 또 다른 거품이 생기거나 차입 축소에 쓰거나 충격 완화용 매트리스 속을 채우는 것도 가능하다. 이렇게 된다면 자본주의적 지혜의 최후가 될지 모른다는 의심이 든다.

의와 민주주의의 결합은 종언을 고했다.[26] 이번에도 역시 이 과정은 느리고 점진적으로 전개되었다. 정부 전복 시도는 전혀 없었다.[27] 선거는 계속 치러지고, 야당 지도자들이 수감되는 일은 없으며, 새로운 미디어든 낡은 미디어든 대체로 여론을 자유롭게 표현할 수 있다. 하지만 위기가 잇따라 발생하고 국가의 재정위기가 나란히 전개되자, 분배갈등의 장은 위쪽으로 이동하면서 시민들의 집단행동의 세계로부터 멀리 떨어지게 되었다. 이해관계가 테크노크라트 전문가들의 추상적 전문용어에서 '문제'로 등장하는 동떨어진 결정 장소로 옮겨간 것이다. 1970년대 인플레이션 시대에는 노사관계가 주요한 갈등의 장이었고, OECD 세계 전역에서 파업이 빈번하게 일어나면서 보통 사람들에게 가시적인 적에 대항하는 직접행동 속에서 타인들과 관계를 맺는 기회를 제공했다. 그리하여 보통 사람들은 갈등과 연대를 직접 개인적으로 경험하면서 종종 삶을 뒤바꾸는 결과를 얻을 수 있었다. 인플레이션이 끝난 1980년대 초에 파업역시 종언을 고했고, 자본주의 시장의 논리에 맞서는 재분배 이익의 방어는 선거의 장으로 옮겨갔다. 이 장에서는 대결의 쟁점이 사회복지국가와 그것의 미래 역할과 규모였다. 그리하여 재정 건전화가 진행되자 소

---

26 이 주제는 Wolfgang Streeck, *Buying Time: The Delayed Crisis of Democratic Capitalism*, London and New York: Verso Books, 2014[국역: 볼프강 슈트렉 지음, 김희상 옮김, 『시간 벌기』, 돌베개, 2015]에서 더 자세히 다룬 바 있다.

27 물론 2011년 유럽이사회의 단합한 동료들이 이탈리아와 그리스의 총리를 국제 **큰손금융**haute finance[주어진 경제체계 안에서 경제활동의 자금을 중개하는 일반적인 금융사업을 넘어 경제체계 자체를 바꾸거나 새로 창조하는 데서 이익을 얻는 거대 금융자본을 가리키는 말. 19세기 초의 로스차일드 가문과 19세기 말의 JP모건 등이 대표적인 사례다]의 관리들로 교체한 것은 예외다.

득이익income gain[이자나 배당에 의한 수입]이 신용 접근성에 좌우되기 시작했다. 금융시장에 대한 점차 느슨해지는 법적 규제와 금융산업의 이윤이자로 결정된 것이다. 결국 집단행동을 할 공간은 거의 남지 않았다. 금융시장에 종사하는 대다수 사람은 자신의 이해관계를 이해하고 착취자를 확인하는 게 어려웠기 때문이다. 4국면에 해당하는 오늘날 통화팽창과 재정긴축이 동시에 벌어지는 가운데 수많은 시민의 상대적·절대적 번영은, 일상적인 경험에서 동떨어지고 외부자들은 전혀 침투할 수 없는 은밀한 공간에서 움직이는 중앙은행 중역들, 국제기구, 온갖 종류의 각료회의 등이 내리는 결정에 좌우된다. 그들은 워낙 복잡한 문제를 다루기 때문에 내부자들조차 종종 무엇을 해야 하고 실제로 무엇을 하고 있는지를 확신하지 못한다.

신자유주의적 진보가 진행된 수십 년 동안 갈등의 장이 위쪽으로 이동한 동시에 전후의 **표준적인 민주주의 모델**이 서서히 잠식되었다. 이런 잠식은 OECD 자본주의를 위한 새로운 '하이에크적' 성장 모델의 점진적인 등장으로 추동되는 동시에 그 등장을 허용했다. 여기서 내가 말하는 표준적인 민주주의 이론이란 1945년 이후 OECD 자본주의에서 정상적인 것으로 간주되게 된 독특한 조합, 즉 상당히 자유로운 선거, 가급적이면 우파나 좌파의 기성 대중 정당에 의해 구성된 정부, 파업과 때로는 직장폐쇄의 권리를 법적으로 보장하는 굳건하게 제도화된 단체교섭 체계 아래의 강한 노동조합과 고용주 협회 등의 독특한 조합을 의미한다. 이 모델은 1970년대에 정점에 달한 뒤로 해체되기 시작했다.[28] 보기 드물고 단명한 예외가 있긴 하지만, 신자유주의가 진전하는 것과 동시에 모든 나라에서 선거 투표율이 꾸준히 줄어들었다. 게다가 유권자 수의 감소는 대단히 비대칭적이었다. 선거정치에서 낙오하는 이들의 압도적 다수가 소득 등급의 최하위에서 나왔다. 아이러니하게도 평등주의적 민주주의의 필요성이 가장 큰 계층이 정치에서 멀어진 것이다. 정당의 당원 수 또한 일부 나라에서는 극적으로 감소했다. 정당 체계가 파편화되었으며, 투표는 불안정하게 바뀌고 종종 변덕스러워졌다. 점점 많은 나라에서 유권자 층의 간극을 이른바 '포퓰리즘' 정당들이 어느 정도 메우기 시작했다. 대부분 우파지만 최근에는 좌파에서도 나오는 포퓰리즘 정당은 '시스템'과 '엘리트'집단에 항의하기 위해 주변화된 집단들을 동원한다. 노동조합의 조합원 수도 감소하는 중이다. 이런 추세는 오랫동안 선거와 마찬가지로 널리 인정받는 민주적 참여의 통로로 기능했던 파업이 거의 완전히 사라진 현상에서 반영된다.

표준적인 전후 민주주의의 종언은 예나 지금이나 대단히 중요하다. 국가관리 자본주의와 결합된 민주주의는 경제와 사회의 진보를 이끄는 엔진으로 기능했다. 민주주의는 노사관계와 사회정책을 통해 자본주의 시장경제의 수익 일부를 아래쪽으로 재분배함으로써 보통 사람들에게 생활수준 상승을 제공했으며, 그 결과로 자본주의 시장경제에 정당성을 안겨주었다. 그와 동시에 충분한 수준의 총수요를 확보함으로써 경제성장을 자극했다. 이런 이중적 역할은 케인스주의적 정치 겸 정책에 필수적이었다. 그리고 케인스주의적 정치 겸 정책은 조직노동의 정치적·경제적 힘을 생산적 힘으로 전환하고 민주주의에 긍정적인 경제적 기능을 할

---

28 Schäfer and Streeck, 'Introduction', *Politics in the Age of Austerity*.

당했다. 문제는 이 모델의 생존능력이 충분한 양의 정치적·경제적 힘을 동원하는 노동에 의존하는데, 노동은 전후 시대의 다소 폐쇄적인 국가경제 안에서 이런 동원을 할 수 있다는 점이었다. 각국의 국가경제 안에서 자본은 낮은 이윤과 경계가 엄격하게 정해진 경제 영역의 제한에 만족해야 했는데, 1945년 이후 조건부로 사냥 허가를 갱신받은 국가적 범위를 벗어날 출구가 보이지 않는 한 경제적 안정과 사회적 평화를 대가로 이런 현실을 받아들였다. 하지만 전후의 성장이 끝나면서 분배 수익이 줄어들자 이윤에 의존하는 계급들은 사회민주주의의 기반시설 역할이 아닌 대안을 찾기 시작했고, 이른바 '세계화'라는 탈국가화에서 대안을 발견했다. 국제 무역협정의 도움과 새로운 교통·통신기술의 지원을 받아 자본과 자본주의 시장이 국경을 넘어 성장하기 시작하자 부득이하게 지역에 기반을 두는 노동의 힘은 약해졌고, 자본은 새로운 성장 모델로의 이동을 압박할 수 있었다. 아래로부터 위로 부를 재분배함으로써 작동하는 모델이다. 바야흐로 케인스주의에 대항하는 자본의 반란으로서 신자유주의를 향한 행진이 하이에크 모델을 대신 즉위시킨다는 목표 아래 시작되었다.[29] 그리하여 실업의 위협이 실업의 현실과 더불어 복귀하면서 정치적 정당성을 경제적 규율로 점차 대체했다. 성장률 감소를 이윤율 증대와 점점 불평등해지는 분배로 보상받는 한 새로운 권력자들은 낮은 성장률을 받아들일 수 있었다.[30] 민주주의는 경제성장에 유리하게 기능

---

[29] 케인스주의와 그것이 정치경제에 낳은 결과에 대한 기업계의 정치적 반대를 가장 잘 설명한 글은 Michal Kalecki, 'Political Aspects of Full Employment', *Political Quarterly*, vol. 14, no. 4, 1943, 322~331쪽이다.

하기를 멈추었고, 실제로 새로운 성장 모델의 실행에 위협이 되었다. 따라서 민주주의는 정치경제에서 분리되어야 했다. 바로 이 순간 '포스트 민주주의'가 탄생했다.[31]

늦어도 1990년대에는 '세계화'가 신자유주의적 자본주의의 정당화를 위한 지배적인 정치경제 공식이 되었다. 독일어로 표현하면 이른바 Sachzwang, 즉 사물의 본질에 존재하는, 선택의 여지가 없게 만드는 현실적 제약으로 이해된 것이다. 얼마 지나지 않아 좌파조차도 세계화 개념을 정치적 수단으로 막을 수 없는 자연스러운 진화과정으로 내면화하기 시작했다. 한편 자본에게 세계화는 **영광의 30년**trente glorieuse[제2차 세계대전 직후부터 1970년대 중반까지 미국과 유럽의 경제가 번영을 구가한 시기] 시기에 갇혀 있던 사회민주주의라는 감옥 또는 노역소에서 빠져나오는, 오랫동안 갈망하던 출구를 제공했다. **이제 시장이 국가 안에 자리하는 게 아니라 국가가 시장 안에 자리하게 되었다.** 좌파 정부를 비롯한 각국 정부가 사회정책을 민간의 '경쟁력'을 위한—노동유인책을 재도입함으로써 노동을 재상품화하기 위한, 그리고 사회적 시민권을 교육 및 직업 성취로 대체하기 위한—공적 공급으로 재정의한 반면, 자본은 새롭게 얻은 이동성을 활용해서 세금을 인하하고, 규제를 완화하고, 좀바르트의 용어로 하자면(앞의 각주 11을 보라), 일반적으로 경직성을 유연성으로 대체할 것

---

30 실제로 성장률이 하락함에 따라 이윤은 회복된 반면 임금이 차지하는 비중은 줄어들었다. 2008년 이후 미국 경제의 전체적인 (소규모) 증대가 최상위 0.01퍼센트의 수중으로 들어간 시기가 있었다.

31 Colin Crouch, *Post-Democracy*, Cambridge: Polity Press, 2004[국역: 콜린 크라우치 지음, 이한 옮김, 『포스트 민주주의』, 미지북스, 2008].

을 압박했다. 하나의 담론으로서의 세계화는 20년에 걸쳐 새로운 **유일사상**pensée unique을 낳았다. '국제시장'의 '요구'에 적응하는 것이 모두에게 좋은 일이고 어쨌든 유일하게 가능한 정책이라는, '대안은 없다There Is No Alternative: TINA'는 정치경제의 논리였다. 이런 요구와 비교해볼 때, 표준적인 모델의 민주주의는 낡아 보일 수밖에 없었다. 너무 느리고 굼뜨며, 지나치게 집단주의적이고 보수적이며, 시장의 신호와 경쟁에 즉각적으로 반응하는 기민한 개인과 비교가 안 될 정도로 혁신적이지 못했다. 그러므로 시급하게 필요한 것은 새롭고 더욱 유연한 체제였으며, 이 체제는 금세 매력적인 이름을 얻게 되었다. 계급이 아니라 부문별로 조직되고, 강압적인 국가가 아니라 자발적인 '시민사회'가 운영하며, 시대에 뒤진 계급갈등을 전문가에 의한 현대적인 협력적 문제 해결로 대체하는 '인식공동체epistemic community'와 국제기구에 근거하는 '글로벌 거버넌스'가 그것이다.[32]

가장 빠르게 '세계화'한 부문은 금융이었다. 다른 어떤 부문보다도 금융에서 이 과정은 미국 경제, 더 구체적으로는 미국의 요구와 이해, 정책에 의해 추동된 미국 경제의 지배적 부문의 전 세계적 팽창과정과 다를 바 없었다.[33] 불과 10년여 만에 미국의 금융 부문은 글로벌 자본주의의

---

32 이런 견해를 대표하는 독일의 이론가로는 고故 울리히 벡, 그리고 어느 정도는 위르겐 하버마스 외에도 헬무트 빌케Helmut Willke(*Demokratie in Zeiten der Konfusion*, Berlin: Suhrkamp, 2014)를 들 수 있다.

33 페리 앤더슨이 명쾌하게 지적한 것처럼, 세계를 미국 경제의 확대된 경기장으로 바꾸고, 이 과정에서 미국 국내의 정치경제질서의 확장으로 바꾸는 것이야말로 제2차 세계대전 종전 이래 미국 대외정책의 목표였다. Perry Anderson, 'Imperium', *New Left Review*, vol. 83, September/October 2013, 5~111쪽.

금융 부문으로 변형되면서 다른 나라들의 금융 부문을 흡수하거나 제거했다. 다자간 국제기구들과 양자 간 협정을 활용해서 미국 금융기업들에 다른 나라의 자본시장을 개방하는 가운데 미국 금융산업의 공격적인 규제완화는 세계 각지에서 자본을 끌어당겼다. 전 지구적 차원에서 재건된 금융산업은 아마 미국을 제외하고는 모든 곳에서 민주적인 통제를 효과적으로 피해 갔다. 하지만 이 산업은 경제성장과 조세 수입, 선거 기부금의 가장 중요한 원천이 되었다. 어쨌든 미국이 지배하는 허약한 '글로벌 거버넌스' 기구들을 제외하면 사실상 자체적으로 관리하게 된 금융은 자체적인 정부가 되었다. 현금에 굶주린 **부채국가**들은 자본 이동성의 새로운 기회 때문에 가장 부유한 시민과 기업들에 세금을 부과할 능력을 상실하고 민간 금융 부문에 대출과 전문가 조언을 요구할 정도였다. 채무자 신세가 된 각국의 민주주의는 제2의 유권자집단인 금융산업에 직면하기 시작했는데, 이 산업은 사회에서 국가의 역할에 관해, 특히 정부가 얼마나 많은 세금과 지출을 허용해야 하고 어떻게 공공세입을 인상하고 지출을 할당할지에 관해 자신들만의 독특한 생각을 갖고 있었다.

글로벌 금융화 이후 오늘날 민주주의는 두 유권자집단, 즉 일국적인 국가국민staatsvolk, state people과 국제적인 시장국민marktvolk, market people 사이의 싸움으로 이해할 수 있다(213쪽의 〈표 4-1〉을 보라). 국가국민의 권리는 국가의 정치적 지위 또는 시민권에 토대를 두는 반면, 국제금융의 시장국민은 공공정책에 대한 소유권을 상업계약으로부터 끌어낸다. 대부자들에게 여러 대안이 있는 포괄적인 글로벌 시장에서는 상업계약에 우선권이 있기 때문이다. 금융산업은 고객들에게 유동성을 제공함으로써 고객들에 대한 통제를 확립하는데, **이것이야말로 신용의 본성**

이다. 금융화는 금융 부문을 국제적인 **사적 정부**로 변신시키는데, 이 국제적 정부는 각국의 정치공동체와 그 공공정부를 규율하면서도 어떤 식으로든 민주적 책임성을 갖지 않는다. 각국으로부터 독립적인 동시에 통화정책의 성공을 위해 민간 금융 부문의 협력에 의존하는 각국 중앙은행이 휘두르는 돈의 힘이 표의 힘을 대체하면서 하이에크 모델—성장 모델이 아니라 이윤 증대 모델—의 핵심 요건인 민주주의와 정치경제의 분리에 추가된다.

고삐 풀린 상품화

민주주의와 정치경제가 분리되면서 민주적 과정이 고갈되는 한편 자본주의가 새로운 시장 중심의 불평등한 성장 모델로 거리낌 없이 이동하는 것과 나란히, 세계화는 과거에 칼 폴라니가 '허구적 상품'이라고 지칭한 노동·토지·화폐의 상품화를 어느 정도 효과적으로 제한한 사회체제의 깊은 잠식을 야기했다.[34] 폴라니에 따르면, 발전을 계속하기 위해서 궁극적으로 모든 것을 상품화하려고 노력해야 한다는 점이야말로 자본주의 발전과 '자기조정적 시장self-regulating market'이라는 '유토피아'의 논리다. 하지만 노동·토지·화폐가 그 사용가치를 유지하려면 좁은 한계 안에서만 상품화될 수 있다. 완전한 상품화는 노동·토지·화폐를 파괴하

---

34 Karl Polanyi, *The Great Transformation: The Political and Economic Origins of Our Time,* Boston, MA: Beacon Press, 1957[1944] [국역: 칼 폴라니 지음, 홍기빈 옮김, 『거대한 전환』, 길, 2009]. 이 절에서는 지면상 개략적인 설명만 할 수 있는 1장의 일부를 선별해서 서술한다.

며, 따라서 자본축적을 향상시키기는커녕 가로막는다. 다시 말해 자본주의는 자신의 논리에 따라 스스로를 손상시키면서 모든 것을 완전히 상품화하려는 시도를 '사회'가 가로막는 것을 자의로든 타의로든 받아들이는 한에서만 살아남을 수 있다. 노동·토지·화폐의 완전한 상품화를 저지하고 남용되지 않도록 보호하려면 정부의 권위가 필요하다. 하지만 그런 자원은 세계화에 의해 철저하게 고갈되고 있다. '거버넌스'로는 자본주의가 도를 넘어 스스로를 손상시키는 것을 막기에 충분하지 않다. 세계화는 마르크스가 노동일의 정치학에 관한 독창적인 분석에서 경쟁적 시장 때문에 발생하는 집단행동의 문제를 해결하는 데 필요한 유일한 장치라고 본 정치적 역량을 먹어치운다.

노동자들은 '자기들을 괴롭히는 뱀'으로부터 자신을 방어하기 위해 단결하지 않으면 안 된다. 그리고 노동자들은 자본과의 자발적인 계약에 의해 자기 자신과 가족을 노예상태와 죽음으로 팔아넘기는 것을 방지해줄 법률, 즉 강력한 사회적 장벽을 제정하도록 하나의 계급으로서 강요하지 않으면 안 된다.[35]

마르크스의 분석이 현대의 상태, 특히 자본주의가 어떻게 종언을 고할

---

[35] 마르크스는 영국 노동자들이 공장법을 통과시킬 수 있었던 이유 중 하나가 고용주 자신들이 '악마의 맷돌'과도 같은 영국 공장에서 노동자들이 계속 갈려나가는 것을 걱정했기 때문임을 알고 있었다. 하지만 경쟁에 노출된 채 변변한 조직도 이루지 못한 고용주들은 자신들도 알고 있는 합리적인 이익에 따라 행동할 수 없었다(Karl Marx, *Capital: A Critique of Political Economy*, Vol. 1, New York: International Publishers, 1967[1867], 285쪽).

까라는 문제에도 타당함을 보여주기 위해 나는 노동 영역에만 한정하고자 한다.[36] 세계화는 마르크스와 엥겔스, 19세기의 공장 감독관들이 맨체스터에서 발견한 노동착취 공장들을 자본주의의 주변부로 옮겨놓았다. 현대 자본주의 생산체계 중심부에 거주하는 오늘날의 노동귀족들에게는 보이지 않는 곳이다. 따라서 오늘날의 저임금 피착취 노동자들과 '선진' 자본주의 국가들의 중간계급 노동자들은 공간적으로 서로 워낙 동떨어진 탓에 만날 일이 없고, 같은 언어를 쓰지 않으며, 공동의 집단행동에서 유래하는 공동체와 연대를 함께 경험할 일도 없다. '서구' 노동자들이 자본주의가 진보한 결과로 이제 근절되었다는 말을 듣는 바로 그 착취에 노출된 이들은 기껏해야 자선의 대상이 되는 반면, 서구 중간계급과 대다수 노동계급의 소비주의 생활방식은 '개발도상' 세계의 저임금과 야만적 노동조건에 의존한다. 그와 동시에 부유한 자본주의 나라의 노동자들은 값싼 티셔츠나 스마트폰을 구매함으로써 **생산자인** 자신들에게 **소비자로서** 압력을 가하면서 생산의 해외이전을 가속화하고 그 결과로 자신들의 임금과 노동조건, 고용을 손상시킨다.

게다가 세계화는 일자리뿐만 아니라 노동자들까지 이전한다. 신자유주의 이데올로기는 개인의 자유와 인권이라는 이름 아래 이주와 열린 국

---

36 물론 체제 잠식은 토지 또는 자연과 관련해서도 빤히 보인다. 이 영역에서 글로벌 자본주의의 파편화된 정치는 가속화되는 자연환경 소비와 파괴를 억제할 수 없음이 입증되고 있다. 여기서 말해야 하는 모든 내용은 교황의 회칙 「찬미받으소서Laudato si」[국역: 한국천주교교회의 옮김, 『찬미받으소서─프란치스코 교황 회칙』, 한국천주교중앙협의회CBCK, 2015]에서 말해진다. 불확실성과 체계안정에 대한 항구적인 위협의 또 다른 원천은 각국 정부와 중앙은행, 금융기업들의 경쟁적인 통화 창조, 그리고 빚을 거래 가능한 상품으로 바꾸는 관행이다. 이런 현상은 2008년 붕괴 이후에도 대부분 '글로벌 거버넌스'에 의해 규제되지 않는다.

경을 지지한다. 노동이주가 수용국의 고용주들에게 무제한적인 노동공급을 제공함으로써 보호주의적인 노동체제의 안정성을 뒤흔든다는 점을 알기 때문이다. 자유주의적인 중간계급만이 아니라 유순한 노동자를 원하는 고용주들도 종족적 다양성을 환영한다. 이주 노동자들은 입국을 허용받은 데 대해 감사하며, 또 실업자가 되거나 전투적인 활동에 참여해서 국외로 추방당하는 것을 피하고 싶어하기 때문이다. 따라서 이주는 특히 저소득 직종에서 노동자들의 집단적 조직화를 어렵게 만든다. 이주는 또한 최저임금과 고용보호를 폐지하는 것을 목표로 삼는 신자유주의 정책에 찬성하는 토박이 노동자들의 연대의식을 동원하는 선전도구로 활용될 수 있다. 노동조합이 '내부자'를 위해 '외부자'를 인종 차별한다고 비난할 수 있기 때문이다. 그리하여 우익 포퓰리즘 정당과 운동이 토박이 노동계급의 노동시장 이익과 연결되면, 노동보호는 한층 더 정당성을 잃는 반면 노동계급은 어느 때보다도 더 분열된다.

  노동자와 그 가족들을 시장의 압력으로부터 보호하기 위한 격렬한 정치투쟁이 벌어진 뒤 확립된 전후의 일국적 노동체제가 국제 경쟁에 의해 전복되는 가운데 주요 자본주의 국가의 노동시장은 불안정한 고용, 제로 아워 일자리zero hours job[정해진 노동시간 없이 임시직 계약을 한 뒤 일한 만큼 시급을 받는 일자리를 가리킨다. 최소한의 노동시간과 최저임금을 보장받는 파트타임보다도 열악한 일자리다], 프리랜서와 대기직standby work 등으로 바뀌는 중이다. 소규모 지방 기업만이 아니라 대규모 글로벌 기업에서도 종종 이런 변화가 나타난다. 극단적인 사례로 이른바 '공유경제'의 거물 기업인 우버Uber를 들 수 있다. 우버는 새로운 통신기술의 도움을 받아 자체적인 노동력이 거의 전혀 없이 움직인다. 미국 한 나라에서만 16만여 명이 우버에 생계를 의존하는데, 그중 4,000명만이 정규직원이다.[37] 나머지 사람들은 고용 리스크가 사유화·개인화되고 있으며, 삶과 노동이 떼려야 뗄 수 없게 융합된다. 그와 동시에 노동귀족 중간계급 가구는 어느 때보다도 벅찬 직장과 소비의 의무를 충족시키려고 노력하면서 육아 도우미를 비롯한 가내 도우미의 저임금 노동력에 의존한다. 이 가내 도우미들은 대부분 이민자이고 여성이다. 고용주들이 글로벌 경쟁 압력에 시달리고 노동자들이 일자리를 걱정하는 가운데, 노동조합은 신규 산업이나 기업에서 힘을 잃거나 아예 생기지도 않는다. 그 결과, 가령 랜덜 콜린스가 과잉교육을 받은 새로운 중간계급에 대해 예측한 것처럼, 어느 때보다도 빠르게 노동을 재조직화하는 데 착수하는 기술변화의 충격을 완화할 수 있는 어떤 정치적 역량도 존재하지 않는다.[38]

이제까지 노동의 전면적인 상품화에 방해가 되었던 규제를 뿌리 뽑는 것은 왜 단순히 노동자의 위기가 아니라 **자본주의**의 위기 징후로 보아야 할까? 리처드 세넷Richard Sennett이 강조하는 한 가지 이유는 어느 때보다도 높아지는 '유연성' 요건은 안정된 직업적 정체성에 부여된 생산적 노동역량의 발달과 양립할 수 없다는 점이다.[39] 아마 무엇보다도 거시적 수준에서 보면, 과도한 상품화와 유연화를 통한 노동계급의 파편화와 노동의 지위 저하는 자본주의의 진보적인 면을 반동적인 면과 분리해서 유지하려는 사회주의 같은 일관성 있는 대항기획의 정식화를 차단한다. 선

---

37 진화하는 고용양상의 한 사례로서 우버를 검토한 글로는 'Rising Economic Insecurity Tied to Decades-Long Trend in Employment Practices', *New York Times*, 12 July 2015, nytimes.com(2015년 11월 29일 접속)을 보라.

진적인 사회질서에서 자본주의의 **지양**Aufhebung을 목표로 삼는 이런 집단적 정치기획—시장의 독재를 넘어서는 근대적 삶의 유토피아—은 현존하는 사회에 도전할 뿐만 아니라 동시에 인간 진보의 상상된 역사에서 하나의 이행단계로서 그것을 정당화한다. 노동계급의 전 지구적 분산과 언어와 종족에 따른 분리, 중심부에서 이루어지는 소비·생산·재생산이

---

38 최소한 지난 20년 동안, 특히 2008년 이래 진행되고 있는 노동세계의 심대한 변형을 요약하려면 책 한 권을 충분히 쓸 수 있고 써야 한다. '부유한' 자본주의 국가 전역에서 임금과 노동조건이 악화된 고용이 급격히 늘어났으며, 저임금은 훨씬 더 낮아지고 있다. 'Low-Income Workers See Biggest Drop in Paychecks', *New York Times*, 2 September 2015, nytimes.com(2015년 11월 29일 접속)을 보라. 또한 위기 이후 고용이 '회복'된 곳에서는 대개 괜찮은 일자리가 나쁜 일자리로 대체되고 있으며, 노동자들은 나쁜 일자리나마 받아들일 수밖에 없다. 게다가 고용 리스크가 사유화됨에 따라 종종 노동자들 스스로 (추가로) 빚을 내서 직업 재교육 비용을 치러야 한다. 'Seeking New Start, Finding Steep Cost', *New York Times*, 17 August 2014, nytimes.com(2015년 11월 29일 접속). 전 세계적으로 노동일정표가 점차 유연해지면서 가정생활이 잠식되고 부모들이 세대 간 자원과 시간 이전으로 광범위한 보조를 해주어야 한다. 'The Perils of Ever-Changing Work Schedules Extend to Children's Well-Being', *New York Times*, 12 August 2015, nytimes.com(2015년 11월 29일 접속). 또한 아마존이나 구글같이 유행을 선도하는 기업들에서는 새로운 인적 자원 관리 전략에 따라 노동을 강화하면서 막대한 양의 미지불 잔업을 포함해 노동자들에게서 최대한의 노력을 짜낸다. 'Inside Amazon: Wrestling Big Ideas in a Bruising Workplace', *New York Times*, 15 August 2015, nytimes.com(2015년 11월 29일 접속)을 보라. 투자은행이나 법률사무소같이 새로운 중간계급이 선호하는 고용현장인 고급 서비스 부문의 기업들도 사정은 마찬가지다. 'Work Policies may be Kinder, but Brutal Competition Isn't', *New York Times*, 19 August 2015, nytimes.com(2015년 11월 29일 접속).

39 Richard Sennett, *The Corrosion of Character: The Personal Consequences of Work in the New Capitalism*, New York: W. W. Norton & Company, 1998[국역: 리처드 세넷 지음, 조용 옮김, 『신자유주의와 인간성의 파괴』, 문예출판사, 2002]; Richard Sennett, *The Culture of the New Capitalism*, New Haven, CT: Yale University Press, 2006[국역: 리처드 세넷 지음, 유병선 옮김, 『뉴캐피털리즘』, 위즈덤하우스, 2009]; Richard Sennett, *The Craftsman*, London: Allen Lane, 2008[국역: 리처드 세넷 지음, 김홍수 옮김, 『장인』, 21세기북스, 2010]. Zygmunt Baumann, *Liquid Modernity*, Cambridge: Polity, 2000[국역: 지그문트 바우만 지음, 이일수 옮김, 『액체근대』, 강, 2009]도 보라.

주변부에서 수입한 노동과 주변부로 수출된 일자리에 의존하는 상황, 계급적 연대가 자선으로 악화되는 현상 등으로 계급의식과 집단행동을 지지하기보다는 좌절시키는 사회구조가 만들어지면서 자본주의는 대안뿐만 아니라 진보의 가능성까지 상실하고 있다.

체계적 무질서: 과두제와 부패

나중에 이 책의 1장이 된 강연 말미에서 나는 현대 자본주의에서 발생해 그 미래 또는 미래의 부재를 제약할 공산이 큰 '체계적 무질서' 다섯 가지를 확인했다. 나는 이 다섯 가지에 스태그네이션, 과두적 재분배, 공공영역의 약탈, 부패, 글로벌 무정부상태라는 이름을 붙였다. 당시 내가 말한 내용을 다시 읽어보아도 고칠 부분이 전혀 없다. 실제로 그 후 2년이라는 짧은 시간 동안 다섯 가지 조건 모두 훨씬 더 뚜렷해졌다. 이 절에서는 과두제와 부패에 관해 몇 가지만 자세히 설명해보겠다. 이 둘은 물론 밀접하게 연결된다. 장기 스태그네이션, 공공기반시설의 사적 횡령, 글로벌 무정부상태와 마찬가지로, 과두제와 부패는 신자유주의적 자본주의 사회의 체계통합과 안정을 결정적으로 약화시킨다는 공통점이 있다.[40]

우선 **과두적 불평등—신봉건주의**라고 말해도 무방하다— 을 살펴보자. 자본주의의 미래 또는 미래의 부재를 위해 여기서 무엇보다도 중요한 것은 현대 자본주의 사회에서 극소수가 상상도 하지 못할 정도로 부유해지고 있다는 사실이 아니다. 이 점에 관해서는 최근에 무수히 많은 문헌이 나왔지만 정치적 효과는 거의 또는 전혀 없었다. 체계안정의 관점에서 보면, 보통 말하는 불평등보다 더 중요한 것은 이미 불평등이 위낙 심해진 나머지 부자들은 자신과 가족들의 운명이 자신들이 부를 뽑아내는 사회의 운명과 전혀 무관해졌다고 당당하게 생각한다는 점이다. 그 결과 부자들은 이제 더는 사회에 관심을 가질 이유가 없다. 부의 격차가 워낙 커져서 경제권력과 정치권력의 융합, 즉 **과두제**가 생겨나는 상황에서 이것은 문제—이른바 '모럴 해저드'의 문제—가 된다. 제프리 윈터스Jeffrey Winters는 미국에서 점증하는 불평등이 어느 정도나 과두적 권력구조를 낳고 있는지를 평가하기 위해 현대 미국에 대해 이른바 **물력 지수**Material Power Index를 계산한 바 있다.[41] 이 지수의 한 종류는 최상위 납세자 400명과 하위 90퍼센트의 평균소득의 관계를 검토한다. 윈터스는 2007년 이후의 데이터를 활용해서 그 비율이 1만 327대 1이라는 경이적인 수치임을 발견한다(215쪽). 또 다른 종류의 지수는 2004년 기준 주택자산을 제외한 가구자산을 토대로 최상위 100가구를 다시 하위 90퍼센트와 비교한다. 이 비율은 10배 이상 더 높아서 10만 8,765대 1이다(217쪽). 윈터스에 따르면, 이 수치는 대략 로마제국 전성기에 원로원 의

---

40 원래 쓴 글에서 언급하지 않은 공공영역 약탈의 한 가지 중요한 측면은 현대 전쟁에서 민간기업이 수행하는 역할이 커진다는 점이다. 실제로 드러나는 것처럼, 아프가니스탄과 이라크에서 미국 지상군의 다수는 블랙워터Blackwater 같은 기업이 고용한 용병이었다. 과거에 공공 부문 산업이었던 분야에서 안전하고 수익성 높은 투자의 새로운 기회를 발견하고 모여든 것이다 (블랙워터에 관해서는 Sean McFate, *The Modern Mercenary: Private Armies and What They Mean for World Order*, Oxford: Oxford University Press, 2015를 보라). 전쟁을 민간산업에 하청 주면 국내 기업들이 개입주의적 대외정책을 위해 적극적으로 로비를 벌이는 결과를 낳을 공산이 크다. '군산복합체'에 관한 오래된 이론들이 상상한 미래와 비슷한 것이다. 물론 살상력을 민간 공급자들에게 의존할 수 있다면 미국이나 영국 정부는 자본주의 주변부에 대한 군사개입을 가로막는 억제에서 자유로워진다. 특히 상업화된 폭력은 대중의 시선에서 감추기가 더 쉽기 때문이다.

41 Jeffrey A. Winters, *Oligarchy*, New York: Cambridge University Press, 2011.

원과 노예의 물력 격차에 해당한다.[42]

미국의 과두지배자oligarch들은 우크라이나나 러시아 같은 사회의 비슷한 부류와 달리 '지배하지 않는' 유형이다. 그들은 직업 정치인들이 운영하는 공적 관료제와 법치국가, 선출된 정부와 나란히 사는 데 만족하기 때문이다. 하지만 그렇다고 해서 그들이 자국의 국내 정치에 관여하지 않는 것은 아니다. 최소한 계속 부를 축적하고 미래에도 부를 보전할 수 있도록 최적의 상태를 유지해야 하기 때문이다. 오늘날 미국 과두지배자들이 가진 '물력'은 그 밑바탕에 놓인 막대한 경제적 불평등이 정치적 민주주의를 아랑곳하지 않고 스스로 재생산될 수 있게 만드는 수준에 다다랐다. '물력' 덕분에 슈퍼리치들이 정치적 다수와 사회적 정당성을 손에 넣을 수 있기 때문이다. 그들은 온갖 종류의 선거 기부금을 통해 정치적 다수를 획득하는 한편,[43] 세계화가 진행되는 과정에서 친구들의 도움까지 받아가며 과두지배자들이 소유한 부가 과세로부터 안전해진 결과로 생겨난 공적 복지의 결손을 일정 정도 메우는 자선행위를 통해 자신들의 사회적 정당성을 획득한다.[44] 윈터스가 보여주는 것처럼, 과두제 엘리트들은 다른 모든 문제에서는 의견이 갈릴지 몰라도 자신들의 부를 지키려는 열망에서는 일치단결한다. 이를 위해 그들은 변호사, 홍보 전문가, 로비스트, 전·현직 정치인, 경제학과 전체를 포함한 온갖 부류의 싱크탱크와 이데올로그 등으로 이루어진, 거대하고 대단히 정교한 '자산 방어 산업wealth defense industry'을 활용할 여력이 있다.[45]

---

42 Jeffrey A. Winters, 'Oligarchy and Democracy', *The American Interest*, vol. 7, no. 2, 2011.

43 2015년 8월 1일자 『뉴욕타임스』에 따르면, "2016년 대통령 선거에서 모금된 돈의 절반 가까이를 책임진 것은 400가구가 채 되지 않았다. 현대에서 전례를 찾아보기 힘들 정도로 정치 기부금 제공자가 소수에 집중된 것이다." 선거 전해인 2015년 7월 말 무렵, 전체 선거운동 기부금이 이미 3억 8,800만 달러에 달했다. 'Small Pool of Rich Donors Dominates Election Giving', *New York Times*, 1 August 2015, nytimes.com(2015년 8월 12일 접속). 더 광범위한 설명으로는 David Cole, 'The Supreme Court's Billion-Dollar Mistake', *New York Review of Books*, 19 January 2015를 보라. "대법원이 '시민연합Citizens United 사건' 판결을 내린 이래 5년에 걸쳐 대형 정치활동위원회political action committee: PAC[미국에서는 기업이나 노동조합 같은 이익단체가 후보자와 정당에 직접 기부하는 것이 법률로 금지되어 있기 때문에 정치 후원금을 주고받는 양쪽이 정치활동위원회를 설립해서 후원금을 처리한다]들은 연방선거운동에 10억 달러 이상을 지출했다. (……) 이 10억 달러 가운데 60퍼센트 정도가 불과 195명에게서 나왔다. (……) 보수 성향 정치활동위원회로 아이러니한 이름을 가진 엔딩스펜딩Ending Spending의 경우에 200달러 이상의 평균 기부금 액수는 50만 2,188달러였다." 2016년 선거운동 당시 세계 최고의 부자로 손꼽히는 억만장자 기업가인 찰스 G. 코크와 데이비드 H. 코크 형제Charles G. and David H. Koch는 8억 8,900만 달러의 기금을 모았다. 양대 정당 각각의 예산에 맞먹는 액수였다. 'Koch Brothers' Budget of $889 Million for 2016 Is on Par with both Parties' Spending', *New York Times*, 26 January 2015, nytimes.com(2015년 11월 30일 접속).

44 뉴욕 시의 공원과 놀이터 개선 사업을 사실상 억만장자들이 결정한다는 사실에 관해서는 'The Billionaires' Park', *New York Times*, 30 November 2014를 보라. "센트럴파크가 현재 반짝이는 보석이 된 것은 7억 달러의 민간투자 덕분인데, 2년 전에—센트럴파크에서 몇 걸음 떨어진 대저택에 사는—어느 헤지펀드 매니저가 공원을 더 빛내기 위해 1억 달러를 기부했다. (……) 한편 예산 부족에 허덕이는 많은 공원이 황폐해지고 있다. 올해 가을 빌 드 블라시오Bill de Blasio 시장은 1억 3,000만 달러를 투입해서 저소득층 동네의 공원 35곳의 시설을 개선하겠다고 약속했다. 딜러Barry Diller 씨와 그의 부인 다이앤 본 퍼스텐버그Diane von Furstenberg가 2.7에이커[약 1만 100제곱미터] 규모의 새 공원을 짓는 데 기부하겠다고 약속한 금액과 같은 액수다." nytimes.com(2015년 11월 30일 접속). '대형 헤지펀드 SAC캐피털어드바이저스SAC Capital Advisers'의 설립자로 몇 건의 내부거래 조사 대상자인 스티븐 A. 코언Steven A. Cohen은 이른바 '로빈후드재단Robin Hood Foundation'을 후원한다고 전해진다. 로빈후드재단이 맨해튼에서 연 2013년 "연차 총회에서는…… 보노와 스팅, 엘튼 존의 특별공연을 했는데, 빈곤에 대항하기 위한 기금으로 7,200만 달러를 모았다." 'SAC Starts to Balk over Insider Trading Inquiry', *New York Times*, 17 May 2013, dealbook.nytimes.com(2015년 11월 30일 접속).

45 코크 형제가 제임스 뷰캐넌James Buchanan이 조지메이슨대학에 설립한 공공선택연구소 Center for Study of Public Choice를 수십 년 동안 지원하는 것이 대표적인 사례다. Nancy MacLean, *Forget Chicago, It's Coming from Virginia: The 1970s Genesis of Today's Attack on Democracy*, Unpublished Manuscript, 2015를 보라.

미국 이외 지역의 과두지배자들은 대부분 자국에서 돈을 빼내 뉴욕이나 런던에 다시 자리를 잡는다. 이와 대조적으로 미국의 과두지배자들은 더욱 코스모폴리탄인 동시에 애국자다. 그들은 전 세계에서 부를 뽑아내 맨해튼에 있는 글로벌 금융기업에 맡겨둔다. 다른 나라의 과두지배자들은 자국 사회가 붕괴하게 내버려둔 채 탈출해서 미국으로 이주하는 것을 선호하는 반면, 미국의 과두지배자들은 자국에서 발언권을 행사해 이 나라가 외국인 동료 과두지배자들뿐만 아니라 자신들을 위한 안전한 피난처로 계속 기능하게 만든다. 그들의 이런 노력이 성공을 거두는 한 미국식 과두적 신봉건주의를 가령 서유럽에 그대로 복제할 필요는 없다. 현대 자본주의 세계체계의 구조를 감안할 때, 정치적·이데올로기적으로 글로벌 과두제의 자산을 지키기 위해 중요한 것은 가령 미국 의회가 토마 피케티Thomas Piketty를 필두로 한 지식인들이 제안하는 글로벌 부유세에 절대 동의하지 않도록 미국 정치를 통제하는 일이다.[46] 이런 통제가 확실히 유지되는 한, 프랑스나 독일에서 누가 어떤 야심을 가지고 지배하는지는 사실 중요하지 않다.

여기서 간략하게 다루고자 하는 자본주의의 두 번째 무질서는 **부패**다. 나는 이 개념을 형법의 정의를 넘어 폭넓게 쓴다. 여기서 내가 말하는 부패란 현대 정치경제의 안팎에서 막대한 물질적 이득을 얻을 수 있는 기회가 급증하는 가운데 경쟁에서의 성공과 개인적 또는 조직적 축재를 위

---

46 Thomas Piketty, *Capital in the Twenty-First Century*, Cambridge, MA: Harvard University Press, 2014[국역: 토마 피케티 지음, 장경덕 옮김, 『21세기 자본』, 글항아리, 2014].

해 신뢰와 도덕적 기대를 체계적으로 저버리고 법률 규정을 노골적으로 위반하는 것을 의미한다. 앞에서 지적한 것처럼, 부패는 가령 내부거래, 담보대출, 돈세탁, 요율결정 등에 관한 법률 규정을 우회하거나 노골적으로 위반함으로써 가장 높은 수익을 거둘 수 있는 금융 분야에 특유한 현상이다. 실제로 금융에서는 기만행위가 정상적인 관행으로 여겨질 수 있으며, 따라서 특히 내부자들 사이에서는 그런 행동이 도덕적 분노를 불러일으키지 않는다.[47] 미국 한 나라만 보면, 2014년 6월까지 주요 은행들은 2008년 금융위기와 관련해서만 법률 위반에 대한 심리면제 합의 비용으로 1,000억 달러 정도를 지불하는 데 동의했다.[48] 그로부터 1년 남짓 지난 뒤에 『프랑크푸르터 알게마이네 차이퉁』은 모건스탠리의 연구 결과를 바탕으로 미국과 서유럽 은행들이 2008년 이래 합의비용으로 전부 합쳐 약 2,600억 달러를 지불했다고 보도했다.[49] 이 사건들 중 어느 것도 재판까지 가지 않았음을 주목하라. 사법체계가 이윤을 벌기 위해 법

---

47 David A. Stockman, 'State-Wrecked: The Corruption of Capitalism in America', *New York Times*, 31 March 2013은 예외적인 글인데, 글쓴이는 이 주제에 관해 특히 식견이 많은 전문가로 볼 수 있다.

48 'Vernunft durch Strafen in Milliardenhöhe', *Frankfurter Allgemeine Zeitung*, 29 June 2015, faz.net(2015년 12월 2일 접속). 다른 자료에서는 뱅크오브아메리카Bank of America 한 곳의 합의비용으로만 같은 액수를 거론하는 것을 보면, 이 추정치는 지나치게 적어 보인다. John Maxfield, 'The Complete List', *The Motley Fool*, 1 October 2014, fool.com(2015년 12월 2일 접속).

49 'Banken zahlen 260 Milliarden Dollar Strafe', *Frankfurter Allgemeine Zeitung*, 24 August 2015, www.faz.net(2015년 12월 2일 접속). 금 가격과 런던 은행 간 금리London Interbank Overnight Rate: Libor의 부정한 고정 같은 주요 사건은 아직 미해결상태다. 미국뿐만 아니라 프랑스(파리바은행), 독일(도이체방크), 스위스(UBS), 영국(HSBC) 등 주요 은행이 모두 각각 여러 사건에 연루되어 있다.

을 어기는 금융기관들이 느끼는 경쟁 압력에 깊이 감정이입을 하고 있음을 보여주는 증거다. 정식 재판에서 유죄판결을 받는 경우에 어떤 형벌이 기다리고 있을지를 가늠해보려면, 이 은행들이 치를 소송비용을 합의 비용에 합산해야 한다. 물론 두 비용의 상당 부분은 세금 정산용 사업비로 신고될 자격이 충분할 것이다.

그런데 금융 부패는 여기서 끝나지 않는다. 금융에서 큰돈을 벌려면 '시장'에서 예상되는 상황에 관한 비밀스러운 정보를 미리 알 뿐만 아니라 정부 정책에 관해서도 가급적 사전에 정통해야 한다. 더군다나 정책의 구상과 실행에 영향을 미칠 능력이 있어야 한다. 따라서 충분히 예상 가능한 일이지만, 군수산업을 제외하고 어떤 산업도 월스트리트와 정부의 회전문 관계와 유사한 관계를 쌓지 못했다. 1995년부터 1999년까지 클린턴 정부에서 재무장관을 지낸 로버트 루빈Robert Rubin과 2006년부터 2009년까지 아들 부시 정부에서 같은 직책을 맡았던 헨리 폴슨Henry Paulson을 보자. 둘 다 골드만삭스의 최고경영자를 역임했는데, 루빈은 금융 규제완화에 톡톡히 기여했고, 폴슨은 2008년에 그 결과를 관장했다. 하지만 이 두 사람은 엄청나게 큰 빙산의 일각일 뿐이다. 말 그대로 수백 명의 전직 또는 미래의 골드만삭스 사람들이 갖가지 정부 직책을 차지하고 있기 때문이다.[50] 루빈 재무장관 시절 부장관이자 후임 장관을 지낸 로렌스 '래리' 서머스 같은 인물도 있다. 그는 수십 년 동안 학계에서 정부, 금융 분야를 지치지 않고 오가면서 큰 보상을 받고 있다.[51] 오바마 행정부의 법무장관으로 2008년부터 2014년까지 재직한 에릭 홀더Eric Holder도 빼먹으면 안 된다. 월스트리트 금융기업들과 잇따라 심리면제 합의를 교섭할 당시 그는 무엇보다도 바로 그 금융기업들을 대변하는 일을 전문으로 하는 월스트리트 법무법인에서 휴직 중이었다. 홀더가 법무장관으로 재임하는 동안 단 한 명의 은행가도 감옥은 말할 것도 없고 법정에 서는 일도 없었다. 장관이 되기 전에 1년에 250만 달러를 벌던 홀더는 2015년에 사임하고 파트너십을 재개해서 예전 직책으로 복귀했다.[52] 물론 홀더를 임명한 오바마 대통령은 선거운동 기부금의 3분의 1 이상을 금융산업에서 모았다.[53]

---

50 골드만삭스에 관한 문헌목록은 끝이 없다. 전반적인 소개로는 Matt Taibbi, 'The Great American Bubble Machine', *Rolling Stone*, no. 9, July 2009를 보라. 골드만삭스 출신이거나 나중에 그곳에 안착한 상원의원, 주지사, 장관, 중앙은행장 등등의 이름을 모두 열거하기란 불가능하다. 그저 감을 잡아볼 정도로는 타이비의 글을 보라. "구제금융 당시 부시의 백악관 비서실장이었던 조슈아 볼턴Joshua Bolten, 불과 1년 전 골드만삭스의 로비스트였던 현[2009년] 재무장관 비서실장 마크 패터슨Mark Patterson, 전 골드만삭스 이사로 폴슨이 구제금융을 받은 거대 보험사 AIG의 경영을 맡긴 에드 리디Ed Liddy 등이 있다. 참고로 AIG는 리디가 취임한 뒤 골드만삭스에 130억 달러 이상을 지불했다. 캐나다와 이탈리아 국립은행의 수장들은 골드만삭스 출신이며, 세계은행 총재, 뉴욕증권거래소 소장, 뉴욕연방준비은행의 최근 총재 두 명도 골드만삭스 출신이다. 공교롭게도 뉴욕연방준비은행은 현재 골드만삭스를 감독하는 책임 주체다."

51 서머스가 고위 공직을 맡는 사이사이에 끈질기게 진짜 돈을 손에 넣으려고 노력한 사실은 아무리 요약하려고 해도 쉽지 않다. 이미 약간 시의성이 떨어지긴 하지만 전반적인 소개로는 Matt Taibbi, 'Obama's Top Economic Advisor Is Greedy and Highly Compromised', *Alternet*, 9 April 2009, alternet.org(2012년 12월 2일 접속)을 보라. 2006년 서머스는 5년 동안 하버드대학 총장으로 재직한 끝에 사임해야 했다. 러시아계 인사들과 내부거래에 얽힌 추문도 한몫했다. 그는 곧바로 한 헤지펀드의 '파트타임 전무이사'로 자리를 옮겼다. 오바마 행정부에 국가경제위원회 위원장으로 합류할 것이라고 널리 예상된 2008년 말, 헤지펀드는 그에게 파트타임 근무에 대한 대가로 520만 달러라는 두둑한 액수를 지불했다. 같은 해에 서머스는 또한 몇몇 월스트리트 기업에서 '강연료'로 270만 달러 이상을 받았는데, 그중에는 오후에 한 번 강연을 하고 골드만삭스에서 받은 13만 달러도 포함된다. 오바마가 서머스를 벤 버냉키의 후임으로 연방준비제도이사회 의장으로 임명하는 것을 고려했을 때, 서머스는 인준 청문회에서 소득 출처를 보고해야 하는 사실이 두려워 후보자 명단에서 스스로 빠졌다.

52 'Eric Holder, Wall Street Double Agent, Comes in from the Cold', *Rolling Stone*, 8 July 2015, rollingstone.com(2015년 8월 12일 접속)을 보라.

글로벌 경제에서 일확천금을 벌 기회가 너무 많기 때문에 조성된 도덕적 타락은 금융산업에서 끝나지 않는다. 지금은 상식이 된 것처럼, 경영진 연봉은 1980년대 이래 기업계 전체에서 폭발적으로 늘어났다. 이윤이 적거나 아예 없는 때도, 또 실업이 증대하고 임금이 감소하는 전반적인 경제위기 시기에도 경영진 연봉은 상승했다. 여기에는 여러 가지 설명이 있지만, 가장 신뢰할 만한 설명은 기업 과두지배자들의 촘촘한 네트워크 안에서 서로 은혜를 주고받는다는 것이다. 그들은 공모에 가담한 동료 경영자들의 급여를 올리는 것을 도와줌으로써 자기 급여도 올린다. 또 다른 부패의 사례는 정치 지도자들이 공직에서 물러나자마자 내부 지식과 공공의 선의, 특히 공익에 봉사해야 하는 시기에 얻은 연줄을 민간 컨설팅기업과 로비기업, 그리고 특히 금융기업에 팔아치우는 행태에서 찾아볼 수 있다.[54] 부패는 또한 직업적 운동경기에서도 기승을 부린다. 최근 몇십 년 동안 이 분야는 우후죽순처럼 등장한 스포츠 장비와 패션용품 마케팅의 자금을 등에 업고 거대한 글로벌 산업으로 부상했다. 사이클은 말할 것도 없고 수영과 트랙, 필드 등 주요 분야에서는 최고 선수들이 일상적으로 값비싼 전문가들의 도움을 받아 불법적인 경기력 향상 처방을 제공받는다고 간주해도 무방하다. 전 세계적인 승자독식시장

---

53 골드만삭스는 2008년 당시 오바마에게 두 번째로 많은 기부금을 내놓은 후원자였다. 'Barack Obama (D): Top Contributors, 2008 Cycle'(opensecrets.org/PRES08/contrib. php?cid=N00009638, 2015년 12월 7일 접속)을 보라. 골드만삭스 최고경영자는 2009년과 2010년에 오바마의 백악관을 열 번 방문했는데, 거의 두 달에 한 번꼴이었다. 오바마 조직이 만들어낸 대중적 인상과 달리, 소액 기부자들의 후원은 2008년 전체 선거운동 비용에서 불과 30퍼센트를 차지했다.

에서 점점 커지는 상금과 수익성 좋은 광고 계약을 놓고 경쟁하는 운동 선수들 사이에서 이루어지는 도핑은 각종 국제 스포츠 협회 관리들의 부패와 나란히 진행된다. 일부 협회 관리들은 도핑 테스트 양성 결과를 비밀에 부치는 대가로 선수와 관리자로부터, 그리고 경기 개최지를 유리하게 선정해주는 대가로 대기업과 정부로부터 막대한 액수를 받는다고 전해진다. 관리들은 또한 자신이 속한 협회가 주최하는 대회에서 텔레비전 중계권을 판매하는 기업을 소유하고 있다.[55] 마지막으로 폭스바겐 같은 글로벌 대기업을 살펴보자(공교롭게도 2010년 무렵 폭스바겐은 최고경영자 마르틴 빈터코른Martin Winterkorn의 연봉을 지금까지 독일에서 상상도 하지 못한 수준인 연 1,500만 유로로 인상했다). 2015년 폭스바겐이 고객과 공공당국 양쪽 모두와의 관계에서 대규모 사기극을 벌였음이 분명해졌다. 환경 기준을 충족시키기 위한 연구개발 비용을 절감하고, 포화상태와 설비과잉에

---

54 토니 블레어가 총리에서 물러난 뒤 성사를 도와준 거래와 그가 관여하는 복잡한 금융기업 집단에 관해서는 'Tony Blair Has Used His Connections to Change the World, and to Get Rich', *New York Times*, 5 August 2014, nytimes.com(2015년 12월 7일 접속)을 보라. 이 기사에 따르면, 블레어는 다른 수입 외에도 "JP모건, 코슬라벤처스Khosla Ventures, 취리히보험그룹Zurich Insurance Group 세 기업으로부터 매년 총 500만~700만 달러"를 벌어들인다. 그가 소유한 기업 중 하나인 윈드러시벤처스Windrush Ventures Limited는 2013년에 "340만 달러의 수익을 신고했다." 블레어 내각의 구성원들에 관해서는 Tariq Ali, *The Extreme Centre: A Warning*, London: Verso, 2015[국역: 타리크 알리 지음, 장석준 옮김, 『극단적 중도파』, 오월의봄, 2017], 45~53쪽을 보라. 다른 사례들의 목록도 끝이 없다. 이제 고위 공직은 두둑한 보수를 받는 민간 부문 일자리로 옮겨가기 위한 수습기간으로 전락한 느낌이다. 독일의 경우에는 경쟁하는 두 송유관 사업에 각자의 노하우와 유명인 지위를 팔아치운 슈뢰더와 피셔Joschka Fisher를 보라. 피셔는 컨설팅기업인 피셔앤컴퍼니Fischer & Company를 통해 활동하는데, 이 기업은 나부코NABUCCO 송유관과 연결된 에너지 이익집단만이 아니라 지멘스나 BMW 같은 회사들에도 '생태문제'에 관해 조언을 한다. 피셔는 또한 독일 최대의 식료품 체인점인 레베 REWE에서 '신선식품 전문가'로 일한다.

시달리는, 매우 경쟁적인 전 세계 자동차 시장에서 판매를 늘리는 데 유리한 다른 기능에 지출을 늘리는 것이 본질적인 목표였다.

맨더빌의 『꿀벌의 우화』와는 달리, 오늘날의 금융화된 자본주의 아래서 탐욕이라는 개인의 악덕이 공적 미덕으로 뒤바뀌는 마법은 일어나지 않는다. 이제 자본주의는 마지막 남은 결과론적 도덕적 정당화도 잃어버린 것이다. 아무리 박애사업을 하면서 널리 홍보를 한다 할지라도, 자본 소유주와 관리자들을 사회의 수탁자로 양식화하는 것은 그나마 남아 있던 신뢰를 죄다 잃었다. 널리 퍼진 냉소가 집단적 상식에 깊이 새겨지게 되었고, 결국 자본주의란 연줄이 좋은 슈퍼리치들이 더욱 부자가 될 수 있게 해주는 기회의 제도화에 다름 아니라는 점이 당연한 상식이 되었다. 여기서 내가 말하는 의미의 부패는 어쩔 수 없는 현실로 간주되며, 꾸준히 증대하는 불평등, 그리고 소수 과두집단과 그 자산 방어 전문가 무리의 정치적 영향력 독점도 마찬가지다. 공공신탁을 사적 현금으

---

55 중거리 선수 출신으로 최근 부패로 악명 높은 국제육상경기연맹IAFF 회장에 오른 서배스천 코Sebastian Coe, 일명 로드 코Lord Coe의 사례를 보라. 코는 스포츠 마케팅기업을 몇 개 소유하고 있으며 나이키의 국제 홍보 대표로 일한다. 물론 금융 분야의 부패와 비교해보면, 이 모든 것은 새 발의 피에 불과하다. 훨씬 더 흥미로운 것은 미국 정부가 현재 스위스에 본부를 둔 국제축구연맹FIFA을 공세적으로 기소하면서 전 세계 대중에게 미국 사법체계가 지구 전체를 관할한다는 점을 보여주고 있다는 사실이다(공교롭게도 코는 2006년 이래 피파 '윤리위원회' 위원을 맡고 있다). 에릭 홀더의 후임자인 로레타 린치Loretta Lynch는 대대적으로 홍보를 한 가운데 스위스에 몇 차례 나타나서 모두 남미 출신인 국제축구연맹 간부 다수를 체포해 미국으로 이송했다. 그 규모를 가늠해보자면, 2007년부터 2014년까지 8년 동안 국제축구연맹의 연평균 수입은 12억 달러에 달했다. 2015년 12월 현재, 이 수입 중 어느 정도나 부정한 방식으로 수금되거나 사용되었는지는 아직 분명하지 않다. 국제축구연맹은 1980년대에 돈사태가 덮치기 시작한 뒤 스포츠 전반에 퍼진 부패의 으뜸가는 사례처럼 보이지만, 2008년 이후 미국 정부가 진지한 법적 조치를 취하는 것을 사전에 막기 위해 은행들이 지불한 심리 면제 합의금 총액이 같은 시기 국제축구연맹 전체 수입의 약 27배에 해당한다는 점을 기억하자.

로 뒤바꾸는 일이 관례가 되고 그렇게 받아들여짐에 따라 이제 사회질서는 향후에 공공연한 논쟁이 벌어질 때 도덕적 무방비상태에 빠진다. 모든 것이 판매용으로 전락한 사회의 물질주의-공리주의적 자기기술self-description을 들으며 자라난 대중은 이제 엘리트집단의 신뢰 요구와 공유 가치에 대한 호소에 동조하지 않는다. 스스로 도덕적 무방비상태에 빠진 정치·경제 엘리트들은 사태가 위기에 빠져서 자기 자신들과 자신들이 대표하는 사회질서를 위해 정당성을 끌어모아야 하는 상황이 되면 엄청난 창의성이 필요할 것이다. 민주적 자본주의 체계의 불안정성이 커진다는 한 가지 불길한 징조는 좌우를 막론하고 이른바 포퓰리즘 정당이 부상하면서 기존 사회 엘리트들에 대한 깊은 정서적 반감을 먹고 자라는 동시에 그 반감을 더욱 부추기고 있다는 점이다.[56]

공위기간

자본주의는 종언을 고할까? 문제는 지금 눈앞에서 자본주의가 해체되는 모습을 보고 있지만, 그 계승자가 다가오는 것은 전혀 보이지 않는다는 점이다. 앞서 지적한 것처럼, 여기서 해체라 함은 안정된 사회를 보증하는 하나의 경제체제로서 자본주의의 역량이 이미 크게 쇠퇴했음을 의미한다. 바야흐로 자본주의 사회는 해체되고 있지만, 더 나은 사회질서의 이름 아래 그것에 맞서 싸우는 조직적인 반대의 영향 때문은 아니다.

---

[56] 느슨하게 정의해보자면, 좌파와 우파의 포퓰리스트들은 자기 사회의 엘리트들에 대한 뿌리 깊은 증오를 공유한다. 우파 포퓰리스트들은 더 나아가 최소한 한 타자, 즉 '낯선' 민족집단을 혐오한다.

오히려 자본주의는 내부로부터, 자본주의의 성공과 그 성공에 의해 격렬해진 내적 모순으로부터, 그러니까 자본주의가 반대자들을 앞지르고 이 과정에서 원래 필요한 것보다 더욱 자본주의적으로 바뀐다는 사실 때문에 해체된다. 저성장과 끔찍한 불평등과 산더미 같은 부채, 전후 자본주의의 진보를 이끈 엔진인 민주주의의 무력화와 과두적 신봉건주의로의 대체, 노동·토지·화폐의 상품화를 막는 사회적 장애물의 '세계화'에 의한 일소, 개인적 성공에 대한 유례없이 엄청난 보상을 얻기 위한 경쟁적 싸움의 전염성 부패와 그에 수반되는 사기 저하, 그리고 급속히 번지는 국제적 무정부상태 같은 체계적 무질서—이 모든 것이 전후 자본주의의 사회적 생활방식을 대단히 불안정하게 만드는 가운데 어떻게 안정을 회복할 수 있는지에 관한 정보는 전혀 없다.

만약 자본주의가 소멸하는 중이라면, 도대체 왜 그것을 계승하려고 기다리는 새로운 사회질서가 전혀 존재하지 않는 걸까? 엘리트들이 이제 더는 사회질서를 유지하지 못할 때 그 사회질서는 무너지게 마련이다. 하지만 그 사회질서가 일소되려면 새로운 질서를 설계할 능력과 그것을 세울 의욕이 있는 새로운 엘리트들이 있어야 한다. 분명 오늘날 선진 자본주의와 그다지 선진적이지 않은 자본주의를 이끄는 현직 관리자들은 전혀 갈피를 잡지 못한다. 실물경제에서 성장을 자극하기 위해 분별없이 화폐를 찍어내고, 마이너스 금리의 도움을 받아 인플레이션을 복구하려고 필사적으로 시도하고, 주변부에서 근대적 국가체계가 무자비하게 허물어지는 모습을 보라.[57] 하지만 현실적으로 가능한 진보적 미래의 전망, 즉 혁신된 산업사회나 새로운 포스트산업사회가 한층 발전하는 동시에 오늘날의 자본주의 사회를 대체할 전망은 존재하지 않는다. 자본과 그

맹목적인 추종자들만이 아니라 다양한 대항세력도 집단행동을 할 역량
이 없다. 자본주의의 실력자들이 사회의 쇠퇴를 막을 방법을 알지 못하
고, 어쨌든 그렇게 막을 수단이 없는 것처럼, 자본주의의 적들 역시 결정
적인 순간이 되면 신자유주의적 자본주의를 다른 어떤 것으로 대체할 방
법을 알지 못한다는 점을 인정해야 한다. 2015년 유럽연합 재무장관 모
임인 '유로그룹Eurogroup'이 강경한 자세를 취하기 시작하고 그리스 시
리자SYRIZA 정부가 손 안에 든 패를 내보일 수밖에 없었을 때 결국 그리

---

57 특히 월러스틴이 지적한 것처럼, 여기서 체계적 엔트로피를 일으키는 원천은 글로벌 자본주의
팽창의 정치적 주관자로서 미국의 지위가 약해지고 있다는 사실이다. 역사적으로 볼 때, 자본
주의는 언제나 강한 헤게모니 국가가 군사력이나 자유무역, 또는 대개 둘 다를 통해 성장의 새
로운 전망을 열어젖히고 준비한 덕분에 진전을 이루었다. 자본주의적 발전을 위한 정치적 준
비에는 전자본주의, 또는 반反자본주의적 사회질서의 붕괴만이 아니라 사적 자본축적을 통해
경제 진보를 뒷받침하는 새로운 '근대' 사회의 창조도 포함된다. 1945년 이후 이것은 '발전' 의
제를 갖춘 세속 국가들, 주권이 있지만 국제 자유무역 체제에 통합된 국가들의 글로벌 체계의
확립을 의미했다. 대안적인 대항 체계들의 '봉쇄'와, 필요하고 가능한 경우에 억압도 의제에 포
함되었는데, 이 계획은 언뜻 보면 1989년의 승리로 완료된 것 같았다. 하지만 사실 미국이 적
체제들을 무너뜨릴 수는 있지만 그것을 안정된 친미, 친자본주의 체제들로 대체할 역량은 상
실했음이 드러났다. **패권국 미국은 파괴하는 힘은 유지했지만 건설하는 힘은 잃어버린 것이다.** 그
원인들을 여기서 설명할 수는 없다. 다만 미국이 잇따른 전쟁에서 겪은 패배의 전시효과와 더
불어 이제 이른바 해외 '모험사업'에 대한 대다수 미국 시민의 지지가 감소하고 있다는 사실을
들 수 있다. 세계 많은 지역에서 '국가 건설'이 실패한 가운데 애초에 구상했던, 발전 친화적인
자유무역 주권국가들의 글로벌 체계는 점점 구멍과 틈새가 커지고 있으며, **파탄국가failed state**
들은 예측과 관리가 불가능한 정치·경제질서의 항구적인 원천이 된다. 많은 파탄국가에서 근
본주의 종교운동이 지배권을 장악한 채 근대화와 국제법을 거부하고, 이제 더는 소비 자본주
의를 자국에서 모방할 수 없다고 보면서 다른 대안을 추구한다. 다른 파탄국가 국민들은 국내
에서 평화로운 자본주의 발전의 희망을 포기한 가운데 주변부에서 중심부로 이주함으로써 선
진 자본주의의 일원이 되려고 애쓰는 중이다. 그곳에서 그들은 자기가 속한 사회의 자본주의-
소비주의 주류의 일부에 편입될 가능성을 아예 포기한 이민 2세들과 마주친다. 그리하여 또 다
른 이주가 생겨나는데, 이번에는 주변부의 국가 없는 사회들을 파괴하는 폭력이 메트로폴리스
로 이동하는 것이다. '원초적 반란자들'이라는 새로운 계급이 벌이는 '테러리즘'의 형태로.

스가 굴복한 사실을 생각해보라.

그렇다면 지옥으로 떨어지기에 앞서 자본주의는 예측 가능한 미래에 지옥의 변방에 머물거나 자기 자신, 즉 자본주의를 과다복용해서 죽거나 사경을 헤맬 테지만 그래도 여전히 존재할 것이다. 어느 누구도 그 썩어가는 시체를 치울 힘이 없기 때문이다. 월러스틴에게는 미안한 말이지만, 예측 가능한 미래에 다보스와 포르투알레그리가 마니교적 최종 전투를 벌이는 일은 없을 것이다. 그보다 지금 우리는 장기간에 걸친 체계적 해체에 직면하고 있다. 이 과정에서 사회구조들이 불안정하고 의지할 수 없어지며, 따라서 그 안에서 사는 사람들에게 지침을 주지 못한다. 구성원들을 홀로 내버려두는 이런 사회는 앞에서도 말했듯이 사회에 미달한다. 그리하여 자본주의 사회질서는 결국 다른 질서가 아니라—안토니오 그람시의 말처럼 "옛것이 사멸하지만 새것은 아직 태어나지 않은 채…… 온갖 종류의 병리적 현상이 존재하는 공위기간"을 예고하면서 불확실하게 지속되는 역사적 시대 속에서[58]—무질서 또는 엔트로피로 귀결될 것이며, 사회는 구성원들의 삶을 정상화하고 갖가지 사고와 지독한 사태로부터 그들을 보호해줄 수 있는, 합리적 일관성과 최소한의 안정을 갖춘 제도를 상실할 것이다. 이런 사회에서 살기 위해서는 계속적인 임기응변이 필요하기 때문에 개인들은 구조 대신 전략에 의존해야 하고, 또 이런 사회는 과두지배자들과 군벌들에게는 풍부한 기회를

---

58 『옥중수고Prison Notebooks』에서 인용. "La crisi consiste nel fatto che il vecchio muore e il nuovo non può nascere …… in questo interregno si verificano i fenomeni morbosi più svariati."

제공하는 반면 다른 모든 이에게는 불확실성과 불안감을 강요한다. 서기 5세기에 시작되어 지금은 암흑시대라고 불리는 긴 공위기간과 비슷한 시대가 열리는 것이다.

지금까지의 논의를 요약해보면, 자본주의가 자초한 자본주의 사회의 종언 이후의 역사적 시기는 집단적인 정치 역량이 부족한 시기로서 우유부단하고 긴 이행기가 될 것이다. 새로운 표준이 된 위기, 변형적이지도 않고 적응적이지도 않으며 자본주의를 균형상태로 복원하지도, 더 나은 어떤 것으로 대체하지도 못하는 위기의 시기인 것이다. 심대한 변화들이 급속하고 지속적으로 일어나겠지만, 이 변화들은 예측할 수 없고 어쨌든 관리가 불가능하다. 서구 자본주의는 쇠퇴하지만 분명 전 지구적 차원에서는 비서구 자본주의가 그 자리를 차지하지는 못하며, 서구 비자본주의도 그것을 대체하지는 못한다. 비서구 자본주의의 경우에 중국은 여러 이유 때문에 자본주의의 역사적 주관자 자리를 차지하면서 미래의 진보를 위한 질서정연한 글로벌 환경을 제공하지 못한다. 또한 중국과 미국이 자본주의를 위해 세계를 안전하게 만드는 과제를 우호적으로 분담하는 공동이사회가 만들어지는 일도 없을 것이다. 그리고 비자본주의에 관해 말하자면, 오늘날에는 19세기와 20세기 초에 국가적 권력투쟁에서 자본주의와 성공적으로 대결했던 사회주의에 비견할 만한 전 지구적인 사회주의 운동 같은 것은 존재하지 않는다. 지금까지 수십 년 동안 그랬던 것처럼 자본주의의 동학이 집단적인 질서 형성과 비시장적 제도의 구축을 계속 앞지르는 한, 자본주의의 통치세력과 적대세력 모두 힘을 빼앗기며, 그 결과로 자본주의는 부활하지도, 다른 것으로 대체되지도 못한다.

엔트로피의 시대

사회의 미시적 수준에서 보면, 체계적 해체와 그에 따른 구조적 비결정성은 제도화가 부족한 생활방식, 즉 불확실성의 그림자 아래 놓인 삶으로 바뀐다. 언제나 뜻하지 않은 사건과 예측 불가능한 소동에 시달리는 위험에 노출된 채 개인 각자가 가진 책략과 임기응변, 행운에 의존해 살아가는 것이다. 이런 식의 과소통치 사회under-governed society에서의 삶은 자유로운 삶, 즉 경직된 제도의 제약을 받지 않으며 각자 특유한 선호를 자유롭게 추구하기로 동의한 개인들의 자발적 합의를 통해 자율적으로 구성된 삶으로 이데올로기적으로 미화될 수 있다. 물론 이런 신자유주의적 서사의 문제점은 누적이익의 '마태 효과Matthew effect'[부익부 빈익빈 현상][59]를 비롯해서 탈사회화된 자본주의에 수반되는 위험과 기회, 수익과 손실의 매우 불평등한 분배를 무시한다는 것이다. 그리하여 포스트자본주의 공위기간과 결부된 신자유주의적 삶에 대해 왜 더 강력한 반대가 없는지, 아니 어떻게 해서 이런 삶이 지금처럼 아주 뚜렷한 지지를 받는지에 관한 질문이 제기된다. '세계화' 상황에서 반자본주의적 대항이 구조적·지역적으로 파편화된 가운데 만족스러운 답을 찾을 수 없는 질문이다.

바로 여기서 '문화'가 개입된다. 원래 사회적 교류를 정상화하는 제도들이 교육적인 성격이 줄어들수록 문화가 사회질서에 대해 갖는 중요성이 더 커지는 듯 보인다. 여러 제도의 뒷받침을 받지 못하는 가운데 일상

---

59 Robert K. Merton, 'The Matthew Effect in Science', *Science*, vol. 159, no. 3810, 1968, 56~63쪽.

생활을 조직화하는 부담은 거시적 수준에서 미시적 수준으로 옮겨간다. 결국 최소한의 안정과 확실성을 확보하는—즉 약간의 사회질서를 창조하는—부담이 개인에게 전가되고 있다.[60] **포스트자본주의 공위기간** 동안 **포스트사회적 사회**의 행동강령은 경쟁적인 자기개선에 몰두하고, 시장성 있는 인적 자본을 꾸준히 양성하며, 노동에 열정적으로 헌신하고, 정부보다 훨씬 커진 세계에 고유한 위험들을 기꺼이 낙관적이고 유쾌하게 수용하는 등의 신자유주의적 기풍에 의해 다스려진다. 각 개인이 이 행동강령을 의무적으로 수행하는 것이 필수적이다. **포스트자본주의적 사회 라이트**의 재생산은 사회의 체계적 구조 안에서 확대되는 간극을 메우는 개인 행동의 융통성 있는 레퍼토리라는 가는 실에 매달려 있기 때문이다. **허위제도**에 대한 구조주의적 비판은 따라서 **허위의식**에 대한 혁신된 문화주의적 비판으로 보완되어야 할 것이다. 특히 한스 거스Hans Gerth와 찰스 라이트 밀스Charles Wright Mills가 다룬 것과 같은, **사회구조와 사회적 성격의 관계**라는 오래된 주제 역시 이와 관련해서 타당성을 얻는다.[61] 여기서 문제는 어떤 주어진 사회구조가 지속되는 한 어떻게 그 점유자들 사이에서 상응하는 성격을 요구하는 동시에 만들어내는가 하는 것이다. 나는 아래에서 이 전통을 따라 우선 당면한 공위기간 아래 제도적 뒷받침의 부재에 상응하는 사회적 성격의 현상학을 최초로 시도하고자 한다.

---

60 그리고 사회이론은 확정적이고자 하는 정도만큼 제도주의에서 합리적 선택 이론, 더 나아가 생물학적 행동주의로 이동, 아니 표류한다.

61 Hans Gerth and C. Wright Mills, *Character and Social Structure: The Psychology of Social Institutions*, New York: Harcourt, Brace, 1953.

사회적 성격은 사회적 통합과 정당성의 겉모습을 제공함으로써 공위기간의 지속을 연장하는 데 일조한다. 먼저 최근 정치경제 담론에서 유행하게 된 두 핵심 용어인 **와해**disruption(파괴적 혁신)와 **회복력**resilience에 관심을 환기시키고, 계속해서 과소통치되는 포스트자본주의의 최종 붕괴를 지연시키는 데 필요한 것처럼 보이는 행동양상의 네 가지 중심적인 특징을 간략하게 개괄해보자.

와해와 회복력의 공통점은 사회적 엔트로피의 시대에 삶의 기본적인 특징을 규정하게 된 표어로 급부상했다는 사실 외에 이 둘이 불길한 함의와 상서로운 함의를 동시에 갖고 있다는 것이다. **와해**는 전통적으로 예상치 못하고 파괴적인, 심지어 폭력적인 단절─그 영향을 받는 사람들의 **재앙**─과 결부되었는데, 지금은 급진적인 경제적·사회적 **혁신**, 사실상 영향을 미칠 수 있는 유일한 혁신을 상징하게 되었다. 와해는 특히 모든 사람의 마음에 들게 작동하는 기업과 시장을 공격하고 파괴하기 때문이다.[62] 이런 의미에서 파괴적이지 않은 혁신은 충분히 혁신적이지 않다. 옛것을 지나치게 존중하고, 심지어 너무 많은 희생자를 야기하지 않으려고 걱정하거나 정치적으로 제약을 받기 때문이다. 따라서 이런 혁신은 현대 시장의 경쟁적 투쟁에서 따라잡힐 수밖에 없다. 현대 시장에서는 다른 누군가가 더 높은 **이윤**을 약속하는데 그냥 **일하는** 것만으로는 충분하지 않다. 와해는 신자유주의판 '창조적 파괴'라고 볼 수 있다. 더 무자비하고, 난데없이 일어나며, '사회적으로 양립할 수 있게' 포로를 잡거나 지연을 받아들일 의사가 없을 뿐이다. 어쩔 수 없이 수용하는 쪽에서는 파괴적 혁신이 재앙일 수 있지만, 유감스럽더라도 글로벌 자본주의의 다원주의적 전쟁터에서 부수적 피해로 희생되어야 한다.

회복력은 한창 유행하는 또 다른 용어로 최근에 세균학·공학·심리학에서 사회과학과 정책 분야로 들어온 표현이다.[63] 정치경제 문헌에서는 언뜻 보면 혼란스럽지만, 신자유주의의 습격에 견딜 수 있는 개인과 집단의 역량,[64] 그리고 하나의 사회질서 또는 무질서로서 신자유주의가 2008년에 스스로 붕괴하는 것을 방지하거나 그 붕괴에서 회복하지 못한 이론적 빈곤과 현실적 실패에도 불구하고 계속 지속되는 능력을 가리키는 데 쓰인다.[65] 이 두 의미가 서로 대립되는 것처럼 보일지 모르지만, 반드시 그런 것은 아니다. 개인들이 신자유주의 아래서 살아남을 수 있게

---

62 이 용어는 클레이튼 크리스텐슨Clayton Christensen(*The Innovator's Dilemma: When New Technologies Cause Great Firms to Fail*, Boston, MA: Harvard Business Review Press, 1997[국역: 클레이튼 크리스텐슨 지음, 이진원 옮김, 『혁신 기업의 딜레마』, 세종서적, 2009])이 고안했고, 이후 경영대학원 학자와 경영자들 사이에서 크게 인기를 끌었다. 비판적인 평가로는 Jill Lepore, 'The Disruption Machine: What the gospel of innovation gets wrong', *New Yorker*, 23 June 2014를 보라. 경영 담론에서 이 개념은 특히 우버나 알리바바, 에어비앤비, 아마존같이 노동자에게 정규직 고용을 제공하기를 중단한다는 공통점을 지닌 플랫폼 기업들과 연관된다. 『프랑크푸르터 알게마이네 존탁스차이퉁』에 따르면, 으레 뒤늦게 2015년 독일에서도 와해가 경영계의 지도적인 표어로 등장했다. "Nicht mehr zu zählen sind die Bücher, Reden, Studien zu dem Thema. Regelmäßig werden die, Disrupter des Jahres' ausgezeichnet. Marketing-Leute können sich besoffen reden über die 'digital disruption', gewöhnliche Beratungsfirmen gönnen sich den Zusatz 'The Disruption Consultancy …… Nicht mal Praktikanten sind sonst noch anzulocken: Ready to disrupt? Dann komm zu uns', wirbt ein Arbeitgeber in der Hauptstadt."(이 주제에 관한 책자, 강연, 연구는 셀 수 없이 많다. '올해의 파괴적 혁신'에 매년 상이 주어진다. 마케팅 종사자들은 '디지털의 파괴적 혁신'에 관해 도취해서 읊어대고, 일반 컨설팅 기업들도 한마디씩 덧붙이느라 여념이 없다. 베를린의 한 기업주는 이렇게 광고한다. "파괴적 혁신 컨설팅 전문. (……) 다른 방법으로는 인턴직원도 끌어모을 수 없습니다. 파괴적 혁신을 할 각오가 됐습니까? 그러면 우리한테 오세요.") (Georg Meck and Bettina Weigunt, 'Disruption, Baby Disruption!', *Frankfurter Allgemeine Sonntagszeitung*, 27 December 2015, faz.net[2016년 1월 1일 접속].)

해주는 실천은 또한 신자유주의 자체가 살아남는 것도 도와주기 때문이다. 회복력이 저항이 아니라 어느 정도 자발적인 적응적 조정임을 주목하자. 개인들이 일상생활의 미시적 수준에서 더 많은 회복력을 개발할수록 시장의 힘들이 낳는 불확실성을 억제하기 위한 거시적 수준의 집단행

---

63 이 용어를 둘러싼 과대광고와 더불어 그것이 부상하는 계기가 된 현실세계의 상태를 맛보려면 위키피디아 항목에서 발췌한 부분을 읽어보라. 'Resilience (organizational)', en.wikipedia. org/wiki/Resilience_(organizational)(2016년 1월 1일 접속). "최근 몇 년 동안 조직의 수명이 점점 줄어드는 데 대한 현실적인 대응으로, 그리고 안전성, 준비태세, 위험성, 생존 가능성 등의 문제를 효과적으로 다루기 위해 이사회, 정부, 규제자, 주주, 직원, 공급업자, 고객 등 핵심 이해당사자들로부터 회복력 개념에 관한 새로운 합의가 등장했다.

1. 회복력이라 함은 어떤 번성하는 기획(국가나 지역, 조직, 회사 등)이 예상되거나 예상되지 않는 도전이 나타나더라도 계속 유지되려는 진취적이고 결단력 있는 태도다.

2. 회복력은 방어적 안전과 보호 태세를 넘어서 위기를 견디고 온갖 공격을 피하기 위해 조직체에 고유한 힘을 가한다.

3. 회복력은 자신이 처한 상황, 위험성, 취약성 및 이것들을 다루는 현재의 역량을 자각하고, 정보에 근거해서 전술적·전략적 결정을 내릴 수 있는 힘이다.

4. 회복력은 객관적으로 측정 가능한 경쟁력 지표(즉 더 안전하고 증진된 이해당사자와 주주의 가치)다. [……] 미국 의회의 저명한 인사들이 회복력 개념을 받아들이고 있다. 미국 하원 국토안보위원회 위원장인 베니 톰슨Bennie Thompson(민주당-미시시피 주)은 2008년 5월을 '회복력의 달'로 선포했으며, 위원회와 산하 소위원회들은 이 문제를 검토하기 위해 일련의 공청회를 열었다. 오바마 대통령과 국토안보부 역시 회복력을 국토안보정책의 핵심 요소로 삼고 있다. 2010년 2월 국토안보부가 공개한 4년 주기 국토안보보고서Quadrennial Homeland Security Review는 회복력을 주요 주제로 삼으면서 미국 국토안보사업의 핵심 과제 중 하나로 꼽았다."

64 Peter Hall and Michèle Lamont, eds, *Social Resilience in the Neoliberal Era*, Cambridge: Cambridge University Press, 2013.

65 Vivien A. Schmidt and Mark Thatcher, eds, *Resilient Liberalism in Europe's Political Economy*, Cambridge: Cambridge University Press, 2013; Aldo Madariaga, *The Political Economy of Neoliberal Resilience: Developmental Regimes in Latin America and Eastern Europe*, Doctoral Dissertation. Wirtschafts-und Sozialwissenschaftliche Fakultät, Universität zu Köln, 2015.

동에 대한 요구—신자유주의가 채워주지 못하고 채워주려고 하지도 않는 요구—가 줄어들 것이다.[66]

엔트로피 시대의 사회적 삶은 부득이하게 개인주의적이다.[67] 집단적 제도들이 시장세력에 의해 잠식됨에 따라 언제든 사고가 일어날 것이라고 예상해야 마땅하건만, 사고를 방지하려는 집단적 행위주체agency는 사라지고 없다. **죽을힘을 다해 살아남아라**sauve qui peut가 사회적 삶의 기본 원리인 상황에서 이제 누구랄 것 없이 혼자 힘으로 꾸려나가야 한다. 위험성의 개인화는 경쟁적 노력('고된 노동')과, 허깨비와도 같은 사적 보험에 의한—또는 흥미롭게도 가족 같은 오래된 전근대적 사회적 유대에 의한—보호의 개인화를 낳는다.[68] 집단적 제도가 부재한 가운데 사회구조가 밑에서부터 개인적으로 고안되어야 하며, '시장'이 위로부터 가하는 압력을 예상하고 수용해야 한다. 사회적 삶은 수중에 있는 모든 수단을 동원해서 자기들 주변에 사적 연결망을 구축하는 개인들로 이루어진다. 인간 중심 관계 형성은 자발적이고 계약과 흡사한 방계 사회구조를

---

66 전염병과 비슷한 점이다. 말라리아 회복력이 높아지면, 매개체인 모기를 없애버릴 필요성이 사라진다.

67 그 기본 원리는, 마치 경험적 주장인 것처럼 언명되지만 사실 신자유주의 기획으로 이해하는 게 더 타당한 마거릿 대처의 격언으로 적절하게 요약된다. "사회 같은 것은 존재하지 않는다. 남녀 개인들과 가족이 존재할 뿐이다." Interview for *Woman's Own*, 23 September 1987, margaretthatcher.org/document/106689(2016년 1월 21일 접속).

68 유자녀 여성의 상시 고용이 사회적·경제적으로 필수적인 사회에서 할머니가 무보수로 자녀 양육을 맡아주는 필수불가결한 도움을 주는 사실을 생각해보라. 또 다른 사례는 지중해 국가들에서 효과적인 실업보험이 부재한 가운데 성인이 된 자녀가 여전히 부모와 함께 살면서 부모의 연금에 의지하는 상황이다.

창출하는데, 이 구조는 사회적 관계를 유연하지만 쉽사리 없어지게 만드는 한편 관계를 유지하고 변화하는 상황에 맞게 현재의 토대 위에서 관계를 조정하기 위한 지속적인 '네트워킹'을 요구한다. 이런 노력에 이상적인 도구는 개인들을 위해 사회구조를 만들어내면서 의무적인 사회적 관계 형태를 자발적인 형태로, **시민들의 공동체**를 **사용자들의 네트워크**로 대체하는 '새로운 소셜미디어'다.[69]

경제위기를 억제하고, 불평등을 제한하고, 통화와 신용에 대한 신뢰를 확보하고, 노동과 토지와 화폐가 남용되지 않게 보호하고, 또 탐욕을 민주적으로 통제하고 과두제가 경제권력을 정치권력으로 전환하지 못하게 막음으로써 자유시장과 사적 소유의 정당성을 확보하는 집단적 규제가 부재한 가운데 엔트로피가 높고 무질서하며 교착상태에 빠진 포스트자본주의 공위기간을 지속시키는 것은 무엇일까? 새로운 질서가 자리를 잡기 시작하지 못하는 한 체계통합이 없는 세계에서 사회통합이 구조화의 부담을 전부 떠안아야 한다. 공위기간의 탈사회화된 자본주의는 구조적으로 자기중심적이고, 사회적으로 무질서하며, 정치적으로 무력한 개인들이 임시변통으로 수행하는 일에 의존한다. 포스트자본주의적 사회 네트워크의 '사용자'들은 엔트로피가 높은 사회적 삶을 불안정하게 재생산하기 위해 네 가지 일반적인 행동유형을 요구받는다. 잠정적으로 **임기응변**coping, **희망**hoping, **약물복용**doping, **쇼핑**shopping으로 요약할 수 있는

---

69 당연한 얘기지만, 개인화된 사회적 삶의 전자적 인프라는 미국 기업이 압도적 다수인 거대 기업들이 사적으로 소유한다. 이 인프라는 만인이 자유롭게 쓸 수 있는 집합재처럼 장식되지만, 실상을 보면 소비자 재화와 서비스 판매자들에게 임대된 아주 수익성이 좋은 사회통제 도구다.

이 행동유형은 그들 자신, 그리고 원래는 지속 불가능한 신자유주의적 자본주의 둘 다에 회복력을 부여한다.[70] 아직 간략해서 더 풍부하게 설명할 필요가 있지만, **임기응변**이라 함은 개인들이 과소통치되는 사회환경 그리고 예측과 통치가 불가능한 사회변동에 의해 자신에게 연속적으로 가해지는 비상 상황—정상적인 것으로 충분히 예상하고, 피할 수 없는 인생의 현실이라고 여기면서 순응하는 법을 배워야 하는 비상 상황—에 임시변통과 미봉책으로 대응하는 방식을 가리킨다.[71] 임기응변에는 때로 개인의 극단적인 노력이 포함되지만, 집단적 구제를 위한 조직화는 포함되지 않는다. 이런 구제는 소용없는 일이자 또 점차 패자들만을 위한 일이라고 간주되기 때문이다.[72] 임기응변은 정력, 창의성, 인내심, 낙

---

70 다음의 논의는 신자유주의하의 사회적 삶이 지닌 몇 가지 특징, 특히 신자유주의의 무질서에서 살아남기 위해 분투하는 개인들에게 기대되는 바에 관한 간략하고 특이한 요약이다. 이 문제에 관해서는 이미 여기서 논의하기 힘들 정도로 광범위한 문헌이 있다(여러 문헌으로는 다음을 보라. Wendy Brown, 'Neo-Liberalism and the End of Liberal Democracy', *Theory and Event*, vol. 7, no. 1, 2003; Michel Foucault, *The Birth of Biopolitics: Lectures at the College de France, 1978-1979*, London: Palgrave Macmillan, 2008[국역: 미셸 푸코 지음, 오르트망(심세광·전혜리·조성은) 옮김, 『생명관리정치의 탄생』, 난장, 2012]; Johanna Bockman, *Markets in the Name of Socialism: The Left-Wing Origins of Neoliberalism*, Stanford, CA: Stanford University Press, 2011[국역: 조하나 보크만 지음, 홍기빈 옮김, 『신자유주의의 좌파적 기원』, 글항아리, 2015]; Colin Crouch, *The Strange Non-Death of Neoliberalism*, Cambridge: Polity Press, 2011[국역: 콜린 크라우치 지음, 유강은 옮김, 『왜 신자유주의는 죽지 않는가?』, 책읽는수요일, 2012]; Pierre Dardot and Christian Laval, *The New Way of the World: On Neo-Liberal Society*, London: Verso, 2013; Steffen Mau, *Inequality, Marketization and the Majority Class: Why Did the European Middle Classes Accept Neo-Liberalism?* Basingstoke: Palgrave Macmillan, 2015). 내가 염두에 두는 목표는 다만 자본주의가 종언을 고하는 공위기간 동안 제도의 결함을 미시적 차원으로 보충하기 위한 행동양상의 중대한 의미에 대해 관심을 환기시키는 것이다.

71 경쟁적인 자기개선과 최적화된 사업가 정체성 구축을 위한 적극적 유인으로 찬양받는 불안정 고용도 이런 비상 상황에 포함된다.

관주의, 자신감 등의 지속적인 시험으로 자기 삶을 사회적으로 구성하려는 노력과 동반하는 경향이 있다. 이제 삶은 혼자 힘으로 영원히 의기양양하게 역경에 맞서 싸워야 한다는 오늘날의 사회적 의무에 부합할 수 있도록 배양된 능력의 시험대가 된 것이다.

성공적인 임기응변은 확신에 찬 **희망**의 도움을 받는다. 여기서 희망이라 함은 그 어떤 불길한 징조가 있을지라도 그리 멀지 않은 가능한 미래에 더 나은 삶이 기다리고 있다고 상상하고 믿으려는 개인의 정신적 노력으로 정의된다. 어떤 이는 또한 미국의 정치·문화 담론에서 이야기되는 방식으로 '꿈'에 관해 말할 수 있다. 미국에서는 지금 어떤 상황에서 살고 있든 간에 스스로 꿈을 꾸는 것이 공동체 성원이라면 누구나 갖는 도덕적 의무인데, 아마 자유주의적 개인주의 아래서 남아 있는 최후의 의무일 것이다. 꿈은 비현실적인 것도 허용되고 심지어 장려되며, 누군가가 아무리 가망 없을 정도로 순진한 꿈을 꿀지라도 그에게 꿈에서 깨어나라고 말하는 것은 무례하고 버릇없으며 사회적으로 받아들이기 어려운 짓으로 간주된다. 미국에서 절대 비판적으로 평가해서는 안 되는

---

72 이 점에 관해서는 특히 이른바 '밀레니엄 세대'에 관해 데이비드 브룩스가 쓴 글을 보라. David Brooks, 'The Self-Reliant Generation', *New York Times*, 8 January 2016, nytimes.com(2016년 1월 21일 접속). 브룩스는 18~29세 미국인에 관한 표본조사 결과를 다음과 같이 요약한다. "창조적 변화에 대한 추상적 찬양과 동시에 질서·안전·안정에 대한 구체적인 갈망이 보인다. (……) 밀레니엄 세대 문화의 또 다른 명백한 특징은 그들이 자립을 요구받을 뿐만 아니라 느슨한 네트워크를 이루는 개인주의를 세계의 정상적 질서로 강요하고 있다는 것이다. 이 세대는 사회적 신뢰가 굉장히 낮다. (……) 그들은 시스템의 변화를 원하지만 활용할 만한 강력한 집단행동의 형식이 전무하다. (……) 하지만 조만간 거대한 문화적 폭발이 일어날 것이다. 지금 밀레니엄 세대처럼 견고한 지지구조와 거리를 둔 채 행복한 중년의 삶을 살 수는 없다. 무언가 변화가 일어날 것이다."

꿈의 신성불가침한 성격은 정치적 급진화와 집단행동을 가로막는 가장 강력한 장애물일 것이다.[73] 희망과 꿈은 낙관적 전망을 필요로 하며, 사회적 엔트로피하의 삶은 낙관적 태도를 공공선과 시민의 책임이라는 지위로 향상시킨다. 사실 해체되고 탈구조화되고 과소통치되는 포스트자본주의의 엔트로피 사회는 전성기의 자본주의에 비해 훨씬 더 절망을 느끼지 않으려는 사람들의 자연스러운 욕망에 편승하는 능력에 의존한다고 말해도 무방하다. 그러면서 비관주의를 사회적으로 해로운 개인적 결함으로 정의한다.

그리하여 세 번째 유형인 **약물복용**이 등장한다. 약물복용은 임기응변과 희망 둘 다에 도움을 주는데, 여러 가지 형태를 띤다. 약물 사용 및 남용과 관련되는 경우에 어떤 이는 두 종류, 즉 기능 향상과 기능 대체를 구별할지 모른다. 스포츠를 포함한 현대 쇼비즈니스의 승자독식시장에서는 분명 성공의 보수가 높을 때면 언제나 기능 향상 약물이 이용된다. 하지만 수십 년 동안 경쟁 압력이 격렬해진 중간계급 전문직, 직업세계에서 소득 등급의 한참 아래에서도, 그리고 시험 결과가 한 사람의 미래 직업과 소득 전망을 결정하는 교육기관에서도 이런 약물이 쓰인다. 여기서도 역시 약물복용은 부패와 밀접하게 연결된다. 기능 향상을 위해 쓰이

---

73 "2000년 선거에서 가장 인상적인 여론조사 결과는 대상자들에게 소득 상위 1퍼센트에 속하는지를 물은 『타임』의 조사였다. 미국인의 19퍼센트가 현재 자신이 1퍼센트 부자에 속한다고 말하고, 또 20퍼센트는 언젠가 그렇게 될 것으로 기대한다고 말한다. 그러니까 지금 당장 미국인의 39퍼센트는 고어 씨가 상위 1퍼센트에 유리한 계획을 맹렬히 비판했을 때 그가 자신들을 직접 겨냥한다고 생각했다." David Brooks, 'The Triumph of Hope Over Self-Interest', *New York Times*, 12 January 2003, nytimes.com(2015년 12월 31일 접속).

는 대부분의 약물은 어떤 식으로든 제약산업에서 수익성이 높은 합법적 제품이다. 다른 한편 패배자들이 소비하는 기능 대체 약물은 대부분 불법이며, 전 세계적인 교역망에 연결된 범죄적 거래자들이 공급한다.[74] 하층계급 사용자들은 종종 비교적 많은 수가 감옥에 가고 약물과용으로 사망한다.[75] 중간계급 사용자들, 특히 최고 실적을 올리는 이들은 상대적으로 충실한 의학적 조력을 받을 뿐만 아니라 법 집행기관에서 관대한 처분을 기대할 수도 있다. 생산성을 높이기 위해 약물, 심지어 불법적인 약물을 이용하는 것은—최하층계급 낙오자들이 아무 노력도 하지 않고 행복을 얻는 것과 달리—자본축적이 끊임없이 높아지는 개인의 노력 행사에 의존하는 세계에서 쉽게 용서되기 때문이다. 실제로 만약 대중음악인이나 배우들이 길거리 헤로인 소비자들과 같은 비율로 약물남용으로 투옥된다면, 많은 영화와 음반이 감옥 안에서 만들어져야 할 것이다. 금융

---

74 최하층계급 마약 사용자들은 약물중독 때문에 철저한 무관심만을 받고 정치적 자격도 빼앗기는 한편, 공급업자들과 더불어 가혹한 법 집행조치의 대상이 된다. 기능 대체 약물은, 비록 잠재적인 정치세력으로서 최하층계급의 조직을 효과적으로 무너뜨린다 할지라도, 자본주의가 결정적으로 의존하는 경쟁적 성취의 윤리를 뒤엎을 수 있기 때문이다. 실제로 미국 정부는 강력한 마약이 자국 도심으로 유입되는 것을 막기 위한 노력 속에서 라틴아메리카의 모든 나라를 파괴할 각오가 되어 있다. 다만 이 노력은 허사가 될 뿐이다. 물론 아프가니스탄 같은 나라에서는 미국 점령군이 뻔히 보는 가운데서도 헤로인 생산이 늘어났다. 점령군이 현지 마약 군벌의 협조를 확보해야 했기 때문이다.

75 2013년 미국에서 3만 7,947명이 약물남용으로 사망했는데, 그중 불법 약물을 이용한 것은 40퍼센트에 약간 못 미쳤다. 약물 관련 사망자 수는 2001년 1만 2,678명부터 꾸준히 증가했다. 2011년에는 처음으로 총기 폭력 사망자 수를 넘어섰는데, 2013년에 총기 관련 사망자 수는 3만 3,636명으로 늘었다. 같은 기간에 교통사고 사망자 수는 2001년 4만 2,196명에서 2013년 3만 2,719명으로 감소했다. 통계 자료는 질병통제예방센터CDC, 미국고속도로안전관리국, CNN, 미국 국무부 등에서 취합했다.

자산 거래도 사정은 마찬가지다. 또한 기능 향상과 기능 대체의 구분을 해소하는 것은 황홀하고 도취적인 만족감을 주는 팝음악을 통해 엄청나게 많은 고객에게 날마다 제공되는 **인조 행복**synthetic happiness이다. 이런 음악은 첨단 정보기술의 도움으로 개인적으로 전송되고 소비된다.

마지막으로 **쇼핑**이다. 오늘날 부유한 자본주의 나라들에서 소비재시장이 대부분 포화상태이며, 따라서 자본주의가 이윤을 확보하려면 욕망이 충족되는 순간 새로운 **욕망**을 낳도록 설정된 **욕구**를 갖는 개인을 확보해야 한다는 점은 재론의 여지가 없다.[76] 제품 디자인과 광고는 여기에 도움이 되며,[77] 최종 소비자의 눈에서 멀어지고 집단적 연대의 손길에서 벗어난 오늘날의 노동착취 공장 덕에 가능해진 낮은 가격도 도움이 된다. 계속해서 바뀌고 높아지는 적절한 소비기준의 명령 아래 놓인 경쟁적 소비주의는 또한 오르지 않고 심지어 줄어드는 소득이나마 얻기 위해 점점 열심히 일하고[78] 현대 노동시장과 노동과정의 엄격한 규율에 복종해야 하는 동기를 보증한다. 가령 신제품 평면 텔레비전이나 최신 모델 SUV를 신용으로 구입해야 할 때 이런 압력은 더욱 커진다. 이 순간 은

---

76 지그문트 프로이트에 따르면, 충족될수록 줄어들기는커녕 더욱 커지는 원형적 욕망은 성이다. 1970년대 '성혁명' 이래 페미니즘의 항의에도 불구하고 현대 광고에서 성애화된 이미지 사용이 점차 노골적으로 확대된 것도 이 때문이다. 실제로 남성 못지않게 여성도 벌거벗은 신체 사진과 어떤 상품에든 부여할 수 있는 매혹적 **재능**을 소중히 여기는 것 같다.

77 유감스럽게도 영어판은 구할 수 없지만, 현재의 상황 전개에 관한 고전적인 마르크스주의적 논의로는 Wolfgang Fritz Haug, *Kritik der Warenästhetik. Gefolgt von Warenästhetik im High-Tech-Kapitalismus*, Frankfurt am Main: Suhrkamp, 2009 [국역: 볼프강 F. 하우크 지음, 김문환 옮김, 『상품미학비판』, 이론과실천, 1991]을 보라. 오늘날의 소비주의가 어떻게 시민을 사적인 자본축적 대기업들의 고객과 구매자로 뒤바꾸는지에 관한 자세한 논의로는 이 책 3장도 보라.

행은 고용주와 손을 잡고 자본주의적 노동규율의 강제자가 된다. 쇼핑이 친구나 가족과 어울리기 위해 선택하는 기회가 되고 사회에서 개인이 갖는 지위가 경제에서 소비자로서 갖는 지위에 의해 정의될 때, 사회적 관계는 소비관계로 재정의된다. 특히 새로운 이른바 '소셜' 미디어에서 등장한 새로운 홍보기법과 더불어 새로운 생산기술 덕분에 가능해진 생산 차별화는 고객들의 공동체 안에서 개인적 특이성과 집단적 정체성의 결합을 가능케 하는 사회통합을 만들어낸다. 지속적으로 업그레이드되는 개별화된 상품의 소비 속에서 개인과 집단이 통합되는 것이다.

요약해보면, 포스트자본주의 공위기간의 사회적 삶과 자본축적은 **경쟁적 쾌락주의** 문화를 신봉하는 '소비자로서의 개인'에 의존한다. 이 문화는 혼자 힘으로 역경과 불확실성에 맞서 싸워야 하는 부득이한 상황을 마치 자발적인 노력인 것처럼 포장한다. 포스트자본주의 아래서 자본축적이 계속되려면 이 문화는 희망과 꿈을 필수적인 것으로 만들어야 하며, 저성장과 고조되는 불평등, 점증하는 채무에도 불구하고 희망과 꿈을 동원해서 생산을 지탱하고 소비를 부추겨야 한다. 또한 사람들이 계속 **터무니없이 행복할** 수 있게 기술적 지원을 제공하는 동시에 정체하거나 감소하는 임금, 부불 초과 노동, 불안정 고용에도 아랑곳하지 않고 사람들이 끊임없이 노동을 강화하도록 각종 유인과 만족을 지속적으로 만

---

78 여기서 '존스네 가족에 뒤지지 않으려는' 미국식 과시적 소비(베블런)는 더 집단적이고, '집단주의적인groupist' 아시아의 새로운 과시적 소비에 추월당한다. 아시아에서는 친구나 가족을 망신시키지 않기 위해 유행하는 값비싼 신상품이 있어야 하고, 필요하면 성형수술도 받아야 한다. 친구나 가족이 가시적인 성공과 아름다움의 최신 '서구' 기준에 미치지 못하는 사람과 어울리기를 원치 않기 때문이다.

들어내야 한다.[79] 체계통합 없는 자본주의는 사회적으로 꼭 필요한 쾌락 주의적 소비주의와 나란히 **신프로테스탄트 노동윤리**를 지탱할 수 있는 노동시장과 노동과정을 요구한다. 열정적인 고된 노동은 불평등을 노력이나 능력의 차이로 설명하는 능력주의 세계관에 부합하는 개인적 가치의 시금석이나 증거로 문화적으로 정의되고 인식된다. 다름 아닌 대니얼 벨 Daniel Bell이 확신한 것처럼,[80] 쾌락주의가 생산규율을 훼손하지 않으려면 소비주의의 여러 매력을 사회적 몰락의 공포로 보완해야 하며, 다른 한편으로 화폐경제 바깥에 존재하는 비소비주의적 만족을 깎아내리고 불신해야 한다. 이 모든 것은 노동시장을 통해 기꺼이 사회통합을 추구하는 광범위한 중간계급의 존재를 전제로 요구한다. 어떤 일자리가 주어지든 완전히 동일시하면서 고용주의 기대를 당연한 것으로 받아들이고, 헌신적인 노동과 삶을 구조화하는 경력 추구가 가장 중요하다고 생각하는 사회적 삶의 필요성을 당연시하는 중간계급이 필요한 것이다.[81]

자본주의 체계통합의 종말 이후의 자본축적은 가느다란 실에 매달려 있다. 얼마나 효과적으로 개인들을 소비와 생산의 자본주의 문화로 사회

---

79 Sabine Donauer, *Faktor Freude: Wie die Wirtschaft Arbeitsgefühle erzeugt*, Hamburg: edition Körber-Stiftung, 2015.

80 Daniel Bell, *The Cultural Contradictions of Capitalism*, New York: Basic Books 1976[국역: 다니엘 벨 지음, 김진욱 옮김, 『자본주의의 문화적 모순』, 문학세계사, 1990].

81 랜덜 콜린스가 예상하는 것처럼, 장차 인공지능의 부상에 의해 고용 전망을 대폭 박탈당하는 것은 바로 이런 범주의 사람들—규율에 충실히 따르면서 어느 때보다도 더 높은 학위에 투자한 사람들—이다(Wallerstein et al., *Does Capitalism Have a Future?*, 37~69쪽). 이 사람들은 포스트자본주의 공위기간의 핵심 구성원이며, 그들이 파괴되면 오늘날의 무질서한 자본주의의 핵심이 드러날 것이다.

적으로 통합할 수 있는지, 그리고 이런 통합이 얼마나 지속될 것인지가 관건이다. 제도의 뒷받침이 지리멸렬해진 상황에서 포스트자본주의의 자본축적은, 구조를 따라가지 못하거나 오래전에 해체된 구조를 대체하는 문화에, 그리고 파편화된 경쟁과 불안정한, 너무도 쉽게 사라진 생산과 소비 수단에 대한 접근성이라는 복합된 압력 아래서 발전하는 대안적 문화가 얼마나 난관에 처하는지에 달려 있다. 이데올로기, 특히 불확실한 삶을 자유로운 삶으로 치켜세우는 이데올로기가 여기서 가장 중요하다. 신자유주의 이데올로기의 서사는 구조화된 질서의 붕괴를 개인의 자율성에 입각한 자유로운 사회의 도래로, 그리고 탈제도화를 **필연의 제국**에서 벗어나 **자유의 제국**으로 향하는 역사적 진보로 재해석하는 완곡어법을 제공한다. 공위기간이 지속되려면 그 안에서 살아가는 이들이 과거 자본주의 사회의 잔해를, 개인적 책략을 발휘하고 운이 좋으면 부자가 될 수 있는 신나는 모험 놀이터로 경험하도록 끊임없이 훈계해야 한다. 집단적 제도가 고장 난 가운데 무질서는, 집단적 규칙과 의무에서 자유롭고 개인의 합리적 선택과 개인의 권리에 기반을 둔 자생적 질서로 포장되어야 한다. 아마 콜린스가 예측하는 것처럼, 중간계급 고용에 대대적인 위기가 닥치면서 모두가 자기만 챙기는 신자유주의적 삶에 대한 이데올로기적 열광이 더는 조성되지 않을 때만, 또는 널리 퍼진 무질서가 개인적 기획과 야심을 대규모로 심각하게 좌절시키기 시작할 때만, 포스트자본주의 공위기간이 종언을 고하고 새로운 질서가 나타날 것이다.

01

자본주의는
어떻게 종언을 고할까?

자본주의가 위독한 상태라는 인식이 오늘날 제2차 세계대전 종전 이후 어느 때보다도 더 널리 퍼져 있다.[1] 돌이켜보면 2008년 대폭락은 1970년대 중반에 전후 번영기가 막을 내리면서 시작된 정치적·경제적 무질서의 장기 연쇄에서 가장 최근의 일일 뿐이다. 잇따른 위기들은 어느 때보다도 심각했으며, 점차 상호 연결되는 글로벌 경제를 통해 더욱 광범위하고 급속하게 확산되었다. 1970년대의 세계적 인플레이션에 뒤이어 1980년대에 공공부채가 증가했으며, 1990년대의 재정 건전화는 민간 부문 부채의 가파른 증가를 수반했다.[2] 지난 40년 동안 '선진' 산업화 세계에서는 일국적 차원에서나 세계적 차원에서나 불균형이 거의 정상상태였다. 실제로 시간이 흐르면서 전후 OECD 자본주의의 위기가 만연함에 따라 점차 그 성격이 단순한 경제적 차원을 넘어서는 것으로 인식되고 있으며, 결국 자본주의 사회, 즉 사적 자본축적의 중단 없는 진전에 결정적으로 의존하는 사회질서이자 삶의 방식으로서의 자본주의라는 오랜 통념이 재발견되는 중이다.

---

1 이 글은 2014년 1월 23일 영국학술원 영국-독일재단 강연에서 발표되었다. 지면 발표는 *New Left Review*, vol. 87, May/June 2014, 35~64쪽.

2 이 주장에 관해서는 『시간 벌기』에서 한층 더 전면적으로 탐구한 바 있다.

위기의 징후는 여럿이지만 그중 두드러지는 것은 부유하고 고도로 산업화된—또는 점차 탈산업화되고 있다고 보는 게 적절한—자본주의 국가들의 궤적에서 나타나는 세 가지 장기 추세다. 첫 번째는 경제성장률의 지속적 하락인데, 이 추세는 최근 2008년 사태로 악화되었다(〈그림 1-1〉). 첫째 추세와 연관되는 두 번째는 주요 자본주의 국가들에서 나타나는 총부채의 지속적인 상승이다. 이 나라들의 정부와 가계, 금융기업뿐만 아니라 비금융기업들도 지난 40년 동안 계속해서 금융부채를 축적했다(미국의 사례는 〈그림 1-2〉를 보라). 셋째, 부채 증가, 성장둔화와 나란히 소득과 부의 경제적 불평등이 수십 년 동안 계속 심해졌다(〈그림 3〉).

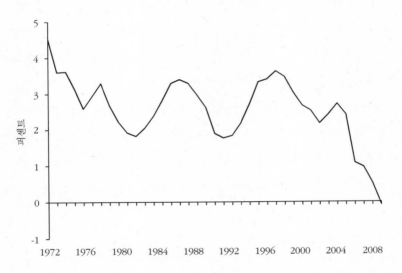

〈그림 1-1〉 OECD 20개국 연평균 성장률, 1972~2010*

*5년간의 이동 평균
출처: OECD Economic Outlook.

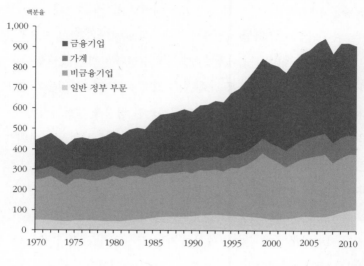

〈그림 1-2〉 미국 국내총생산 대비 부문별 부채, 1970~2011

백분율

- 금융기업
- 가계
- 비금융기업
- 일반 정부 부문

출처: OECD National Accounts.

〈그림 1-3〉 OECD 평균 지니계수의 증가

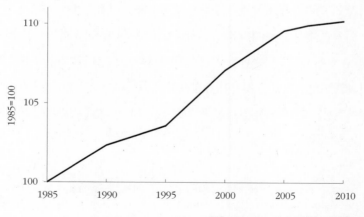

출처: OECD Income Distribution Database.

꾸준한 성장과 건전한 화폐, 약간의 사회적 형평성 덕분에 자본주의가 낳은 혜택의 일부가 자본 없는 이들에게도 확산되었는데, 이런 사실은 오랫동안 자본주의 정치경제가 정당성을 확보하기 위한 필요조건으로 간주되었다. 이런 관점에서 볼 때 가장 걱정되는 점은 앞서 언급한 세 가지 중대한 추세가 서로를 강화할 수 있다는 것이다. 불평등의 증대가 생산성 향상을 방해하고 수요를 약화시켜서 성장을 둔화시키는 한 요인일 수 있음을 보여주는 증거가 늘고 있다. 거꾸로 저성장은 분배갈등을 격화시키면서 불평등을 강화한다. 부자들이 가난한 사람들에게 양보하는 비용이 높아지는 한편, 부자들은 자유시장을 지배하는 '마태 원리 Matthew principle'를 어느 때보다 더 엄격하게 준수하려고 하기 때문이다. "가진 사람에게는 더 주어서 넘치게 하고, 갖지 못한 사람에게서는 있는 것마저 빼앗을 것이다."[3] 더욱이 부채 증가는 경제성장 저하를 막지 못하는 한편, 금융화는 임금 정체와 공공서비스 축소 때문에 점증하는 소득 불평등에 대해 임금 소득자와 소비자들에게 보상을 주려던 애초의 목표와 달리 관련된 구조적 변화들을 통해 불평등을 더욱 심화시킨다.

이처럼 유해한 추세의 악순환처럼 보이는 현상이 과연 영원히 계속될 수 있을까? 이 악순환을 깨뜨릴 대항세력이 있을까? 그리고 만약 지난 40년 동안 그랬던 것처럼 대항세력이 나타나지 않는다면 어떤 일이 벌어질까? 역사학자들은 자본주의에서 위기는 전혀 새로운 것이 아니며

---

3   마태복음 25장 29절[한국어 번역은 대한성서공회, 『새번역성경』, 2011을 따름]. 로버트 머튼은 「과학에서 나타나는 마태 효과The Matthew Effect in Science」에서 처음으로 이 현상을 하나의 사회적 메커니즘으로 묘사한 바 있다. 정확한 용어로 하면 누적이익이다.

사실 장기적인 건전성을 유지하는 데 필요할지 모른다고 말해준다. 하지만 그들이 이야기하는 것은 주기적 운동이나 우발적 충격으로서 이런 일이 일어난 뒤에 자본주의 경제는 적어도 일시적으로는 새로운 균형상태에 들어설 수 있다. 그런데 오늘날 우리가 목도하는 것은 돌이켜보면 점진적 쇠퇴의 부단한 과정, 그것도 오랫동안 이어지는 만큼 더욱 가차 없는 과정인 듯하다. 이따금 벌어지는 청산적 위기Reingungskrise에서 회복하는 것과 서로 뒤얽힌 장기 추세들의 연쇄를 저지하는 것은 전혀 다른 문제다. 한층 심각한 성장둔화, 불평등 고조, 부채 증가 등이 무한정 지속될 수 없고, 이 문제들이 한데 뭉쳐서—그 성격을 상상하기 힘든—체계의 위기를 초래할 수 있다면, 반전이 임박했음을 보여주는 징후들은 있을까?

또 하나의 미봉책

좋지 않은 소식이 하나 있다. 제2차 세계대전 이후 지금까지 연속된 위기의 정점이었던 2008년으로부터 6년이 지났다. 심연의 기억은 여전히 생생했고, 세계를 또 다른 위기에서 보호하기 위한 '개혁'의 요구와 청사진이 넘쳐났다. 각종 국제회의와 정상회담이 연이어 개최되었지만 5년이 지나도록 아무런 결과물도 나오지 않았다. 그사이에 재앙의 진원지였던 금융산업은 완전히 회복되었다. 이윤과 배당금, 급여와 상여금이 원래대로 돌아왔고, 재규제는 국가 간 교섭과 국내 로비라는 수렁에 빠져버렸다. 각국 정부, 무엇보다 미국 정부는 여전히 화폐제조산업의 수중에 꼼

짝없이 잡혀 있다. 그리하여 각국 정부는 중앙은행에 있는 친구들—그 중 가장 유명한 인물은 골드만삭스 출신으로 현재 유럽중앙은행 수장인 마리오 드라기Mario Draghi다—이 공짜로 찍어내는 저리자금을 두둑하게 받고 있다. 이 돈은 다시 비축되거나 국가 부채에 투자된다. 성장은 여전히 무기력하고, 노동시장도 활력을 잃었다. 유동성이 전례 없이 높아졌지만 경제는 활기를 되찾지 못한다. 불평등은 어느 때보다도 놀라운 수준으로 치솟고 있다. 그나마 미약한 성장조차도 소득 상위 1퍼센트, 그 중에서도 알짜배기는 극소수가 차지하기 때문이다.[4]

실제로 낙관할 이유가 거의 없어 보인다. 한동안 OECD 자본주의는 통화팽창정책 아래서 명목화폐를 아낌없이 투입함으로써 유지되었는데, 이 정책의 설계자들은 이런 방식이 언제까지고 계속될 수 없음을 누구보다도 잘 안다. 실제로 2013년에 미국뿐만 아니라 일본에서도 이런 습관을 버리려는 시도가 몇 차례 있었지만, 주가가 곤두박질치자 이른바 '테이퍼링tapering'[양적 완화정책을 점진적으로 축소하는 것]이 당분간 미뤄졌다. 6월 중순 —모든 중앙은행의 모체인—바젤의 국제결제은행Bank for International Settlements: BIS은 '양적 완화'를 중단해야 한다고 선언했다. 국제결제은행은 연례 보고서에서 각국 중앙은행이 위기와 더딘 회복에 대한 대응으로 대차대조표의 규모를 키웠으며, 그 결과 "이제 전체적으

4   Emmanuel Saez, 'Striking It Richer: The Evolution of Top Incomes in the United States', 2 March 2012(사에즈의 UC버클리 개인 웹페이지에서 볼 수 있음), Facundo Alvaredo, Anthony Atkinson, Thomas Piketty and Emmanuel Saez, 'The Top 1 per cent in International and Historical Perspective', *Journal of Economic Perspectives*, vol. 27, no. 3, 2013, 3~20쪽 등을 보라.

로 볼 때 각국의 통화량이 위기 이전 수준의 약 세 배에 달하며 계속 커지고 있다"고 지적했다.[5] "금융붕괴를 막기" 위해 이런 확대가 필요하기는 했지만, 이제 목표는 "여전히 부진한 각국 경제를 튼튼하고 지속 가능한 성장으로 복귀시키는" 것이 되어야 한다. 하지만 이것은 중앙은행들의 능력을 벗어나는 일이다.

각국 중앙은행은 정부 당국과 국민 대중이 바라고 기대하는 대로 경제를 진정한 성공의 길로 복귀시키는 데 필요한 경제적·재정적 구조개혁을 시행할 수 없다. 회복기 내내 중앙은행들이 조정한 일이라고는 시간을 번 것뿐이다. (……) 하지만 시간도 제대로 활용하지 못했다. 계속된 저금리와 관행에서 벗어난 정책 때문에 민간 부문은 손쉽게 차입 축소를 연기하고, 정부는 손쉽게 적자를 메우며, 당국은 실물경제와 금융체계에서 필요한 개혁을 쉽게 연기할 수 있었기 때문이다. 결국 저리자금 덕분에 저축보다 대출이, 세금을 내는 것보다 소비가, 변화보다 현상유지가 더 쉬워졌다.

분명 버냉키가 이끄는 연준도 이런 견해를 갖고 있었다. 2013년 늦여름에 이르러 다시 한번 양적 완화 시대의 종언을 알리는 신호가 나타났다. 하지만 그해 9월에 예상되던 고금리정책의 복귀가 다시 연기되었다. '경제'가 기대했던 만큼 '튼튼해' 보이지 않는다는 것이 그 이유였다. 전세계 주가가 곧바로 상승했다. 전통적인 통화정책으로 복귀하기가 그렇

---

5 Bank for International Settlements, *83rd Annual Report, 1 April 2012–31 March 2013*, Basel, 2013, 5쪽.

게 어려운 진짜 이유는 물론 정치적 외풍을 받는 각국 중앙은행보다 국제결제은행 같은 국제기구가—당분간은—더 자유롭게 발언할 수 있기 때문이다. 결국 현 상황에서는 무제한적인 통화 공급으로 자본주의를 떠받치는 것 이외에 유일한 대안은 신자유주의 경제개혁으로 자본주의를 되살리려고 노력하는 것뿐이다. 국제결제은행은 2012~2013년 연례 보고서의 두 번째 소제목 '유연성 향상: 성장의 열쇠Enhancing Flexibility: A Key to Growth'라는 말로 이런 시도를 깔끔하게 요약한다. 다시 말해 이 시도는 소수에게는 더 많은 인센티브를 주는 동시에 다수에게는 쓴 약을 줄 것이다.[6]

민주주의의 문제

바로 여기서 위기와 현대 자본주의의 미래에 관한 논의가 민주주의 정치의 문제로 나아가야 한다. 자본주의와 민주주의는 전후 합의에 의해서 양자가 합의를 이룬 것처럼 보일 때까지 오랫동안 적대관계로 간주되었다. 20세기가 한참 경과하고서도 자본 소유자들이 민주주의를 추구하는 다수파가 사유재산을 폐지할까봐 두려워한 한편, 노동자와 노동자 조직은 자본가들이 자신들의 특권을 지키기 위해 권위주의적 통치의 복귀에 자금을 댈 것이라고 예상했다. 오직 냉전 시기에 이르러서야 자본주의와

---

6 미국과 영국 같은 나라들에서는 이런 가능성조차 희박할지 모른다. 이 나라들에서는 그나마 남아 있는 신자유주의적 '개혁'이 실행될 가능성이 없기 때문이다.

민주주의는 서로 제휴하게 된 것 같다. 경제적 진보 덕분에 다수인 노동계급이 자유시장과 사유재산 체제를 받아들일 수 있었고, 그 결과로 민주주의적 자유는 시장 및 이윤 형성의 자유와 떼려야 뗄 수 없을 뿐만 아니라 실제로 후자에 의존하는 것처럼 보이게 되었다. 하지만 오늘날 자본주의 경제와 민주주의 정치체가 과연 공존할 수 있는지를 둘러싸고 다시 강력한 의심이 제기되고 있다. 보통 사람들 사이에서는 정치가 이제 더는 자신들의 삶을 변화시킬 수 없다는 인식이 만연해 있다. 자신들과 자신들의 정책 말고는 '어떤 대안도 없다'고 한목소리로 외치면서 점점 자족적이고 자기 잇속만 챙기는 정치인 집단이 무능하고 부패한 채 교착 상태에 빠져 있음을 누구나 알기 때문이다. 그리하여 투표율이 감소하는 동시에 유권자의 변덕이 커지면서 어느 때보다도 더 선거가 파편화된다. '포퓰리즘적인' 저항 정당이 부상하고 정부의 불안정성이 만연하기 때문이다.[7]

전후 민주주의의 정당성은 국가가 시장에 개입해서 시민의 이익을 위해 그 결과물을 교정할 역량이 있다는 전제 위에 서 있었다. 그런데 수십 년에 걸쳐 불평등이 증대되고, 2008년 위기를 전후해서 각국 정부가 무능한 모습을 보이면서 이런 전제에 의문이 던져졌다. OECD 민주주의 국가의 정부와 정당은 글로벌 시장경제에서 자신들이 점점 무력해지자 '민주주의적 계급투쟁'이 포스트민주주의적 폴리테인먼트 politainment[정치politics와 예능entertainment의 결합]로 바뀌는 모습을 어느

---

7 Armin Schäfer and Wolfgang Streeck, eds, *Politics in the Age of Austerity*, Cambridge: Polity, 2013을 보라.

정도 만족스럽게 지켜보았다.[8] 한편 그동안 자본주의 정치경제는 전후 케인스주의에서 신자유주의적 하이에크주의로 순조롭게 변형되었다. 위로부터 아래로의 재분배를 통해 경제를 성장시키는 정치공식에서 아래로부터 위로의 재분배를 통해 경제성장을 기대하는 정치공식으로 바뀐 것이다. 케인스주의 아래서 경제적으로 생산에 도움이 된다고 여겨졌던 평등주의적 민주주의는 현대 하이에크주의 아래서는 효율성의 장애물로 간주된다. 하이에크주의에서는 재분배라는 정치적 왜곡에 맞서 시장—그리고 시장이 수반하는 누적이익—을 격려해야만 성장이 이루어진다고 보기 때문이다.

오늘날 민주주의에 반대하는 언사의 중심 주제는 1970년대 이래 공공부채의 놀라운 증가가 보여주는 현대 국가의 재정위기다(〈그림 1-4〉). 유권자의 다수 대중이 분수에 넘치게 살면서 사회의 '공유재'를 고갈시키고, 또 기회주의적인 정치인들이 있지도 않은 돈으로 근시안적인 유권자의 지지를 매수한 탓에 공공부채가 점점 늘어난다는 것이다.[9] 하지만 정부 부채의 증가가 특히 저소득층에서 선거 참여율 감소와 동시에 진행되고, 또 노동조합 축소, 파업의 실종, 복지국가의 쇠퇴, 폭발적으로 증가

---

8 Walter Korpi, *The Democratic Class Struggle*, London: Routledge and Kegan Paul, 1983; Crouch, *Post-Democracy*.

9 이런 설명이 제임스 뷰캐넌과 그의 학파가 강력하게 제기하는 재정위기에 대한 공공선택 이론의 견해다. 한 예로 James Buchanan and Gordon Tullock, *The Calculus of Consent: Logical Foundations of Constitutional Democracy*, Ann Arbor: University of Michigan Press, 1962[국역: 제임스 M. 뷰캐넌·고든 털럭 지음, 황수연 옮김, 『국민합의의 분석』, 지만지, 2012]를 보라.

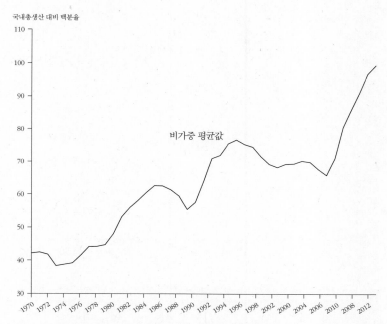

〈그림 1-4〉 국내총생산 대비 정부 부채, 1970~2013

국내총생산 대비 백분율

비가중 평균값

포함된 국가: 오스트레일리아, 오스트리아, 벨기에, 캐나다, 덴마크, 핀란드, 프랑스, 독일, 그리스, 아일랜드, 이탈리아, 일본, 네덜란드, 노르웨이, 포르투갈, 스페인, 스웨덴, 스위스, 영국, 미국

출처: OECD Economic Outlook No. 95.

하는 소득 불평등과 보조를 맞추었다는 사실을 보면, 지나친 재분배 민주주의 때문에 재정위기가 생겼다고 보기는 힘들다. 공공재정의 악화는 상위 계층의 소득세율과 법인세율을 '개혁'한 결과로 전반적인 과세 수준이 감소하고(〈그림 1-5〉) 조세체계의 역진적 성격이 커진(〈그림 1-6〉) 사실과 관련이 있다. 게다가 각국 정부는 조세 수입을 부채로 대체함으로써 불평등을 더욱 부추겼다. 이제 정부는 부자들의 돈을 걷어갈 능력이

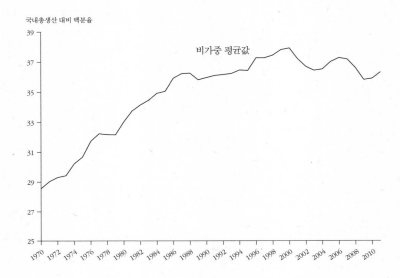

〈그림 1-5〉 국내총생산 대비 총 조세 수입, 1970~2011

국내총생산 대비 백분율

비가중 평균값

포함된 국가: 오스트레일리아, 오스트리아, 벨기에, 캐나다, 덴마크, 핀란드, 프랑스, 독일, 그리스, 아일랜드,
이탈리아, 일본, 네덜란드, 노르웨이, 포르투갈, 스페인, 스웨덴, 스위스, 영국, 미국

출처: OECD Revenue Statistics.

나 의지가 없는 상황에서 대신 돈을 빌림으로써 그들에게 안전한 투자
기회를 제공했기 때문이다. 납세자와 달리 국채 구매자는 국가에 지불한
돈을 계속 소유하며, 실제로 그 돈에 대한 이자까지 거둬들인다. 그 이자
는 대부분 누진적 성격이 한층 더 줄어드는 과세에서 지불되는 것이다.
부자들은 또한 자녀에게 그 돈을 양도할 수 있다. 더욱이 늘어나는 공공
부채는 국가 지출을 삭감하고 공공서비스를 민영화하라는 주장을 위해
정치적으로 활용될 수 있으며 실제로 활용되고 있다. 결국 자본주의 경

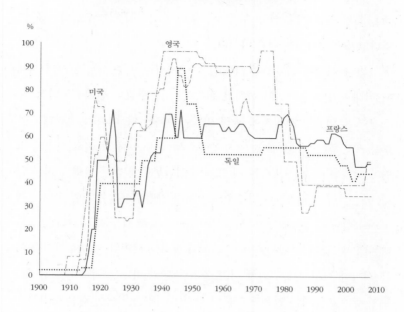

〈그림 1-6〉 최고 한계소득세율, 1900~2011

출처: Facundo Alvaredo, Anthony Atkinson, Thomas Piketty and Emmanuel Saez, 'The Top 1 per cent in International and Historical Perspective', *Journal of Economic Perspectives*, vol. 27, no. 3, 2013.

제에 대한 재분배 민주주의의 개입은 한층 더 제약된다.

최근 몇십 년 동안 시장경제를 민주주의의 간섭으로부터 제도적으로 보호하는 장치가 크게 늘어났다. 노동조합은 모든 곳에서 쇠퇴일로에 있으며 많은 나라, 특히 미국에서 거의 뿌리가 뽑혔다. 경제정책은 무엇보다 금융시장의 번영과 호의에 관심을 기울이는 독립적인—즉 민주적인 책임성이 없는—중앙은행의 손으로 대부분 넘어갔다.[10] 유럽에서는 유럽연합 집행위원회, 유럽중앙은행같이 인민의 민주주의 영역 밖에 있는 초국가적 기구들이 임금 수준 결정이나 예산편성을 비롯한 국가 경제정책을 점점 좌우한다. 결국 유럽 자본주의는 사실상 탈민주화되는데, 그렇다고 탈정치화되는 것은 아니다.

그러나 이윤에 의존하는 계급들 사이에서는 민주주의, 심지어 거세된 현대판 민주주의조차 체제가 회복하는 데 필요한 신자유주의적 '구조개혁'을 허용할 것인지에 관해 의심이 여전하다. 이유는 정반대지만, 보통 시민들처럼 엘리트들 역시 민주주의 정부 자체, 그리고 시장의 명령에 따라 사회를 개조하는 데 그것이 적합한지에 대한 신뢰를 잃고 있다. 공공선택 이론에서는 민주주의 정치가 기회주의적 정치인과 그 고객clientele들에게 봉사하면서 시장정의market justice를 타락시킨다고 폄하하는데, 엘리트집단에서는 이런 견해가 상식이 되었다. 민주주의적 정치를 제거한 시장 자본주의가 더 효율적일 뿐만 아니라 덕과 책임감까지 두루 갖추고 있다는 믿음도 그들의 상식이 되었다.[11] 중국 같은 나라들은 권위주의적 정치체계가 평등주의적 성향이 있는 다수제 민주주의보다 이른바 '세계화'의 도전들에 대처하기 위한 대비에 훨씬 유리하다고 칭찬을 받는다. 이런 언사는 양차 대전 사이에 자본가 엘리트들이 독일과 이탈리아의 파시즘(그리고 심지어 스탈린주의 공산주의까지)이 명백하게 우

---

10 우리는 국제결제은행을 비롯한 대다수 중앙은행이 오랫동안 그리고 지금도 민간 소유라는 사실을 종종 망각한다. 예를 들어 잉글랜드은행과 프랑스은행은 1945년 뒤에야 국유화되었다. 1990년대에 많은 나라에서 도입된 중앙은행의 '독립'은 일종의 재사유화라고 볼 수 있다.

11 콜린 크라우치가 지적한 것처럼, 물론 현존하는 형태의 신자유주의는 거대 다국적 기업들이 정치적으로 견고한 참호를 구축한 과두제다. Crouch, *The Strange Non-Death of Neoliberalism*을 보라.

월한 경제 통치체계라고 찬양한 것과 눈에 띄게 흡사하다.[12]

현재 신자유주의 주류가 꿈꾸는 정치적 유토피아는 '시장에 순응하는 민주주의'인데, 여기서는 시장을 교정하는 세력이 전무하고 '인센티브와 양립 가능한' 아래로부터 위로 향하는 재분배정책이 지지를 받는다.[13] 이 기획은 서유럽과 미국에서 이미 상당히 진척되었지만, 그 주창자들은 다수 대중이 언젠가 전후 타협의 유산인 정치적 제도들을 다시 차지하지 않을까 하는 걱정을 떨치지 못한다. 위기를 신자유주의적으로 해결하려는 시도가 최후의 순간에 저지당할까봐 두려운 것이다. 따라서 엘리트들은 평등주의적 민주주의를 경제적으로 무력화하려고 계속 압력을 행사한다. 유럽에서 이런 시도는 정치경제적 의사결정을 유럽중앙은행과 정부 지도자들의 정상회담 같은 초국가적 기구로 계속 이전하는 방식으로 구현된다.

---

12 Daniel A. Bell, *Beyond Liberal Democracy: Political Thinking for an East Asian Context*, Princeton, NJ: Princeton University Press, 2006; Nicolas Berggruen and Nathan Gardels, eds, *Intelligent Governance for the 21st Century: A Middle Way between West and East*, Cambridge: Polity, 2012 등을 보라.

13 '시장에 순응하는'이라는 표현은 앙겔라 메르켈Angela Merkel이 한 말이다. 총리가 공적으로 구사하는 언사는 의도적으로 모호하고 신비롭게 치장한 것 같다. 2011년 9월에 총리가 구사한 메르켈식 언어의 원본은 다음과 같다. "Wir leben ja in einer Demokratie und sind auch froh darüber. Das ist eine parlamentarische Demokratie. Deshalb ist das Budgetrecht ein Kernrecht des Parlaments. Insofern werden wir Wege finden, die parlamentarische Mitbestimmung so zu gestalten, dass sie trotzdem auch marktkonform ist, also dass sich auf den Märkten die entsprechenden Signale ergeben." 거칠게 번역하면 다음과 같다. "우리는 분명 민주주의 속에 살고 있으며 이 점을 기쁘게 생각합니다. 이것은 의회 민주주의입니다. 따라서 예산은 의회의 핵심적인 권리입니다. 그렇기 때문에 우리는 의회에서 공동 결정을 만들어낼 방도를 찾아야 하며, 이 결정은 그럼에도 시장에 순응해야 합니다. 그래야만 시장에서 상응하는 신호가 나타날 수 있습니다."

벼랑 끝에 선 자본주의?

자본주의는 이제 수명이 다한 걸까? '현대 자본주의'를 테크노크라시로 관리하고 민주적으로 통제하는 '혼합경제'로 운영할 수 있다는 생각은 1980년대에 폐기되었다. 나중에 신자유주의 혁명에서 사람들은 '시장의 힘의 자유로운 작동'을 통해 사회적·경제적 질서가 자애롭게 나타날 것이라고 생각을 바꾸었다. 하지만 2008년의 대폭락과 더불어 자기조정 시장이 스스로 균형을 확보한다는 전망 역시 신뢰를 잃었고, 현실성 있는 정치경제적 통치의 새로운 공식은 전혀 보이지 않았다. 이런 사실만으로도 체계 차원의 위기의 징후로 볼 수 있으며, 위기가 지속될수록 이런 판단도 굳어진다.

수십 년 동안 성장둔화, 불평등 증대, 부채 증가, 그리고 여기에 더해 1970년대 이래 인플레이션, 공공부채, 금융붕괴의 고통이 이어진 점을 감안할 때, 나는 지금이야말로 하나의 역사적 현상으로서 자본주의에 관해 재고할 때라고 생각한다. 역사적 현상이기 때문에 시작이 있을 뿐만 아니라 끝도 있는 것이다. 재고를 하려면 사회적·제도적 변화에 관한 그릇된 모델들과 결별해야 한다. 레닌주의 방식처럼 정부나 중앙위원회의 포고령으로 자본주의가 끝날 것이라고 생각하는 한, 우리는 자본주의가 영원불멸하다고 간주할 수밖에 없다. (실제로 포고령에 의해 종료될 수 있고 그렇게 끝장난 것은 모스크바의 중앙집중적인 공산주의였다.) 만약 집단적 결정에 따라 어떤 섭리에 의해 고안된 새로운 질서로 자본주의를 대체하는 것을 상상하는 대신 자본주의가 저절로 붕괴할 수 있다고 생각한다면, 상황은 달라진다.

무엇으로 자본주의를 대체할 것인지에 관한 질문에 답해야 한다는 책임을 떠맡지 않고서도 자본주의의 종언에 관해 생각하는 법을 배워야 한다. 새로운 더 나은 사회가 시야에 들어오고, 인류의 진보를 위해 이 사회를 실행할 준비가 된 혁명적 주체가 있을 때만 하나의 역사적 시대로서의 자본주의가 끝날 것이라는 생각은 마르크스주의적인 편견, 아니 정확하게 말해 모더니즘적 편견이다. 이런 사고는 우리 공동의 운명에 대한 일정한 정치적 통제권을 전제로 하는데, 집단적 행위주체가 파괴된 뒤로 이런 통제권은 꿈도 꾸지 못하며 신자유주의 세계화 혁명 시대에는 더더욱 기대하기 힘들다. 자본주의가 **신들의 황혼**Götterdämmerung에 직면해 있다는 주장의 타당성을 입증하기 위해 대안적 미래에 관한 유토피아적 전망이나 초인적인 선견지명이 필요한 것은 아니다. 과거에도 여러 차례 자본주의가 사망선고를 받은 사실을 알고 있지만, 나는 기꺼이 이런 주장을 펼치고자 한다. 실제로 1800년대 중반에 자본주의라는 개념이 쓰이기 시작한 이래 줄곧 주요 자본주의 이론가들은 하나같이 자본주의의 시효 만료가 임박했다고 예측한 바 있다. 비단 마르크스나 폴라니 같은 급진적 비판자들만이 아니라 베버나 슘페터, 좀바르트, 케인스 같은 부르주아 이론가들도 그런 예측을 내놓았다.[14]

합리적인 예측을 했음에도 어떤 일이 벌어지지 않는다고 해서 앞으로 그런 일이 절대 일어나지 않는다고 볼 수는 없다. 또한 여기서 귀납적으로 증명할 방도는 없다. 그런데 나는 이번에는 다르다고 생각한다. 자본

---

14 따라서 역사가 나의 판단을 오류로 판정한다 할지라도 적어도 든든한 동료들이 있는 셈이니 위안이 된다.

주의의 숙달된 기술자들조차 오늘날 체계를 회복시킬 방법을 전혀 모른다는 점이 하나의 징후다. 가령 최근 출간된 연방준비제도이사회 2008년 심의과정을 담은 회의록[15]이나 앞에서 언급한 중앙은행가들이 '양적 완화'를 끝낼 적절한 시기를 찾으려고 필사적으로 애쓰는 모습을 보라. 하지만 이것은 겉으로 드러나는 문제일 뿐이다. 그 이면에는 자본주의의 발전 때문에 이제 그것을 안정시키거나 제한할 수 있는 어떤 행위주체도 말살되었다는 엄중한 사실이 있다. 중요한 점은 하나의 사회-경제체계로서 자본주의의 안정성은 그 **독특한 동학**Eigendynamik을 여러 상쇄력, 즉 자본축적을 사회적 견제와 균형에 종속시키는 집단적 이해와 제도로 억제하는지 여부에 달려 있다는 것이다. 자본주의는 지나친 성공 때문에 스스로를 훼손할 수 있다는 말이다. 아래에서 이런 주장을 좀더 자세히 설명하고자 한다.

이미 진행 중이라고 생각하는 자본주의의 종언에 관해 떠오르는 이미지는 실행 가능한 대안이 부재한 것과 상관없이 자체의 원인 때문에 만성적으로 고장 난 사회체계의 모습이다. 우리는 정확히 언제 어떻게 자본주의가 사라지고 무엇이 그 뒤를 계승할지는 알지 못하지만, 중요한 것은 경제성장, 사회적 평등, 재정 안정성 세 가지의 하향 추세를 역전시키고 각각이 서로를 강화하는 것을 중단시킬 수 있는 세력이 전무하다는 점이다. 1930년대와 대조적으로 오늘날에는 좌파든 우파든 자본주의 사

---

15 Gretchen Morgenson, 'A New Light on Regulators in the Dark', *New York Times*, 23 April 2014. 이 기사는 '2008년 내내 파국이 닥쳐올 때마다 눈치조차 채지 못한 중앙은행의 충격적인 모습'을 보여준다.

회에 새롭고 일관된 조절régulation 체제를 제공할 수 있는 정치경제 공식이 전혀 보이지 않는다. 사회통합뿐만 아니라 체계통합도 돌이킬 수 없는 지경으로 손상되었고 앞으로도 더욱 악화될 것이다.[16] 시간이 흐르면서 크고 작은 기능장애가 계속 누적될 공산이 크다. 그중 어떤 것도 반드시 치명적이지는 않겠지만, 대부분은 회복이 불가능하다. 더군다나 이런 기능장애가 워낙 많아져서 개별적으로 처리하지 못할 것이기 때문에 문제가 심각해진다. 이 과정에서 전체를 구성하는 요소들이 점점 어긋나고, 온갖 종류의 마찰이 크게 늘어나며, 예상치 못한 결과가 확산되면서 인과관계가 한층 더 불분명해질 것이다. 불확실성이 급격히 커지고, 정당성이나 생산성 또는 둘 다와 관련된 갖가지 위기가 순식간에 연속적으로 발생하는 한편, 예측 가능성과 통치 가능성은 한층 줄어들 것이다(지금까지 수십 년 동안 그랬던 것처럼). 결국 단기적인 위기관리를 위해 고안된 무수히 많은 임시해법은 심각한 아노미적 혼란에 빠진 사회질서에서 매일같이 벌어지는 재앙들의 무게를 견디지 못하고 무너질 것이다.

자본주의의 종언을 사건이 아니라 과정으로 이해하면, 자본주의를 어떻게 정의할 것인가라는 쟁점이 제기된다. 사회는 복합체이기 때문에 유기체와 같은 방식으로 생명을 다하지 않는다. 멸종이라는 드문 예외가 있기는 하지만, 일정한 연속성 속에는 언제나 단절이 한 층으로 내장되어 있다. 한 사회가 종언을 고했다고 말할 때, 여기에는 우리가 본질적인 것으로 간주하는 그 사회조직의 일정한 특징들이 사라졌다는 뜻이 담겨

---

16 이 용어들에 관해서는 David Lockwood, 'Social Integration and System Integration', 244~257쪽을 보라.

있다. 다른 특징들은 남아 있어도 무방하다. 자본주의가 살아 있는지, 아니면 죽는 중이거나 이미 죽었는지 여부를 판정하기 위해 우선 이것을 현대 사회[17]라고 정의해보자. 여기서 현대 사회는 사적으로 소유된 자본과 상품화된 노동력을 결합하는 '노동과정'을 통해, 자본축적을 추구하는 개인의 합리적이고 경쟁적인 이윤 극대화의 의도치 않은 부작용으로 집단적 재생산을 확보함으로써 개인의 악덕을 공적 이익으로 전환시킨다는 맨더빌의 약속을 실현한다.[18] 나는 현대 자본주의가 이제 이 약속을 지킬 수 없다고 주장한다. 그리하여 스스로를 재생산하고 지속 가능하며, 예측 가능하고 정당한 사회질서로서 자본주의의 역사적 존재는 끝이 난다.

이렇게 정의된 자본주의의 소멸은 누군가가 그려놓은 청사진대로 진행되지는 않는다. 자본주의의 쇠퇴가 진행됨에 따라 정치적 항의가 일어나고 집단적 개입을 위한 여러 시도가 벌어질 수밖에 없다. 하지만 이런 움직임은 오랫동안 국지적으로 분산되고, 비조직적이며 '원시적인' 채로

---

17 또는 애덤 스미스가 말한 것처럼, 화폐경제의 규모로 측정되는, 원칙적으로 무한한 생산성과 번영의 증대를 목표로 삼는 '진보적' 사회라고 정의해보자.

18 자본주의의 다른 정의들은 가령 자본주의의 상업적 시장교환의 평화적 성격을 강조한다. Albert Hirschman, 'Rival Interpretations of Market Society: Civilizing, Destructive or Feeble?', *Journal of Economic Literature*, vol. 20, no. 4, 1982, 1463~1484쪽을 보라. 이런 정의에서는 비폭력적인 '자유무역'은 자본주의 체계의 중심부에 국한되는 반면 역사적·공간적 주변부에서는 폭력이 기승을 부린다는 사실이 무시된다. 예를 들어 사적 폭력에 의해 지배되는 불법시장(마약, 성매매, 무기 등)은 막대한 액수의 돈을 모아 합법적으로 투자하는데, 이것은 본원적 축적의 한 형태라 할 수 있다. 또한 자본주의의 변경지대에서만이 아니라 중심부가 주변부의 협력자에게 제공하는 지원에서도 합법적인 공적 폭력과 불법적인 사적 폭력은 종종 서로 뒤섞인다. 반체제세력에 대해, 그리고 아직 명맥을 유지하고 있다면 노동조합에 대해 중심부에서 자행되는 공적 폭력도 여기에 집어넣어야 한다.

러다이트 운동의 수준에 머무를 공산이 크다. 무질서만 부추기면서 새로운 질서를 창조하지 못하는 가운데 기껏해야 의도치 않게 새로운 질서의 등장에 조력할 뿐이다. 이런 식으로 위기가 장기 지속된다면 개혁적이거나 혁명적인 행위주체에게 적잖은 기회가 열릴 것이라고 생각할 수도 있다. 하지만 무질서한 자본주의는 자신뿐만 아니라 반대세력도 와해시키면서 자본주의를 무너뜨리거나 구출할 수 있는 역량을 앗아가고 있다. 그러므로 자본주의가 종언을 고하려면 자기 자신을 파괴해야 하는데, 오늘날 우리는 바로 이런 자멸의 광경을 목격하고 있다.

상처뿐인 승리

그런데 만약 반대세력이라고 할 만한 것이 전혀 없다면, 왜 자본주의는 그 결함이 무엇이든 위기에 처한 걸까? 1989년에 공산주의가 자멸했을 때, 이제 자본주의가 최종적 승리를 거두었으며 '역사의 종말'이 도래했다는 견해가 팽배했다. 2008년을 겪은 뒤인 오늘날에도 구좌파는 여전히 어디서나 멸종 직전에 다다른 반면, 새로운 신좌파는 아직까지 나타나지 않고 있다. 상대적으로 부유한 이들만큼이나 가난하고 무력한 대중 역시 소비주의에 확실히 장악된 듯 보이며, 공공재·집단행동·집단적 조직화 등은 이제 케케묵은 개념이 되었다. 다른 대안이 전무한 상황인데도 도대체 자본주의는 왜 버티지 못하는 걸까? 다른 이유가 아니더라도 부전승으로 계속 갈 수는 없는 걸까? 언뜻 보면, 역사의 담벼락에 새겨진 온갖 불길한 글들에도 불구하고 자본주의의 사망선고에 반박하는 사실들이 많이 있는 것 같다. 불평등에 관한 한, 특히 대중적 연예와 정치적 억압 덕분에 사람들이 익숙해졌을지 모른다. 더욱이 정부가 화폐 소유자들을 위해 건전화폐정책을 펴면서 사회지출을 삭감하고 공공서비스를 민영화하고도 재선에 성공하는 사례가 넘쳐난다. 환경 악화는 인간의 수명에 비하면 느리게 진행되기 때문에 그 사실을 부인하다가 악화된 환경에서 사는 법을 배우게 된다. 셰일가스 시추 기술같이 자본주의에 시간을 벌게 해주는 기술진보를 배제할 수는 없으며, 불만을 잠재우는 소비주의의 위력에 한계가 있더라도 그 한계에 도달하려면 아직 멀었다. 게다가 점점 시간을 잡아먹고 삶을 갉아먹는 노동체제에 적응하는 일은 경쟁적 도전, 즉 개인적 성취의 기회로 간주될 수 있다. 좋은 삶에 관한 여러 문화적 정의는 언제나 쉽게 바뀌며, 적어도 친자본주의적 재교육에 대항하는 급진적 도전이나 종교적 도전을 억누르거나 조롱하거나 아니면 주변으로 밀어낼 수 있는 한, 지속적인 상품화의 진전에 맞추어 이 정의를 얼마든지 잡아 늘일 수 있다. 마지막으로 오늘날 스태그네이션에 관한 이론들은 대부분 서구 또는 미국에만 적용되는 것이지 중국이나 러시아, 인도, 브라질에는 맞지 않는다. 이 나라들은 아직 자본주의의 발전에 이용할 수 있는 거대한 미개척지가 남아 있기 때문에 경제성장의 최전선이 이쪽으로 옮겨갈 것이다.[19]

앞의 질문들에 대한 나의 답은 반대세력의 부재는 사실 자본주의의 자산이 아니라 불리한 점에 가깝다는 것이다. 사회체제가 번성하려면 내적 이질성이 필요한데, 단일한 목적에만 전적으로 몰두함으로써 결국 체제가 지속 가능하려면 역시 신경을 써야 하는 다른 목적들을 배제하는 일이 없도록 해주는 조직원리의 다원주의가 있어야 한다. 우리가 아는 자본주의는 이윤과 시장의 지배에 맞선 여러 대항운동의 부상에 톡톡히 혜택을 입었다. 사회주의와 노동조합운동은 상품화에 제동을 걸면서 자본주의가 자신을 떠받치는 비자본주의적 토대—신뢰와 선의, 이타주의, 가족과 공동체 내부의 유대 등—를 파괴하는 것을 막아주었다. 케인스주의와 포드주의 아래서 자본주의에 어느 정도 충성하는 반대세력은 특히 불황기에 총수요를 확보하고 안정시키는 데 조력했다. 상황이 유리할 때는 노동계급 조직이 자본에 한층 진보된 생산 개념에 착수하도록 강제함으로써 '생산성을 높이는 채찍' 역할을 하기도 했다. 바로 이런 의미에서 제프리 호지슨Geoffrey Hodgson은 자본주의는 완전히 자본주의적이지 않을 때만, 즉 자본주의와 그 바탕이 되는 사회에서 '필요한 불순물'을 모조리 제거하지 않을 때만 생존할 수 있다고 주장한 바 있다.[20] 이렇게

---

19 이 나라들의 경제 실적과 전망에 관한 최근의 평가는 2~3년 전의 열광에 비해 한결 풀이 죽었다. 최근에 들어서는 환희에 찬 'BRIC'[브라질, 러시아, 인도, 중국] 담론 대신 '취약한 5개국 Fragile Five'(터키, 브라질, 인도, 남아공, 인도네시아; Landon Thomas Jr., *New York Times*, 28 January 2014)의 경제 전망에 대한 불안한 의문이 제기된다. 중국 자본주의에서 누적되는 여러 문제에 관한 보도도 잦아지는 중인데, 무엇보다도 지방정부와 성정부에 광범위하게 퍼진 부채가 지적된다. 크림반도 위기 이후, 러시아 경제의 구조적 취약성에 관한 이야기도 들린다.

20 "모든 사회-경제체계는 제 기능을 하기 위해서는 최소한 하나 이상의 구조적으로 상이한 하위체계에 의존해야 한다. 언제나 복수의 생산양식이 공존해야 하며, 그래야만 사회 형성체 전체가 변화에 대처하는 데 필수적인 구조적 다양성을 가질 수 있다." Geoffrey Hodgson, 'The Evolution of Capitalism from the Perspective of Institutional and Evolutionary Economics'. In: Hodgson, Geoffrey et al., eds, *Capitalism in Evolution: Global Contentions, East and West*, Cheltenham: Edward Elgar, 2001, 71쪽 이하. 이와 견해는 동일하지만 기능주의적 성격이 약한 정식화로는 내가 제시한 '유익한 제약'이라는 개념을 보라. 'Beneficial Constraints: On the Economic Limits of Rational Voluntarism'. In: Hollingsworth, Rogers and Robert Boyer, eds, *Contemporary Capitalism: The Embeddedness of Institutions*, Cambridge: Cambridge University Press, 1997, 197~219쪽.

보면, 자본주의가 반대세력을 궤멸시킨 것은 사실 상처뿐인 승리였을지 모른다. 때로는 불편하지만 실제로는 자신을 지탱해주는 대항력을 떨쳐버린 것이다. 승리를 거둔 자본주의가 이제 자기 자신의 최악의 적이 된 것은 아닐까?

상품화의 최전선

이런 가능성을 탐구하는 과정에서 우리는 노동·토지(또는 자연)·화폐라는 세 가지 '허구적 상품' 개념의 밑바탕을 이루는 시장팽창의 사회적 한계에 관한 칼 폴라니의 사고로 돌아갈 수 있을 것이다.[21] 허구적 상품이란 수요와 공급의 법칙이 적용된다 할지라도 부분적이고 어색하게 적용될 수 있을 뿐인 자원으로 정의된다. 따라서 허구적 상품은 신중하게 제한되고 조절되는 방식으로만 상품으로 다뤄질 수 있다. 완전히 상품화하면 파괴되거나 사용이 불가능해지기 때문이다. 하지만 시장은 상품화에 적합한지 여부와 상관없이 모든 물질적 재화의 거래를 원래의 영역을 넘어서 삶의 모든 범위로 확대하려는 내재적 경향이 있다. 또는 마르크스주의의 용어로 하자면 모든 것을 자본축적의 논리 안에 포섭하려는 경향이 있다. 제약하는 제도에 의해 억제되지 않는다면, 시장팽창은 영원히 자기 발밑뿐만 아니라 자본주의적 경제·사회체계의 생존 가능성까지

---

21 Polanyi, *The Great Transformation*, 68~76쪽.

허물어뜨릴 위험이 있다.

실제로 폴라니가 언급한 허구적 상품 세 가지 모두와 관련해 오늘날 시장팽창이 임계점에 도달했음을 보여주는 징조가 분명하다. 완전한 시장화로부터 이 상품들을 보호하는 데 기여했던 제도적 안전판이 여러 방면에서 잠식되고 있기 때문이다. 현재 이런 배경 아래 선진 자본주의 사회에서 노동과 관련된 새로운 시간 관리 체제, 특히 사회적·경제적 관계와 활동 사이에 시간을 배분하는 새로운 체제를 추구하고 있다. 또한 자연과 관련된 지속 가능한 에너지 관리 체제와 화폐의 생산과 배분을 위한 안정된 금융체제도 모색 중이다. 세 영역 모두에서 각 사회는 현재 자본주의적 사회질서의 근간을 이루는 사적 축재의 논리로 제도화된 팽창의 논리[22]를 좀더 효과적으로 제한하려고 분투하고 있다. 이런 제한이 시도되는 것은 고용체계가 인간 노동에, 자본주의적 생산과 소비체계가 한정된 자연자원에, 금융과 은행체계가 한층 더 복잡한 화폐·신용·부채의 피라미드에 대한 사람들의 신뢰에 제기하는 권리 주장이 점점 거세지고 있기 때문이다.

한편 폴라니가 말하는 위기 영역 각각을 살펴보면, 2008년 세계 경제를 무너뜨린 것은 다름 아닌 화폐의 과도한 상품화임을 알 수 있다. 값싼 신용의 무한한 공급이 한층 더 복잡해진 금융 '상품'으로 변형되자 당시 상상하기 힘든 규모의 부동산 거품이 발생했다. 1980년대 당시에 미국 금융시장의 규제가 완화되면서 대공황 이후 고안된 화폐의 사적 생산

---

22 심지어 '경계 침범', 독일어로는 Steigerungslogik이라고 말할 수도 있다.

과 시장화에 대한 제한이 폐지되었다. '금융화'로 알려진 이 과정은 글로벌 자본주의에서 지나치게 팽창한 패권국 미국의 경제에 성장과 수익성을 회복시켜줄 수 있는 마지막 남은 길처럼 보였다. 하지만 일단 고삐가 풀리자 이 화폐제조산업은 그나마 남아 있는 규칙을 회피할 뿐만 아니라 신중한 규제를 추가로 철폐하기 위한 로비에 막대한 자원의 상당 부분을 투자했다. 지금 와서 생각하면, M-C-M′라는 구체제에서 M-M′라는 신체제로 전환하는 데 따르는 막대한 위험성이 쉽게 보이며, 금융 부문의 압도적인 성장과 관련해서 불평등이 끊임없이 커지는 추세도 쉽게 확인된다.[23]

자연과 관련해서 보면, 무한한 팽창이라는 자본주의의 원리와 자연자원의 유한한 공급 사이의 긴장에 관한 인식이 널리 퍼져 있으며 불안감이 커지는 중이다. 1970년대에는 다양한 분파의 신맬서스주의 담론이 인기를 끌었다. 이 분파들을 어떻게 생각하든, 그리고 지금 와서 보면 몇몇 분파는 성급하게 소란을 일으킨 것 같지만, 부유한 자본주의 사회의 에너지 소비 패턴이 세계 모든 지역으로 확대된다면 인간 생활의 필수적인 전제조건이 모조리 파괴될 것임을 진지하게 부정하기는 어렵다. 오늘날 한편에서는 자연고갈이 진행되고 다른 한편에서는 기술혁신이 이루어지면서 서로 경주를 벌이는 형국이다. 기술혁신은 자연물질을 인공물질로 대체하면서 환경피해를 예방하거나 회복하고 생물권biosphere의

---

23 Donald Tomaskovic-Devey and Ken-Hou Lin, 'Income Dynamics, Economic Rents and the Financialization of the US Economy', *American Sociological Review*, vol. 76, no. 4, 2011, 538~559쪽.

불가피한 파괴에 대비한 안식처를 만들어내는 중이다. 그러나 누구도 대답할 수 없는 질문 하나는 C. B. 맥퍼슨MacPherson이 말한 '소유적 개인주의'가 지배하는 사회에서 이런 노력에 잠재적으로 필요한 막대한 집합적 자원을 어떻게 동원할 수 있는가 하는 것이다.[24] 경쟁적 생산과 소비의 세계에서 어떤 행위자와 기관이 살기 좋은 환경이라는 공공재를 확보할 수 있을까?

세 번째로 인간 노동의 상품화가 임계점에 도달한 것으로 보인다. 국제적 경쟁 아래 노동시장 규제가 완화되면서 한때 노동시간을 전반적으로 제한할 수 있었던 가능성이 사라졌다.[25] 노동시장 규제완화 때문에 또한 전체 인구의 점점 많은 수가 불안정한 고용에 시달리고 있다.[26] '가족임금'의 실종 등 여러 이유로 여성의 노동시장 참여가 높아지는 가운데 매달 가족이 고용주에게 판매하는 시간은 증가하는 한편, 임금은 생산성에 뒤처지고 있다. 이런 임금과 생산성의 격차 확대는 특히 자본주의의 중심부인 미국에서 가장 극적으로 나타난다(〈그림 1-7〉을 보라). 그와 동시에 규제완화와 노동조합 파괴에도 불구하고 노동시장은 대부분 정리되

---

24 C. B. MacPherson, *The Political Theory of Possessive Individualism: Hobbes to Locke*, Oxford, 1962[국역: C. B. 맥퍼슨 지음, 이유동 옮김, 『소유적 개인주의의 정치이론』, 인간사랑, 1991].

25 사회당과 이 당의 대통령이 지지하는 가운데 프랑스에서 주 35시간 노동의 마지막 잔여물에 가해진 공격을 생각해보라.

26 자본주의의 최전선에서 주요 투자은행들이 최하층 직원들에게 "노동조건을 개선하기 위한 광범위한 시도의 일환으로 매달 주말 중 4일은 출근하지 않고 보내도록 하라"고 제안하기 시작했다는 보도가 있다. 'Wall St. Shock: Take a Day Off, Even a Sunday', *New York Times*, 10 January 2014.

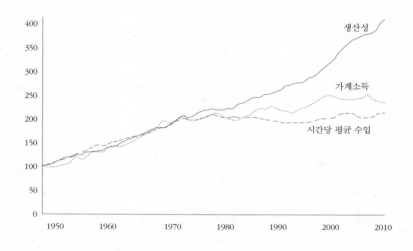

〈그림 1-7〉 미국의 파기된 사회계약, 1940년부터 현재까지

출처: Thomas Kochan, 'The American Jobs Crisis and the Implications for the Future of Employment Policy', *International Labor Relations Review*, vol. 66, no. 2, 2013.

지 않았으며, 심지어 스웨덴 같은 나라에서도 7~8퍼센트 정도의 잔여실업[심신장애 등의 이유 때문에 완전고용상태에서도 남아 있는 실업]이 새로운 정상상태가 되었다. 서비스 부문을 포함한 많은 산업에서 노동착취 공장이 확대되고 있는데, 주변부 세계가 주축이고 자본주의 중심부에서는 당국과 그나마 남아 있는 노동조합의 손길이 닿지 않고 소비자들의 시야에서 먼 곳에서 확산된다. 착취당하는 노동자들이 강력한 노동보호의 역사를 지닌 나라의 노동자들과 경쟁함에 따라 전자에서는 노동조건이 악화되고 후자에서는 실업이 고질적 문제가 된다. 한편 노동이 가정생활에 침투하는 동시에 자신의 '인적 자본'을 업그레이드하기 위한 끊임없는 경주에 참여하라는 노동시장의 압력이 거세짐에 따라 불만이 높아진다. 게다가 글로벌 이동성 덕분에 고용주는 미적지근한 현지 노동자 대신에 물불 가리지 않는 이주 노동자를 쓸 수 있다. 이런 이동성은 또한 현재 인구를 유지하는 수준에 미치지 못하는 출산율을 보충하는 역할을 한다. 그런데 낮은 출산율 자체가 부분적으로 무급노동과 유급노동, 비시장 소비와 시장 소비의 균형이 변화된 결과다. 그리하여 사회적인 대항운동이 장기적으로 약화되는데, 이런 약화는 네덜란드나 스웨덴, 노르웨이 같은 전통적 자유주의 국가에서도 계급적·사회적 유대가 실종된 결과이자 종족 다양성을 둘러싼 심각한 정치적 갈등을 수반한다.

세 가지 허구적 상품이 완전히 상품화되는 것을 막기 위해 자본축적을 어떻게, 어디서 제한할 것인지의 문제는 자본주의의 역사 내내 논란이 되어왔다. 하지만 오늘날 세 경계지대에서 동시에 전 세계적으로 나타나는 무질서는 뭔가 다르다. 이 무질서는 어느 때보다도 더 급속하게 팽창하는 시장의 공세가 눈부신 성공을 거둔 결과인데, 이제 과거로부터 물려받거나 기나긴 정치투쟁에서 구축된 광범위한 제도와 행위자들이 한동안 자본주의의 발전을 사회 안에 한 층으로 내장해두던 시절은 끝났다. '세계화' 덕분에 시장관계와 생산 연쇄가 국가의 정치적·법적 관할권을 전례 없이 자유롭게 넘나들 수 있게 되자 노동·토지·화폐가 동시에 위기지대로 전락했다. 그 결과, 근대 이후 자본주의 자체만이 아니라 사회 전체를 위해서도 자본주의의 '동물혼animal spirits'을 어느 정도 성공적으로 길들일 수 있었던 행위주체들이 근본적으로 해체되고 있다.

자본축적이 한계에 다다른 것은 단지 허구적 상품의 경우만이 아니다. 표면적으로 보면, 재화와 서비스의 소비가 계속 증가하고, 대형 쇼핑몰에 한번 가보면 현대 경제학의 암묵적인 전제—인간의 소비 욕망과 능력은 무한하다는 전제—는 쉽게 증명되는 것처럼 보인다. 하지만 이윤에 의존하는 생산자들 사이에는 소비재시장이—아마 인간의 열망과 상품 구매가 분리되는 탈물질주의 과정에서—언젠가 포화상태에 다다를지 모른다는 두려움이 퍼져 있다. 이런 공포는 성숙한 자본주의 사회에서는 소비가 오래전부터 물질적 필요와 무관하게 되었다는 사실을 반영한다.[27] 오늘날 소비지출에서 가장 큰 몫을 차지하고 또 급속히 증가하는 것은 상품의 사용가치가 아니라 상징가치, 즉 상품의 아우라나 후광을 사는 데 쓰인다. 이런 이유 때문에 산업계 사람들은 광고만이 아니라 제품 디자인과 혁신까지 포함하는 마케팅에 어느 때보다도 더 많은 비용을 치르고 있다. 그런데 판촉활동이 점점 정교해짐에도 불구하고 문화는 원래 무형물이기 때문에 상업적 성공을 예측하기가 어렵다. 모든 가정에 세탁기를 공급함으로써 성장을 달성할 수 있었던 시대에 비하면, 예측이 훨씬 더 어렵다.[28]

---

27 소비재와 소매 산업에서 크리스마스를 앞두고 매년 거대하게 벌이는 포틀래치potlatch[인디언 사회에서 유래한 선물 주고받기 관례]나 미국에서 '블랙 프라이데이Black Friday'라는 불길한 이름으로 불리는 추수감사절 다음 날을 생각해보라. 블랙 프라이데이라는 이름은 전 상품 가격 할인으로 시작되는 집단적 쇼핑의 병적 흥분상태 때문에 붙은 것이다. 아무도 쇼핑을 하러 오지 않으면 얼마나 절망적인 상황일지 상상해보라.

다섯 가지 무질서

반대세력이 사라진 상황에서 자본주의는 스스로 방책을 강구해야 하는데, 자기억제는 여기에 포함되지 않는다. 자본주의의 이윤 추구는 끝이 없으며 그럴 수밖에 없다. 적을수록 좋다는 생각은 자본주의 사회에서 존중받는 원리가 아니다. 이 원리는 바깥에서 강제되어야 하며, 그렇지 않으면 자본주의의 진전은 결코 멈추지 않을 테고 결국 자멸에 이를 것이다. 현재 우리는 이미 자본주의가 반대세력을 파괴한 결과로 자신도 죽어가는 모습을 지켜보고 있다. 말하자면 스스로 약물과용을 해서 사망하는 것이다. 그 사례로 나는 오늘날 선진 자본주의의 다섯 가지 체계 차원의 무질서를 지적하고자 한다. 이것들 모두는 자본주의의 발전을 억제하던 전통적인 제도적·정치적 제약이 다양한 방식으로 약해진 결과다. 이 다섯 가지를 스태그네이션, 과두적 재분배, 공공영역의 약탈, 부패, 글로벌 무정부상태라고 지칭하겠다.

리먼 사태 이후 6년이 지난 지금[2014년], 스태그네이션이 장기간 지속될 것이라는 예측이 한창 유행이다. 많은 토론을 낳은 로버트 고든

---

28 소비주의 문화가 현대 자본주의의 재생산에서 결정적으로 중요하다는 점을 과소평가해서는 안 된다. 생산자와 소비자는 같은 인물이기 쉽지만, 그렇다 하더라도 소비자는 자본과 생산자 사이의 분배갈등에서 궁극적으로 자본의 편이다. 소비자는 값싼 물건을 찾아다니면서 생산자이기도 한 자신에게 타격을 가한다. 자기 일자리를 해외로 내모는 것이다. 결국 소비자는 줄어드는 구매력을 메우기 위해 소비자 신용에 의지함에 따라 소비주의의 유인을 합법적 노동의무로 보완한다. 채무자로서 이런 의무관계에 들어서서 채권자에게 강요를 받기 때문이다. Lendol Calder, *Financing the American Dream: A Cultural History of Consumer Credit*, Princeton, 1999를 보라.

Robert Gordon의 글이 두드러진 사례인데, 여기서 그는 1800년대 이래 생산성과 경제성장을 추동한 주요 혁신은 한 번만 가능한 일이었다고 주장한다. 교통 속도의 증가나 도시의 상수도 설치 같은 경우가 대표적이다.[29] 이런 혁신과 비교해볼 때, 최근 진행되는 정보기술의 확산은 생산성 효과가 있다 하더라도 사소한 수준이다. 고든의 주장은 기술결정론에 가까운 것처럼 보이지만, 기술 덕분에 생산성을 증대할 수 있는 완전히 새로운 기회가 열려야만 자본주의가 자본가가 아닌 노동계급이 자본축적에 기여하는 데 보상을 주기 위해 필요한 성장 수준을 달성하기를 기대할 수 있다. 어쨌든 때늦은 지혜처럼 보이는 부분에서 고든은 여섯 가지 비기술적 요인들을 거론하면서 저성장이나 무성장에 대한 예측을 내세운다. 그가 '역풍'이라고 지칭하는 이 요인들 때문에 '설령 2007년 이전 20년 동안 유지된 수준으로…… 혁신이 계속된다 할지라도' 장기 스태그네이션이 나타날 공산이 크다.[30] 그가 거론하는 요인들 중 두 가지, 즉 불평등과 '소비자 부채와 정부 부채의 과잉'은 내가 주장하는 것처럼 한동안 저성장과 한데 얽혀 나타났다.[31]

놀라운 점은 오늘날의 여러 스태그네이션 이론이 1970~1980년대의 마르크스주의 과소소비 이론들과 흡사해지고 있다는 것이다.[32] 최근 다

---

29 Robert Gordon, *Is US Economic Growth Over? Faltering Innovation Confronts the Six Headwinds*, NBER Working Paper no. 18315, August 2012.

30 고든에 따르면, 당시 연평균 성장률은 1.8퍼센트에 이르렀다. 앞으로는 여섯 가지 불리한 요인의 영향 때문에 미국 인구 하위 99퍼센트의 경우에 연평균 0.2퍼센트로 떨어질 것이다. Gordon, *Is US Economic Growth Over?*, 18쪽 이하. 고든은 사실 기본 성장률이 1.8퍼센트보다 낮을 것이라고 생각하는 점을 주목하라.

름 아닌 로렌스 '래리' 서머스—월스트리트의 친구이자 클린턴 정부에서 금융 규제완화의 주요 설계자였고, 오바마가 처음에 연준 의장으로 간택했지만 의회의 반대에 부딪혀 물러난 그 서머스[33]—도 스태그네이션 이론가 대열에 합류했다. 지난해 11월 8일 열린 국제통화기금 경제포럼에서 서머스는 자본과잉으로 고통받는 세상에서 아무리 금리가 제로에 가까울지라도 예측 가능한 미래에 유의미한 경제성장이 이루어지기는 힘들 것이라고 고백했다.[34] '장기 스태그네이션'이 '새로운 정상상태'

---

31 고든의 예측은 그때나 지금이나 큰 논란거리다. 특히 인공지능과 로봇공학 분야에서 미래에 나타날 기술진보와 관련해서 의구심이 제기되고 있다. 이 분야에서 진보가 이루어질 가능성이 있어 보이지만, 그 결실이 공평하게 분배될 것 같지는 않다. 사회적 보호가 없으면, 이 영역에서 이루어지는 기술진보는 고용에 파괴적 영향을 미칠 테고 사회 양극화를 더욱 부추길 것이다. 기술진보가 성장에 어떤 기여를 하든 간에 동시에 불평등을 강화함으로써 성장을 갉아먹을 것이다.

32 여러 책 가운데 특히 Harry Magdoff and Paul Sweezy, *Stagnation and the Financial Explosion*, New York: Monthly Review Press, 1987을 보라. 과소소비 이론을 2008년 이후의 자본주의에 적용할 수 있는지 여부에 관한 흥미로운 평가로는 John Bellamy Foster and Fred Magdoff, *The Great Financial Crisis: Causes and Consequences*, New York: Monthly Review Press, 2009를 보라.

33 그가 2010년 말에 오바마 행정부에서 사임한 뒤 월스트리트 기업들로부터 받은 상당한 액수의 소득을 신고해야 한다는 사실도 연준 의장 후보에서 물러난 이유일 것이다. 'The Fed, Lawrence Summers, and Money', *New York Times*, 11 August 2013을 보라.

34 2005년, 얼마 뒤 그린스펀의 후임자로 연준 의장이 되는 벤 버냉키가 연준이 투자를 자극하기 위해 '시장에 유동성을 쏟아붓는' 데 실패한 이유로 '저축 과다'를 꼽았을 때, 그 역시 같은 생각을 표명한 것이었다. 오늘날 서머스는 1990년대와 2000년대 초의 '호황'이 키메라 같은 허깨비였다는 좌파 스태그네이션 이론가들의 견해에 별 생각 없이 동의한다. "저의 돈이 넘쳐나고, 차입이 너무 많은 데다가 부가 어마어마했다. 대단한 호황이 있었던 걸까? 설비 가동률은 큰 압박을 받지 않았고, 실업 역시 눈에 띄게 낮은 수준 이하로 떨어지지 않았다. 인플레이션은 잠잠함 그 자체였다. 그러니 큰 거품이 존재한다 할지라도 총수요에 어떤 과잉이 발생하지는 않았다." 서머스의 연설 동영상은 국제통화기금 웹사이트에서 볼 수 있다(서론의 각주 21을 보라).

가 될 것이라는 서머스의 예측은 폴 크루그먼 같은 동료 경제학자들 사이에서 놀라울 정도로 광범위한 지지를 받았다.[35] 서머스가 그냥 지나가는 말로 언급한 것은 마이너스 실질금리로도 투자를 회복시키지 못했다는 명백한 실패와 동시에 미국과 다른 나라들에서 불평등이 증대되었다는 사실이다. 케인스라면 소득이 상층에 집중되면 유효수요가 감소하고 자본 소유자들이 '실물경제' 바깥에서 투기적인 이윤 기회를 찾는다는 사실을 알았을 것이다. 실제로 이런 점이 1980년대에 시작된 자본주의의 '금융화'를 낳은 원인들 중 하나였을 것이다.

글로벌 자본주의의 파워 엘리트들은 예측 가능한 미래에 총성장이 저조하거나 아예 없으리라는 점을 받아들이고 순응하는 것으로 보인다. 그렇다고 해서 금융 부문에서 높은 이윤을 얻지 못한다는 말은 아니다. 특히 각국 중앙은행이 제공하는 저리자금을 투기적으로 거래하면 고수익이 가능하다. 스태그네이션이 디플레이션으로 전환되는 것을 막기 위해 조성된 자금이 인플레이션을 야기할 것이라고 우려하는 이는 거의 없다. 그 자금의 일부에 대한 권리를 주장할 수 있는 노동조합이 이제는 존재하지 않기 때문이다.[36] 실제로 이제는 지나친 인플레이션이 아니라 오히려 인플레이션이 너무 낮다는 점이 걱정거리다. 경제가 건전하려면 인플레이션이 연간 적어도 2퍼센트는 되어야 한다는 것이 일반적 통념으로 부상하고 있기 때문이다. 하지만 현재 눈에 띄는 것이라고는 자산가격

---

35 Paul Krugman, 'A Permanent Slump?', *New York Times*, 18 November 2013.

36 물론 노동조합의 부재는 애초에 과도한 이윤이 발생하면서 수요를 억누를 수 있었던 이유 중 하나였다.

거품에 따른 인플레이션뿐이며, 서머스는 청중에게 엄청난 거품에 대비하라고 설득한 것이다.

자본가와 그 심복들에게 미래는 온통 자갈밭으로 보인다. 저성장 때문에 분배갈등을 해결하고 불만을 잠재우는 데 필요한 추가자원을 마련하기 어려울 것이다. 거품은 조만간 느닷없이 폭발할 것이며, 각국이 피해자들을 제때 돌볼 수 있는 역량을 회복할지 여부도 확실하지 않다. 우리 눈앞에 나타나는 침체된 경제는 정상상태stationary나 항상상태steady-state 경제와는 거리가 멀 것이다. 성장이 감소하고 위험성이 증가함에 따라 생존투쟁이 한층 더 격해지기 때문이다. 세계화 이후 구시대의 유물로 간주되는 상품화의 보호한계를 복구하는 대신, 이제 이윤을 계속 늘리고 자본축적을 지속하려는 필사적인 노력 속에서 자연을 착취하고, 노동시간을 늘리고 강화하며, 그들만의 전문용어로 이른바 '창조적 금융'을 장려하기 위해 한층 더 새로운 방도를 모색할 것이다. '거품 가능성이 잠재한 스태그네이션'이라는 시나리오는 만인에 대한 만인의 투쟁이라고 생각하는 게 가장 그럴듯한데, 이따금 공황이 발생하고 마치 체스 종반전처럼 둘 만한 수가 없이 시간이나 허비하는 일이 다반사가 될 것이다.

금권주의자와 약탈

이제 두 번째 무질서를 살펴보자. 경제적 불평등이 한층 심해지는 장기추세가 조만간, 아니 나중에라도 꺾일 조짐은 전혀 보이지 않는다. 케인스가 말한 이유로 보나 다른 이유로 보나 불평등은 성장을 억누른다. 하지만 오늘날 각국 중앙은행이 성장을 회복하기 위해 제공하는 저리자금—물론 자본에게나 저리자금이지 노동자에게는 그렇지 않다—때문에 불평등은 더욱 심해진다. 금융 부문의 몸집이 커지고 생산적 투자보다는 투기적 투자가 유도되기 때문이다. 따라서 상층이 독점하는 재분배는 과두체제로 이어진다. 이런 재분배는 신고전파 경제학에서 약속한 것처럼 경제적 진보라는 집단적 이익에 기여하기는커녕 점차 가난과 쇠퇴로 내몰리는 사회에서 자원을 뽑아내는 일로 바뀌기 때문이다. 지금 당장 떠오르는 나라로는 러시아와 우크라이나가 있지만, 그리스와 스페인, 그리고 점차 미국도 이렇게 될 것이다. 한때 부자의 이윤을 빈자의 임금과 연동시켰던 케인스주의적 유대가 과두제적 재분배 아래서 끊어지면서 경제적 엘리트들의 운명은 대중의 운명과 무관해진다.[37] 2005년과 2006년에 시티은행은 최고 부유층 고객만 엄선해서 배포한 악명 높은 '금권경제plutonomy' 비망록에서 이런 상황을 예견했다. 당시 시티은행은 고객들의 번영이 이제 더는 임금소득자의 융성에 의존하지 않는다고 안심시켰다.[38]

여전히 민주주의 사회로 간주되는 나라들에서조차 과두제적 재분배

---

37 미국과 다른 나라들에서 부유층은 저임금이 총수요를 약화시킨다는 사실은 아랑곳하지 않은 채 노동조합과 최저임금 법령에 대항해 결집한다. 분명 그들은 신규 자금이 풍부하게 공급되면서 대중의 구매력을 대체하기 때문에 그렇게 할 수 있고, 덕분에 그 자금을 활용할 수 있는 이들은 금융 부문에서 수익을 올릴 수 있다. 아래로부터의 수요가 존재한다면 부유층이 '저축'을 서비스와 제조업에 투자할 매력을 느낄 것이다. 이런 맥락에서 지난해 말 제조업 기업들을 대표하는 영국산업연맹Confederation of British Industry 사무총장이 회원들에게 너무 많은 사람이 저임금고용에 매여 있으니 임금을 올려주라고 요청한 일을 생각해보라. 'Companies urged to spread benefits widely', *Financial Times*, 30 December 2013을 보라.

와 금권경제로 나아가는 추세를 보면, 자신들을 부자로 만들어주는 사회체계가 망해도 자기들은 살아남을 것이라고 자신만만해하는 엘리트들의 악몽이 떠오른다. 금권경제의 자본가들은 이제 국가 경제의 성장을 걱정할 필요가 없다. 국가 경제가 성장하지 않아도 초국가적으로 쌓아놓은 자산이 늘어나기 때문이다. 따라서 러시아나 그리스 같은 나라들에서 슈퍼리치들은 자기 돈—또는 동료 시민들의 돈—을 챙겨서 가능하면 스위스나 영국, 미국으로 줄행랑을 친다. 글로벌 자본시장 덕분에 재산을 챙겨서 탈출하면 자신과 가족은 안전할 수 있기 때문에 부자들은 체스 종반전으로 접어들고 싶은 유혹을 어느 때보다도 강하게 느낀다. 자산을 현금화하고, 다리를 불태우고, 불타는 대지만 남겨둔 채 탈출하고 싶은 마음이 간절한 것이다.

이와 밀접하게 관련된 세 번째 무질서는 예산 부족과 사유화를 통한 공공영역의 약탈이다. 나는 다른 글에서 1970년대 이래 조세국가에서 부채국가로, 마침내 건전화 국가 또는 긴축국가로 2중으로 이행하게 된 과정으로 그 기원을 추적한 바 있다. 이런 이동을 낳은 원인을 꼽자면, 무엇보다도 1980년대 이래 대기업과 고소득자들이 글로벌 자본시장 덕분에 조세 도피, 탈세, 과세제도 쇼핑, 정부에 대한 세금감면 강요 등의 기회를 새롭게 누릴 수 있었다는 점이다. 공공적자를 메우려는 시도는 거의 전적으로 정부 지출삭감에 의존했다. 사회보장뿐만 아니라 물리적 기

---

38 Citigroup Research, 'Plutonomy: Buying Luxury, Explaining Global Imbalances', 16 October 2005; Citigroup Research, 'Revisiting Plutonomy: The Rich Getting Richer', 5 March 2006.

반시설과 인적 자본에 대한 투자도 표적이 되었다. 상위 1퍼센트의 소득 이익이 점점 늘어남에 따라 자본주의 경제의 공공영역은 종종 극적으로 축소되었다. 국제적으로 이동하는 과두집단의 부에 유리하게 말라죽는 것이다. 민영화는 이 과정의 일부였는데, 생산성과 사회적 응집을 위해 공공투자를 하면 경제성장과 사회적 형평성에 어떤 기여를 할 수 있는지를 무시한 채 진행되었다.

2008년 이전에도 전후 국가의 재정위기를 해결하려면 세금, 특히 부유층에 대한 세금을 인상하는 대신 지출을 줄여야 한다는 사고가 당연시되었다. 긴축을 통한 국가 재정 건전화는 성장을 억누를 가능성이 있는데도 예나 지금이나 모든 사회에 강요된다. 이런 현실은 과두집단의 경제가 보통 사람들의 경제와 단절되었음을 보여주는 또 다른 징조다. 부자들은 이제 보통 사람들을 희생시키면서 자신의 소득을 극대화하거나 경제 전체를 해치면서 자신의 이익을 추구하는 데 따르는 대가를 치르려고 하지 않기 때문이다. 여기서 표면에 드러나는 것은 마르크스가 묘사한 대로 한편에서는 선진 경제와 사회에서 생산의 사회적 성격이 높아지고, 다른 한편에서는 생산수단의 사적 소유가 굳건하다는 사실에 담긴 근본적 긴장이다. 생산성을 높이려면 공적인 공급을 늘릴 필요가 있는데, 이것은 사적인 이윤축적과 양립 불가능하기 쉽다. 따라서 자본가 엘리트들은 양자 간에 택일을 해야 한다. 현재 우리는 이미 그 결과를 목도하고 있다. 스태그네이션이 과두적 재분배와 결합되는 것이다.[39]

무쇠 감옥의 부식

경제성장 부진, 불평등 증대, 공공영역의 사적 소유로의 이전 등과 나란히 부패가 현대 자본주의의 네 번째 무질서로 손꼽힌다. 막스 베버는 자본주의의 윤리적 토대를 복구함으로써 자본주의를 회복시키려고 하면서 자본주의와 탐욕을 분명히 구분했고, 프로테스탄티즘의 종교 전통에서 자본주의의 기원을 찾았다. 베버에 따르면, 탐욕은 어느 시대, 어느 곳에나 존재했다. 탐욕은 자본주의에 특유한 현상이 아닐뿐더러 심지어 자본주의를 뒤엎을 수도 있다. 자본주의는 부자가 되려는 욕망이 아니라 극기와 체계적인 노력, 책임감 있는 관리, 소명과 삶의 합리적 조직에 대한 건전한 헌신에 근거를 두는 것이었다. 베버는 실제로 자본주의가 성숙해서 '무쇠 감옥'으로 바뀐다면, 자본주의의 문화적 가치가 퇴색할 것이라고 예상했다. 처음에 자본축적을 쾌락주의적-물질주의적 소비나 원시적인 재산축적 본능과 분리하는 데 기여했던 문화적 관념 대신에 관료제적 규제와 경쟁의 제약이 자리 잡을 것이기 때문이었다. 하지만 베버는 20세기 후반에 신자유주의 혁명이 일어나 큰 부자가 될 수 있는 전례 없는 기회가 생기리라고는 예상하지 못했다.

---

39 자본주의는 생산성이 아니라 이윤의 문제임을 주의하자. 생산성과 이윤은 때로 어우러지기도 하지만, 일찍이 '바그너 법칙Wagner's law'에서 예견된 것처럼 경제성장의 결과로 공공영역의 불균형적인 팽창이 요구되기 시작하면 양자는 결별할 공산이 크다. Adolph Wagner, *Grundlegung der politischen Oekonomie*, 3rd edn, Leipzig: C. F. Winter, 1892. 따라서 생산성보다 이윤을 중시하는 자본주의의 선호와 자본주의적 사적 소유체제 전반은 경제와 사회의 진보를 가로막게 된다.

베버에게는 미안한 말이지만, 사기와 부패는 자본주의의 영원한 동반자였다. 하지만 금융 부문이 경제를 지배함에 따라 사기와 부패가 워낙 만연한 나머지 자본주의에 대한 베버의 윤리적 정당화는 이제는 완전히 다른 세상에나 적용될 이야기가 되었다고 보는 게 맞다. 금융 '산업'에서는 혁신을 규칙 악용이나 규칙 위반과 구분하기가 쉽지 않다. 또 반半합법적이거나 불법적인 활동에서 얻는 이득이 특히 많고, 기업과 규제당국 사이에 전문성과 급여의 비례관계가 극단적으로 차이가 난다. 게다가 두 영역을 연결하는 회전문 때문에 미묘하거나 노골적인 부패의 가능성이 끝이 없고,[40] 대기업은 국가 경제정책과 세입에서 차지하는 중요성과 규모 때문에 파산하지도 않고 부패 관련자는 투옥되지도 않는다. 마지막으로 2008년 구제금융, 그리고 금융기업 전前직원들과 미래 직원들이 미국 정부에 엄청난 수가 있다는 사실에서 알 수 있듯이 사기업과 국가의 경계가 다른 어떤 나라보다도 더 흐릿하다. 엔론과 월드컴 사태 이후 사기와 부패가 미국 경제에서 역사상 최고조에 달했음이 적나라하게 드러났다. 하지만 2008년 이후 밝혀진 사실은 전례가 없는 규모다. 신용평가 기관들은 돈을 받고 악성 부실증권 발행사들에 최고 등급을 주었고, 거대 은행들은 역외 그림자 금융과 돈세탁, 대규모 탈세를 최고의 솜씨를 보유한 정상업무로 삼는 한편, 일부 순진한 고객에게 증권을 팔고 다른 고객에게는 그 증권의 가격 하락으로 수익을 얻게 했으며, 전 세계 주요

---

40 최고위층도 포함된다. 블레어와 사르코지는 현재 헤지펀드에서 일하고 있는데, 두 사람이나 새로운 고용주들이나 모두 그들이 선출직 국가 지도자로 일한 시간을 금융 부문에서 훨씬 좋은 연봉을 받는 직위에 오르기 위한 일종의 수습기간으로 생각한다.

은행들은 금리와 금 가격을 사기에 가깝게 책정했다. 최근 몇 년 동안 몇 몇 거대 은행은 이런 행위에 대해 수십억 달러의 벌금을 물어야 했는데, 조만간 이런 행각이 더 발전된 형태로 나타날 것으로 보인다. 그런데 언뜻 보면 상당한 제재처럼 보이는 것도 은행의 대차대조표와 비교해보면 미미한 수준일 뿐이다. 정부가 기소할 의지도 용기도 없기 때문에 이 사건들이 모두 법정까지 가지 않고 합의되었다는 사실은 말할 것도 없다.[41]

자본주의의 도덕적 타락은 경제적 쇠퇴와 관련이 있을 것이다. 마지막 남은 이윤 기회를 둘러싼 경쟁이 날이 갈수록 추악해지면서 참으로 거대한 규모의 자산 강탈극으로 비화하기 때문이다. 어떻든 오늘날 자본주의에 대한 대중의 인식은 매우 냉소적이며, 체계 자체가 흔히 이미 부자인 이들이 더 큰 부를 쌓도록 보장해주는 더러운 술수의 세계로 인식된다. 이제 어느 누구도 자본주의가 도덕적으로 갱생할 것이라고 믿지 않는다. 자본주의가 어느 때보다도 더 부패와 동의어가 됨에 따라 자본주의가 탐욕과 혼동되는 것을 막으려 한 베버의 노력은 결국 실패로 돌아갔다.

뒤죽박죽인 세계

마침내 다섯 번째 무질서에 다다랐다. 글로벌 자본주의는 주변부를 안

---

41 고급 정론지를 보면 거의 매일같이 은행들이 다양한 종류의 비행에 대해 벌금을 물게 되었다는 보도가 나온다. 2014년 3월 23일, 『프랑크푸르터 알게마이네 차이퉁』은 금융위기가 시작된 이래 미국 은행들만 따져도 1,000억 달러에 달하는 벌금을 물었다고 보도했다.

전하게 보호하고 신뢰할 만한 화폐체제monetary regime를 제공하기 위해 중심부를 필요로 한다. 1920년대까지는 영국이 이 역할을 수행했고, 1945년부터 1970년대까지는 미국이 맡았다. 그 사이 시기에는 중심부가 존재하지 않았고, 여러 강대국이 중심부 역할을 맡으려고 욕심을 냈기 때문에 정치적으로나 경제적으로나 혼돈의 시기였다. 자본축적을 위해서는 국경을 가로지르는 무역과 자본의 흐름이 필수적이며, 이를 위해서는 다시 자본주의 세계 경제에 참여하는 나라의 통화들 사이에 안정된 관계를 확립해야 한다. 한편 안정된 관계는 최후의 수단으로 글로벌 은행업자의 보증을 받아야 한다. 또한 낮은 가격으로 원료를 추출하는 데 기꺼이 동의하는 주변부의 정권들을 지원하기 위해서도 유력한 중심부가 필요하다. 게다가 선진 세계 외부에서 벌어지는 자본주의의 **토지수탈** Landnahme[자본주의는 자체적으로 재생산을 계속할 수 없기 때문에 비자본주의적인 외부의 땅을 계속 차지해야 한다는 로자 룩셈부르크의 논의에서 빌려온 표현]에 대한 전통주의자의 저항을 억누르기 위해서도 지역의 협조가 필요하다.

미국이 이제 더는 전후의 역할을 감당할 수 없고 그렇다고 다극적 세계질서가 등장할 가능성도 없기 때문에 현대 자본주의는 점차 글로벌 무정부상태에 시달리고 있다. 강대국 사이의 충돌은 (아직?) 없지만, 달러의 국제 준비통화 기능은 도전을 받고 있다. 미국 경제의 실적이 부진하고, 공공부채와 민간부채가 증가하며, 최근 몇 차례 대단히 파괴적인 금융위기를 겪은 마당에 도전받지 않는 게 오히려 이상하다. 통화 바스켓 currency basket[국제 통화제도에서 기준 환율을 정할 때, 적정한 가중치에 따라 선정한 통화의 꾸러미] 같은 형태로 국제적 대안이 모색되고 있지만, 미국이 자국 통화로 빚을 지는 특권을 포기할 여력이 없기 때문에 전혀 진전이 없다. 게다가 워싱턴 당국의 요청에 따라 국제기구들이 취한 안정화 조치는 체계 주변부에서 점점 탈안정화 효과를 낳는 경향이 있다. 중심부에서 '양적 완화'가 진행되자 브라질이나 터키 같은 나라에서 인플레이션 거품이 생긴 것이 대표적인 예다.

군사적으로 보면, 미국은 1970년대 이래 지금까지 세 차례 주요 지상전에서 패배하거나 교착상태에 빠졌고, 장래에는 아마 국지적 충돌에 '지상군을 파견'하는 개입은 더욱 꺼릴 것이다. 현재 미국은 협력국의 정부를 안심시키고 과두적 재산권을 지키는 글로벌 경찰이자 과두집단과 그들이 소유한 보물의 안전한 피난처로서 자국에 대한 신뢰를 주입하기 위해 새롭고 정교한 형태의 폭력 수단을 배치하는 중이다. 잠재적인 적을 찾아내 각개격파하는 극비 '특수부대', 지구상 어떤 곳에서든 누구든지 죽일 수 있는 무인 항공기, 전 세계적인 비밀 포로수용소 시스템 아래에 숫자도 알 수 없는 포로를 상대로 자행되는 억류와 고문, '빅데이터' 기술을 활용해 세계 각지에서 잠재적 반대세력을 추적하는 광범위한 감시 등이 여기에 포함된다. 하지만 특히 중국이 유효한 경제적 경쟁자이자 군사적으로도 부족하나마 경쟁자로 부상하는 가운데 이 정도로 글로벌 질서를 회복할 수 있을지는 의문이다.

요컨대 무한한 집단적 진보의 약속으로 유지되는 사회질서로서의 자본주의는 위독한 상태에 빠져 있다. 성장은 장기 스태그네이션에 길을 내주고 있고, 경제적 진보의 혜택도 점점 소수에게 집중되며, 자본주의 화폐경제에 대한 신뢰는 산더미처럼 쌓여가는 약속들에 의지하고 있는데, 약속은 점점 물거품이 될 공산이 크다. 1970년대 이래 자본주의 중심부는 세 번의 위기, 즉 인플레이션, 국가 재정, 민간부채의 위기를 연달아 겪었다. 오늘날 불안한 이행 국면에서 자본주의 중심부의 생존은 중앙은행이 인위적 유동성을 무한정 공급할 수 있는지에 달려 있다. 1945년 이후 마지못해 이루어졌던 자본주의와 민주주의의 결합이 점차 와해되는 중이다. 상품화의 세 전선—노동·자연·화폐—에서 자본주의 자체를 위해 진전을 억제하던 규제기관들이 무너졌고, 자본주의가 적들에 맞서 최종 승리를 거둔 이후 규제기관을 재건할 수 있는 정치적 행위주체는 전혀 보이지 않는다. 자본주의 체계는 현재 적어도 다섯 가지 무질서, 즉 성장 둔화, 과두제, 공공영역 고갈, 부패, 국제적 무정부상태로 고통받고 있는데, 치료책은 찾아보기 힘들다. 자본주의의 최근 역사 기록을 토대로 볼 때, 길고 고통스럽게 쇠퇴가 축적되는 시기가 올 것으로 예상된다. 필연적이지는 않더라도 1930년대의 글로벌 붕괴와 유사한 규모로 마찰과 취약성, 불확실성이 격해지고 '정상적인 사건들'이 꾸준히 이어질 것이다.

02

민주적 자본주의의 위기들

2008년에 발생한 미국 금융체계의 붕괴는 그 후 지구적 차원의 경제·정치 위기로 바뀌었다.[1] 세계를 뒤흔든 이 사건을 어떻게 개념화해야 할까? 지금까지 주류 경제학은 대체로 사회가 균형상태로 나아가는 일반적인 경향에 의해 지배된다고 생각했다. 이런 균형상태에서 벌어지는 위기와 변화는 정상正常적으로 잘 통합된 체계의 정상定常상태에서 벗어나는 일시적인 일탈에 불과하다. 하지만 사회학자는 그런 사고 틀에 얽매이지 않는다. 나는 우리가 현재 겪는 고통이 기본적인 안정성의 상태에서 일회적으로 벌어지는 동요라고 해석하는 대신, '대불황Great Recession'[2]과 그 이후에 각국의 국가 재정이 붕괴 일보 직전까지 간 사태를 선진 자본주의 사회의 정치경제적 지형의 밑바탕에 기본적으로 존재하는 긴장이 표출된 것으로 보고자 한다. 이런 긴장 때문에 불균형과 불안정은 예외라기보다는 규칙이며, 사회경제질

---

1   이 글은 2011년 피렌체 유럽대학연구소에서 한 막스 베버 기념 강연을 바탕으로 보완한 것이다. 연구조교 다니엘 메르텐스에게 감사한다. 지면 발표는 *New Left Review*, vol. 71, September/October 2011, 5~29쪽.

2   '대불황'이라는 용어에 관해서는 Carmen Reinhart and Kenneth Rogoff, *This Time Is Different: Eight Centuries of Financial Folly*, Princeton, NJ: Princeton University Press, 2009를 보라.

서 내부에서 역사적으로 연속된 동요는 이 긴장이 표출된 것이다. 더 구체적으로 말하자면, 나는 현재 벌어지는 위기는 우리가 '민주적 자본주의democratic capitalism'라고 부르는 사회 형성체에 내재한 채 지속되는 갈등적 변형이라는 관점에서 보아야만 완전히 이해할 수 있다고 주장하고자 한다.

민주적 자본주의는 제2차 세계대전이 끝난 뒤에야, 그것도 북미와 서유럽이라는 '서구' 세계에서만 완전히 확립되었다. 그곳에서 민주적 자본주의는 향후 20년 동안 이례적으로 순조롭게 작동했다. 사실 워낙 잘 작동했던 터라, 현대 자본주의는 어떤 것이고, 어떻게 될 수 있으며 되어야 하는지에 관한 우리의 생각과 기대는 경제성장이 중단 없이 이어진 이 시기의 경험에 여전히 지배된다. 그 후 이어진 소요에 비춰보면 전쟁 직후의 사반세기는 참으로 예외적인 시기로 인식되어야 마땅하지만, 그럼에도 우리의 생각과 기대는 달라지지 않았다. 실제로 나는 민주적 자본주의의 정상적 상태를 나타내는 것은 **영광의 30년**이 아니라 그 후 이어진 일련의 위기들이라고 말하고자 한다. 이 정상적 상태는 자본주의 시장과 민주주의 정치의 고질적인 갈등에 의해 지배되는데, 이런 갈등은 고도의 경제성장이 종말에 다다른 1970년대에 다시 강력하게 존재감을 드러냈다. 이 글에서 나는 우선 이 갈등의 성격을 논의하고 나서 그것이 낳은 정치경제적 동요의 연속을 살펴보고자 한다. 이 일련의 동요는 현재의 글로벌 위기에 선행한 동시에 그 양상을 규정했다.

시장 대 유권자?

자본주의와 민주주의가 쉽게 어울리지 못할 것이라는 의심은 전혀 새로운 게 아니다. 19세기부터 20세기가 한참 지난 뒤까지도 부르주아들과 정치적 우파는 다수의 지배는 필연적으로 부자에 대한 빈자의 지배를 함축하기 때문에 결국 사적 소유와 자유시장을 폐지하게 될 것이라고 우려를 표명했다. 한편 부상하는 노동계급과 정치적 좌파는 자본가들이 경제적·사회적 재분배에 몰두하는 다수에 의해 영구적으로 지배받는 일이 없도록 하기 위해 반동세력과 제휴해서 민주주의를 폐지할 것이라고 경고했다. 비록 최소한 산업화된 세계에서만큼은 좌파가 민주주의를 위해 자본주의를 폐지할 것이라는 우파의 공포보다는 우파가 자본주의를 구하기 위해 민주주의를 전복할 것이라는 좌파의 공포가 더 타당했지만, 여기서 두 입장의 상대적 장점을 논할 생각은 없다. 어쨌든 제2차 세계대전 직후에는 자본주의가 민주주의와 양립할 수 있으려면, 민주주의가 자유시장의 이름으로 제약을 받지 않도록 보호하기 위해 자본주의가 광범위한 정치적 통제를 받아야 한다는 전제가 널리 받아들여졌다. 가령 핵심 기업과 부문을 국유화하거나 독일의 경우처럼 노동자가 기업 경영에서 '공동결정권'을 가져야 했다. 케인스, 그리고 어느 정도는 칼레츠키와 폴라니도 승리를 거둔 반면, 하이에크는 잠시나마 추방을 당해야 했다.

하지만 그 후로 주류 경제학은 기회주의적인 정치인들이 경제학 교육을 받지 못한 유권자들의 환심을 사기 위해 완전고용이나 사회정의 같은 목표를 추구한다면서 멀쩡히 효율적으로 작동하는 시장에 간섭한 '무책임한 태도'에 집착하게 되었다. 진정한 자유시장은 어쨌든 장기적으로는 이런 목표를 달성하지만 정치 때문에 왜곡되면 절대 달성하지 못한다는 것이었다. '공공선택'의 표준 이론들에 따르면, 경제위기는 본질적으로 사회적 목적을 달성하기 위해 시장을 왜곡하는 정치적 개입 때문에 생겨난다.[3] 이런 관점에서 보면, 올바른 종류의 국가 개입이란 시장을 정치적 간섭으로부터 자유롭게 풀어주는 것이다. 시장을 왜곡하는 그릇된 개입은 과도한 민주주의, 좀더 정확히 말하자면, 무책임한 정치인들이 아무 근거도 없이 경제에 강요하는 민주주의 때문에 생겨난다. 오늘날에는 말년의 하이에크처럼 경제적 자유와 시민의 자유를 지키기 위해 우리가 생각하는 모습의 민주주의를 폐지하자고 대담하게 주장하는 이는 많지 않다. 하지만 오늘날 통용되는 신제도주의 경제학 이론의 **정선율**cantus firmus[대위법의 주제 선율]은 철저하게 하이에크주의에 따른다. 자본주의가 제대로 작동하기 위해서는 규칙을 준수하는 경제정책이 필요하고, 또 자의적인 정치적 간섭을 받지 않게 시장과 재산권을 헌법으로 소중히 보호해야 한다. 또한 독립적인 규제당국과 선거의 압력에서 확실히 보호되는 중앙은행, 대중에 의한 재선을 걱정할 필요가 없는 유럽연합 집행위원회나 유럽사법재판소ECJ 같은 국제기구 등도 필요하다. 하지만 이런 이론들은 지금 여기서부터 어떻게 그런 미래로 나아갈 수 있는가라는 결정적인 질문을 의도적으로 회피한다. 아마 그들 스스로도 답이 없거나 적어도 공개적으로 밝힐 만한 답은 아니기 때문일 가능성이 높다.

자본주의와 민주주의 사이에 알력이 생기는 근본적인 원인들을 개념

---

3 이런 고전적인 언명으로는 Buchanan and Tullock, *The Calculus of Consent: Logical Foundations of Constitutional Democracy*를 보라.

화하는 방법은 여러 가지가 있다. 이 글의 취지상 나는 민주적 자본주의를 자원 할당에 관한 두 가지 상충하는 원리 또는 체제에 의해 지배되는 정치경제체계로 규정하고자 한다. 하나는 한계생산성 또는 '시장의 힘의 자유로운 작동'에 따라 움직이는 원리고, 다른 하나는 민주주의 정치의 집단적 선택으로 보증되는 사회적 필요나 권리 자격에 토대를 둔 원리다. 민주적 자본주의 아래서 정부는 이론적으로 두 원리를 동시에 존중해야 하지만, 실제로 이 두 원리가 손을 잡는 것은 거의 불가능하다. 사실 각국 정부는 한동안 한 원리를 선호하면서 나머지를 무시하다가 결국 그 결과 때문에 벌을 받는다. 보호와 재분배를 외치는 민주주의의 요구에 귀를 기울이지 않는 정부는 다수의 지지를 잃을 위험이 있는 반면, 한계생산성의 언어로 표현되는 생산 자원 소유주들의 보상 요구를 무시하는 정부는 경제의 기능장애를 유발해서 점점 경제가 지속 불가능해지고 결국 정치적 지지까지 잠식당하게 된다.

표준 경제학 이론에서 상정하는 자유주의의 유토피아에서 보면, 민주적 자본주의에 내재한 자원 할당의 두 원리 사이의 긴장을 극복하는 방법은 이 이론을 마르크스가 즐겨 쓰는 표현대로 물질적 힘으로 전환시키는 것이다. 이런 관점에서 보면, 경제학은 '과학적 지식'으로서 시민과 정치인에게 참된 정의는 시장정의라고 가르친다. 이 정의에서는 각자의 필요가 권리로 재정의되는 게 아니라 모든 사람이 자신이 기여한 바에 따라 보상을 받는다. 경제학 이론이 하나의 사회 이론으로 수용되는 정도만큼, 그것은 수행성performativity을 발휘한다는 의미에서 '현실이 된다.' 그리하여 설득을 통해 사회를 구성하는 하나의 도구로서 경제학 이론이 본질적으로 수사학적 성격을 지닌다는 점이 드러난다. 하지만 현실세계에서 시장의 법칙이나 소유권과 구별되는 사회적·정치적 권리에 대한 '비합리적인' 믿음을 갖고 있는 사람들을 설득해서 그런 믿음을 버리게 만드는 일이 전혀 쉽지 않음이 드러났다. 신자유주의가 거침없이 전진하는 회색빛 시대에 경제적 합리화의 힘이 제아무리 거세더라도 사회정의에 관한 비시장적 통념들은 지금도 경제적 합리화 시도에 계속 저항하고 있다. 사람들은 자신에게 시장교환의 결과보다 우선하는 권리가 있는 도덕경제moral economy 개념을 포기하기를 완강히 거부했다.[4] 실제로 사람들은 기회만 있으면 경제보다 사회가 우위에 있고, '유연성'을 외치는 시장의 압력으로부터 사회적 책임과 의무를 보호해야 하며, 사회가 끝없이 변동하는 '시장 신호'의 독재에서 벗어난 삶에 대한 인간적 기대를 존중해야 한다는 점을 이런저런 식으로 고집하는 경향이 있다. 민주주의가 제대로 작동하기만 하면 이런 기회는 얼마든지 있다. 폴라니가 『거대한 전환』에서 노동의 상품화에 저항하는 '반대운동'으로 묘사한 것이 바로 이런 태도다.

주류 경제학자들은 인플레이션, 공공적자, 민간이나 공공의 과도한 부채 등의 무질서가, 부를 창출하는 기계로서 경제를 지배하는 법칙을 제대로 알지 못하거나 이기적으로 정치권력을 추구하느라 그런 법칙을 무시한 결과라고 본다. 이와 대조적으로 정치경제학 이론, 그중에서도 단

---

4 Edward Thompson, 'The Moral Economy of the English Crowd in the Eighteenth Century', *Past & Present,* vol. 50, no. 1, 1971; James Scott, *The Moral Economy of the Peasant: Rebellion and Subsistence in Southeast Asia*, New Haven, CT: Yale University Press, 1976[국역: 제임스 스콧 지음, 김춘동 옮김, 『농민의 도덕경제』, 아카넷, 2004] 등을 보라. 이런 권리의 정확한 내용은 당연히 상이한 사회적·역사적 장소마다 다르다.

순히 기능주의적 효율성 이론이 아니라 정치적인 것을 진지하게 받아들이는 이론은 시장의 자원 할당을 정치경제체계의 한 유형에 불과한 것으로 인식한다. 이 체제는 희소한 생산 자원을 소유한 덕분에 시장에서 강한 지위를 차지하는 이들의 이익에 지배된다는 것이다. 경제적 비중은 작지만 잠재적으로 광범위한 정치권력을 가진 이들은 대안적 체제인 정치적 자원 할당을 선호한다. 이런 관점에서 보면, 표준 경제학은 기본적으로 시장권력을 두둑하게 갖춘 이들에게 봉사하는 정치경제적인 사회질서를 이론적으로 찬양하는 시도에 다름 아니다. 그들의 이익을 일반의 이익과 동일시하기 때문이다. 표준 경제학은 생산 자본 소유주들이 내세우는 분배 주장을 대변하며, 과학적으로 건전하다는 의미에서 이것을 좋은 경제관리의 기술적인 정언명령으로 포장한다. 주류 경제학은 경제의 기능장애를 전통적인 도덕경제의 원리와 합리적-현대적인 원리 사이에 틈이 벌어진 결과로 설명하는데, 정치경제학에서 보자면 이런 설명은 수상쩍은 저의가 담긴 허위나 마찬가지다. '경제적' 경제'economic' economy **또한** 일종의 도덕경제이며, 다만 시장에서 장악력을 가진 이들을 위한 도덕경제라는 사실을 감추기 때문이다.

주류 경제학의 언어에서 위기란 경제의 참된 통치자인 자연법칙을 존중하지 않은 정부에 내리는 징벌로 나타난다. 이와 대조적으로 정치경제학이라는 이름에 걸맞은 이론은 위기를 생산 자원 소유자들이 자신들의 배타적 영역에 침투하는 민주주의 정치에 보이는 '칼레츠키적 반작용'의 표현으로 인식한다. 민주주의 정치는 그들이 시장권력을 남김없이 활용하는 것을 막고, 또 기민하게 위험을 감수한 대가를 정당하게 받으리라는 기대를 무산시키려고 하기 때문이다.[5] 표준 경제학 이론은 사회구조,

그리고 그 구조 안에 확립된 이해관계와 권력의 분배를 외생적인 것으로 다루면서 그것들을 일정한 상수로 놓는다. 따라서 이런 구조와 분배는 시야에서 사라질 뿐만 아니라 경제'과학'이라는 목적에 비추어 자연적으로 주어진 것이 된다. 이런 이론에서 상상할 수 있는 유일한 정치는 경제적 법칙을 구부리려는 기회주의적인, 또는 기껏해야 무능한 시도일 뿐이다. 좋은 경제정책은 정의상 비정치적인 것이다. 문제는 시장이 마음껏 작동하게 내버려두면 자신들이 옳다고 생각하는 일들에 간섭을 받는 사람들, 시장에 대항하기 위해 정치에 크게 의존할 필요가 있는 사람들의 다수는 이런 견해에 동의하지 않는다는 것이다. 신고전파 경제학이야말로 사회적 삶이 현재 어떠하고 앞으로 어떠해야 하는지를 보여주는 자명한 모델이라고 여기고 받아들이도록 그들을 설득하지 않는다면, 민주적으로 표출되는 그들의 정치적 요구는 표준 경제학 이론의 처방과 달라질

---

5 미하우 칼레츠키Michał Kalecki는 어느 독창적인 글에서 경제성과를 좌우하는 결정적인 요인으로 투자자들의 '자신감'을 꼽은 바 있다('Political Aspects of Full Employment'). 칼레츠키에 따르면, 투자자의 자신감은 자본 소유자들이 현재 품고 있는 이윤 기대가 정치권력의 분배와 그에 따라 생겨나는 정책에 의해 어느 정도나 믿을 만하게 승인을 받고 있는지에 좌우된다. 경제적 기능장애—칼레츠키의 경우에는 실업—는 영리기업이 정치적 간섭 때문에 이윤 기대가 위협을 받는다고 느낀 결과로 생겨난다. 이런 의미에서 '그릇된' 정책은 기업의 자신감 상실로 귀결되며, 이런 자신감 상실은 다시 자본 소유자들의 사실상의 투자 파업으로 이어진다. 칼레츠키의 관점 덕분에 우리는 자본주의 경제를 자연적 메커니즘이나 기계 같은 메커니즘과 구별되는 일종의 쌍방향 게임으로 모델화할 수 있다. 이런 관점에서 보면, 자본가들이 투자를 철회하는 식으로 비시장적 자원 할당에 적대적인 반응을 보이는 지점은 고정되거나 수학적으로 예측 가능한 것으로 볼 필요가 없고, 오히려 교섭이 가능할 수 있다. 예를 들어 이 지점은 역사적으로 바뀌게 마련인 자본가들의 기대 수준이나 전략적 계산에 의해 정해질 수 있다. 보편주의적, 즉 역사와 문화에 무관심한 경제학 모델이 그렇게 자주 실패로 돌아가는 것은 바로 이런 이유 때문이다. 이런 모델은 고정된 여러 매개변수를 가정하지만, 현실에서 이 변수들은 사회에 의해 결정된다.

수밖에 없다. 여기에 담긴 함의는 이런 것이다. 만약 개념적으로 경제가 사회에서 완전히 분리될 수 있다면 균형상태로 나아가는 경향이 있는 것으로 경제를 모델화할 수 있겠지만, 정치경제는 민주주의가 전혀 존재하지 않거나 플라톤적인 경제학자 군주가 독재로 다스리는 경우가 아니라면 그런 식으로 모델화할 수 없다. 앞으로 살펴보겠지만, 자본주의의 정치는 부패한 민주주의의 기회주의라는 사막에서 벗어나 우리를 자기조정 시장이라는 약속의 땅으로 이끌기 위해 최선을 다했다. 하지만 민주주의의 저항은 오늘날까지 계속되고 있으며, 그와 더불어 우리의 시장경제에서도 끊임없이 혼란이 생겨나고 있다.

전후의 타협

전후의 민주적 자본주의는 1960년대 말 이후 10년 동안 최초의 위기를 겪었는데, 당시 서구 세계 전역에서 인플레이션이 빠르게 상승하기 시작하는 한편, 경제성장이 침체한 까닭에 제2차 세계대전의 폐허를 딛고 각국 내부의 갈등을 종식시킨 자본과 노동의 정치경제적 평화 공식을 유지하는 게 어려워졌다. 이 평화 공식은 본질적으로 조직화된 노동계급이 자본주의 시장과 소유권을 받아들이는 대가로 정치적 민주주의를 확보하는 결과를 낳았는데, 민주주의 덕분에 노동계급은 사회보장과 삶의 질의 꾸준한 향상을 이룰 수 있었다. 경제성장이 중단 없이 20년 넘게 이어진 결과로 대중의 마음속에는 지속적인 경제 진보가 민주주의에서 시민의 권리라는 인식이 깊게 뿌리내렸다. 이런 인식은 정치에 대한 기대로 바뀌었고, 각국 정부는 이런 기대를 존중해야 한다는 압박을 느꼈지만 성장이 지체됨에 따라 점점 그 기대를 충족시킬 수 있는 능력을 잃었다.

민주적 자본주의가 제도화된 나라들은 다른 면에서는 크게 달랐지만, 노동자와 자본가가 맺은 전후 타협의 구조는 기본적으로 동일했다. 복지국가를 확대할 것, 노동자의 자유로운 단체교섭권을 보장할 것, 정부가 케인스주의적 경제정책 수단을 광범위하게 활용해서 완전고용을 정치적으로 보장할 것 등이 주요 내용이었다. 하지만 1960년대 말에 경제성장이 멈칫거리기 시작하자 이런 정책 조합을 유지하기가 어려워졌다. 자유로운 단체교섭 덕분에 노동자들은 해마다 임금이 오를 것이라는 기대가 뿌리 깊이 박힌 가운데 노동조합을 통해 움직일 수 있었던 한편, 정부가 완전고용을 약속하고 복지국가의 덩치가 커짐에 따라 노동조합은 생산성 증가를 초과하는 임금협상 때문에 고용이 증발하는 위험으로부터 보호받을 수 있었다. 그리하여 정부 정책 덕분에 노동조합은 자유로운 노동시장에서 지탱될 수 있는 수준을 훌쩍 넘어 교섭력을 끌어올렸다. 이런 추세는 1960년대 말에 전 세계적인 전투적 노동운동의 물결로 표출되었다. 생활수준 향상을 누릴 정치적 권리가 있다는 강한 인식이 연료처럼 작용한 데다가 실업의 공포로 움츠러들지도 않았기 때문이다.

이후 서구 세계 전역에서 각국 정부는 어떻게 하면 케인스주의의 완전고용 약속을 철회하지 않고서도 노동조합을 설득해서 조합원들의 임금인상 요구를 완화할 수 있는가 하는 문제에 직면했다. 단체교섭체계의 제도적 구조가 노사정 삼자 간 '사회협약' 교섭에 도움이 되지 않는 나라들에서는 1970년대 내내 대다수 정부가 실질임금 상승을 억제하기 위해 실업이 증가하도록 내버려두면, 자본주의적 민주주의 자체의 안정성은 몰라도 정부 자체의 생존은 너무 위험해진다는 믿음을 굳게 유지했다. 유일한 탈출구는 통화정책을 융통성 있게 적용해서 자유로운 단체교섭과 완전고용이 계속 공존하게 하는 것이었지만, 그 대가로 물가상승률이 계속 높아졌고 시간이 갈수록 인플레이션에 가속도가 붙었다.

초기 단계에서는 노동자들에게 인플레이션이 큰 문제가 되지 않았다. 강한 노동조합이 대변자 노릇을 하는 데다가 사실상의 임금-물가 연동제를 확보할 수 있을 만큼 정치적 힘이 있었기 때문이다. 인플레이션의 주된 피해자는 채권자들과 금융자산 보유자들인데, 노동자는 대체로 이 집단에 속하지 않는다. 아니 최소한 1960년대와 1970년대에는 속하지 않았다. 바로 이런 이유에서 인플레이션은 고용안정과 더불어 국민소득의 더 많은 몫을 동시에 요구하는 노동계급과 자본 수익을 극대화하려고 애쓰는 자본가 계급의 분배갈등이 화폐에 반영된 것으로 볼 수 있다. 양쪽 모두 자기들이 당연한 권리로 가져야 할 것이 무엇인지에 관해 서로 양립 불가능한 생각에 따라 움직이는 상황에서, 그러니까 한쪽은 시민권에 당연히 수반되는 권리를 강조하고 다른 쪽은 소유와 시장권력을 강조하는 상황에서 인플레이션은 구조적인 이유 때문에 도저히 사회정의의 공통된 기준에 합의할 수 없는 사회에서 아노미가 표출된 것으로 간주될 수도 있다. 바로 이런 의미에서 1970년대 말에 영국의 사회학자 존 골드소프John Goldthorpe는 노동자와 시민이 정치적 집단행동을 통해 시장에서 나온 결과를 수정할 수 있는 민주적 자본주의 시장경제에서는 높은 인플레이션을 근절하는 게 불가능하다고 말했다.[6]

성장률이 감소하는 세계에서 노동자와 자본의 상충하는 요구에 직면한 각국 정부로서는 융통성 있는 통화정책이 제로섬 사회의 갈등을 회피할 수 있는 편리한 유사품 처방이었다. 전쟁 직후에 양립 불가능한 경제 정의 개념들을 놓고 씨름하던 각국 정부는 당시 한창 진행되던 경제성장 덕분에 추가로 얻은 재화와 서비스로 계급 적대의 뇌관을 제거할 수 있었다. 그런데 이제 정부는 경제성장이 둔화된 가운데 화폐를 추가로 투입하는 임시방편에 의지해야 했다. 아직 실물경제가 자각하지 못하는 가운데 현재의 소비와 분배를 메우기 위해 미래의 자원을 끌어온 것이다. 이런 식의 갈등 진정책은 처음에는 효과를 발휘했지만 무한정 계속될 수는 없었다. 하이에크가 지칠 줄 모르게 지적한 것처럼, 인플레이션이 가속화되면 결국 상품들의 상대 가격, 임시소득과 고정소득의 관계, 그리고 경제학자들이 말하는 이른바 '경제적 유인' 등에서 관리가 불가능한 경제적 왜곡이 생길 수밖에 없다. 결국 인플레이션은 점차 의심을 품게 되는 자본 소유자들로부터 칼레츠키적 반작용을 불러일으킴으로써 실업을 양산하고, 애초에 인플레이션 덕을 보았던 노동자들에게 벌을 내릴 것이다. 늦어도 이 시점이 되면, 민주적 자본주의 정부는 융통성 있는 재분배적 임금협상을 중단하고 통화 규율을 복원하라는 압력을 받게 된다.

---

6 John Goldthorpe, 'The Current Inflation: Towards a Sociological Account'. In: Hirsch, Fred and John Goldthorpe, eds, *The Political Economy of Inflation*, Cambridge, MA: Harvard University Press, 1978.

인플레이션은 낮아졌지만 실업률은 높아졌다

1979년 카터 대통령이 새로 연준 의장으로 임명한 폴 볼커가 전례 없는 수준으로 이자율을 인상하자 인플레이션은 극복되었다(〈그림 2-1〉). 하지만 실업은 대공황 이래 일찍이 볼 수 없는 규모로 급증했다. 레이건은 처음에는 볼커의 공세적인 인플레이션 억제정책 때문에 정치적 악영향이 미칠까 우려했다고 하지만, 1984년에 재선에 성공하자 볼커의 '반란'을 승인했다. 미국의 선도를 따른 대처 역시 무엇보다도 제한적인 통화정책 때문에 높은 실업률과 급속한 탈산업화가 야기되었는데도 1983년에 재

〈그림 2-1〉 인플레이션율, 1970~2014

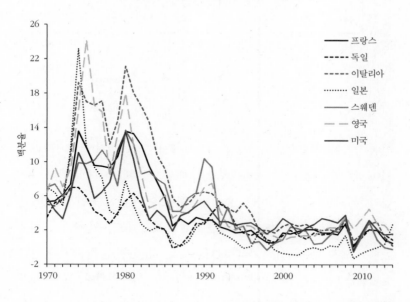

출처: OECD Main Economic Indicators.

〈그림 2-2〉 실업률, 1970~2014

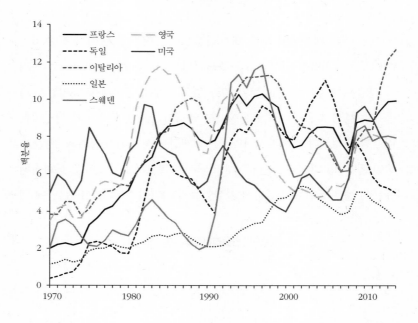

출처: OECD Economic Outlook Database Nos. 92 & 98.

임에 성공한 상태였다. 미국과 영국 모두에서 인플레이션 억제정책과 동시에 정부와 고용주들이 노동조합을 상대로 단호한 공세에 나섰다. 레이건이 항공관제사들을 상대로 승리를 거둔 일이나 대처가 전국광산노동조합National Union of Mineworkers을 박살낸 것이 대표적인 예다. 이후 자본주의 세계 전역에서 인플레이션율은 계속 낮은 수준을 유지한 반면, 실업률은 다소 꾸준하게 상승했다(〈그림 2-2〉). 이런 추세와 나란히 노동조합 조직률은 거의 모든 나라에서 감소했고, 파업 건수가 워낙 줄어들

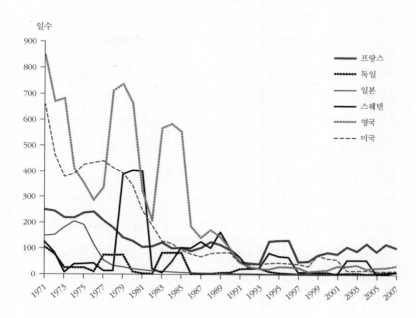

〈그림 2-3〉 노동자 1,000명당 파업 일수, 1971~2007

출처: ILO Labour Statistics Database와 OECD Labour Force Statistics를
바탕으로 지은이가 직접 계산한 3년 이동 평균값.

어서 일부 나라에서는 파업 통계 집계를 중단하기까지 했다(〈그림 2-3〉).

  신자유주의 시대는 영국과 미국 정부가 일반적으로 받아들여지던 전
후 민주적 자본주의의 지혜, 즉 실업률이 높으면 당대 정부만이 아니라
민주적 자본주의 자체에 대한 정치적 지지까지 잠식된다는 지혜를 내팽
개치면서 시작되었다. 세계 각지의 정책 결정권자들은 레이건과 대처가
유권자들을 상대로 수행하는 실험을 큰 관심을 갖고 지켜보았다. 하지만
인플레이션만 끝내면 경제 무질서가 종식되리라고 기대한 이들은 금세

실망하게 되었다. 인플레이션이 물러나자 공공부채가 증가하기 시작했는데, 전혀 예상하지 못한 일이 아니었다.[7] 1980년대에 공공부채가 증가한 데는 여러 이유가 있었다. 성장이 정체된 탓에 납세자들이 어느 때보다도 더 세금에 진저리를 쳤고, 인플레이션이 종식됨에 따라 이른바 '세율등급 상향이동bracket creep'[물가상승으로 명목소득이 증가함에 따라 납세자의 세율등급이 점진적으로 상승하는 현상]을 통한 자동적인 세금인상 역시 멈추게 되었다. 각국 통화가 약화되면서 공공부채의 가치가 계속 절하되는 현상도 마찬가지로 끝났다. 이 과정은 처음에는 경제성장을 보완하는 역할을 하다가 점차 경제성장을 도맡게 되었는데, 명목소득과 대비해서 국가의 누적부채를 줄여주었기 때문이다. 지출 측면에서 보면, 통화가 안정되면서 실업이 늘어났고 그에 따라 사회부조 지출이 커졌다. 1970년대에 노동조합의 임금인상 요구를 낮추는 대가로 조성된 다양한 사회복지 수급 자격—말하자면 신코포라티즘[2차 대전 이후 서유럽에서 민주주의 체제 아래 노사정이 경제정책을 중심으로 수립한 협력관계] 시대에 유예된 임금—도 지급기일이 돌아오기 시작하면서 점차 국가 재정에 부담이 되었다.

이제 인플레이션으로 시민들의 요구와 '시장'의 요구 사이의 간극을 메우는 게 불가능해지자 사회적 평화를 확보하는 부담이 국가의 몫이 되

---

7 이미 1950년대에 앤서니 다운스는 민주주의에서는 공공서비스에 대한 시민들의 요구가 정부가 감당할 수 있는 자원의 공급을 초과하는 경향이 있다고 지적한 바 있다. 예를 들어 Anthony Downs, 'Why the Government Budget Is Too Small in a Democracy', *World Politics*, vol. 12, no. 4, 1960을 보라. James O'Connor, 'The Fiscal Crisis of the State', *Socialist Revolution*, vol. 1, nos 1 and 2, 1970도 보라.

었다. 훗날 밝혀진 것처럼 한동안 공공부채는 인플레이션 대신 쓸 수 있는 편리한 기능적 등가물이었다. 인플레이션의 경우와 마찬가지로, 공공부채 덕분에 정부는 아직 생산되지 않은 자원을 당시 벌어지는 재분배갈등에 투입할 수 있기 때문에 이미 손에 쥐고 있는 자원뿐만 아니라 미래의 자원에도 의지할 수 있었다. 시장과 사회적 분배 사이의 투쟁이 노동시장에서 정치의 장으로 옮겨감에 따라 노동조합의 요구가 유권자의 압력에 자리를 내주었다. 각국 정부는 통화 인플레이션에 의지하는 대신 점차 큰 규모로 돈을 빌리기 시작했다. 시민의 권리로서 각종 복지수당과 서비스에 대한 요구를 수용하는 것과 동시에 시장의 판단에 따라 소득이 결정되어야 하고, 따라서 생산 자원을 최대한 수익성 있게 활용하는 것을 도와야 한다는 반대쪽 주장도 받아들여야 했기 때문이다. 낮은 물가상승률은 이런 점에서는 도움이 되었다. 채권자들에게 장기간에 걸쳐 국채의 가치가 유지될 것이라는 확신을 주었기 때문이다. 인플레이션을 몰아낸 뒤에 이어진 낮은 이자율 또한 도움이 되었다.

하지만 인플레이션이 그렇듯이 공공부채의 축적도 영원히 계속될 수는 없다. 경제학자들은 오래전부터 재정 적자 지출이 민간투자를 '밀어내서' 금리인상과 성장둔화를 유발한다고 경고한 바 있었지만, 정확한 임계점이 어디인지 절대 구체적으로 짚어내지는 못했다. 실제로 금융시장규제를 완화하는 한편 노동조합을 지속적으로 파괴해서 인플레이션을 억제함으로써 적어도 한동안은 낮은 금리를 유지하는 게 가능했다.[8]

---

8 Greta Krippner, *Capitalizing on Crisis: The Political Origins of the Rise of Finance*, Cambridge, MA: Harvard University Press, 2011.

그러나 특히 미국은 이례적으로 낮은 국민 저축률 때문에 금세 국채를 자국 시민들만이 아니라 해외 투자자들에게도 팔아야 했는데, 여러 종류의 국부 펀드도 예외가 아니었다.[9] 게다가 부채 부담이 늘어남에 따라 이 자율이 여전히 낮은데도 공공지출에서 점점 많은 부분을 부채 이자 상환에 쏟아부어야 했다. 무엇보다도 분명 사전에 인지하기는 힘들겠지만 해외 채권자든 국내 채권자든 간에 채권자들이 자금 회수 여부를 걱정하기 시작하는 시점이 있을 수밖에 없다. 아무리 늦어도 이때쯤이면 정부 예산을 건전화하고 재정 규율로 복귀하라는 '금융시장'의 압력이 높아지기 시작한다.

규제완화와 민간부채

1992년 미국 대통령 선거를 지배한 문제는 두 가지 적자, 즉 연방정부의 적자와 대외무역에서 미국 전체의 적자였다. '이중 적자' 문제를 으뜸 과제로 내세운 빌 클린턴이 승리를 거두자 미국이 지휘하는 가운데 OECD와 국제통화기금 같은 국제기구를 중심으로 재정을 건전화하라는 공세적인 선전이 이어졌고, 전 세계가 재정 건전화 시도에 착수했다. 처음에 클린턴 행정부는 교육에 대한 공공투자를 늘리는 등의 사회개혁으로 경제성장을 가속화하는 식으로 공공적자를 줄일 수 있으리라고 생

---

9   David Spiro, *The Hidden Hand of American Hegemony: Petrodollar Recycling and International Markets*, Ithaca, NY: Cornell University Press, 1999.

각한 것 같다.[10] 하지만 1994년 중간선거에서 민주당이 의회 다수당 지위를 상실하자 클린턴은 공공지출을 크게 삭감하고 사회정책을 뒤바꾸는 내용의 긴축정책으로 돌아섰다. 대통령의 말을 빌리자면, 이런 사회정책의 변화는 '지금 우리가 알고 있는 식의 복지'에 종지부를 찍는 것이었다. 1998년부터 2000년까지 미국 연방정부는 수십 년 만에 처음으로 흑자예산을 운영했다.

하지만 그렇다고 해서 클린턴 행정부가 어쨌든 아직 생산되지도 않은 추가적인 경제 자원에 의지하지 않고서도 민주적 자본주의 정치경제를 진정시키는 방법을 찾아낸 것은 아니다. 사회적 갈등을 관리하는 클린턴의 전략은 이미 레이건 시절에 시작되어 이제 과거 어느 때보다도 더 많이 진행된 금융 부문 규제완화에 크게 의지했다.[11] 노동조합이 약화되고 사회지출이 대폭 삭감됨에 따라 소득 불평등이 빠르게 증대했을 뿐만 아니라 재정 건전화 때문에 총수요가 감소했는데, 이제 시민과 기업이 스스로 빚을 내는 새로운 기회가 전례 없이 생겨나서 균형추 역할을 했다. 사실상 공공부채가 민간부채로 대체되는 현상을 묘사하기 위해 '민간화된 케인스주의privatized Keynesianism'라는 절묘한 표현이 등장했다.[12] 모든 사람이 동등하게 제대로 된 집을 얻거나 시장에서 팔 수 있는 노동 숙

---

10 Robert Reich, *Locked in the Cabinet*, New York: Vintage, 1997.

11 Joseph Stiglitz, *The Roaring Nineties: A New History of the World's Most Prosperous Decade*, New York: W. W. Norton, 2003.

12 Colin Crouch, 'Privatised Keynesianism: An Unacknowledged Policy Regime', *British Journal of Politics and International Relations*, vol. 11, no. 3, 2009.

련을 쌓는 데 필요한 돈을 정부가 차입으로 조성하는 대신, 이제는 대출 요건이 극단적으로 완화된 부채체제 아래서 시민 개개인이 스스로 위험을 무릅쓰고 돈을 빌릴 수 있게 되었고 때로는 빌리도록 강요받았다. 이렇게 돈을 빌려야 교육비를 충당하고 그나마 황폐화되지 않은 동네로 이사를 갈 수 있었다.

금융 규제완화를 통해 재정을 건전화하고 경제의 활력을 되살린 클린턴의 정책은 많은 수혜자를 낳았다. 부유층은 세금인상을 면했고, 그중에서도 머리를 잘 굴려서 재산을 금융 부문으로 이전한 이들은 언제나 복잡하기 짝이 없는 '금융서비스'를 통해 엄청난 이윤을 거둬들였다. 이제 거의 아무런 제한 없이 갖가지 금융서비스를 판매할 수 있는 허가를 받았기 때문이다. 하지만 가난한 사람들도 적어도 일부는 한동안이나마 번영을 누렸다. 사회정책이 종잇조각처럼 폐기될 뿐만 아니라 이제 '유연화된' 노동시장의 최하층에서는 임금인상을 기대하기 힘든 상황에서 때맞춰 등장한 서브프라임 모기지가 사회정책과 임금인상의 대체물이 되었기 때문이다. 물론 이런 대체물 역할은 결국 신기루로 끝났다. 특히 아프리카계 미국인들의 경우에 집을 소유하는 것은 '아메리칸 드림'의 실현일 뿐만 아니라 절박하게 필요한 노후연금의 대체물이기도 했다. 많은 이가 당시 노동시장에서 연금을 적립할 수도 없었던 데다가 영원한 긴축정책을 약속하는 정부가 연금을 지급하리라고 기대할 근거도 전혀 없었기 때문이다.

한동안 중간계급, 심지어 가난한 이들 가운데 일부도 집을 소유하면 1990년대와 2000년대 초에 부자를 더 큰 부자로 만들어준 투기열풍에 참여할 수 있는 매력적인 기회를 얻었다. 하지만 이 기회는 결국 모래성

같이 쉽게 허물어졌다. 정상적인 상황이라면 집을 구입할 여력이 전혀 없었을 사람들 사이에서 수요가 높아지자 주택 가격이 점점 상승했고, 결국 소유 주택의 순자산에서 일부나 전부를 뽑아내는 새로운 금융상품을 활용해서—급속하게 상승하는—다음 세대의 대학 학비를 대거나 임금 정체나 감소를 메우기 위한 개인적 소비에 충당하는 일이 일반적인 관행이 되었다. 주택 소유자들이 주택 구입으로 새롭게 생긴 신용을 활용해서 두 번째, 세 번째 집을 사는 것도 드문 일은 아니었다. 어쨌든 부동산 가치가 끝없이 오를 것으로 예상하면서 상승장에 편승하는 꿈을 품은 것이다. 그리하여 정부 차입을 통해 미래의 자원을 현재에 쓰기 위해 획득하던 공공부채의 시대와 달리, 이제 무수히 많은 개인의 판매를 통해 미래 자원을 손에 넣게 되었다. 자유화된 금융시장에서 개인들은 예상되는 미래 소득의 상당 부분을 채권자에게 지불하겠다는 약속을 판매하고, 그 대가로 채권자들은 원하는 무엇이든 살 수 있는 즉각적인 구매력을 제공하는 것이다.

그리하여 금융 자유화는 재정 건전화와 공공긴축의 시대를 보충했다. 개인부채가 공공부채를 대체했고, 건설과 기타 부문에서 고용과 이윤을 떠받치는 국가 관리 집단적 수요 대신 급속하게 성장하는 금융산업이 높은 수수료를 노리고 구축한 개인의 수요가 자리를 차지했다(〈그림 2-4〉). 이러한 동학은 2001년에 연준이 경기부진과 그에 따른 높은 실업률의 재발을 막기 위해 아주 낮은 금리로 전환하자 더욱 가속화되었다. 민간화된 케인스주의는 금융 부문에서 전례 없는 이윤을 낳았을 뿐만 아니라 경제호황까지 지속되면서 특히 유럽 각국 노동운동의 부러움을 샀다. 실제로 유럽 노동조합 지도자들은 미국 사회에서 급증하는 부채를 떠받

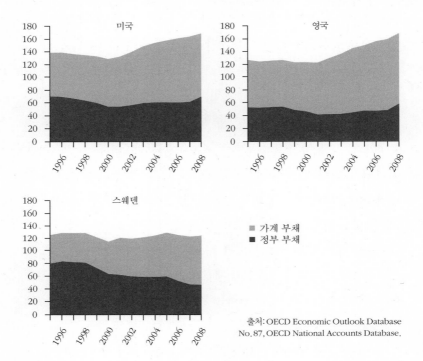

〈그림 2-4〉 재정 건전성과 민간부채가 국내총생산에서 차지하는 비율, 1995~2008

■ 가계 부채
■ 정부 부채

출처: OECD Economic Outlook Database No. 87, OECD National Accounts Database.

친 앨런 그린스펀의 금융완화정책을 본보기로 치켜세웠다. 유럽중앙은 행과 달리 연준은 통화 안정성만이 아니라 높은 고용 수준까지 제공해야 하는 법적 구속을 받는다는 사실에 크게 흥분해서 주목한 것이다. 물론 1990년대 말과 2000년대 초에 번영의 토대가 되었던 국제적인 신용 피라미드가 2008년에 갑자기 붕괴하자 이 모든 상황은 끝나고 말았다.

국가 부채

2008년에 민간화된 케인스주의가 몰락하자 전후 민주적 자본주의의 위기는 네 번째이자 마지막 단계로 들어섰다. 인플레이션, 재정 적자, 민간 부채의 시대를 연달아 거친 끝에 다다른 단계였다(〈그림 2-5〉).[13] 글로벌 금융체계가 해체될 조짐을 보이자 민족국가들은 재정 건전화의 보상으로 허용했던 악성채무를 사회화하는 방식으로 경제적 자신감을 회복하려고 했다. 이런 움직임은 '실물경제'의 붕괴를 막기 위해 필요한 재정 팽창과 결합되어 재정 적자와 공공부채가 새롭게 극적으로 증가하는 결과로 이어졌다. 1990년대에 특히 세계은행과 국제통화기금의 후원 아

〈그림 2-5〉 미국에서 나타난 민주적 자본주의의 네 차례 위기, 1970~2014

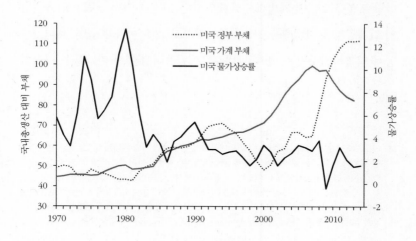

출처: OECD Economic Outlook Database No. 98, OECD National Accounts, OECD Main Economic Indicators Dataset.

래 양산된 제도경제학 문헌이나 '공공선택' 이론에서 말하는 것과 달리, 기회주의적 정치인들이나 그릇된 판단을 한 공공기관들이 경솔하게 너무 많은 돈을 쓴 탓에 이런 상황이 전개된 것이 아님을 주목할 필요가 있다.[14]

2008년 이후 흡사 양자도약quantum leap처럼 급증한 공공부채 때문에 앞선 10년 동안 재정 건전화를 통해 달성할 수 있었던 성과는 모조리 무효화되었다. 이러한 공공부채의 급증은 이제 어떤 민주국가도 규제가 완화된 금융 부문이 자행한 월권행위에 대한 벌로서 1930년대의 대공황에 맞먹는 규모의 경제위기를 또다시 사회에 강요할 용기가 없다는 사실의 반영이었다. 이번에도 역시 현재의 사회적 평화를 확보하기 위해 미래 자원을 끌어다 쓸 수 있도록 정치권력이 동원되었다. 각국은 민간 부문 채권자들을 안심시키기 위해 원래 민간 부문에서 창출된 신규 부채의 상당 부분을 얼마간 자발적으로 떠안았다. 그런데 이런 노력은 금융산업의 화폐공장을 지탱해줌으로써 이례적으로 많은 이윤과 급여, 보너스를 금세 회복시켜주기는 했지만, 바로 그 '금융시장'에서 자기들을 구출하

---

13 이 그림은 자본주의를 선도하는 나라인 미국에서 네 단계가 이념형적 방식으로 펼쳐진 전개과정을 보여준다. 다른 나라들의 경우에 글로벌 정치경제에서 차지하는 지위 등 각국의 특수한 환경을 반영해서 참작할 필요가 있다. 가령 독일에서는 공공부채가 1970년대부터 이미 급증하기 시작했다. 이런 추세는 볼커가 연준 의장이 되기 오래전부터 독일에서 인플레이션이 낮았다는 사실과 부합한다. 분데스방크Bundesbank가 독립성을 누리는 데다 일찍이 1974년부터 통화주의 정책을 채택했기 때문이다. Fritz Scharpf, *Crisis and Choice in European Social Democracy*, Ithaca, NY: Cornell University Press, 1991.

14 대표적인 편저로는 Rolf R. Strauch and Jürgen von Hagen, eds, *Institutions, Politics and Fiscal Policy*, New York: Springer, 2000을 보라.

는 과정에서 각국 정부가 너무 무리를 하는 것은 아닌가 하는 의심이 커지는 것을 막을 수는 없었다. 글로벌 경제위기가 전혀 끝나지 않은 가운데서도 채권자들은 재정긴축을 통해 건전화폐를 복원시키라고 시끄럽게 목소리를 높이기 시작했다. 엄청나게 늘린 국채 투자금이 날아가버리는 일이 없도록 보장을 받고자 한 것이다.

2008년 이후 3년 동안 민주적 자본주의 아래서 벌어진 분배투쟁은 글로벌 금융 투자자들과 주권 민족국가 사이의 복잡한 줄다리기로 변한 상태였다. 과거에 노동자들이 고용주와 싸우고 시민들이 재무장관과 싸우고 민간채무자들이 민간은행과 싸웠다면, 이제는 금융기관들이 바로 얼마 전까지 자기들을 구해달라고 올러대던 바로 그 국가와 씨름을 했다. 하지만 그 밑바탕에 놓인 권력과 이해관계의 지형은 한층 더 복잡하며 아직 체계적인 탐구를 해야 한다. 예를 들어 위기가 벌어진 이후 금융시장은 각국에 크게 다른 이자율을 적용하는 관행으로 돌아섰고, 그에 따라 전례 없는 지출삭감을 시민들이 묵인하게 만들기 위해 각국 정부에 가하는 압력도 세분화했다. 그 기준이 되는 것은 이번에도 역시 기본적으로 수정의 여지가 없는 시장의 분배 논리였다. 오늘날 대다수 국가가 지고 있는 부채의 규모를 감안할 때, 국채 이자율이 조금만 올라도 재정에 재앙을 불러올 수 있다.[15] 또 동시에 시장은 각국을 너무 심하게 몰아붙여서 국가 파산을 선언하게 만드는 사태를 피해야 한다. 정부는 시

---

15 공공부채가 국내총생산GDP의 100퍼센트에 맞먹는 나라의 경우에 채권자들에게 상환해야 하는 평균 이자율이 2퍼센트 오르면, 연간 적자도 같은 액수만큼, 즉 2퍼센트 늘어난다. 이 나라의 현재 예산 적자가 국내총생산의 4퍼센트라면 그 결과로 적자가 6퍼센트로 늘어나는 셈이다.

장의 압박이 너무 심하면 언제든 국가 파산이라는 선택지를 택할 수 있기 때문이다. 한 나라가 채무 불이행 선언을 함으로써 국채 이자율이 전반적으로 상승하는 사태가 일어나지 않도록 파산 위험이 가장 큰 나라에 기꺼이 구제금융을 해주려는 다른 나라들을 찾아야 하는 것은 이런 이유 때문이다. 어떤 나라가 국가 파산을 선언해서 그 나라 바깥에 있는 은행들이 타격을 입는 경우에 해당 은행의 모국은 자국 경제를 안정화하기 위해 막대한 액수의 악성부채를 국가가 사들일 수밖에 없는데, 이때에도 투자자들의 이익을 보호하기 위해 국가들 사이에 비슷한 유형의 '연대'가 조성된다.

오늘날 민주적 자본주의 안에서 사회적 권리의 요구와 자유시장의 작동 사이에 존재하는 긴장이 모습을 드러내는 방식은 이 밖에도 여러 가지가 있다. 오바마 행정부를 비롯한 몇몇 정부는 부채를 한층 더 늘려서 경제성장을 새롭게 창출하려고 한다. 그렇게 하면 경제성장으로 생긴 배당금으로 미래의 재정 건전화 정책을 도울 수 있다고 기대하기 때문이다. 반면 어떤 정부들은 인플레이션으로 복귀해서 채권자들의 재산을 서서히 빼앗는 식으로 누적부채를 녹여버릴 수 있다는 은밀한 희망을 품고 있을지 모른다. 이런 방식이라면 경제성장이 그렇듯이 긴축정책에서 예상되는 정치적 긴장을 완화할 수 있기 때문이다. 그와 동시에 금융시장은 정치적 간섭에 맞서는 전도유망한 싸움을 내다볼지 모른다. 시장의 규율을 복권시키고 그것을 전복하려는 정치적 시도를 모조리 끝장낼 수 있기를 바라는 것이다.

그런데 금융시장은 안전한 투자처로 국채를 필요로 한다는 사실 때문에 문제가 한층 더 복잡해진다. 정부에 균형예산을 너무 심하게 압박하면 금융시장이 바라 마지않는 투자기회가 사라질지도 모른다. 선진 자본주의 나라들의 중간계급은 저축의 상당 부분을 정부 채권에 집어넣은 한편, 다수의 노동자는 소득비례 보조연금supplementary pension에 많은 돈을 투자하고 있다. 균형예산을 추구하다 보면 필연적으로 국가가 세금인상이라는 형태로 중간계급의 돈을 뽑아내야 하는데, 현재 이 돈은 무엇보다도 공공부채에 저축·투자되어 있는 형편이다. 시민들은 이제 이자를 받지 못할 뿐만 아니라 저축을 자녀에게 물려줄 수도 없게 된다. 하지만 이런 상황에서 당연히 시민들은 국가가 부채를 완전히 털어버리지는 않더라도 채권자에 대한 상환 의무를 충실히 이행해야 한다는 데 관심을 기울이는 한편, 또 자신들도 어느 정도 의존하는 공공복지수당과 공공서비스를 대폭 삭감하는 형태로 정부의 유동성을 지탱하기 위한 대가를 치러야 한다.

　오늘날 등장하는 공공부채의 국제정치학에서 여러 단면이 복잡하게 교차하고 있는 상황이기는 하나 금융 안정화를 위한 대가를 치르는 것은 화폐 소유자, 최소한 진짜 화폐의 소유자를 제외한 사람들일 공산이 크다. 예를 들어 재정압박이 커지면서 공적 연금의 개혁이 가속화될 테고, 세계 어느 나라에서든 정부가 지불 불능 상태에 빠지는 정도만큼 사적 연금도 타격을 입을 것이다. 국가 재정을 건전화하고, 외국의 파산에 따르는 피해를 막고, 공공부채 이자율 상승을 감당하고, 필요한 경우에 자국 및 외국 은행을 구제하는 일 등의 대가를 치르는 것은 일반 시민의 몫이 된다. 개인 저축 손실, 공적 복지혜택 삭감, 공공서비스 축소, 세금인상 등의 형태로 그 대가를 치르는 것이다.

연속적인 회피 시도

전후의 경제성장이 종말을 고하고 난 뒤 40년 동안, 민주적 자본주의 내의 지각 구조상 응력의 진앙은 여러 제도를 거치면서 움직였고, 이 과정에서 서로 다르지만 체계적으로 연관된 경제적 혼란이 잇따라 발생했다. 1970년대에는 사회정의를 외치는 민주주의의 요구와 한계생산성에 따른 분배를 외치는 자본주의의 '경제정의' 요구 사이의 갈등이 주로 국가적 차원의 노동시장에서 전개되었는데, 여기서 정치적으로 완전고용이 보장된 가운데 노동조합이 임금 압력을 행사함으로써 인플레이션이 가속화되었다. 이와 같은 사실상 통화가치 저하를 통한 재분배가 경제적으로 지속 가능하지 않게 되자 각국 정부는 높은 정치적 위험을 무릅쓴 채이 방식을 중단할 수밖에 없었고, 결국 선거의 장에서 갈등이 다시 등장했다. 그리하여 공공지출과 공공수입 사이의 불일치가 점점 커지고, 그 결과로 공공부채도 급증했다. 민주적 자본주의 경제가 '조세국가'에 넘겨줄 수 있는 규모를 초과하는 복지혜택과 서비스를 유권자들이 요구했기 때문이다.[16]

하지만 공공부채에 고삐를 채우려는 노력이 불가피해지자 금융 규제완화를 통해 사회적 평화를 이루려는 시도도 나란히 등장했다. 금융 규제완화는 민간신용에 대한 접근을 용이하게 했는데, 규범적으로나 정치적으로나 강력한 시민들의 안전과 번영 요구를 수용하는 대안적인 경로

---

16 Schumpeter, 'The Crisis of the Tax State'.

로 작용했다. 그러나 이런 시도 역시 채 10년도 지속되지 않았다. 각국 정부가 재정긴축에 대한 보상으로 현재의 소비와 투자를 미래에 지불하겠다는 비현실적인 약속을 했는데, 이런 부담을 이기지 못하고 글로벌 경제가 거의 자빠질 뻔했기 때문이다. 그 후로 사회정의라는 대중의 사고와 시장정의를 고집하는 경제가 장소만 바꾼 채 다시 한번 충돌했다. 이번에는 국제적 자본시장, 그리고 금융기관을 한편으로 하고 유권자, 각국 정부, 국가, 국제기구를 다른 한편으로 해서 벌어지는 복잡한 경쟁으로 다시 모습을 드러냈다. 이제 쟁점은 국가가 소유권과 시장의 이윤 기대를 자국 시민에게 얼마나 강제할 수 있는가, 그리고 동시에 파산 선언으로 내몰리는 상황을 피하고 아직 국가에 남아 있는 민주주의적 정당성을 보호할 수 있는가 하는 것이다.

인플레이션을 용인하고, 공공부채를 받아들이고, 민간신용의 규제를 완화하는 일은 민주적 자본주의 아래서 모순되는 두 가지 할당 원리, 즉 한편으로는 사회적 권리, 다른 한편으로는 시장에 의해 평가되는 한계생산성 사이에 벌어지는 억누를 길 없는 갈등에 직면한 정부들이 일시적으로 내놓은 미봉책에 불과했다. 이 세 가지 노력은 한동안 효과를 발휘했지만, 결국 해결하는 것보다 더 많은 문제를 야기하기 시작했다. 자본주의적 민주주의에서 사회 안정성과 경제 안정성을 지속적으로 화해시키는 일은 유토피아적 기획일 뿐이라는 사실이 드러난 것이다. 각국 정부가 당면한 위기에 대처하는 데서 달성할 수 있는 일이라곤 그저 위기를 새로운 영역으로 이동시킨 것뿐이고, 여기서 위기는 새로운 형태로 다시 등장했다. 이 과정, 즉 민주적 자본주의의 여러 모순이 언제나 새로운 경제적 무질서의 다양한 모습으로 잇따라 나타나는 과정이 진즉에 끝났을 것이라고 믿을 이유는 전혀 없다.

정치적 무질서

이 시점에서 볼 때, 현재 등장하는 글로벌 정치경제체계에서 민주적 자본주의를 정치적으로 관리할 가능성이 최근 시기에 급격하게 떨어지고 있음은 분명하다. 나라마다 정도의 차이는 있지만 전반적인 추세는 확실하며, 그 결과로 민주주의나 경제나 위험성이 커지는 것으로 보인다. 대공황 이래 정책 결정권자들이 오늘날만큼 커다란 불확실성에 직면한 적은 거의 없었다. 여러 사례 중 하나만 꼽자면, 시장은 재정 건전성만이 아니라 동시에 미래에 경제가 성장하리라는 합당한 전망도 기대한다는 것이다. 이 두 가지 기대를 어떻게 한꺼번에 충족시킬지는 전혀 분명하지 않다. 아일랜드가 공세적인 적자 축소에 나서겠다고 약속하자 이 나라 국채의 리스크 프리미엄은 떨어졌지만 불과 몇 주 뒤 다시 올랐다. 들리는 말로는 아일랜드의 재정 건전화 프로그램이 너무 엄격해서 경제회복이 불가능할 것처럼 보였기 때문이다.[17] 게다가 값싼 이자로 시장에 풀린 돈이 어느 때보다도 많은 가운데 세계 어딘가에서 이미 다음 번 거품이 부글부글 끓어오르고 있다는 확신이 널리 퍼져 있다. 이제 서브프라임

---

17 다시 말해 '시장'조차도 공공지출을 삭감해서 성장을 자극할 수 있다는 공급 측 경제학의 주문呪文에 돈을 걸 생각이 없다. 다른 한편 어떤 나라가 기존에 쌓인 부채를 털어버리기 위해 돈을 꾼다면, 신규 부채가 얼마나 많아야 충분할지, 아니면 지나치게 많을지 그 누가 알겠는가?

모기지는 적어도 당분간은 투자처로 부각되지 않을 것이다. 하지만 원자 재시장이나 새로운 인터넷 경제가 존재한다. 금융기업들은 중앙은행이 제공하는 넘쳐나는 돈을 활용해서 마음에 드는 고객들뿐만 아니라 물론 자신의 이익을 위해서도 새로운 성장 부문으로 보이는 곳이라면 어디든 지 진출하려고 하는데, 그 어떤 것도 이런 시도를 막지 못한다. 결국 금융 부문의 규제개혁이 거의 모든 면에서 실패한 가운데 은행의 자기 자본 요건은 그전보다 높아지지 않았고, 2008년에 대마불사를 외치던 은행들 은 2012년이나 2013년에도 그런 논리를 내세울 수 있다. 그리하여 이 은 행들은 3년 전에 자기들이 망하면 경제 전체가 결딴난다고 교묘하게 대 중을 협박하던 능력을 지금도 갖고 있다. 하지만 이제 사적 자본주의를 공적 자금으로 구제하는 2008년의 방식을 되풀이하는 것은 불가능하다. 무엇보다도 공적 자금 자체가 이미 한계에 다다랐기 때문이다.

하지만 민주주의 역시 현재의 위기에서 경제를 넘어설 정도는 아닐지 라도 그만큼은 위험에 처해 있다. 현대 사회의 '체계통합', 즉 자본주의 경제의 효율적인 작동만이 아니라 '사회통합' 역시 위태로워졌다.[18] 새 로운 긴축의 시대가 도래한 가운데 시민들의 권리와 자본축적의 요건을 중재할 수 있는 민족국가의 역량은 심각한 영향을 받았다. 세계 곳곳에 서 정부는 세금인상에 반대하는 더욱 거세진 저항에 직면하고 있는데, 국가 부채가 많은 나라, 즉 공공자금을 새로 조성해봤자 오래전부터 소 비한 재화의 값을 치르는 데 써야 하는 나라들에서 특히 저항이 심하다.

---

18 이 두 개념에 관해서는 다음의 글에 정리되어 있다. David Lockwood, 'Social Integration and System Integration'.

게다가 글로벌 상호의존이 한층 더 조밀해지는 상황에서 이제 각국의
정치공동체 안에서 경제와 사회, 자본주의와 민주주의 사이의 긴장을 다
룰 수 있는 척 가장하는 것은 불가능하다. 오늘날 어떤 나라 정부도 국제
적 제약과 의무에 긴밀하게 관심을 기울이지 않은 채 통치할 수는 없으
며, 특히 자국민에게 희생을 강요하도록 각국을 압박하는 금융시장의 제
약과 의무를 피할 수 없다. 민주적 자본주의의 여러 위기와 모순은 마침
내 국제화되면서 한 나라 안에서만이 아니라 각 나라들 사이에서도 발
생하고 있는데, 이 두 차원이 어떻게 결합되고 치환될지는 아직 탐구된
바가 없다.

오늘날 거의 매일같이 신문에서 보는 것처럼, 이제 '시장'은 민주주의
주권국가가 여전히 시민들을 위해 할 수 있는 일과 거부해야 하는 일을
전례 없는 방식으로 명령하기 시작했다. 글로벌 화폐산업에 재난을 초래
하는 데 한몫했던 바로 그 맨해튼의 신용평가기관들이, 재난 당시에 화
폐산업과 자본주의 경제 전체를 구제하기 위해 전에는 상상조차 하지 못
했던 규모로 신규 부채를 떠안은 국가들의 국채 신용등급을 하향 조정
하겠다고 으름장을 놓고 있다. 정치는 여전히 시장을 억제하고 왜곡하
고 있지만, 이런 현상은 보통 사람들의 일상 경험과 조직능력을 훌쩍 뛰
어넘는 수준에서만 벌어지는 듯 보인다. 항공모함뿐만 아니라 신용카드
의 무제한 발급이라는 무기로도 철저하게 무장한 미국은 산더미처럼 쌓
이는 자국의 부채를 여전히 중국에 팔아먹고 있다. 하지만 다른 모든 나
라는 '시장'의 말에 귀를 기울여야 한다. 그 결과, 시민들은 점차 정부가
자신들을 위해 일하는 행위자가 아니라 국제통화기금이나 유럽연합같이
전통적인 민족국가와는 비교도 되지 않을 정도로 유권자의 압력에서 차

단된 국제기구나 다른 나라를 위해 일하는 행위자라고 인식한다. 그리스나 아일랜드 같은 나라에서는 앞으로 오랫동안 민주주의와 비슷한 그 어떤 것도 사실상 유예될 것이다. 이제 각국 정부는 국제시장과 국제기구들이 규정한 바에 따라 '책임 있게' 행동하기 위해 엄격한 긴축을 강제하면서 그 대가로 시민들의 목소리를 점점 외면해야 하기 때문이다.[19]

민주주의는 현재 '시장'의 공격을 받는 나라들에서만 선제적으로 차단되는 것이 아니다. 독일은 아직까지 경제가 비교적 순조롭게 움직이는데도 수십 년 동안 공공지출삭감에 몰두하고 있다. 게다가 언제든 다시 독일 정부는 지불 불능 상태에 빠질 위험성이 있는 나라들에 유동성을 공급하도록 시민들을 설득해야 할 것이다. 그래야만 독일 은행들을 구제할 뿐만 아니라 유럽 공동 화폐를 안정시키고 한 나라가 무너지는 경우에 일어날 가능성이 높은 국채 이자율의 전반적인 상승을 막을 수 있기 때문이다. 이런 조치에 드는 정치적 비용이 크다는 사실은 메르켈 정부의 선거 자본이 점차 바닥이 나서 결국 지난해 치러진 주요 지방선거에서 잇따라 패배한 점으로 가늠할 수 있다. 2010년 초에 메르켈 총리가 토로한 것처럼 채권자들도 비용의 일부를 부담해야 한다는 취지의 포퓰리즘적인 언사가 있었지만, '시장'이 신규 국채에 대한 이자율을 살짝 올리는 식으로 충격을 나타내자 이런 발언은 금세 쏙 들어갔다. 독일 재무장관의 말마따나 이제 더는 세계화의 새로운 도전에 대응할 수 없는 구식 '정부government'에서 벗어나 '협치governance'로 이동해야 한다는 이야기가

---

19 Peter Mair, *Representative versus Responsible Government*, MPIfG Working Paper 09/8, Cologne: Max Planck Institute for the Study of Societies, 2009.

진행 중인데, 여기서 말하는 협치에는 특히 독일 연방의회의 예산 권한을 지속적으로 축소해야 한다는 뜻이 담겨 있다.[20]

현재 민주주의 국가들이 새로운 주인들로부터 받고 있는 정치적 기대를 충족시키기는 불가능할 것이다. 국제시장과 국제기구들은 각국 정부만이 아니라 시민들도 재정 건전화를 위해 믿음직스럽게 헌신할 것을 요구한다. 긴축에 반대하는 정당은 국가 선거에서 철저하게 패배해야 하고, 정부와 야당 모두 '건전 재정'을 실현하겠다고 공개적으로 약속해야한다. 만약 그렇지 않으면, 부채상환비용이 커질 것이다. 하지만 유권자들에게 사실상 선택의 여지가 전혀 없는 선거는 진짜 선거로 인정받지 못할 텐데, 이럴 경우 투표율 감소에서부터 포퓰리즘 정당의 부상이나 거리 폭동에 이르기까지 온갖 종류의 정치적 무질서가 야기될 수 있다.

여기서 주목해야 할 한 가지 요소는 분배갈등의 장이 대중정치에서 어느 때보다도 멀어졌다는 점이다. 코포라티즘의 정치적 동원과 계급 간 동맹에 다면적인 기회를 제공한 1970년대의 국가별 노동시장이나 1980년대의 공공지출의 정치학은 '보통 사람'이 파악하거나 전략적으로 접근할 수 없을 정도로 먼 곳에 있지 않았다. 그런데 그 후로 민주적 자본주의의 여러 모순을 둘러싼 전장은 한층 더 복잡해졌고, 결국 정치·금융 엘리

---

20 볼프강 쇼이블레Wolfgang Schäuble에 따르면, "우리에게는 새로운 형태의 국제적 협치, 글로벌 협치, 유럽적 협치가 필요하다." *Financial Times*, 5 December 2010. 쇼이블레는 만약 독일 의회에 예산 관할권을 즉각 박탈해도 될지를 묻는다면 '찬성표를 얻지는 못할 것'이라는 점을 인정했다. "[하지만] 만약 몇 달의 여유를 주고 이 일을 추진한다면, 그리고 다른 유럽연합 회원국들도 동의할 것이라는 희망을 준다면, 나는 가능성이 있다고 본다." 『파이낸셜타임스』에서 올해의 유럽 재무장관으로 선정된 사람으로서 참 적절한 말을 한 셈이다.

트를 제외하고는 어느 누구도 밑바탕에 놓인 이해관계를 인식하고 자신의 이해를 확인하는 게 대단히 어렵게 되었다.[21] 이 때문에 대중의 무관심이 생겨나고 그 덕분에 엘리트들로서는 살기 편한 세상이 될지 모르지만, 이런 상황에 계속 의존할 수는 없다. 이제 금융 투자자들에게 맹목적으로 순종하는 것만이 유일하게 합리적이고 책임 있는 행동이라고 말해지는 세상이기 때문이다. 다른 사회적 합리성과 책임을 내팽개치기를 거부하는 사람들에게 이런 세상은 한마디로 정신 나간 것처럼 보일 것이며, 어느 시점에 이르면 **큰손금융**의 움직임을 방해하는 것만이 유일하게 합리적이고 책임 있는 행동이 될 것이다. 그리스나 아일랜드, 포르투갈같이 우리가 아는 모습의 민주주의가 사실상 작동을 멈춘 나라에서는 거리 폭동과 대중의 반란이 시장권력이 없는 이들에게 남은 유일한 정치적 표현 방식이 될 것이다. 그렇다면 우리는 민주주의의 이름 아래 조만간 이런 사례를 더 많이 볼 기회가 생길 것이라고 기대해야 할까?

사회과학은 오늘날 횡행하는 경제적·사회적 무질서의 밑바탕에 놓인

---

21 예를 들어 현재 국제기구들은 모든 나라에 다른 모든 나라를 지원해달라는 재분배적 '연대'를 정치적으로 호소하고 있다. 슬로베니아에 아일랜드와 그리스, 포르투갈을 도와주라고 촉구하는 식이다. 그런데 이런 호소에 가려진 사실은 이와 같은 '국제연대'를 통해 지원을 받는 이들이 보통 사람들이 아니라 국내외 은행들이라는 것이다. 이 은행들은 지원을 받지 못하면 손실을 감수하거나 이윤이 줄어들 뿐이다. 이런 식의 호소에서는 또한 국민소득의 차이도 무시된다. 독일인은 평균적으로 그리스인보다 부유한 반면(물론 일부 그리스인은 거의 모든 독일인보다 훨씬 부유하다), 슬로베니아인은 평균적으로 아일랜드인보다 훨씬 가난하다. 그리고 아일랜드인은 독일을 포함한 거의 모든 유로 국가들보다 1인당 소득이 통계적으로 더 높다. 결국 새롭게 정렬된 갈등의 양상은 본질적으로 계급갈등을 국가 간 갈등으로 변화시키며, 따라서 모든 나라가 공공긴축을 요구하는 금융시장의 동일한 압력을 받으면서 서로 경쟁하게 된다. 보통 사람들은 다른 나라의 보통 사람들에게 '희생'을 요구하라는 말을 듣는다. 오래전부터 다시 '보너스'를 챙기기 시작한 이들이 아니라 다른 나라의 시민들에게 희생을 요구해야 하는 것이다.

구조적 긴장과 모순을 해결하는 데 거의 도움이 되지 않는다. 다만 그 긴장과 모순을 낱낱이 밝히고 역사적 연속성을 확인해서 현재의 여러 위기를 충분히 이해하는 기반을 닦을 수 있다. 사회과학은 또한 민주주의 국가들이 글로벌 투자자 과두집단—이 집단에 비하면 찰스 라이트 밀스가 말한 '파워 엘리트'[22]는 자유주의적 다원주의의 빛나는 모범으로 보일 지경이다—을 위해 빚을 받아내는 추심업체로 변신하는 극적인 과정을 알려줄 수 있고, 또 그래야 한다. 오늘날 경제권력은 어느 때보다도 더 정치권력으로 바뀐 듯 보이는 반면, 시민들은 민주주의의 방어막뿐만 아니라 자본 소유자들의 이해 및 요구와 전혀 다른 자신들의 정치경제적 이해와 요구를 각인시킬 수 있는 역량도 거의 완전히 빼앗겼다. 실제로 1970년대 이후 민주적 자본주의에 연속해서 닥친 위기를 돌아보면, 선진 자본주의에서는 일시적으로나마 사회적 갈등의 새로운 해결책이 나타날 현실적인 가능성이 보인다. 하지만 이번에는 국제 금융산업이라는 난공불락의 정치적 요새에 단단히 자리를 잡은 유산계급에게 전적으로 유리한 해결책이 될 것이다.

---

22 C. Wright Mills, *The Power Elite*, Oxford: Oxford University Press, 1956[국역: C. 라이트 밀스 지음, 정명진 옮김, 『파워 엘리트』, 부글북스, 2013].

03

고객으로서의 시민:

새로운 소비정치에 관한 고찰

40년 전 『퍼블릭 인터레스트*Public Interest*』에 실린 「공공재와 사적 지위Public Goods and Private Status」라는 제목의 획기적인 논문에서 조지프 몬슨Joseph Monsen과 앤서니 다운스는 존 케네스 갤브레이스John Kenneth Galbraith가 만들어낸 표현처럼 왜 미국 사회는 '사적으로 부유하면서도 공적으로는 가난한가'라는 질문을 탐구했다.[1][2] 두 저자는 당대에 널리 받아들여진 설명, 즉 대기업이 "영리하고 악질적인 광고기법"을 활용해서 소비자들을 조작한 탓에 소비자들이 "상대적으로 필요하지 않거나 원하지 않는 사적 재화와 서비스를 사들이게 된다"는 설명을 확신하지 못했다. 대신에 몬슨과 다운스는 공적 부문과 사적 부문에서 재화 할당의 차이를 낳는 '더 근본적인 요인'이 작용하고 있다고 지적했다. '경쟁과 차별화'를 바라는 '욕망' 때문에 소비자들은 "큰 집단과 계급 사이에서 가시적인 구별을 만들어내고, 또 각 집단 안에서 좀더 미묘한 개인성의 구별을 창조하려고" 노력한다는 것이다. 몬슨과 다운스는 베블런이 『유한계급론*Theory of the Leisure Class*』에서

---

1 이 장은 *New Left Review*, vol. 76, July/August 2012, 27~47쪽에 처음 발표되었다.

2 R. Joseph Monsen and Anthony Downs, 'Public Goods and Private Status', *Public Interest*, vol. 23, Spring 1971, 64~77쪽.

말한 과시적 소비 개념뿐만 아니라 미국 사회에서 나타나는 지위 추구적 소비자 행동에 관한 1960년대의 설명에도 의지해서 이런 욕망을 '인간 성격의 내재적인 일부분'으로 묘사했다. 이런 욕망은 "과거나 현재를 막론하고 모든 사회에서 적어도 어느 정도는 분명하게" 나타나며 "매우 근본적이기 때문에 인간 본성의 하나의 '법칙'으로 간주될 수 있다"는 것이었다.

하나의 인류학적 상수에 가까운 것으로 여겨지는 이런 '소비자 차별화의 법칙'이 왜 현대 정치경제의 사적 영역과 공적 영역 사이에서 벌어지는 자원의 상대적 할당에 영향을 미치는 걸까? 몬슨과 다운스가 주장한 바의 핵심은 그들이 말하는 '정부재government goods', 즉 공적 권력에 의해 생산되거나 분배되는 재화는 '획일성의 눈으로 설계된다'는 것이다. 군대 소총의 표준화는 이 문제에 관한 가장 분명한 사례다.

그런 재화는 관료제가 생산하고 관리하기 더 쉽고, 정부재 분배의 밑바탕을 이루는 평등의 이상에 부합한다. 하지만 이 재화는 바로 그 성격 때문에 선진 산업사회에서 대다수 재화의 주요한 기능인 지위 차별화에 용이하게 활용될 수 없다.

이 글에서 나는 서로 다른 종류의 재화에 유리한 고유의 능력을 가진 이 두 가지 재화 공급양식에 관한 몬슨과 다운스의 생산적인 구별을 활용하고자 한다. 한 양식은 공적이고 집단적이며, 국가의 권위에 의해 관리된다. 다른 양식은 사적이고 개인적이며 상업적 시장에 의해 매개된다. 하지만 두 양식을 공시적으로 비교하거나 경제인류학의 영원한 소유

공간 안에서 검토하기보다는 양자의 상호관계의 발전을 장기적으로 관찰하고자 한다. 또한 제품 다변화의 기반을 지위를 추구하는 인간의 초시간적인 성향에 고정시키기보다는 필요 공급need-supplying 경제에서 욕구 공급want-supplying 경제로의, 판매자시장에서 구매자시장으로의, 빈곤한 사회에서 포화된 사회를 거쳐 풍요로운 사회로의 이행에서 선호되는 효용 극대화의 특정한 양식과 관련지을 것이다. 이런 이행은 몬슨과 다운스의 논문이 출현한 시기(1971년) 즈음에 이미 한창 진행되고 있었다. 이런 의미에서 나는 몬슨과 다운스가 인간 본성 이론을 선호하면서 거부했던 공공영역의 아사상태에 대한 '제도주의적' 설명으로 되돌아가자고 제안할 것이다.

맞춤형 상품

오늘날 우리가 아는 것처럼, 1960년대 말과 1970년대 초는 전후 민주적 자본주의의 역사에서 하나의 분수령이었다. **영광의 30년** 동안 전례 없는 경제성장을 유지하면서 간단하게 포드주의라는 이름으로 불리기 시작했던, 어느 정도 일관되고 국제적인 생산 및 소비 체제가 위기에 처하고 결국 붕괴하고 있다는 이야기는 이제 관례적인 설명이 되었다. 오늘날 이러한 종말에 관해 가장 많이 기억되는 것은 1960년대 말 전 세계를 휩쓴 전투적 노동운동의 물결, 그리고 그와 더불어 노동계급의 점점 더 많은 부문이 테일러주의적 공장 규율에 종속되기를 거부한 움직임, 노동시간 단축, 임금인상, 고용에서의 시민권에 대한 정치적 보장의 요구 등일 것이다.

하지만 자본주의적 축적의 진전을 어렵게 만드는 병목 지점으로 바뀐 것은 노동시장만이 아니었다. 생산시장에서도 상황이 아주 비슷하게 전개되었고, 실제로 두 영역에서 나타난 변화는 복잡하게 관련되어 있었다. 포드주의는 농촌적인 생활방식에서 도시적이고 산업적인 생활방식으로 장기적으로 이행하는 사회를 위해 표준화된 대량생산을 수반했는데, 이 과정에서 사람들은 가정생활에서 처음으로 획득하게 된 자동차와 냉장고 같은 내구소비재를 구입하는 데 증가하는 소득을 활용했다. 필요는 여전히 분명하게 존재했고, 결핍도 엄연히 눈앞에 있었으며, 사람들이 요구하고 손에 넣을 수 있었던 것은 값싸면서도 믿음직한 제품이었다. 거대한 규모의 경제가 낳은 탄탄하고 성숙한 기술 덕분에 이런 제품이 저렴한 가격에 공급되었다. 그 결과로 종종 생산이 따라잡지 못할 만큼 빠른 속도로 꾸준히 상승하는 수요의 혜택을 입은 과점적인 대기업들이 제품시장을 지배했다. 실제로 포드주의적 대량생산자들에게 문제는 판매가 아니라 생산이었다. 고객들은 긴 인도기간에 이골이 났고, 기업이 시간을 정해주면 인내심을 가지고 공급을 기다렸다.

나는 이 분수령 시기를 직접 경험한 독일 경영자들을 인터뷰하면서 가끔 그들이 1950년대와 1960년대의 '할당경제Zuteilungswirtschaft'를 언급하면서 향수에 젖는 모습을 보았다. 그 시절에는 하나의 표준제품을 만들어낸 뒤 기업의 생산일정에 따라 아무 때나 제품을 인도해도 만족하는, 공손하기 그지없는 고객들에게 할당하기만 하면 되었다. (또 다른 독일어 용어는 Versorgungswirtschaft인데, 이 단어는 '공급경제'라고 번역할 수 있다.) 이렇게 경쟁구조가 존재하는 가운데 소비자는 낮은 가격을 원하기 때문에 고객들로서는 선택의 여지가 많지 않았다. '검정색이기만 하면 당신은 어떤 색이든 가질 수 있다'는, 헨리 포드가 T2 모델에 관해 남긴 격언은 전후 포드주의 시대의 판매자시장에서 생산자와 소비자가 맺는 관계에도 대충 적용되었다. 나는 심지어 경영자들이 전후에 서구를 지배한 조직자본주의와 동구 국가사회주의의 차이가 당시에 생각한 것만큼 극적이지 않다고 넌지시 이야기하는 것을 듣기도 했다. 단지 차이라면 동구에서 상품 인도기간이 훨씬 길었다는 점뿐이라는 것이다. 사적 부문과 국가 부문 사이에도 큰 차이는 없었다. 우체국에 전화를 신청하는 일은 폭스바겐에 새 차 구입을 신청하는 것과 무척 흡사했다. 두 경우 모두 반년 넘게 대기시간이 걸렸다. 서유럽에서는 실제로 국유기업이나 국가의 강력한 지원을 받는 기업이 자동차 대중화의 첫 번째 물결을 이끌었다. 독일의 폭스바겐과 프랑스의 르노, 영국의 브리티시레일랜드, 이탈리아의 피아트가 대표적인 예다.

1971년이 되자―지금 와서 보면 목가적이었던―전후 포드주의 세계가 끝나가고 있다는 분명한 징후가 나타났다. 20년 동안 경제성장과 완전고용이 거침없이 계속된 뒤 노동자들이 점점 더 많은 이윤분배를 요구하면서 반란을 일으키기 시작한 것처럼, 고객들 역시 다루기가 더 어려워졌다. 서구 전역에서 표준화된 대량생산 내구소비재 시장이 포화 조짐을 보이고 있었다. 기본적 필요는 대략 해결된 상태였다. 세탁기가 멀쩡히 잘 돌아가는데 왜 새것을 사겠는가? 하지만 교체구매로는 비슷한 성장률을 지탱할 수 없었다. 태동하는 위기는 포드주의 시대의 원형적인 대량생산자인 자동차산업에서 가장 뚜렷하게 나타났다. 자동차산업은 제조능력이 지나치게 성장했지만, 이제 테일러주의적 공장체제에 대한 노동자들의 저항과 대중시장 제품 체제에 대한 소비자들의 무관심이 동시에 커지는 상황에서 옴짝달싹못하게 되었다. 1970년대 초 폭스바겐 비틀의 판매량이 갑자기 곤두박질쳤고, 하나의 기업으로서 폭스바겐은 깊은 위기에 빠져들어 많은 사람이 종말의 시작이라고 여기게 되었다.[3] '성장의 한계'가 대중적 담론의 중심 주제로 자리 잡았고, 자본주의적 기업과 민주주의적 정부들은 자본주의 정치경제의 근본적 위기라는 위협을 극복할 새로운 공식을 찾으려는 필사적인 시도에 착수했다.

오늘날 우리는 이 위기가 어떻게 생산과정과 제품라인 모두에서 심대한 구조조정의 물결을 초래했는지 알고 있다. 노동자의 전투성은 처음에는 여성이 임금고용에 대대적으로 진입함으로써, 나중에는 생산체계가 국제화됨으로써 가용 노동자 공급이 영속적으로 확장됨에 따라 극복되었다. 우리의 맥락에서 더 중요한 것은 기업들이 제품시장의 위기를 극복하려고 시도하면서 활용한 여러 전략이다. 일부 좌파는 여전히 '소외된 노동'과 '소비의 독재'를 종식시키기를 희망했지만, 자본주의 기업은 생산 사이클을 극적으로 단축할 수 있는 새로운 극소전자 기술의 도움으로 분주하게 제품과 생산과정을 개량했다. 이 기술 덕분에 기업들은 제조기계를 범용화함으로써 제품의 손익분기점을 낮추었고, 많은 육체노동자가 불필요해졌으며, 적어도 임금이 더 싸고 노동자들이 더 순응적인 세계의 다른 지역으로 생산을 이전할 수 있게 되었다.

요컨대 포드주의 시대가 끝나는 시점에서 표준화된 상품시장의 장기

---

3 Wolfgang Streeck, *Industrial Relations in West Germany: The Case of the Car Industry*, New York: St. Martin's Press, 1984를 보라.

스태그네이션에 대해 자본이 내놓은 답에는 상품의 표준화를 줄이는 방안이 포함되었다. 제품 범위의 재설계는 이제 미국의 자동차 제조사들이 (1960년대 말에 몬슨과 다운스가 '소비자 차별화의 법칙'의 증거로 제시한) 제품 진부화를 가속화하기 위해 고안한 방식, 즉 휠캡과 테일핀tail fin[자동차 뒤쪽 양옆에 얇은 지느러미 모양으로 세운 부분. 공력空力 효과로 주행 안정성을 높인다고 한때 유행했다]을 매년 변경하는 관행을 훌쩍 뛰어넘었다. 1980년대에 이르자 제품 설계가 가속화되고 생산설비와 노동이 한층 유연해진 덕분에 포드주의 세계의 상품을 전례 없는 정도로 맞춤형으로 바꿀 수 있었다. 그 결과, 점점 소규모화되는 잠재적 고객집단의 특유한 선호에 더 가까이 접근하기 위한 노력 속에서 산업적 대량생산의 획일적이고 대규모인 제품 종류는 소량생산의 차별화된 하위제품들로 세분화되었다.[4] 대량생산이 일종의 대규모 부티크 생산에 자리를 내줌에 따라 고객들은 예전에 표준화된 상품을 구매할 때와 같은 어쩔 수 없는 타협에서 점차 벗어났다. 전에는 각기 다른 구매자들이 선호하는 이상적인 제품과 생산자가 제공할 수 있는 범용 제품 사이에 언제나 간극이 존재했던 것이다. 제품 차별화 때문에 제조업 상품—그리고 점차 서비스—은 개별 소비자의 특정한 효용함수에 더욱 가깝게 맞춰졌다. 그와 동시에 소비자들은 표준

4　이런 변화는 당시 대량생산에서 '유연한 전문화'(Michael Piore and Charles Sabel, *The Second Industrial Divide: Possibilities for Prosperity*, New York: Basic Books, 1984[국역: 마이클 피오르 외 지음, 강석재·이호창 옮김, 『생산의 발전과 노동의 변화』, 중원문화, 2012]를 보라)나 '품질 다변화 생산'으로의 이행이라고 묘사되었다. Wolfgang Streek, 'On the Institutional Conditions of Diversified Quality Production'. In: Matzner, Egon and Wolfgang Streeck, eds, *Beyond Keynesianism: The Socio-Economics of Production and Employment*, London: Edward Elgar, 1991, 21~61쪽을 보라.

화된 제품에 의해 충족되는 공통의 필요에 더하여 개인적 욕구를 발전시키거나 그 욕구에 더 많은 관심을 기울임으로써 그런 효용함수를 정교하게 다듬을 수 있었고, 또 그렇게 다듬도록 자극을 받았다.

제품 범위의 주문 생산화를 경제적으로 매력적인 일로 만들고 결국 자본주의 경제가 1970년대의 스태그네이션에서 벗어나도록 도와준 것은 그것이 산업 생산의 부가가치를 증대하는 정도였다. 제품이 소비자들의 특수한 선호에 가까이 접근할수록 소비자들은 더욱 기꺼이 돈을 지불하는 것으로 드러났다. 그리고 실제로 포화된 시장에서 풍요로운 시장으로의 이행이 동반하는 가운데 소비자들은 더욱 열심히 일할 마음을 먹고 또 경제성장의 새로운 패러다임에 참여하는 데 필요한 구매력을 갖추기 위해 돈을 빌릴 각오를 품었다. 극소전자 혁명이 진전됨에 따라 손에 넣을 수 있는 자동차 모델의 범위가 한껏 넓어졌고, 따라서 제조업체들은 고객에게 개인적 선호를 자세히 밝히는 방식으로 새로 사는 차의 설계에 직접 참여하라고 권유했다. 1980년대에 이르자 볼프스부르크의 폭스바겐 공장에서 같은 날 만들어진 차 중에서 완전히 똑같은 것은 찾아볼 수 없었다. 이 과정에서 필연적으로 자동차는 더 복잡하고 비싸졌으며, 새로운 제품 전략이 성공적으로 실현된 곳에서는 자동차산업이 종전의 이윤 수준을 회복했다.

포드주의 시대가 끝나면서 찾아온 자본축적의 정체를 극복하는 것을 목표로 한 상품의 주문 생산화는 당시 여러 자본주의 사회에서 나타난 강력한 상품화 물결의 핵심이었다. 제품 다변화는 대량생산 아래 상업화의 손길에서 벗어나 있던 소비자들의 욕구에 부응하려는 시도였다. 나는 이 과정을 추동한 주체가 소비자와 생산자 중 어느 쪽인가라는 중요한 질문까지 나아가지는 않을 것이다(이 쟁점에 대해 몬슨과 다운스는 공급보다 수요의 우선성을 선택함으로써 존 케네스 갤브레이스 같은 사적 영리기업 비판자들과 반목했다). 당시에 중대한 발전이었던 현대적 마케팅을 고찰해보면, 두 입장 모두 어느 정도 진실임이 드러난다. 마케팅은 소비자 선호를 발견하기도 하지만, 또한 대체로 그것을 **발전시킨다**. 마케팅은 소비자에게 무엇을 좋아하는지 묻지만, 또한 소비자가 존재할 것이라고 상상도 한 적이 없는 것들을 포함해서 어떤 것을 좋아할 마음의 준비를 하도록 제안한다. 이런 의미에서 유능한 마케팅은 아직 상업적으로 쓸모없는 욕구나 잠재적 욕구의 많은 부분을 시장관계 안으로 끌어당기려고 노력하면서 소비자를 공동 설계자로 끌어들인다. 이런 시도 때문에 포드주의의 판매자시장이 구매자시장으로 뒤바뀌면서 불과 몇 년 전만 해도 생각도 하지 못했던 방식으로 소비자들이 힘을 얻고 생산자들의 삶이 훨씬 더 힘들어진다는 것은 사실이다. 하지만 이 시도는 또한 자본주의 아래 '시장의 힘'이 사회적 삶을 영속적으로 침략하는 데서 이루어지는 거대한 발걸음이다. 로자 룩셈부르크는 『자본의 축적 _The Accumulation of Capital_』[국역: 로자 룩셈부르크 지음, 황선길 옮김, 『자본의 축적』1·2, 지만지, 2013]에서 이 과정을 비유적으로 '토지수탈'이라고 규정한 바 있다. 어쨌든 시장이 포화상태에 이르렀을 때는, 그리고 어떤 이들이 보기에 노동계급이 경제성장에 전력을 기울이게 만드는 물질적 유인이 결정적으로 약해지고 있던 때는, 이윤에 의존하는 기업 입장에서 고객에게 더 많은 관심을 기울이는 것이야말로 정체상태에서 벗어나는 확실한 출구로 보였다.[5]

소비에 의한 사회화

분수령이 되는 시기 이후에 포화된 시장의 유령으로부터 자본주의를 구하는 것을 목표로 삼은 사회적 삶의 상업화가 어느 정도나 심하게 진행되었는지를 염두에 두는 것이 중요하다. 실제로 1970년대에 기업들이 배운 교훈은 고객과 제품 양자의 개별화를 상업적 팽창에 내맡기는 것이었다. 다변화된 소비는 그전까지 알려지지 않았던 사회적 정체성의 개인화된 표현 기회를 수반했다. 1970년대와 1980년대는 또한 전통적 가족과 공동체가 급격하게 권위를 상실하는 시기였다. 이런 상실은 동시대 해방 이론가들이 자율과 해방의 새로운 시대가 열리는 것으로 오인한, 빠르게 확대되는 사회적 공백을 메울 기회를 시장에 제공했다. 또한 다변화된 소비의 가능성과 틈새시장의 부상은 이런 변화가 1세대 내구소비재에 가속적으로 가한 진부화와 더불어 갱신된 노동규율을 자극하는 데 도움이 되었다. 전통적 노동자들과 임금고용에 새로 진입한 사람들, 특히 여성들이 모두 그 대상이었다.

5　따라서 적어도 1970년대에 많은 '비판 이론가들' 역시 그렇게 생각했다. 이런 시각을 초기에 정식화한 것이 클라우스 오페Claus Offe의 1967년 학위논문인 『수행원리와 산업노동 *Leistungsprinzip und industrielle Arbeit*』, Frankfurt am Main: Europäische Verlagsanst, 1970이다. 이 책에서 오페는 임금노동의 동기부여가 장기적으로 사라질 것으로 예견했는데, 하지만 그 원인은 포화된 수요가 아니라 생산조직의 변화일 것이라고 보았다. 오페는 '경쟁적으로 발휘되는 개인적 수행'에 근거해서가 아니라 사회적 권리의 기초 위에서 삶의 기회를 할당해야 한다는 압력이 커질 것으로 예상했다(166쪽). 범위 자체가 재설계된 고도로 다변화된 상품들의 저항할 수 없는 유혹은 아마 경쟁적-소유적 개인주의와 차별적인 수행에 대한 차별적인 보상의 정당성을 유지하고 사실상 확대하는 데 기여했을 것이다.

상업화된 다변화—시장과 상업적 관계가 필요의 충족에서 욕구의 만족으로 이동하는 것—는 자동차 부문을 훌쩍 넘어서 확대되었다. 포드주의가 끝난 이후 부상한 다른 성장산업에는 향수에서부터 시계와 패션에 이르는 사치재가 포함되었는데, 이 모든 부문은 고도로 표적화된 마케팅으로 촉진되는 제품 차별화 향상과 제품 회전율 가속화라는 동일한 패턴을 따랐다. 원형적인 사례는 스와치에서 내놓은 일련의 시계들인데, 1983년에 처음 등장한 이 시계들은 마케팅의 **탁월한** 창조물이었다. 당시 아시아 제조업체들은 기계식 시계태엽 장치를 석영을 기반으로 한 마이크로프로세서로 교체하기 시작했다. 대량생산은 사라진 게 아니라 훨씬 더 정교해지면서 고유한 틈새시장을 특징적으로 발전시켰고, 결국 틈새생산의 또 다른 사례가 되었다. 맥도날드가 결국 제품 다변화와 비슷한 방향으로 나아간 것처럼, 지방적이고 지역적인 요리법이 재발견되고 고급 요리도 어느 때보다 더 확장되었다. 1980년대에 포도주 생산은 자동차 생산을 거의 한발 한발 그대로 따라갔다. 포도주 양조업자들은 다양한 산지에서 나오는 각기 다른 포도를 섞어서 일반상표로 판매하는 방식을 포기하고, 각각 개별적 특성과 기원을 확인할 수 있는 광범위한 제품을 다양하게 생산하는 방식으로 돌아갔다.

상업화를 향한 전반적인 전환의 규모가 가장 잘 드러나는 것은 아마 스포츠의 세계일 것이다. 1970년대까지 줄곧 올림픽은 이른바 '아마추어들'의 보호받는 영역이었다. 아마추어 선수들은 공식적으로 볼 때 단지 개인적인 집념, 또는 경우에 따라 애국적 의무라고 여겨지는 활동으로 돈을 벌어서는 안 된다고 여겨졌다. 하지만 한때 '올림픽운동Olympic movement'이었던 장이 어느 순간 선수들뿐만 아니라 수많은 기업 스폰서, 광고업계, 언론, 신체운동이나 신체 일반과 관련된 광범위한 소비재를 생산하는 기업들의 어마어마한 복합체 모두에게 돈을 벌어주는 거대한 기구로 바뀌었다. 더욱이 풍요로운 시장으로 이행하는 과정에서 스포츠가 어떻게 변형되었는지를 살펴보면, 오직 참여할 수 있는 영광으로만 보상을 받는 엄격한 규율과 자기통제의 금욕적인 에토스와 오늘날 스포츠 행사를 둘러싸고 돈 냄새를 강하게 풍기는 쾌락주의적 오락의 분위기 사이에서 나타나는 극명한 차이에 깊은 인상을 느낄 수밖에 없다. 예전에는 전쟁터의 모방이었던 운동경기가 이제 전문적으로 기획되는 야외 파티로 바뀌어 팬과 선수들에게 자축하는 자기표현과 즐거움을 누리는 무한한 능력을 보여줄 충분한 기회를 제공한다. 여기서 패션은 선수에게나 관중에게나 필수적인 역할을 하게 되었다. 하나의 사회제도로서의 스포츠가—불과 30년 만에 금욕의 에토스에서 소비주의적 나르시시즘의 에토스로—변형된 것은 독일 기업 아디다스와 푸마가 동시에 부상한 사실로 상징적으로 요약된다. 두 기업은 두세 가지 스타일의 축구화와 런닝화를 만들던 지방 생산업체에서 끊임없이 모델이 바뀌는 런닝화 수백 종과 무엇보다 남성용과 여성용 향수에 이르기까지 광범위한 패션제품으로 돈을 버는 수십억 달러 규모의 글로벌 기업으로 성장했다.[6]

나는 상업화가 짐멜이 '사회화Vergesellshaftung, sociation'['socialization'

---

6 스포츠에 대한 비판적 저술은 오래전부터 경쟁과 차별적 보상, 시간측정 등으로 특징지어지는 노동의 세계를 위한 모델로서 스포츠가 갖는 기능을 강조하고 있다. 지난 수십 년간 나타난 변화에는 여성이 훨씬 광범위하게 참여한 점, 그리고 격렬한 운동을 한다고 해서 섹시하게 보이고 즐거움을 느끼지 못하는 건 아니라는 것을 관중에게 설득하려고 행사 설계자들이 끊임없이 노력한다는 점 등도 포함된다.

과 구분하기 위해 '사회적 얽힘'으로 번역하기도 한다]라고 지칭한 현상의 새로운 유형을 위한 기회, 그것도 아주 매력적인 기회를 제공했다고 말하고 싶다. 여기서 사회화란 개인들이 타인과 연계를 맺음으로써 세계에서 자신의 위치를 정의하는 방법을 나타낸다. 풍요로운 포스트포드주의 시장에서 여러 대안적 소비의 가능성이 무척 다양해진 덕분에 사람들은—흔히 그렇듯이 자신의 아주 개인적인 선호를 자기 성찰적으로 탐구하는 긴 시기를 마무리하면서—구매 행위를 자기정체성과 자기표현 행위로 인식할 수 있다. 이 행위를 통해 자신을 타인들과 통합하는 한편 일부 사회 집단으로부터 분리될 수 있는 것이다. 좀더 전통적인 사회통합양식과 비교할 때, 소비자 선택에 의한 사회화는 자발적인 성격이 강해 보이며 덜 구속적인—실제로 마르크스와 엥겔스가 말한 이른바 노골적인 현금bare Zahlung을 제외하고는 모든 의무에서 완전히 자유로운—사회적 유대와 정체성으로 귀결된다. 완전히 무르익은 풍요로운 시장에서 무언가를 사는 것은 당신의 결정을 기다리는 다른 대안들의 원칙적으로 무한한 메뉴에서 당신이 가장 좋아하는 것(그리고 살 돈이 있는 것)을 고르는 일일 뿐이기 때문이다. 전통적인 사회관계에서와는 달리 교섭하거나 타협해야 할 필요가 전혀 없다. 실제로 발전된 소비로 이루어진 사회구조 안에서 움직일 때 사람들이 마주치게 되는 유일한 다른 행위자는 기업뿐인데, 기업의 마케팅 부서는 당신의 욕구가 얼마나 독특한지에 상관없이 당신의 모든 욕구를 추측해서 그것을 충족시키는 일을 전문으로 한다. 이런 기업은 절대 고객과 논쟁하지 않는다. 고객의 말을 듣고 따르며, 고객들 스스로가 미처 알기도 전에 고객이 바라는 것을 알기 위해 갖은 노력을 기울인다.

그리하여 소비에 의한 사회화는 본성상 대화라기보다 독백이고, 의무적이라기보다 자발적이며, 집단적이라기보다 개인적인 것이다. 바로 이런 관점에서 볼 때, 오늘날 풍요로운 사회와 관련된 특수한 소비의 **정치**에 관해 말하는 것이 생산적인 일처럼 나타난다. 여러 대안적 소비가 거의 무한정으로 공급되는 성숙한 포스트포드주의 시장에서는 '중요한 타자들significant others'에게 보증을 받을 필요도 없이 이제까지 구매에 의해 확립되어온 집단적 정체성에서 빠져나가기가 어렵지 않다. 분명 많은 사람이 이런 상태를 일종의 해방으로 경험한다. 표준화된 대량생산 제품을 사야 하는 상황뿐만 아니라 가족, 이웃, 민족 같은 전통적 공동체나 이 공동체가 제공하는 집단적 정체성의 구속적 성격과도 비교되기 때문이다. 실제로 오늘날에는 과거 획일적인 생산체제 시절에 비해 패션조차도 구속적 성격이 한결 덜하다(어떤 이는 억압적 성격이 덜하다고 말할지 모른다). 지금은 이를테면 의복만이 아니라 음악에서도 수많은 하위패션이 공존하고 있으며, 그중 대부분은 불과 몇 달 동안 지속되다가 신속하게 교체되어 사라진다.

전통적인 '실제' 공동체보다 소비 공동체를 포기하는 게 훨씬 쉽기 때문에 사회적 정체성이 더 약하고 느슨한 유대에 의해 구조화된다. 그리하여 개인들은 스스로 해명해야 하는 압력을 받지 않은 채 하나의 정체성에서 다른 정체성으로 자유롭게 옮겨갈 수 있다. 다변화된 시장은 모든 사람에게 일정한 상품을 제공하는 한편, 국제화는 구입 가능한 상품의 다양성을 높이며, 과거의 지방적 공동체와, 구매를 통해—또는 단순히 '좋아요' 버튼을 누름으로써—선택되고 아무렇게나 버려지는 일시적인 공동 소비자들이 만들어내는 경계 없는 사회 사이의 대조를 날카롭게 드러낸다. 트위터, 페이스북 같은 소셜미디어에 의한 사회화는 특히 이 기업들에 고도로 개별화된 마케팅 도구를 추가로 제공한다는 점에서 이런 추세가 확장됨을 나타낸다. 온갖 종류의 기업과 정치인, 유명인들은 금세 소셜미디어를 활용해서 '팔로워들'의 상상된 공동체를 맞춤형으로 만드는 법을 배웠다. 이 팔로워들은 하루 중 언제든 개인적인 메시지로 위장된 메시지를 넙죽 받는다. 정치에서 기대할 수 있는 바는 이 새로운 기술을 활용해서 점점 위축되는 전통적 당 조직의 빈틈을 메우는 것이다. 그와 동시에 이런 희망은 정치의 개인화가 더욱 심화되는 것을 나타낸다. 바야흐로 앙겔라 메르켈이 자신이 방금 전에 본 오페라 공연이 얼마나 좋았는지를 '팔로워들'에게 곧바로 알려주게 되는 때가 가까워지고 있다.

시장화된 공공영역

자본주의를 포스트포드주의적 스태그네이션에서 구출하는 것을 목표로 했던 전례 없는 사회적 삶의 상업화는 전후 시대의 '혼합경제'에서 자리 잡은 집단적인 국가의 공급과 개별적인 시장의 공급 사이의 관계에 심대한 영향을 미쳤다. 더욱 결정적으로 이런 상업화는 그나마 남아 있는 공공영역에서 시민과 국가의 관계를 변형시켰다. 따라서 이 글에서 주장할 것처럼, 결국 정치의 성격 자체도 변형시켰다. 발전된 소비재를 위해 새롭게 등장한 역동적 시장과 국가가 나란히 존재하는 상황이 낳은 한 가지 결과는 전자통신, 라디오 방송, 텔레비전 등 이제까지 공적으로 제공되던 서비스를 민영화하라는 투자 자본의 압력에 조력하는 것이었다. 전통적인 형식으로 나타나는 이런 서비스는 점차 구식이고, 실용성만 중시하며, 지루하고, 이용자에서 소비자로 변신한 사람들에게 제대로 반응하지 못한다고 인식되기에 이르렀다. 기술진보 덕분에 제조업 분야에서처럼 제품의 증식과 다변화가 가능해지자 전 세계 각국 정부는 오직 사기업만이 새롭게 생겨나는 욕구, 특히 맞춤형 제품에 대한 욕구에 대해 한층 까다로워진 소비자들의 높아지는 기대를 충족시킬 수 있다는 주장을 받아들이고 조장했다.

이후 새롭게 민영화된 바로 이 통신과 방송에서 다른 어느 부문보다 더 많이 상업화가 진행되었다. 20세기 말에 가장 큰 부의 일부가 축적된 곳이 바로 이 부문이었는데, 특히 머독Rupert Murdoch과 베를루스코니Silvio Berlusconi 같은 대중연예 사업가들이 주축이었다. 독일에서는 1970년대까지만 해도 전국 텔레비전 채널이 두 개에 불과했는데, 두 채널 모두 광범위한 공익보도와 법률로 보장된 교육적 사명을 추구한다는 점에서 공적 성격을 띠었다. 그리하여 괴테와 셰익스피어, 브레히트 등의 연극뿐만 아니라 연방하원의 토론도 생방송으로 자주 방송되었다. 이와 비교해보면, 오늘날 독일 도시들에서는 다수의 외국 방송을 포함해 100개가 넘는 채널을 볼 수 있으며, 공영채널 두 개는 소수의 노인 시청자들에게 국한된다. 공영방송이 한결 오락적이고 큰 성공을 거둔 민영채널을 모방하기 위해 프로그램 구조를 완전히 갈아엎었는데도 사정은 나아지지 않았다. 다른 모든 유럽 나라에서도 형태는 다양하지만 비슷한 상황이 전개되고 있다. 영국에서처럼 또한 상업화의 결과로 고급 프로그램들이 유료 텔레비전 채널로 옮겨간다. 미국에서도 비슷한 현상이 관찰되는데, 여기서는 거의 전적으로 오락에 초점을 맞추는, 대단히 파편화된 미디어시장에서 전국 방송들이 작은 틈새로 밀려나는 중이다.

통신 역시 흡사한 방식으로 바뀌었다. 독일의 경우에 1980년대 말까지 우체국이 전국 전화 시스템을 운영했는데, 그 수익은 실제로 우편서비스를 보조하는 데 들어갔다. 공중전화 부스에 '통화는 간단히Fasse Dich kurz'라는 문구가 붙어 있었던 사실을 보면, 이 시스템을 움직이는 정신이 무엇이었는지 알 수 있다. 시민들은 국가의 소중한 전화선을 이용할 수 있는 특권을 한가한 잡담을 하느라 허비하지 말라는 충고를 들은 것이다. 이와 대조적으로 온갖 부류의 소비자집단에게 적합한 무수히 많은 맞춤형 서비스를 거느리고 호황을 구가하는 많은 민간 전화회사 중 한 곳은 몇 년 전 'Quatsch Dich leer'('마음껏 지껄여라' 정도로 번역할 수 있다)라는 표어 아래 휴대전화로 통화하는 젊은이들의 모습을 담은 광고를 내보냈다. 이 광고는 아마 상업의 석기시대에 살았던 선구자를 의식적으로 빗댄 것으로 보인다.

사적 부문에서 나타나는 소비의 새로운 양상이 어떻게 기존의 공공서비스를 사유화하도록 부추기는지를 보여주는 세 번째 사례는 수영장의 사유화다. 전후에는 거의 모든 지역사회에 공영수영장Stadtbäder이 있었다. 단순하고 심지어 소박하기까지 했지만 그래도 이용자가 많았다. 수영이 건강에 좋을 뿐만 아니라 인격을 형성하고 물에 빠진 사람을 구할 수 있으려면 어린이는 수영을 배워야 할 의무가 있다는 일반적인 믿음이 있었기 때문이다. 그런데 1970년대에 이용자가 감소하면서 공영수영장은 재정위기를 겪었다. 그와 동시에 흔히 '놀이수영장Spaßbäder'이라 불리는 사설수영장이 번창하기 시작했다. 이 수영장들은 온수 월풀, 사우나, 레스토랑, 인공 해변, 심지어 쇼핑몰까지 있었다. 입장료는 망해가는 공영수영장보다 훨씬 비쌌지만, 놀 거리는 한결 많았다. 시간이 지나면서 점점 더 많은 지역사회가 공영수영장을 폐쇄하거나 아니면 수영장을 재건축해서 놀이수영장으로 운영하겠다고 약속한 사기업에 매각했다. 수영장이 계속 공영으로 유지되고 지역사회가 투자를 감당할 만큼 충분한 돈이 있는 곳에서는 사적인 경쟁을 기조로 수영장이 재설계되었고, 그 후 종종 되살아났다. 하지만 대체로 다른 영역에서와 마찬가지로 여기서도 오직 사적 부문만이 점점 부유해지면서 요구가 많아지는 고객들의 변화하는 필요에 제대로 부응할 수 있다는 시각이 특히 정치 지도자들 사이에서 팽배하기 시작했다. 이런 상황에서 국가가 할 수 있는 최선의 일은 방해가 되지 않도록 비켜나서 원시적이고 실용적인 시설을 폐쇄하고, 사기업들이 색채와 재미, 그리고 무엇보다도 선택의 자유를 제공할 수 있도록 유도하는 것이라는 시각도 팽배했다.

그리하여 여러 면에서 1980년대와 1990년대에는 공적인 공급과 사적인 공급의 차이점에 관한 생각, 즉 국가는 사람들이 필요로 하는 것—사실상 언제나 모든 사람에게 똑같을 것이다—을 가정하고 그것을 명령하는 반면, 사적 시장은 사람들이 개인으로서 실제로 원하는 것을 제공한다는 생각이 정치적 지혜로 받아들여졌다. 이런 사고는 사유화를 향한 강한 자극이었지만, 또한 어떤 이유로든 시장에 외주로 돌릴 수 없는 정부의 핵심 영역들로도 퍼져나갔다. 어느 시점에 각국 정부는 사적 부문이 시민들에게 국가 관료기구와의 관계에서 자신을 **고객**으로 인식하도록 독려한다는 점에서 공공 부문보다 본래부터 우월하다고 인정하기 시작했다. 그에 따라 일반 국민과 접촉하는 국가 공무원들은 이제 법이나 정당한 공적 권력 또는 일반 의지의 대표자로서 행동하는 게 아니라 고객들의 욕망과 경쟁압력에 의해 동시에 움직여지는 경쟁적 시장에서 일하는 서비스 공급자라는 가정 아래 행동하라고 가르침을 받았다. 독일에서 슈뢰더 개혁이 진행되는 가운데 예전의 고용노동청Arbeitsamt이 고용노동국Arbeitsagentur으로 명칭이 바뀐 것은 이런 정신에 따른 것이었다. 새로운 명칭에는 실업자를 고객으로 대하는 법을 배워야 하는 '대리점 agentur, agency'이라는 함의가 담겨 있었다. 물론 이런 변화의 모델은 영국 신노동당이 내세운 '제3의 길'이었다. '제3의 길'은 비효율적이라고 추정되거나 실제로 비효율적인 국가 공급 서비스에 대해 할 말이 많았는데, 이런 비효율성은 무엇보다도 고객들의 '실제 필요'에 부응하지 못한다는 혐의로 나타났다. 이런 발전의 핵심은 '새로운 공공관리new public management' 패러다임의 도입이었다. 이 패러다임에서는 세세하게 열거된 수많은 양적 성과지표가 유감스럽게도 아직 존재하지 않는 상업적 시장에서 나오는 수정 피드백을 대체할 것으로 가정된다.

집단적인 최소

이른바 새로운 '소비정치'가 낡은 '정치적인 것의 정치'라고 부를 수 있는 것에 대해 갖는 측면적 효과가 국가 기능의 사유화보다 훨씬 더 중요했다. 이전에 공적 기능이었던 것이 사적 부문으로 옮겨가는 동시에 공적 영역은 좁아지고 신뢰를 잃었으며, 개혁주의 정부가 지지하는 가운데 사적 공급통로와 공적 공급통로 사이의 균형이 전자 쪽으로 기울었다. 국가가 국가로서 갖는 정당성의 물질적 기반은 불가피하게 축소되기 시작했다. 하지만 정치적 정당성의 쇠퇴는 서비스 공급 영역에 그치지 않았다. 이런 쇠퇴는 점차 시민권의 핵심으로까지 확대되었는데, 점점 시민과 국가의 전통적인 관계는 어울리지 않게도 일신된 포스트포드주의적 소비재시장에서 고객과 생산자의 관계와 비교되기에 이르렀다.

좀더 분명하게 말해보자. 나는 1970년대의 위기 이후 자본축적의 동학을 회복하는 것을 목표로 삼은 소비의 재구조화 덕분에 그나마 남아 있는 공공영역으로 무자비하게 파고들기 시작한 고객 겸 시민의 태도와 기대가 가능했다—아니 실제로 유도되고 조성되었다—고 주장하고자 한다. 새로운 소비체제와 비교할 때, 국가와 국가가 여전히 책임을 지고 있는 재화는 점점 초라하고 칙칙해 보였다. 포화상태로 접어든 포드주의 시대의 획일적인 제품시장과 무척 흡사해 보인 것이다. 몬슨과 다운스가 1971년의 통찰력 있는 논문에서 공적 빈곤과 사적 부의 불균형을 설명하기 위해 환기시킨 것은 바로 이런 대조였다. 지나가는 길에 우리는 몬슨과 다운스가 이런 상태를 전혀 달갑게 여기지 않았으며, 국가보다 시장이 우월하다는 사실을 찬양하는 데 만족하지 않고 자본주의 정치경제에서 공적 부와 사적 부의 균형을 어떻게 개선할 수 있는지에 관해 일련의 제안을 내놓았다는 점을 주목하고 싶다. 두 사람이 정부에 제안한 전략은 '차별화된 사회적 지위를 얻으려는 소비자들의 본래적인 추구'를 상대로 싸우지 말고 그것을 받아들이며, 심지어 '소비자 차별화를 향한 욕망을 활용해서 다른 공적 목표들을 진척시키자'는 것이었다. 실제로 그들이 내놓은 몇몇 해법은 훗날인 1990년대에 나타난 공공 부문 개혁과 눈에 띄게 비슷해 보인다. '정부재'의 획일성을 줄이고 차별성을 높일 것, '정부가 분배할 필요가 없는 재화'의 공급을 사유화할 것, '재화와 서비스의 사적 생산자들'을 '정부재 조달자'로 활용할 것, '국방비를 줄이고 교육과 주택 보조는 늘리는 등' 정부 활동의 다양한 결합을 증대할 것, 정부 활동을 지역사회로 탈집중화할 것 등이 대표적이다.[7]

사적 시장의 매력과 경쟁관계에 있는 정치의 정당성을 회복하자는 이런 제안은 특히 1990년대와 2000년대 초를 지배한 신자유주의의 반국가주의와 동떨어져 있기 때문에 무척 두드러져 보이지만, 그럼에도 이 제안은 정부 활동의 제한된 범위에서만 목적에 부합할 수 있으며 그 범위를 넘어서 적용하면 실제로 역효과를 낳을 것이다. 다양성과 개별성, 선택에 대한 기대를 충족시키면 일정한 재화와 서비스를 상업적 기업이 아니라 정부가 공급하는 방식의 정당성이 높아질 수 있지만, 이런 재화의 **생산**에 관한 한, 특히 자격과 의무를 어떻게 평가해야 하는지에 관한 집단적 숙의를 포함해서 시민권의 의무를 수반하는 경우에 이런 방식은 매우 전복적일 수 있다. 몬슨과 다운스는 '공공재'를 '정부재'와 동일시한다. 두 사람의 용어 사용에 담긴 함의를 보면, 공공재는 분할될 수 있을 뿐만 아니라 원칙적으로 그것을 소비하는 개인들과 분리된 전문기관에 의해 생산될 수 있다. 하지만 분할 불가능하며, 또 그것으로부터 이득을 얻는 사람들, 그리고 사실 그들의 집단성에 의해 생산되고 적어도 결정되어야 하는 집합재가 있다. 사회적 연대, 분배 정의, 시민권을 구성하는 일반적 권리와 의무 등이 그것이다. 나는 이런 재화를 **정치재**political goods

---

7 Monsen and Downs, 'Public Goods and Private Status', 73~75쪽.

라고 부르는데, 이 정치재는 생산 다변화가 아닌 다른 수단을 통해 매력을 발휘해야 한다고 주장할 뿐만 아니라 현대적 상품과 동일한 기준으로 정치재를 평가하게 내버려두면 결국 결정적으로 과소 공급되는 상황이 초래될 게 분명하다고 주장할 것이다.

좀더 구체적으로 말하면, 나는 시민권citizenship이 본질적으로 고객의 권리customership보다 불편하며, 따라서 같은 기준으로 측정하면 불가피하게 시민권이 밀려난다고 주장한다. 고객에게 주어지는 권리라는 측면에서 보면, 시민권은 과거 대량시장에서 존재한 고객의 권리와 구조적으로 유사하게 보일 수밖에 없다. 당시 개인들은 각자의 독특한 선호 중 일부만을 충족시키고 나머지는 타협한 채 살아야 했다. 더욱이 제대로 작동하는 민주주의에서 시민들은 단순히 정치적으로 결정된 내용을 소비하기보다는 그 결정을 산출하는 과정에 초대받고 더 나아가 참여를 강요받는다. 이 과정에서 개인들은 자신의 특수한, 집단적으로 검증되지 않은 '날것의' 욕구를 모종의 공적 대화를 통한 비판적 심사에 회부해야 한다. 원하는 것을 얻으려면 개인적 행동이 아니라 집단적 행동이 요구되며 여기에는 상당한 투자가 필요하다. 그 결과가 각 개인의 마음에 들 것이라는 보장이 없이 높은 거래비용이 발생하기 때문이다. 실제로 시민의 역할을 하려면 원래 반대했거나 자신의 이익에 위배되는 결정을 받아들일 수 있는 훈련된 각오가 필요하다. 따라서 개인의 관점에서 보면 최적의 결과가 나오는 경우는 드물며, 어떤 개인이 원래 선호하는 것과 결과가 부합하지 못한다면 그 결과가 정당한 민주적 절차를 통해 얻어진 것이라는 시민적 만족으로 보상을 받아야 한다. 민주주의에서 정치에 참여하려면 특히 선호를 다변화하는 게 아니라 모으고 통합한다는 의미에서 선호를 발전시키는 일반적 원리에 비추어 언제든 개인의 선택을 정당화하고 재조정하겠다는 마음가짐이 있어야 한다. 더욱이 고객의 권리와 달리 시민권을 누리려면 공동체 전체를 일반적으로 지지하고 지원해야 한다. 특히 시민이 내는 세금은 합법적으로 구성된 정부가 아직 사용처가 정해지지 않은 용도로 지출할 수 있는데, 이 점은 시장 가격으로 한 번에 하나씩 지불되는 특정한 재화나 서비스의 구매와 구별된다.

정치적 공동체는 그 본성상 시장으로 바뀔 수 없거나 일부 핵심적인 특징을 박탈해야만 시장으로 바뀔 수 있는 공화국이다. 발전된 소비양상에 의해 지배되는 사회에서 등장하는 매우 유연한 선택의 공동체와 달리 정치적 공동체는 기본적으로 운명의 공동체다. 본질적으로 정치적 공동체는 성원들에게 각각의 개별성을 고집하지 말고 집단적으로 공유하는 정체성을 받아들이라고 요청하면서 전자를 후자로 통합시킨다. 따라서 시장관계와 비교할 때 정치적 관계는 부득이하게 엄격하고 지속적이며, 선택이라는 약한 유대보다 의무라는 강한 유대를 강조하고 또 강조해야만 한다. 정치적 관계는 자발적이라기보다 의무적이며, 독백이라기보다 대화고, 유용성과 노력의 측면에서 희생을 요구한다. 그리고 충성을 요구한다. 앨버트 허시먼의 용어를 빌리자면, '항의voice'에는 기회를 주는 반면 '이탈exit'에는 눈살을 찌푸린다.[8]

따라서 정치는 포드주의 시대가 끝난 뒤 자본주의 기업이나 제품 범

---

8 Albert Hirschman, *Exit, Voice and Loyalty: Responses to Decline in Firms, Organizations and States*, Cambridge, MA: Harvard University Press, 1970 [국역: 앨버트 O. 허시먼 지음, 강명구 옮김, 『떠날 것인가, 남을 것인가』, 나무연필, 2016].

위가 겪은 것과 같은 재설계를 경험할 수 없다. 정치는 개인들의 독특한 욕구를 단순히 채워주기보다 많은 개인의 의지를 묶어서 대체하는 일반 의지로 그것을 모아낸다는 목표 아래 공적 검토에 부쳐야 한다. 정치는 그 핵심에서 언제나 구조적으로 대량생산과 유사하며, 그 결과로 현대 소비자시장consumer market의 선택 용이성 및 자유와 비교하기 어렵다는 강한 인식이 존재한다. 정치의 제품 다변화와 혁신은 결코 소비자시장의 다변화와 혁신을 따라갈 수 없을 것이다. 정치의 핵심은 사회질서의 창조와 규제에 있기 때문에 그 결과를 개인의 취향을 만족시키는 각기 다른 개별 제품으로 분해할 수 없다. 개별 제품의 소비와 소비자의 제품 생산 참여가 궁극적으로 자발적일 수 없는 것과 마찬가지다. 결국 현대 소비재시장market for consumer goods이 사회적 필요를 최적으로 충족시키는 일반적 모델이 되고, 시민들이 사기업으로부터 받는 데 익숙해진 것과 같은 종류의 개인화된 반응을 공적 권력에도 기대하기 시작하는 정도만큼, 시민들은 실망하지 않을 도리가 없을 것이다. 정치 지도자들이 공공재와 사유재의 차이에 관해 침묵을 지킴으로써 인기를 얻으려고 노력해보았자 허사일 뿐이다. 그 결과, 시민재civic goods를 공동으로 생산하는 데 기여하려는 동기는 고갈될 테고, 결국 정치로서의 정치가 그 정당성을 의존하는 시민재를 생산하는 국가의 능력은 잠식될 것이다. 포스트 포드주의의 풍요를 누리는 소비주의에서 조성된 기대의 일반화를 통해 새로운 시장양식이 측면에서부터 공공영역으로 침출됨에 따라 점차 탈정치화되는 시장사회에 공적 질서를 강제할 수 있는 국가의 능력은 증발해버릴 수밖에 없다.[9]

소비로서의 정치?

풍요로운 사회에서 시장이 정치적 공급보다 더 매력을 갖게 된 변화에 따르는 결과는 무엇일까? 우선 생각해보면, 원하는 것을 얻기 위해 정치적 수단보다 상업적 수단에 의존할 만큼 충분한 구매력을 가진 중간계급은 집단적 선호 설정과 의사결정의 복잡한 문제에 관심을 잃고, 전통적 정치에 참여할 때 요구되는 개인적 효용의 희생을 더는 가치 있는 일로 여기지 않을 것이다. 이런 현상을 정치적 무관심이라고 부를 수도 있겠지만, 그렇다고 개인들이 현재 벌어지는 일에 계속 관심을 갖기를 중단하고, 가령 계속 뉴스를 보는 것을 포기하지는 않을 것이다. 물론 최근에 많은 사람이 그런 모습을 보이며, 실제로 1980년대와 1990년대의 상업화된 세상에서 성년이 된 세대의 상당수는 아예 뉴스를 보는 습관 자체가 없었다. 독일에서는 50세 이하 가운데 여전히 상대적으로 전통적인 공익보도로 유명한 공영방송 채널 두 개 중 하나라도 보는 이가 거의 없다. 점점 노령화되는 공영방송 시청자들은 여전히 압도적으로 많은 수가 투표에 참여하고 있지만, 그들에게도 정치는 점차 일종의 오락거리로 바뀌고 있다. 혀를 차며 깔보면서도 거의 습관적으로 시청하는 구경거리

---

9 내가 정치와 시장에 관해 펼친 주장은 대부분 콜린 크라우치가 『포스트 민주주의』에서 제시한 독창적인 분석과 아주 비슷하다. 크라우치는 공적인 것이 상업영역으로 '내몰린push' 상황을 강조하는 반면, 나는 활기를 되찾은 포스트포드주의의 소비 모델이 쇠약해진 민주주의 정치체에 가한 '인력pull'에 관심을 환기시킨다. 두 경우 모두 정치참여가 소비로 재조직화되고 시민이 소비자로 개조된 사실은 시장화된 세계에서 일국적으로 구성된 운명공동체가 쇠퇴하고 있음을 반영한다.

스포츠가 된 것이다. 제2차 세계대전 이후 오늘날만큼 정당과 정치인이 시민들에게 경멸을 받은 적은 없는 것 같다.

정치에서 시장으로 대규모 이동이 이루어졌다고 해서 사람들이 비전통적 또는 비관습적인 정치참여양식이라고 불리게 된 방식을 통해 자신의 목소리를 내는 데 실패한 것은 아니다. 실제로 젊은 층과 부유한 중간계급은 자신들이 영향받거나 관련된 일이라고 느낄 때는 언제나 이런 참여양식에 아주 능숙해졌다. 하지만 그렇게 주도적으로 참여하는 경우는 대부분 무언가에 찬성하는 게 아니라 반대하기 위해서다. 이 무언가는 대체로 정부가 공동체 전체의 집단적 이익을 내세우며 시작하는 일인데, 그 공동체의 일부는 격렬하게 거부한다. 그런데 이 사람들은 그런 거부가 성공한다 할지라도 광범위한 결과에 대해 책임을 지지 않고 질 수도 없다. 물론 정부가 기획한 사업이 구상이 잘못되었거나 심지어 부패했다는 시민들의 의심은 종종 매우 정당한 것이다. 그런데 그렇다고 해서 이런 식의 정치참여가 대체로 소비 여부에 관한 개인의 결정만큼 맥락과 무관하다는 사실이 바뀌지는 않는다. 참여자들에게 중요한 것은 어떤 특정한 정책이 전체를 아우르는 집단적 기획에 부합하는지 여부가 아니라 정치 지도자들이 만들어서 공적 권력으로 시민에게 강요하는 공공재를 '사야' 하는지 여부다. 이런 종류의 참여는 절대적으로 부정적인데, 결국 시민들은 대체로 집단적-정치적 공급에 대해 거의 기대를 하지 않으며, 정부 역시 사람들이 자신의 선호와 완전히 일치하지 않더라도 다수의 결정에 기꺼이 따를 수 있도록 제시할 만한 기획이 거의 없다.

개인적인 시장 선택이 집단적인 정치적 선택을 능가하기 때문에 정치는 탈맥락화되어야 한다. 개인적인 정치적 결정은 사회 전체가 어떻게 조직되어 있는지, 또는 어떻게 조직되기를 원하는지에 관해 잠재적으로 일관된 전망과 관련되기보다는 시민에 의해 한 번에 하나씩 구매되거나 거부된다. 어떻게 보면 이런 현상은 수십 년 전에 거론되던 이른바 '이데올로기의 종언'과 비슷하다. 하지만 1960년대에 훨씬 더 조직화되고 공손한 사회에서 '실용적인' 엘리트들은 '능력에 입각해서' '쟁점들'을 다룰 수 있었다. 이와 비교해서 오늘날의 파편화된 사회에서는 정책을 결정하기 위한 일관되고 강제 가능한 '이데올로기적' 맥락이 없기 때문에 어떤 결정이 고려 중에 있든 간에 어느 부문에서나 저항을 할 수 있다. 이런 현상은 한때 사회를 이루는 여러 상이한 부문의 다양한 요구를 어느 정도 일관된 정강으로 모아내는 책임을 맡은 특권적인 중재조직이었던 정당들이 상당 부분 지위를 상실한 사실과 분명한 관련이 있다. 많은 나라에서 이런 강령은 정당이나 유권자 모두에게 중요성을 상실했다. 또는 미국의 경우처럼 정당의 강령이란 게 여러 주제와 약속을 기회주의적으로 나열해놓은 것이고, 그나마도 당원보다는 여론조사원에 의해 좌우되고 선거 직전에 취합되었다가 선거만 끝나면 곧바로 폐기처분된다.

사적 소비의 무작위성이나 집단적 무책임과 놀랍도록 유사한 우리 시대 정치의 지리멸렬한 모습은, 특히 젊은이들이 정당에 참여하고, 이를 통해 개인적으로는 좋아하지 않지만 강령의 일관성과 당의 통일을 위해 받아들여야만 하는 부분을 포함해서 정강 전체를 자신의 생각으로 동일시하려는 의지가 어느 때보다도 없어 보인다는 사실과 잘 들어맞는다. 물론 그렇다고 해서 정당이 젊은이들을 전혀 끌어들일 수 없다는 말은 아니다. 하지만 전통적으로 당원 기반이 상당히 강한 독일 같은 나라의 경험을 보더라도, 오로지 쟁점별로 참여가 이루어지고 특히 당 규율은 말할 것도 없고 일반적 의무를 형식적으로 수용하는 것도 요구되지 않을 때 젊은 층의 참여가 가장 성공적임을 알 수 있다. (물론 정치인의 길을 걷기 위해 당에 참여하는 이들은 여기서 제외된다.) 출구 표시가 붙은 문이 언제든지 눈에 보이고 열려 있어야 하는 것이다.

제한적이고 언제든 쉽게 끝낼 수 있는 개인적 헌신이야말로 단일쟁점 정치single-issue politics의 특징인데, 이는 특정한 자동차나 휴대전화를 구입하는 일과 구조적으로 크게 다르지 않다. 흥미가 떨어지면 아무 악감정도 없이 언제든 내팽개치고 다른 모델로 갈아타거나 아예 다른 물건으로 옮겨갈 수 있다. 따라서 정치참여 행위는 소비 행위, 또는 쾌락주의적인 개인 효용 극대화 행위와 비슷해진다. 전반적인 충성을 요구하는 경우는 없다. 만약 그런 요구를 한다면 아무도 나타나지 않을 것이다. 풍요로운 소비자 문화에서 시민의 의무로서의 정치참여는 재미로서의 정치참여에 자리를 내준다. 이제 정치참여는 집단적 의무라기보다는 다른 것과 비슷한 하나의 개인적 선호일 뿐이다. 정치체계가 시장을 모방하려고 노력하지 않은 것은 아니다. 고객들의 변덕과 나란히 유권자들의 변덕도 늘어남에 따라 시장조사와 광고비 지출이 폭발적으로 증가한 것으로 보인다. 하지만 정치에서는 여전히 제품 혁신이 드물고 제품 차별화도 어렵다. 그러나 많은 나라에서 '해적당Piraten' 같은 틈새정당이 점점 많아지고, 이와 관련해 정치적 합의를 만들어내는 '포드주의적'인 다목적 대량생산자로서 오랜 역사를 지닌 국민정당Volksparteien이 전반적으로 쇠퇴하는 현상에 주목하자. 이런 변화는 상업시장의 영속적인 파편화와 매우 흡사한 현상으로 보인다.

현대적 소비습관이 공공영역으로 침투하면서 나타난 또 다른 결과는 대중적으로 정치로 간주되는 것이 자기중심적 권력게임과 추문, 그리고 그나마 정치에 남아 있는 사람들의 이기적인 광대극으로 점차 축소되는 현상이다. 물론 사람들의 관심에 주의를 기울이는 문제에서 상업적 시장에 비해 형편없이 뒤떨어지는 모습이 적나라하게 드러난 정치는 이제 시민들의 눈에 점점 자기들만의 놀이로 보일 수밖에 없다. 진지한 문제들은 시장세력의 손에 넘겨지고 그나마 남은 것, 즉 정치적 인물들과 그들의 스타일과 외모 등에만 청중의 관심이 고착되는 상황에서 정치가 이런 방향으로 변화하도록 강제될지 모른다. 일정한 시간이 흐른 뒤, 이제 더는 부패를 막는 게 불가능할지 모른다. 이미 정치가 할 수 있는 일에 대한 기대가 너무 많이 잠식되었고, 대중의 요구를 효과적으로 발전시키는 데 필요한 시민적 기술과 조직구조가 돌이킬 수 없이 위축되었다. 다른 한편 정치인들 자체는, 아무리 편향된 것일지라도 대중의 이익을 대표하기보다는 겉모습 관리를 전문화하는 데만 몰두하고 있다.

중간계급과 포스트포드주의 세대가 좋은 삶에 대한 기대를 공적 소비에서 사적 소비로 옮겨감에 따라 구매력이 없기 때문에 여전히 공적 공급에 의존하는 사람들도 영향을 받게 된다. 공공영역이 약화되면서 이 사람들은 자신의 목소리를 낼 유일하게 효과적인 수단을 박탈당한다. 그들이 상업적 화폐의 결여를 보상받는 데 필요한 정치적 화폐의 가치가 떨어지기 때문이다. 사회의 밑바닥을 이루는 사람들은 상업적 시장과 그 자원 할당 체제에 끼지 못하지만, 그들의 지지를 필요로 하는 정치적 연합에 참여해서 자신들보다 강력한 잠재적 동맹자들로부터 이익을 얻어낼 수 있다. 또한 좋은 사회에 관한 집단적인 정치적 전망에서는 그들의 삶을 개선하는 것이 중요하게 나타날 수 있지만, 시장은 언제나 그런 전망을 필요로 하지 않는다. 사실상 가난한 사람들은 풍요로운 사회에서 욕구 충족이 탈정치화되는 과정에서 여러 방식으로 고통을 받는다. 잠재적으로 개혁 지향적인 중간계급은 집단적 기획에 많은 관심을 기울이거나 확신을 갖는 것을 중단할 뿐만 아니라 시장에서 개인적으로 알아서 잘 살기 때문에 세금 납부에 점점 저항하게 된다. 실제로 정치가 사회와 점점 무관해지고 존중도 받지 못하면서 거의 모든 곳에서, 심지어 스칸디나비아에서도 조세저항이 커졌고, 거의 모든 부유한 민주주의 국가에서 세수가 줄어들었다.

정당성과 물질적 자원이 부족해서 결국 이른바 '폴리테인먼트'로 전락해버린 정치체계에 직면한 채 혼자 힘으로 살아갈 수밖에 없는 하층계급은 젊은 세대의 선례를 따라 점점 많은 사람이 투표를 포기한다. 원칙적으로 더 나은 삶을 추구하기 위한 마지막 보루인 정치에 상징적으로라도 참여하기를 거부하는 것이다. 서유럽의 풍경은 점점 미국과 비슷해지기 시작했다. 신자유주의 아래서 진행되는 민주주의의 변형을 보면, 앨버트 허시먼이 나이지리아 국영철도에서 관찰한 현상이 떠오를지 모른다. 부유층이 집단적 공급에 관심을 잃고 그 대신 더 비싼, 하지만 그들로서는 감당할 만한 사적 대안으로 돌아서자, 즉 사적 서비스를 선호하면서 공적 서비스에서 이탈하자 공적 서비스가 더욱 빠르게 악화되고, 또 사적 대안을 감당할 능력이 없기 때문에 공적 서비스에 의존하는 사람들조차 악화된 서비스를 이용하지 않으려 한다.[10]

---

10 Hirschman, *Exit, Voice and Loyalty*, 44쪽 이하.

04

유럽 건전화 국가의 부상

건전화 국가consolidation state의 부상
은 고전적인 **조세국가**Steuerstaat, tax state[1]가 내가 말하는 이른바 **부채국가**
debt state[2]로 대체된 과정에 이어진다. 이 과정은 1980년대에 모든 부유
한 자본주의적 민주주의에서 시작되었다. 건전화는 일찍이 전후의 성장
이 종언을 고한 1960년대 말부터 관찰된 '국가 재정위기'에 대한 동시대
의 대응이다.[3] 공공부채의 장기적인 증가와 오늘날 공공부채를 통제하
려는 전 세계적인 시도 모두 선진 자본주의의 '금융화' 및 그것의 복잡한
기능·기능장애와 한데 뒤얽혔다.[4] 이 장에서 설명하겠지만, 건전화 국가
를 향한 지속적인 이동은 전후 민주적 자본주의의 정치제도들과 그 국제
질서의 심대한 개조를 수반한다. 특히 유럽에서는 건전화와 동시에 유럽

---

1 Schumpeter, 'The Crisis of the Tax State'.

2 Streeck, *Buying Time*.

3 James O'Connor, *The Fiscal Crisis of the State*, New York: St. Martin's Press, 1973.

4 Magdoff and Sweezy, *Stagnation and the Financial Explosion*; Susan Strange, *Mad Money: When Markets Outgrow Government*, Ann Arbor: University of Michigan Press, 1998[국역: 수잔 스트레인지 지음, 신근수 옮김, 『매드 머니』, 푸른길, 2000]; Greta R. Krippner, 'The Financialization of the American Economy', *Socio-Economic Review*, vol. 3, no. 2, 2005, 173~208쪽; Natascha van der Zwaan, 'Making Sense of Financialization', *Socio-Economic Review*, vol. 12, no. 1, 2014, 99~129쪽.

통화동맹European Monetary Union: EMU 아래서 정치적 지배의 규모가 전례 없이 증대하고 유럽통화동맹이 비대칭적인 재정 안정화 체제로 변형된다.

이 장에서는 우선 현재의 건전화 시도로 이어진 사태 전개를 간략하게 서술하면서 2008년 금융위기를 일종의 결정적인 전기로 지적하고자 한다. 계속해서 저성장(또는 심지어 장기 스태그네이션), 경제적 불평등의 장기적 증대, 기록적 수준의 전체적인 부채 등의 시기에 국내적·국제적 재정 건전화의 정치학을 개략적으로 설명할 것이다. 그리고 이어서 유럽에 특수한 건전화의 차원, 특히 위기 시기 동안 민족국가, 국제관계, 초국적 기관 등으로 이루어진 독특한 지형으로 통합된 **유럽 건전화 국가**가 등장한 과정, 그리고 이것이 국내 민주주의와 국제질서 모두에 대해 갖는 근본적인 함의를 논할 것이다. 마지막으로 건전화가 특히 국가·사회·시장 사이의 관계와 향후에 시민들이 민주적 정부와 민주적 참여에서 기대할 자격이 있는 권리에 정치경제적으로 어떤 영향을 미칠지를 살펴보고자 한다.

국가의 재정위기에서 대불황으로

1970년대 중반에 이르러 OECD 세계 국가들의 누적부채는 가파르면서도 꾸준하게 증가하기 시작했다(앞의 99쪽에 있는 〈그림 1-4〉를 보라). 부채는 대체로 특정한 나라나 국가 경제의 실적, 당시 집권하던 정부의 정치적 성격과 관계없이 동시에 증가했다. 북해 원유는 영국, 독일 통일, 미국

방위비 지출의 추세 등에 영향을 미쳤지만, 그 영향은 언제나 일시적일 뿐이었다. 부채는 20년 동안 증가하다가 1990년대 중반부터 안정되기 시작한 듯 보였다. 하지만 2008년 이후 부채 수준은 순식간에 장기적 증가 추세로 돌아섰다.

공공부채 수준이 높아진 것은 정부 예산에서 비케인스주의적인[5] 적자가 누적된 결과다. 이 점에 관해 대중적 설명을 제시하는 것은 제도경제학의 '공공선택'학파인데, 그들은 국가 재정을 허술하게 관리되는 '공유재common pool'라고 생각한다. 민주적 선거에서 다수를 점한 이들과 공직을 추구하는 정치인들은 지출에 대한 책임을 떠안을 필요 없이 언제나 사치스러운 집단적 수요를 충족시킨다.[6] 하지만 내가 다른 글에서 보여준 것처럼,[7] OECD 국가들의 공공부채가 장기적으로 증가한 것은 조직노동과 사회민주주의 정치의 정치권력 내에서 전반적인, 마찬가지로 장기적인 쇠퇴와 동시에 일어났다. 후자의 과정은 노동조합 조직률의 장기

---

5 케인스주의적 부채는 경제가 적당한 성장 수준을 회복하고 정부 예산에서 지출보다 수입이 많아지면 청산된다고 본다는 점에서 이 부채는 비케인스주의적이다. 특히 미국의 반케인스주의 경제학자들은 케인스가 정부 예산을 초과 지출하는 방탕한 정부에게 양심의 가책을 덜어준다고 비난함으로써 일찍부터 이런 차이를 모호하게 만들려고 노력했다. James M. Buchanan and Richard E. Wagner, *Democracy in Deficit: The Political Legacy of Lord Keynes*, New York: Academic Press, 1977; James M. Buchanan and Richard E. Wagner, 'The Political Biases of Keynesian Economics'. In: Buchanan, James M. and Richard E. Wagner, eds, *Fiscal Responsibility in Constitutional Democracy*, Leiden: Martinus Nijhoff Social Sciences Division, 1978, 79~100쪽.

6 Buchanan and Tullock, *The Calculus of Consent*.

7 Wolfgang Streeck, 'The Politics of Public Debt: Neoliberalism, Capitalist Development, and the Restructuring of the State', *German Economic Review*, vol. 15, no. 1, 2014, 143~165쪽.

적 감소, 전국 선거 투표율 하락, 파업의 거의 완전한 소멸, 꾸준히 높은 수준을 유지한 실업률, 임금 정체와 경제적 불평등 증가 등에서 여실히 드러난다.[8]

만약 재분배 민주주의가 별 효과가 없었다면 무엇이 효과를 발휘했을까? 앞서 언급한 것처럼 마르크스주의 이론가 제임스 오코너James O'Conner는 슘페터와 골드샤이트[9] 같은 저자의 전통 안에서 쓴 글에서 이미 1960년대 말에 자본주의적 생산·소유 관계 아래서 각국 정부가 동원할 수 있는 재정 수단과 발전하는 자본주의 경제가 내세우는 국가 지원 요구 사이에 간극이 넓어질 것이라고 예견했다. 오코너에 따르면 자본주의하에서 국가는 자본축적의 정당성과 효율성을 동시에 제공해야 했다. 정당성은 온갖 종류의 사회적 소비를 통해 제공하고 효율성은 공공기반시설 투자를 통해 제공했다. 오코너는 또한 공공 부문 노동조합이 민간산업 노동자들과 동일한 임금과 복지혜택을 요구함으로써 국가 재정이 더욱 압박을 받고 그에 따라 국가가 서비스 부문의 '비용병cost disease'에 노출될 것이라고 예상했다.[10] 정치적 스펙트럼에서 거의 반대쪽 극단에 있는 대니얼 벨이 오코너의 분석에서 많은 부분을 지지한 것

---

8 Schäfer and Streeck, 'Introduction', *Politics in the Age of Austerity*, 1~25쪽.

9 Rudolf Goldscheid, 'Staat, öffentlicher Haushalt und Gesellschaft'. In: Gerloff, Wilhelm and Fritz Neumark, eds, *Handbuch der Finanzwissenschaft*. Tübingen: Mohr, 1926; Rudolf Goldscheid, 'Finanzwissenschaft und Soziologie'. In: Hickel, Rudolf, ed., *Die Finanzkrise des Steuerstaats: Beiträge zur politischen Ökonomie der Staatsfinanzen*, Frankfurt am Main: Campus, 1976[1917], 317~328쪽.

10 William J. Baumol, 'Macroeconomics of Unbalanced Growth: The Anatomy of Urban Crisis', *American Economic Review*, vol. 57, no. 3, 1967, 415~426쪽.

은 흥미롭다. 물론 벨은 공공선택학파와 다소 비슷하게 기능적 필요와 구조적 모순보다는 프로테스탄트 가치관에서 벗어나 물질주의적 소비주의 또는 '부르주아 쾌락주의'로 옮겨간 문화적 변동을 더 강조한 것으로 보인다.[11]

지금 와서 보면 조세국가에서 부채국가로 가는 길은 처음에 예상할 수 있었던 것만큼 직선적인 경로는 아닌 것 같다. 경험적으로 보면 1980년대 초반 인플레이션이 끝난 뒤 적자가 만연하게 되고 부채가 축적되기 시작했다. 그전에는 높은 인플레이션이 공공부채의 일부를 쓸어버리고 부채가 축적되는 속도를 늦춤으로써 실질 성장을 대체했다. 한동안 높은 인플레이션 덕분에 고용 수준도 유지되었다.[12] 통화가 안정화되자 실업이 증가하고 만성화되면서 사회지출의 증가를 유발했는데, 결국 10여 년 동안 미뤄진 끝에 신자유주의 '개혁'에 의해 다시 사회지출이 억제되었다. 이 시점까지 공공부채는 기본적으로 '자동 안전장치'로 기능하는 사회보장체계에서 나타나는 무력증의 문제였다.[13] 하지만 또한 인플레이션이 종언을 고함에 따라 미국에서 이른바 '세율등급 상향 이동', 즉 명목소득이 상승함에 따라 납세자들의 소득세율이 상향 이동하는 추세에도

---

11 Daniel Bell, *The Cultural Contradictions of Capitalism*, New York: Basic Books, 1976, 250쪽.

12 1980년대에 인플레이션의 정치적 기능과 공공부채가 그 기능의 일부분을 인계받은 방식에 관해서는 이 책 2장과 Streeck, *Buying Time*을 보라.

13 즉 공공부채는 못된 버릇이 든 시민들이 점점 공공의 적선을 요구한다는 문제가 **아니었다**. 하지만 적어도 미국 이외의 나라에서는 실업보험은 분명 자본주의 경제체계의 정당성을 보장하는 데 필수적인 요소가 되었고, 경제가 곤경에 빠진 시기에 시민들이 지원을 받을 자격을 축소하려면 커다란 정치적 위험을 감당해야 했다.

종지부가 찍혔다. 게다가 특히 중간계급에서 조세저항이 한층 강해지고 '세제개혁' 요구가 추진력을 얻었다. 여기서 세제개혁이란 대체로 높은 세금을 내는 사람들에게 가장 유리한 세금인하를 의미했다. 1980년대에 레이건이 밀어붙인 세금인하가 대표적인 사례다.

전반적으로 볼 때, '국가의 재정위기'를 야기한 것은 시민의 복지 자격 증대보다는 민주적 자본주의 사회에서 과세 대상의 전반적인 감소였음이 드러났다(앞의 100쪽에 있는 〈그림 1-5〉를 보라). 1970년대 중반까지만 해도 세입은 대체로 정부 지출과 보조를 맞추었지만, 1980년대에 이르자 정체하기 시작했고, 잠깐 회복되었다가 세기말에 감소하기 시작했다. 2007년에 이르러 조세 수입은 12년 전 수준으로 돌아갔고, 금융위기가 진행되는 동안 더욱 감소했다. 이런 추세에 기여한 요인인 자본주의 경제의 '세계화'는 국가들 사이의 조세경쟁을 부추겼고, 결국 대기업과 고소득자를 위한 세금인하로 이어졌다.[14] 또한 세계화 덕분에 자본 소유자들이 나라들 사이나 국제적인 조세피난처로 자산을 이동시키는 식으로 탈세를 할 기회가 많아졌다.[15] 다시 말해 만약 1970년대 이후 부유한 자본주의적 민주주의 국가에서 커지는 재정문제가 고조되는 혁명의 요구에 기인한 것이었다면, 그 혁명은 보통 시민들이 아니라 자본과 자본을 지배하는 이들 사이에서 벌어진 것이었다.

---

14 Philipp Genschel and Peter Schwarz, 'Tax Competition and Fiscal Democracy'. In: Schäfer and Wolfgang Streeck, eds, *Politics in the Age of Austerity*, Cambridge: Polity, 2013.

15 OECD, *Addressing Base Erosion and Profit Shifting*, Paris: OECD, 2013.

재정위기에 관한 초기 이론들이 향후에 나타날 상황을 예상하지 못한 또 다른 측면은 자본주의 국가들이 오래 지속되는 기간 동안 차입을 통해 적자를 메울 가능성을 과소평가했다는 점이다. 실제로 20세기 후반 30년과 그 이후에 공공부채가 증가한 것은 자본주의 경제의 금융화와 관련이 있었는데, 이 금융화의 일부분은 금융 부문 및 여기서 만들어지는 신용화폐의 폭발적인 성장으로 이루어졌다. 신용 덕분에 자본주의 국가들은 한편으로 기반시설 지원에 대한 시민의 수요와 자본의 필요, 그리고 다른 한편으로 그 비용을 지불해야 하는—개인뿐만 아니라 기업—납세자들의 고조되는 저항 사이의 간극이 확대되는 상황을 감수할 수 있었다. 금융화 덕분에 각국 정부는 재정적 수단이 점점 부족해지는 상황에서 무언가 행동에 나서야 할 순간을 미룰 수 있었다. 건전화폐로 복귀한 덕에 가능해진 낮은 명목이자율이 높아지는 부채 수준을 관리할 수 있게 만드는 데 도움이 되었다. 실제로 각국 정부는 낮은 이자율에 유혹되어 금세 세금을 신용으로 대체하기 시작했다. 세금징수가 더욱 어려워졌기 때문이다. 부채국가에는 국제적인 차원도 존재했다. 특히 미국은 자국의 해외 공공부채를 국가 투자자들, 특히 잉여자금을 '재활용'해서 그 대가로 지역의 적대국과 자국민들로부터 군사적 보호를 확보할 기회를 찾는 산유국 정부에 팔기 시작했다.

이후 '금융서비스'는 미국과 영국 모두에서 월등하게 중요한 성장산업이 되었다.[16] 브레턴우즈 통화체제가 종언을 고한 뒤, 달러가 계속해

---

16 Krippner, *Capitalizing on Crisis*.

서 으뜸가는 글로벌 준비통화 역할을 하는 가운데 미국은 자국 화폐로 국제적으로 빚을 지고, 필요하면 기본적으로 무제한 찍어내는 게 가능한 달러로 빚을 갚을 수 있는 '과도한 특권exorbitant privilege'(지스카르 데스탱Giscard d'Estaing)을 누렸다. 결국 불환화폐인 달러가 풍부하게 공급되어 팽창하는 금융산업에 양분을 제공했고, 이 산업은 금세 전 세계적으로 자본주의의 금융 부문으로 바뀌었다. 금융기관들의 공격적인 규제완화 덕분에 전례 없는 규모로 이루어진 '금융혁신'은 세계 각지에서 자본을 끌어들였고, 새로운 경제성장을 추구할 뿐만 아니라 신용접근성을 필사적으로 모색하는 각국 정부에 주요한 도구가 되었다. 실제로 전반적인 신용공급이 팽창함에 따라 국가만이 아니라 기업까지, 그리고 나중에는 민간가계도 점차 '차입투자'에 의존하게 되었다. 그리하여 부채국가의 부상은 선진 자본주의 전체가 점점 더 전반적으로 채무상태로 나아가는 움직임 속에 한 층으로 내장되게 되었다. 실제로 공공부채는 전체 부채에서 작은 일부에 지나지 않았다(선별된 6개국에 관해서는 213쪽의 〈그림 4-1〉을 보라).[17]

부채국가의 관리가 자본주의 일반의 차입투자와 얼마나 밀접하게 연결되게 되었는지는 최초로 재정 건전화 시도가 이루어진 1990년대에 특히 분명하게 드러났다. 미국에서는 클린턴이 연방 예산의 '쌍둥이 적자'와 무역수지균형에 관해 모종의 행동을 하겠다고 약속함으로써 1992년

---

17 금융 부문의 부채를 추가하면 수치가 한층 인상적으로 바뀐다. 미국의 경우에 오늘날 금융 부문 부채가 다른 세 부문의 부채를 모두 합친 것만큼 많다. 모든 부문을 아우르는 총부채는 1974년 국내총생산의 약 400퍼센트에서 2010년 800퍼센트 이상으로 증가했다.

〈그림 4-1〉 6개국 국내총생산 대비 부문별 부채(금융기업 제외), 1995~2011

국내총생산 대비 백분율

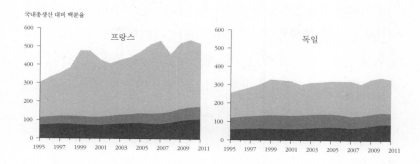

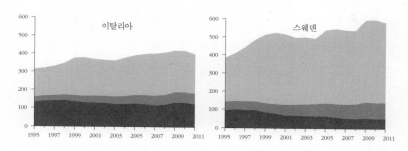

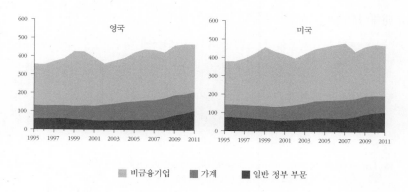

■ 비금융기업　■ 가계　■ 일반 정부 부문

출처: OECD National Accounts, 연결되지 않은 데이터.

선거에서 승리했다. 1989년 이후 생겨난 '평화배당금' 덕분에 지출을 삭감할 기회의 창이 열리는 듯 보였는데, 스웨덴 같은 나라가 연속된 재정위기를 두 번 겪은 사실(1977년 이후와 1991년 이후)은 일반적인 경고신호로 비쳤다. OECD와 국제통화기금 같은 국제기구를 통해 미국이 진두지휘하는 가운데 자본주의적 민주주의 국가들은 지출삭감과 예산편성기관 개혁을 통해 균형예산으로 복귀함으로써 부채 증가 추세를 깨뜨리려고 노력했다.[18] 실제로 1990년대에 각국은 정체된 세입에 좀더 밀접하게 부합하는 수준으로 공공지출을 축소하는 데 성공했다(앞의 100쪽에 있는 〈그림 1-5〉를 보라).

미국에서 이런 변화는 클린턴의 두 번째 임기 말에 흑자예산을 낳는 정도까지 진행되었다. 하지만 이렇게 흑자예산이 가능했던 건 통화팽창으로 가능해진 낮은 이자율, 1989년 이후 국방비 지출 절감(금세 일시적인 현상임이 드러났다), 부채 방정식에서 분모를 팽창시킨 경제성장(특히 금융부문), 사회보장 지출 절감(낮은 실업률과 복지 수혜 자격 감축의 결과다) 등이 대대적으로 나타난 결과였다.[19]

1990년대의 건전화 시도는 높은 공공부채에 대한 미국 유권자들의 우려에 대한 반응이었지만, 이런 우려는 그릇된 정보에 입각한 것이었다. 하지만 우리는 채권자들이 국가 차입자들의 장기적인 지불능력에 관

---

18 James M. Poterba and Jürgen von Hagen eds, *Fiscal Institutions and Fiscal Performance*, Chicago: University of Chicago Press, 1999.

19 1993년에서 2000년 사이에 미국의 국내총생산 대비 공공지출은 4퍼센트 감소한 반면 세입은 2퍼센트 증가했다. 1993년 국내총생산 대비 4퍼센트였던 연방 적자는 2000년에 2퍼센트 흑자로 돌아섰다.

해 우려했다고 가정할 수도 있다. 어쨌든 금융 규제완화와 팽창의 시대에 나타난 재정 건전화 압력은 전에는 무상이었던 공공서비스의 대체물로 시민들이 사적 신용에 의지하게 만듦으로써 사적 부문을 위해 국가를 축소할 수 있는 기회를 제공했다. 그리하여 금융화는—국가 차입자들의 신용도 향상을 보장하기 위해—재정긴축을 **요구했을** 뿐만 아니라 재정긴축을 가능케 하고 또 동시에 국가의 축소까지 가능케 했다. 중앙은행이 친절하게 낮은 금리를 제공하며 도와주는 가운데 가계가 공적 공급의 감축을 벌충하기 위해 빚을 짐에 따라 그전까지 정부의 영역이었던 장으로 사적 부문이 진입할 수 있는 문이 활짝 열렸다. 가계는 또한 공공지출 감축으로 야기된 총수요의 빈틈을 메웠다. 이른바 '민간화된 케인스주의'라고 지칭되는 결과였다.[20]

건전화의 첫 번째 물결은 실패하기는커녕 1990년대 중반부터 대불황 직전까지의 10년 동안 공공부채를 축소하는 데 성공했다(앞의 99쪽 〈그림 1-4〉를 보라). 유럽에서는 부채 한도를 정한 유럽통화동맹에 관한 마스트리히트 조약이 도움이 된 반면, 미국에서는 2001년 이후 부시가 단행한 세금인하와 급격하게 증가한 방위비 지출의 방해를 받았다. 하지만 공공부채와 나란히—그리고 공공부채의 증가가 일시적으로 중단된 이후

---

20 Colin Crouch, 'Privatised Keynesianism: An Unacknowledged Policy Regime'; Colin Crouch, *The Strange Non-Death of Neoliberalism*. 그 밖에도 특히 Monica Prasad, *The Land of Too Much: American Abundance and the Paradox of Poverty*, Cambridge, MA: Harvard University Press, 2012; Raghuram J. Rajan, *Fault Lines: How Hidden Fractures Still Threaten the World Economy*, Princeton, NJ: Princeton University Press, 2010; Gunnar Trumbull, 'Credit Access and Social Welfare: The Rise of Consumer Lending in the United States and France', *Politics and Society*, vol. 40, no. 1, 2012, 9~34쪽 등을 보라.

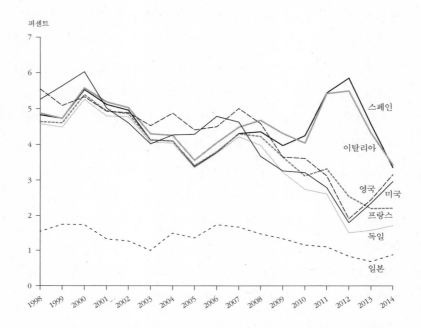

〈그림 4-2〉OECD 선별 국가들*의 국채 장기 금리, 1998~2014

퍼센트

스페인

이탈리아

영국

미국

프랑스

독일

일본

*그리스를 포함시키면 비율이 왜곡되어 다른 나라들의 금리변화가 눈에 보이지 않을 것이다.

출처: OECD Economic Outlook No. 95.

한층 더—커지던 민간부채의 피라미드가 2008년 금융위기 때 붕괴하자 이 모든 것은 수포로 돌아갔다. 이번에도 역시 부채국가와 현대 자본주의의 금융화 사이의 긴밀한 상호연계가 분명해졌다. 각국이 금융 규제완화 때문에 민간 부문에서 생겨난 악성부채를 흡수해야 했기 때문이다. 실제로 각국은 자국 경제가 완전히 무너지는 사태를 막으려는 자극 지출stimulus spending을 위해 추가로 빚을 져야 했다. 아이러니하게도 각국이—규제완화와 금융완화라는 정부 정책이 부추긴—투기적 대출과 차입의 부수효과로부터 사회를 보호하기 위해 빚을 진 탓에 '금융시장'은 각국이 채무자로서의 의무를 준수하는 능력을 의심하게 되었다. 채무자 신용의 하락이 많은 나라에서 발행한 국채의 리스크 프리미엄(위험 할증률)이 높아지는 것으로 드러나자(〈그림 4-2〉), 이제 **부채국가가 건전화 국가**로 개조되어야 했다.[21]

어려운 시대의 건전화

건전화 국가의 정치학을 이해하려면 부채국가의 정치경제학을 살펴볼 필요가 있다. 부채국가의 부상은 경제적 불평등의 전반적인 증대와 동시에 이루어졌고 또한 밀접한 연관이 있었다. '세계화'가 진행되면서 자본주의 경제의 과세 대상이 줄어들자 각국 정부로서는 신용에 대한 수요가 높아진 반면, 점점 부유해지는 계층에 매겨지는 세금이 인하되자 그에 상응해서 공급이 늘어났다. 그 결과, 시민들이 여전히 국채를 안전한

---

21 〈그림 4-2〉를 보면, 한 나라의 부채 수준과 그 나라가 자본시장에서 지불해야 하는 리스크 프리미엄 사이에 일대일 관계가 전혀 없음이 입증된다. 가령 일본은 막대한 국가 부채를 기록적으로 낮은 금리로 차환한다. 또한 이 그림을 보면 겨우 몇몇 나라(2009년 이후 시기의 경우에 그리스, 아일랜드, 포르투갈 등을 추가할 수 있다)에서 금리가 갑자기 올라도 유럽연합의 경우처럼 '개혁'을 통해 시장의 신뢰를 다시 확보하려는 전반적인 노력이 시작될 수 있음을 알 수 있다. 다음 절을 보라.

투자처로 간주하는 한 부채국가로서는 점점 징수가 어려워지는 세금을 신용으로 대체하는 게 편리했다. 빚을 지는 국가들은 고소득자 시민들이 돈을 빼앗기지 않고 지켜서 안전하게 투자하고, 이자까지 받아서 자녀에게 넘겨줄 수 있도록 해주었다. 이따금 문헌에서 암시된 것과 달리,[22] 부유한 민주주의 국가의 부유층이 반드시 정부 부채에 반대하는 것은 아니다. 특히 부유층에게는 정부 부채의 대안이 세금인상이 될 수 있기 때문이다. 하지만 부유층이 우려해야 하는 것은 부채가 지나치게 많으면 정부의 상환능력이 위태로워진다는 점이다.

과연 얼마만큼이 지나치게 많은 부채인지는 일반적인 답을 찾을 수 없는 문제다. 국가가 새로 채무를 끌어와도 이전 채무를 상환할 수 없으면 채무 불이행 상태가 된다. 부채가 어느 정도 수준일 때 금융시장이 해당 국가에 신용확대를 중단하는지는 상황에 따라 다르다. 기존 채무의 규모 자체가 아니라 채무상환 여부에 대한 시장의 신뢰에 달린 문제이기 때문이다. 그러므로 채무 수준이 높아지면, 부채국가는 리스크 프리미엄이 상승하고 어느 시점에서 차입능력을 상실하는 사태를 피하기 위해 그런 신뢰를 확보하려는 노력에 박차를 가해야 한다. 보통 각국은 채무 불이행 상태가 되지 **않도록** 최선을 다할 것으로 예상할 수 있다. 채무 불이행 상태에 빠지면 오랫동안 차입을 할 수 없기 때문이다. 이런 면에서 한 가지 유리한 점은 국가가—자국 시민에게—채권자들에게 지불하는 데 필요한 기금을 모으도록 강제할 수 있다는 것이다.[23] 각국 정부는 또한

---

22 Uwe Wagschal, *Staatsverschuldung: Ursachen im internationalen Vergleich*, Opladen: Leske + Budrich, 1996.

일부 국민들, 특히 세심한 감독 아래 있는 금융기업들에 자본의 일부를 국채에 투자하라는 의무를 지울 수 있다. 물론 여기에는 국채가 특별히 안전하다는 전제가 따라붙는다. 다른 한편 주권국 정부에 부채를 상환하게 강제할 방도는 없다. 전쟁을 벌이는 것 말고 채권자들이 한 국가의 자산을 수중에 넣을 방법이 없기 때문이다. 주권국 정부는 원칙적으로 채무 이행을 거부하거나 일부분만 상환할 자유가 있다. 채무자와 채권자의 권리와 의무를 규정하고 모종의 국제적 관할권을 확립하려는 국가들의 국제적 파산체제를 세우려는 시도는 아직까지 성공을 거두지 못했다.

따라서 재정 건전화는 본질적으로 신뢰구축 조치다. 이 조치가 추구하는 목표는 어떤 나라가 채무를 상환하려는 태세를 갖추었음을 금융시장에 분명히 함으로써 이 나라를 금융투자의 매력적인 대상으로 만드는 것이다. 건전화가 차입을 아예 그만두는 나라들과 관련되는 경우는 드물다. 한 국가의 누적부채가 줄어들기 시작한 뒤에도 회전결제 방식처럼 신규 차입으로 상환해야 하는 오래된 부채가 상당 기간 남아 있을 것이다. 따라서 부채가 늘어나든 줄어들든 관계없이 각국은 계속해서 국채에

---

23 종종 지적된 것처럼 민주적 입헌주의의 부상은 '인민'을 주권자로 만듦으로써 국가 부채를 인민의 부채로 바꿔놓는다. 국왕과 달리 인민은 결코 죽지 않으며, 민주주의에서 정부 부채는 인민 스스로가 진 빚으로 해석될 수 있다. 따라서 인민은 부채에 대해 도덕적인 책임을 진다(Marion Fourcade, Philippe Steiner, Wolfgang Streeck and Cornelia Woll, 'Moral Categories in the Financial Crisis', *Socio-Economic Review*, vol. 11, no. 4, 2013, 601~627쪽). 공공부채의 이자를 양심적으로 상환할 가능성은 민주화의 첫 번째 물결 이후에, 그러니까 의회의 왕이 감옥에 있는 왕을 대신하고, 의회가 기본적으로 국가 채권을 비롯한 자산 소유자들로 구성되었을 때 가장 높았다. 하지만 인민의 재분배 민주주의는 채권자들과의 관계에서 개인 통치자만큼이나 고압적인 성격을 보일 가능성이 있다.

대한 낮은 리스크 프리미엄에 결정적인 이해관계가 있다. 지불해야 하는 평균 이자율이 조금만 높아져도 국가 재정에 큰 피해를 입기 때문이다.[24]

오늘날 등장하는 건전화 국가는 부채 수준이 극적으로 높아져 1990년대에 시작된 첫 번째 건전화 물결에서 얻은 모든 이득을 무효화하는 시기에 공공부채가 한층 더 많아지는 추세를 끊어야 한다는 금융시장의 요구에 대한 정치적-제도적 응답이다. 금융시장은 대부를 계속하기 위해 공공부채가 정치적으로 통제된다는 보장, 즉 각국 정부가 공공부채의 장기적 증가를 중단하고 더 나아가 증가를 역전시킬 수 있는 능력을 입증해서 보증할 것을 원한다. 채권자들의 건전화 요구는 각국 정부가 불경기에 새로운 채무를 질 수 있게 호시절에 차입을 줄이겠다고 한 케인스주의적 약속이 지켜지지 않은 지난 40년 동안의 경험이 반영된 것이다. 재정 재팽창은 한층 더 높은 부채 수준을 낳는 톱니 효과ratchet effect[일단 어떤 상태에 도달하면 다시 원상태로 되돌리기 어려운 현상을 나타내는 표현]를 발휘해서 실제로 공공지출이 계속 확대된 것이다. 건전화는 점차 지불 불능 상태로 나아가는 일방통행로처럼 보였던 길을 거꾸로 뒤집고 각국 정부가 최종적으로 건실한 재정과 지속 가능성으로 돌아가게 만드는 것이다.

부채 억제나 감축은 상환된 부채를 대체하지 않거나 '재정억압fiscal repression'에 의해 그런 대체에 실패함으로써 달성될지 모른다. 재정억압이란 저금리와 높은 인플레이션율의 결합, 또는 기존 채무의 가치를

---

24 어떤 나라의 누적부채에 대한 평균 이자율이 2퍼센트 증가하면, 총부채가 국내총생산의 100퍼센트고 정부 부채가 국내총생산의 40퍼센트인 나라의 경우에 공공지출이 5퍼센트 증가한다. 대다수 나토NATO 국가들의 총방위비 지출은 국내총생산의 2퍼센트에 한참 못 미친다.

서서히 떨어뜨리는 장기간에 걸친 명목성장을 말한다. 재정억압을 통해 공공부채를 낮추거나 적어도 안정화하는 것은, 그 결과로 나타나는 '채무할인haircut'[25]이 적당한 수준에 머무르고 대형 투자자들에게 충분히 조기에 경고를 해주는 한, 금융의 신뢰를 회복하는 수용할 만한 방법이 될 것이다. 실제로 신뢰구축 조치로서의 건전화는 거의 당연히 **세입을 늘리는 게 아니라 지출을 삭감함으로써** 진행된다. 예외가 있다면 판매세[우리나라의 부가가치세에 해당], 공공서비스 수익자 부담금, 사회보장 보험료 등의 인상일 텐데, 이런 것들은 과세제도의 역진성을 강화한다. 최근에 G20 차원에서 진행되는, 조세의 허점을 메우고 국제적인 근거지 이동을 방지하려는 널리 알려진 시도들은 아직 성과를 내지 못했다. 어쨌든 이런 시도들은 기껏해야 조세수입의 감소 추세를 끝내거나 역전시키는 게 아니라 그 속도를 늦출 수 있을 뿐인 듯 보인다. 금리인하나 예상치 못한 조세수입 증가에 따른 경우를 비롯한 흑자예산은 되도록이면 부채 청산이나 세금인하에 쓰인다. 그래야만 이전의 지출삭감을 복원하려는 정치적 유혹을 억누를 수 있기 때문이다.

안정적으로 확립된 건전화 국가는 채무를 불이행하는 일이 절대 없도록 정치적 약속을 제도화하고 정치적 역량을 쌓으면서 채권자들에 대한 의무를 다른 어떤 의무보다도 우위에 두겠다는 비타협적인 결단을 나타내는 국가다. 이 국가는 지출증가를 어렵게 만드는 한편 채무상환을 제외한 모든 곳에 대해 지출삭감을 쉽게 만드는 정치세력들의 전반적인 지

---

25 채무국이 재정위기 시에 채권자들을 희생시키면서 일방적으로 대부조건을 변경하는 것을 가리키는 속어 표현.

형을 특징으로 한다. 미국과 일본처럼 작은 정부를 지닌 나라들은 건전화 국가로 인정받을 공산이 크다. 경제에서 정부가 차지하는 비중이 작다는 사실은 국가 지출에 대한 반감이 확고한 동시에 세금인상을 재정적 긴급 상황의 최후 수단으로만 활용할 것이라는 점을 보여주기 때문이다.[26]

건전화 국가의 이상형에 가까운 나라는 미국인데, 이 나라는 강력한 반反조세정치를, '충분한 신뢰와 신용full faith and credit'을 절대 손상시키지 않겠다는 신성불가침의 입헌적 약속과 결합한다.[27] 실제로 다른 어떤 나라와도 달리, 미국에서는 공공부채를 원활하게 상환하는 일이 공적연금을 비롯한 그 어떤 것보다 우선시되어야 한다는 사고가 좌우를 막론하고 정치 전반에서 공유된다. 심지어 티파티운동도 2011년과 2013년에 국가 부채 상한선을 둘러싼 논쟁에서 대통령과 공화당 지도부의 연합에 패배했을 때 미국은 신뢰를 저버리지 않는 확실한 채무자라는 인식에 기여했다. 당시 오바마 대통령과 공화당 지도부는 미국은 어떤 상황에서도 부채를 상환해야 하며 필요하면 새로 빚을 내서라도 상환해야 한다는 점 말고는 어떤 문제에도 합의할 수 없었다.

나는 다른 책[28]에서 부채국가에는 시민과 채권자라는 두 유권자, 또는 국가국민Staatsvolk과 시장국민Marktvolk이라는 두 인민이 있다고 설명한

---

26 따라서 일본은 원칙적으로 판매세 인상을 도입해서 막대한 부채문제를 해결할 수 있고, 미국은 여전히 유럽 수준에 한참 못 미치는 연방 유류세를 이용해서 그 문제를 해결할 수 있다.

27 미국 헌법 IV조 1항은 미국 재무부 채권 및 유사한 금융 채무에 적용되는 것으로 해석되기에 이르렀다.

28 Streeck, *Buying Time*.

바 있다. 부채국가는 두 유권자에게 모두 충성해야 하는데, 이 둘은 누가 주요한 이해당사자이고 재정 부족 상태에서 누가 양보해야 하는지를 놓고 싸움을 벌인다. 건전화 국가는 국가가 대부자에게 하는 상업적-계약적 약속이 시민에 대한 공적-정치적 약속보다 우선한다는 점을 굳게 내면화함으로써 이 싸움을 두 번째 유권자인 시장국민에게 유리하도록 해결한다. 건전화 국가에서 시민은 투자자에게 밀려나고, 시민의 권리는 상업계약의 권리 주장에 밀리며, 투표권자는 채권자보다 아래에 있고, 선거결과는 채권 경매 결과보다 중요하지 않으며, 여론보다는 이자율이, 시민의 충성보다는 투자자의 신뢰가 중요하고, 채무상환debt service이 공공서비스public service를 밀쳐낸다(부채국가와 두 유권자의 관계를 이상형으로 표현한 〈표 4-1〉을 보라). 또한 두 종류의 공공부채에 관해 이야기할 수도 있

〈표 4-1〉 민주주의적 부채국가와 두 국민

국가국민	시장국민
일국적	국제적
시민	투자자
시민권	계약에 따른 청구권
투표권자	채권자
선거(주기적)	경매(연속적)
여론	이자율
충성	'신뢰'
공공서비스	채무상환

다. '시장'과 관련해서 **공공연한** 공공부채와 시민과 관련해서 **암묵적인** 공공부채가 그것인데, 후자는 전자에 비해 격하된다. 또는 두 부류의 소유권이나 자격에 관해 이야기할 수 있다. **자본주의적** 소유권이나 자격과 **시민적** 소유권이나 자격이 그것인데, 전자가 후자를 넘어선다. 요컨대 건전화 국가는 **상업적 시장의 의무**가 **정치적 시민권의 의무**에 우선하는 국가라고 설명할 수 있다. 이 국가에서 시민들은 이런 상황에 이의를 제기하는 데 필요한 정치적 자원이나 이데올로기적 자원에 접근하지 못한다.

인민의 민주주의를 건전화 국가로 전환하는 데는 시간이 걸린다. 금융시장의 확고한 고객권customership에 유리하게 민주주의-평등주의 정치를 무력화해야 하기 때문이다. 목표는 한편으로는 탈인격화된, 따라서 덜 변덕스럽고, 더 오래 지속되며, 믿음직한 채무자와 다른 한편으로는 부의 할당과 재분배를 수행하는 주권적 행위자로 드러나는 기본적인 **민주주의의 양가성**을 해결하는 것이다. 이렇게 하려면 가령 균형예산을 국가가 강제할 수 있는 헌법적 요건으로 만드는 식으로 채무상환능력을 보장하는 것으로 국가 주권을 재정의함으로써 국가의 손을 묶을 필요가 있다. 각국 정부는 시민들에게 균형예산이나 흑자예산을 금융 투자자들로부터 정부가 독립하기 위한 한 단계로 제시할 수 있지만,[29] 당면한 목표는 대부자들에게 그들의 투자가 안전하며 언제든 지불과 변제를 받을 수 있다고 안심시키는 것이다. 리스크 프리미엄의 인하는 또한 다른 제도개

---

29 예를 들어 스웨덴 전 총리인 요란 페르손Göran Persson이 인터뷰에서 한 다양한 발언을 보라. Philip Mehrtens, *Staatsschulden und Staatstätigkeit: Zur Transformation der politischen Ökonomie Schwedens*, Frankfurt am Main: Campus, 2014.

혁으로 달성할 수 있다. 그러려면 이런 개혁으로 미래 정부가 공공지출을 통해 다시 한번 자본 재분배 갈등을 누그러뜨리고, 그리하여 채무자로서 국가의 신뢰성을 위험에 빠뜨리는 것을 어느 정도 막아야 한다.

부채국가가 대부자들을 먹이로 삼는 행태를 막는 것은 또한 국제적 수단으로도 가능하다. 각국은 제멋대로 구는 정부가 주권을 이용해 대부자의 재산을 빼앗는 일이 발생해서 채무국의 평판이 위태로워지는 일이 없도록 보장하는 데 공동의 관심이 있다. 국제통화기금이나 세계은행, 유럽연합 같은 국제기구들은 지불능력을 상실할 가능성이 있는 국가에 차관을 주어 돕는데, 해당 국가가 계좌를 초과해서 인출하는 일이 다시는 없을 것이라는 확실한 약속을 할 수 있도록 개혁을 하는 조건이 붙는다. 글로벌 금융시장과 제휴한 미국 같은 헤게모니 국가도 규율을 행사할 수 있다. 가장 최근의 사례는 아르헨티나다. 아르헨티나는 뉴욕에서 돈을 빌린 뒤 예상치 못하게 미국 법원의 관할권에 들어갔는데, 미국 법원은 2002년에 이 나라가 채무의 일부를 재조정한 것이 불법이라고 선언했다.[30] 모든 주요 은행이 부득이하게 미국에 자회사를 두고 있기 때문에, 지금의 판결대로 하면 은행 시스템을 활용해서 자국의 금융거래를 다루는 모든 정부는 공공부채에 대한 투자자들의 소유권을 방어하는 미

---

30 그전에 몇 년 동안 미국의 '벌처펀드vulture fund'[부실기업이나 부실채권을 헐값에 사들인 뒤 상황이 호전되면 되파는 식으로 수익을 올리는 펀드]들이 몇몇 나라의 민법을 동원해서 아르헨티나에 원래의 채무조건을 이행하도록 하려는 창의적인 시도가 있었다. 이런 시도의 본질은 아직 존재하지 않는 국제적 국가파산법을 일국적 상법으로 대체하는 것이었다. Pola Oloixarac, 'Argentina vs. The Vultures', 18 September 2014, topics.nytimes.com(2014년 9월 24일 접속)을 보라.

국의 법적 소송에 노출될 수 있다.

20세기 말의 부채국가를 건전화 국가로 바꾸는 것은, 특히 경제적으로 어려운 시기에 이루어지기 때문에 쉬운 일이 아니다. 어디서나 경제적 불평등이 증대되는 가운데 각국은 부채로 재원을 마련한 사회지출에 힘입어 평등주의적인 형평성의 겉모습을 유지한다. 사회보장 혜택과 사회서비스를 삭감함으로써 예산균형을 맞추는 경우, 만약 하이에크적[31] 또는 포스트민주주의적 방식[32]으로 인민-유권자의 압력으로부터 경제정책을 격리시키는 방향으로 정치제도를 개조하지 않으면 민주주의의 반격을 초래할 위험이 있다. 건전화 국가로 나아가는 것을 어렵게 만드는 또 다른 요인은, 장기 스태그네이션까지는 아니더라도 저성장 시기에 이 변형이 이루어지며,[33] 따라서 긴축을 추구하면 경제를 한층 더 위축시킬 가능성이 높다는 사실이다.[34] (또한 2008년 금융위기의 결과로 누적된 추가 부채 때문에 건전화 국가로 전환하는 것이 한층 더 시급한 과제가 된다.) 투자의 안전성을 보장받기를 원하는 국가 재정 투자자들에게 경제성장은 균형예산만큼 중요하다. 하지만 두 가지를 동시에 확보하는 것은 불가능하지는

---

31 Streeck, *Buying Time*.

32 Crouch, *Post-Democracy*.

33 다름 아닌 바로 로렌스 ('래리') 서머스가 이제 전설이 된 2013년 11월 8일 국제통화기금 경제 포럼 발표에서 언급한 내용이다. 같은 해 12월 15일 『파이낸셜타임스』에 기고한 그의 글 「왜 스태그네이션이 새로운 기준임이 드러날까Why Stagnation Might Prove to be the New Normal」도 보라. 여기서 그는 2008년 위기가 벌어지기 전에도 "거품과 방만한 신용만으로도 적당한 성장을 추동하는 데 충분했다"는 의견을 내놓는다.

34 Mark Blyth, *Austerity: The History of a Dangerous Idea*, Oxford: Oxford University Press, 2013[국역: 마크 블라이스 지음, 이유영 옮김, 『긴축』, 부키, 2016].

않더라도 어렵다. 정치적으로 보면, 성장이 저조하고 불평등이 증대되는 상태에서 아직 민주주의 선거에 의지하는 사회에 제도개혁과 재정긴축을 강요하기는 어려운 한편, 경제적으로는 이런 조치 때문에 총수요가 더욱 손상되고 디플레이션 급락이 생길 수 있다. 지배적인 신자유주의 교의는 지금 긴축을 하면 미래에 그 대가로 성장이 주어진다고 약속하지만, 자본회수를 기다리는 투자자들이 안심하기에는 그 약속이 지나치게 불확실하고, 미래는 너무 멀다.

부채국가가 건전화 국가로 변형되는 과정은 현재 진행 중이지만 순조로운 것과는 거리가 멀다. 글로벌 금융시장을 통해 서로 연결되는 가운데 그 지역적 표현양상은 다르지만 밑바탕에 놓인 논리는 동일하다. 일부 제도개혁이 시행되고 있지만, 많은 개혁은 여전히 진행 중이다. 특히 유럽에서, 그것도 프랑스나 이탈리아 같은 나라에서 건전화는 논쟁의 대상이다. 채권자들은 건전화 때문에 경제성장이 뒤집힐 것을 우려하고, 각국 정부는 긴축 때문에 정치적 안정이 허물어질 것을 우려하는 가운데 대다수 나라에서 공공부채가 더욱 늘어났고 2014년에도 여전히 증가하는 추세다. 물론 아무도 지금의 수준이 지속 가능하다고 믿지 않는다. 현재 부채국가들은 채무차환의 상당 부분을 중앙은행에서 공급받는다. 미국과 일본에서는 직접, 유럽에서는 유럽중앙은행이 간접적으로 각국의 은행 시스템에 대부를 제공하는데, 뒤이어 각국 은행 시스템은 국가에 돈을 빌려준다.[35] 그런데 주요국 중앙은행들의 대차대조표가 2008년 이

---

35 마스트리히트 조약에 따라 유럽중앙은행이 회원국에 직접 대부를 할 수 없는데, 이 때문에 조약을 우회하는 방법을 고안해야 했다.

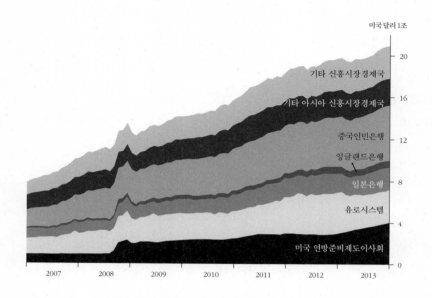

〈그림 4-3〉 중앙은행 총자산

미국 달러 1조

기타 신흥시장경제국
기타 아시아 신흥시장경제국
중국인민은행
잉글랜드은행
일본은행
유로시스템
미국 연방준비제도이사회

출처: Bank for International Settlements, *84th Annual Report* (2013/14), 통계 데이터.

래 빠르게 확대되고 있지만, 역사적으로 금리가 낮고 세계 경제에 전례
없는 규모의 유동성이 유입되고 있음에도 아직 경제성장을 자극하는 데
는 실패했다. 그리하여 시장에 순응하는 개혁을 바람직한 것으로 만들고
각국이 채무를 상환하도록 만들지도 못했다. 경제 엘리트들 사이에는 공
공부채와 마찬가지로 저금리정책 역시 영원히 지속할 수는 없다는 합의
가 존재한다. 현재 논쟁이 되는 문제는 얼마나 오래 저금리정책에 의지
할 수 있는지, 그리고 정치경제적 대형위기를 새롭게 유발하지 않고 어
떻게 이 정책을 순조롭게 끝낼 수 있는지 하는 것이다.

유럽 건전화 국가

현재 유럽에서 등장하는 건전화 국가는 몇 가지 면에서 미국 모델과 다르다. 서유럽 나라들은 패권적 통화를 장악하고 있지 않으며, 재분배 민주주의는 아직 대중적 지지를 상실하지 않았다. 또한 각국이 자국 시민에게 지는 암묵적인 부채보다 자본시장에 지는 공공연한 부채가 우선권이 있다는 원칙도 미국만큼 확립되어 있지 않으며, 영국과 포스트공산주의 국가들인 동유럽을 제외하면 긴축이 국가 내정의 원리로 확립되지도 않았다(하지만 동유럽은 아직 잠재적으로 중대한 규모의 공공부채를 쌓기에 시간이 충분하지 않았다). 또한 유럽통화동맹이 이끄는 유럽에서는 건전화가 독특한 형태를 띤다. 공식적 주권을 가진 민족국가들 집합의 재정·금융 정책을 다스리는 국제적 체제 아래서 공통된 초국가적 통화정책과 양립 가능성을 확보하는 방향으로 건전화가 진행되기 때문이다. 달리 밝히지 않는 한, 다음의 논의에서는 유로존 또는 **유로랜드**Euroland와 그 회원국들에만 초점을 맞출 것이다.

유로 통화체제의 건설을 보면 1990년대에 첫 번째로 이루어진 글로벌 건전화 물결에 그 기원이 있음이 드러난다. 회원국들은 예산 적자가 국내총생산의 3퍼센트를 넘지 않아야 했고, 누적부채는 국내총생산의 60퍼센트를 초과하지 않아야 했다. 유럽중앙은행에 주어진 유일한 임무는 통화 안정성을 지키는 일이었고, 회원국들에 신용을 확대하는 것은 분명하게 금지되었다. 독일 분데스방크와 마찬가지로, 유럽중앙은행 역시 선거로 뽑힌 정부에서 독립적이며, 정치적 압력에서 격리된다. 사실 유럽중앙은행은 통일된 초국가적 정부를 정치적 상대자로 갖는 게 아니라 각국 정부 수반들의 이사회만을 상대하기 때문에 훨씬 더 독립적이다. 회원국들이 유로랜드의 규칙에 순응하게 하려면 또 다른 비정치적인 초국가적 권위인 유럽연합 집행위원회가 강제해야 한다. 독일 모델에 따라 만들어진 이 체제는 얼마 지나지 않아 독일에서도 재정적 규율을 강제할 수 없음이 입증되었다. 이 체제는 또한 2008년 이후 벌어진 유럽 부채위기Eurocrisis를 막는 데도 실패했다. 당시 유럽통화동맹의 다수 회원국에서 공공·민간 채무자들이 갑자기 심각한 부채를 안고 있는 듯 보이면서 채권자들의 신뢰를 잃었다. 특히 국가 경제가 꼼짝없이 스태그네이션에 갇히고 채무 디플레이션의 가능성까지 보였기 때문이다. 그 결과 유럽통화동맹의 몇몇 회원국의 공공부채에 대한 리스크 프리미엄이 상승하기 시작했다. 이탈리아, 그리스, 스페인, 아일랜드 같은 나라에서는 리스크 프리미엄이 걷잡을 수 없는 수준에 다다랐다.

앞서 지적한 것처럼 공공부채에 일반적인 경제적 한도란 존재하지 않는다. 공공부채는 채권자들이 각각에 대해 엄격하게 리스크를 평가해야 한다. 유럽통화동맹 아래서 금융시장은 역사적으로 낮은 금리로 허약한 회원국들에 자유롭게 대출을 해주었는데, 조약과 상관없이 어쨌든 회원국이 지불 불능 상태에 빠지면 그 부채가 상호책임이 되리라는 가정에 입각한 것이 분명하다. 2008년 이후 이 가정은 결국 아마 집행위원회의 통합주의 세력이 부추긴 환상이었음이 밝혀졌고, 지중해 나라들에 주어진 대출은 국제적인 차원이라는 차이만 있을 뿐 미국 주택시장의 서브프라임 대출과 맞먹는 부실채권이 되었다. 누적부채를 상환하는 일은 여전히 국가의 책임이었기 때문에 금융시장이 요구하는 것처럼 재정·금융정책을 국가적 민주주의와 분리하는 것으로는 충분하지 않았음이 분명해졌다. 남부에서는 긴축에 맞서, 북부에서는 '이전 연합transfer union'[유럽연합 내에서 부유한 북부가 부를 이전해서 가난한 남부의 부채를 해결해주는 양상을 가리키는 표현]에 맞서 벌어진 민주적 저항은 남부 회원국들에서 투자자의 신뢰를 회복하는 데 방해가 되었다. 신자유주의 '개혁'—재정정책과 제도의 개혁만이 아니라 노동시장과 사회보장체계의 개혁까지—의 결과로 다시 성장이 찾아올 것이라는 희망은 실망으로 바뀌거나 검증의 기회를 얻지 못했다. 개혁이 국내 정치의 덫에 걸렸기 때문이다. 그 결과로 생긴 교착상태 속에서 유럽중앙은행은 저금리와 회원국들의 지급능력을 유지하기 위해 일종의 부채 상호분담debt mutualization으로 시장에 돈을 쏟아부음으로써 유로를 지탱하기 위한 시간을 벌었다. 그와 동시에 유럽중앙은행은 이런 시도가 영원히 계속될 수는 없으며 각국 정부가 그 대가로 유럽통화동맹으로 조직된 유럽 자본주의를 좀더 '시장에 순응하게'(앙겔라 메르켈) 만들기 위해 제도개혁과 경제개혁을 밀어붙여야 한다고 주장한다.

유럽통화동맹 국가체계를 하나의 **유럽 건전화 국가**로 개조하는 과정은 느리고 변덕스럽게 진행되는데, 각국과 유럽연합에서 선거가 치러질 때마다 정부들이 선거만 아니라면 '포퓰리즘'이라고 무시했을 우려를 포함해서 시민의 우려에 반응을 보여야 하기 때문이다. 새롭게 등장하는 유럽 건전화 국가는 새로운 종류의 정치경제체제에 해당하지만, 점진적이고 경로 의존적인 제도개혁 과정 속에서 유럽통화동맹에서 벗어나 발전하는 중이다. 유럽 건전화 국가의 두드러진 특징은 국가적·국제적·초국가적 규칙과 제도, 헌법과 조약, 국가 정치와 국제관계의 독특한 혼합물이다. 그 결과는 **국가들로 이루어진 하나의 국가**인데, 이 국가의 국내 정치는 다양한 국가 정치와 민족국가들 사이의 대외관계, 그리고 관료기구에 의해 집단의 이름으로 행사되는 초국가적 권위 등을 결합시킨다. 재정 건전화 체제로서의 유럽통화동맹은 국제적 건전화 국가로 진화하는 형태 속에서 다음과 같이 그 특징을 규정할 수 있다.

1. 첫 번째로 비슷한 것을 보자면, 현재 등장하는 유럽 건전화 국가는 아직 공식적으로 주권 민족국가인 나라들 사이의 상호 감시와 통제 합의다. 이 합의는 금융시장에서 각국의 집합적 평판에 관한 공통의 이해와, 한 국가가 채무 불이행 상태에 빠지면, 가령 금리인상이나 국가 은행 시스템에 미치는 반향 등의 형태로 다른 모든 국가에 악영향을 미칠 수 있다는 인식에 기반을 둔다. 유럽통화동맹이 일국적 복지국가들의 집합을 넘어서 국제적인 건전화 국가로 변형되면, 상호 관찰·감독·규율을 통해 각국의 경제 행위가 한층 더 긴밀하게 결합된다. 제도적 발전은 1990년대에 확립된 유럽통화동맹의 최초 구조에서 시작되는데, 2008년 이후 재정위기가 전개되는 과정과 그 여파 속에서 이 구조는 점차 확대되고 강화되는 중이다. 무엇보다도 새로운 규칙, 특히 각각 2011년 말과 2012년 초에 통과된 이른바 식스팩Six-pack[유로화의 통화 가치 안정을 위해 회원국의 재정 적자 상한선을 국내총생산의 3퍼센트로 정한 1996년의 안정성장협약Stability and Growth Pact을 개선하고 거시경제 감시를 확대하는 내용의 일군의 입법조치]과 재정협약Fiscal Compact 같은 새로운 조약이 주요 수단이다.[36]
2. 전통적인 계급정치와 인민의 민주주의에 직접 노출되지 않는 국제적 체제인 유럽 건전화 국가는 민족국가에 비해 미덥지 않은 유권자들에

게 시장에 순응하는 재정정책, 긴축정책, 공공서비스보다 채무상환 우
선시 등을 강제하기에 더 유리한 위치에 있다. 인민의 민주주의에서 경
제관리를 제도적으로 분리함으로써 시장국민을 위해 국가국민의 권력
을 빼앗는 것(223쪽의 〈표 4-1〉 참조)[37]은 일국적 정치보다 국제적 정치
를 통해 더 쉽게 달성된다. 국가들의 공동체가 회원국에 대해 수평적인
국제협정과 수직적인 초국가적 제도 둘 다에 속하는 형태로 권한을 획
득함에 따라 이 공동체는 심지어 각국의 선출된 정부를 해임하고 국제
금융산업의 대표자를 정부 수반으로 임명할 수도 있다. 2011년 11월
유럽이사회는 그리스와 이탈리아에서 바로 이런 일을 했다.[38] 그 목적
은 국제적·일국적 차원 모두에서 공세적인 제도개혁을 이룸으로써 까

---

36 유럽연합에서 언제나 그런 것처럼 각 규정과 절차의 세부내용은 굉장히 복잡해서 전문가들
이나 제대로 이해할 수 있다. 유럽통화동맹의 갱신된 거시경제체제의 본질은 회원국들에 균
형예산을 입헌적으로 약속하는 구속력 있는 의무를 지운다는 점이다. 이 체제는 또한 현재 유
럽연합 집행위원회가 회원국의 재정정책을 종합적으로 감시하는 것을 제도화한다. 이른바
과다 재정적자 시정절차Excessive Deficit Procedure 아래서 각국은 특정한 한도 아래로 공공
적자를 유지하지 못하면 자동적으로 무거운 벌금을 부과받게 된다. 또한 과다 재정불균형 시
정절차Excessive Imbalance Procedure 아래서 각 나라는 유럽연합 집행위원회로부터 초국가
적 조정에 적합하도록 거시경제정책을 수정하고, 단체교섭체계나 사회정책 같은 관련된 제
도를 변경하라는 특별주문을 받을 수 있다. 이제까지 유럽연합 관할에 속하지 않았던 광범위
한 문제들까지 개별적인 정책지침이 확대될 수도 있다. 더 자세한 내용으로는 Martin Höpner
and Florian Rödl, 'Illegitim und rechtswidrig: Das neue makroökonomische Regime
im Euroraum', *Wirtschaftsdienst—Zeitschrift für Wirtschaftspolitik*, vol. 92, no. 4,
2012, 219~222쪽; Fritz W. Scharpf, 'Monetary Union, Fiscal Crisis, and the Disabling
of Democratic Accountability'. In: Schäfer, Armin and Wolfgang Streeck, eds, *Politics
in the Age of Austerity*, Cambridge: Polity, 2013, 134~136쪽; Streeck, *Buying Time*,
107~109쪽 등을 보라.
37 나는 이런 행태를 유럽의 정치경제에 하이에크식 체제를 강제하는 시도라고 설명한 바 있다
(Streeck, *Buying Time*).

다롭기로 악명 높은 국가[일국적] 유권자들에게서 경제정책에 대해 그나마 남아 있는 국가 주권을 빼앗는 것이다.

3. 유럽통화동맹의 중앙은행인 유럽중앙은행은 어떤 민족국가보다도 더 민주적인 정부들과의 관계에서 외적 힘으로 작용할 수 있다. 18개 민족국가의 통화정책을 관리하는 가운데 각국의 국내 정치에서 충분히 거리를 둔 채 재정정책 및 제도개혁에 관해 협력하는 조건으로 통화정책으로 각국 정부를 지원하는 게 가능하다. 다른 국제기구들, 특히 국제통화기금 및 유럽연합 집행위원회와 더불어 유럽중앙은행은 공식적으로 여전히 주권을 지닌 회원국들의 국내 정치에 깊숙이 개입하고 있다. 대표적인 사례로 그리스 정부에 얼마나 많은 공무원을 언제 해고해야 하는지를 지시했다. 유럽중앙은행은 무엇보다도 자신이 관리하는 통화에 대한 금융시장의 신뢰에 관심을 기울여야 하기 때문에 회원국들에 요구하는 개혁은 시장에 순응하는 방식일 수밖에 없다. 특히 유럽중앙은행은 어떤 나라든 정부가 평등주의적 재분배를 야심차게 추구하려고 하는 경우에 지지할 수 없다. 유럽중앙은행이 가진 전례 없는 정치적 독립성은 금융시장의 이해에 영합하는 전례 없는 능력과 금융시장에 대한 전례 없는 의존으로 전환된다.

4. 유럽통화동맹 건전화 국가 안에 한 층으로 내장되어 있는 국제관계는

---

38 그리스에서는 안드레아스 파판드레우Andreas Papandreou 총리가 중앙은행 총재 루카스 파파데모스Lukas Papademos로 교체되었고, 이탈리아에서는 실비오 베를루스코니 총리가 전 유럽연합 집행위원이자 골드만삭스에서 일한 경력이 있는 마리오 몬티Mario Monti에게 자리를 내주고 물러나야 했다.

대단히 비대칭적이다. 다수를 차지하는 경제적으로 약한 나라들이, 금융지원을 철회하겠다고 위협하는 방식으로 사실상 지시를 내리는 위치에 있는 소수의 경제적으로 강한 나라들과 직면하고 있다. 2008년 이후 경제권력을 회복한 가운데 높은 수출 경쟁력과 유럽의 낮은 금리 덕분에 유럽통화동맹의 주요 수혜자가 된 독일[39]이 독일 경제 제국이나 다름없는 유럽통화동맹을 사실상 통치한다. 유럽통화동맹은 독일이 전쟁 이후 익숙해진 종류의 경화를 유럽의 나머지 국가들에 유로의 형태로 강제한다. 국내의 재분배갈등을 관리하는 수단으로 오랫동안 연화에 의존하는 한편 국제 경쟁력을 일시적으로 회복하기 위해 간헐적으로 평가절하에 의존해온 프랑스나 이탈리아 같은 나라들도 예외가 아니다.[40] 유럽통화동맹 설립과 관련된 각종 조약에는 동맹을 국제적 재분배를 위한 제도—일명 '이전 연합'—로 바꾸기 위한 조항이 전혀 없

---

39 2000년대 초에는 남부 유럽의 인플레이션에 대항하기 위해 높게 책정된 유로 금리가 인플레이션이 낮은 독일에는 너무 높았기 때문에 상황이 달랐다(Scharpf, 'Monetary Union, Fiscal Crisis, and the Disabling of Democratic Accountability').

40 상이하게 조직된 일국적 정치경제들이 공동통화체제 아래 강제를 받음으로써 야기되는 여러 마찰에 관해서는 이제 많은 문헌이 나와 있다. 예를 들어 Klaus Armingeon and Lucio Baccaro, 'Political Economy of the Sovereign Debt Crisis: The Limits of Internal Devaluation', *Industrial Law Journal*, vol. 41, no. 3, 2012, 254~275쪽; Charles B. Blankart, 'Oil and Vinegar: A Positive Fiscal Theory of the Euro Crisis', *Kyklos*, vol. 66, no. 3, 2013, 497~528쪽; Peter Hall, 'The Economics and Politics of the Euro Crisis', *German Politics*, vol. 21, no. 4, 2012, 355~371쪽; Alison Johnston and Aidan Regan, *European Integration and the Incompatibility of Different Varieties of Capitalism: Problems with Institutional Divergence in a Monetary Union*, MPIfG Discussion Paper 14/15, Cologne: Max Planck Institute for the Study of Societies, 2014; Martin S. Feldstein, *The Euro and European Economic Conditions*, Working Paper 17617, Cambridge, MA: National Bureau of Economic Research, 2011 등을 보라.

다. 독일과 프랑스를 합쳐도 약한 나라들에 상징적인 경제적 지원 이상을 제공하기에는 너무 규모가 작다는 사실은 말할 것도 없다.[41] 부채가 과다한 국가들의 지급능력을 유지하고 통화동맹을 지키기 위해 강한 나라에서 약한 나라로 일정한 재분배가 필요한 정도만큼, 이런 재분배는 은밀한 통로를 통해 이루어져야 한다. 북부에서 유권자들의 저항이 일어날 것이기 때문이다. 보이지 않는 화폐투입 통로 역할을 하는 것도 오늘날 유럽중앙은행이 수행하는 기능 중 하나다.

5. 유럽통화동맹이 부채가 과다한 회원국에 강제하는 제도개혁이 끝까지 실행된다면 특히 지중해 나라들에서 결국 국가 정치경제의 심대한 재구조화로 귀결될 것이다. 오늘날 이해되는 내용의 '독일 모델'[42]에 바탕을 둔 이런 개혁이 실행되면, 특히 이탈리아나 프랑스 같은 나라에 존재하는 역사적 계급 타협, 즉 사회적 평화를 이루는 대가로 빈번한 공공적 자를 포함한 높은 공공지출과 높은 인플레이션율을 수용한 타협이 취소될 것이다.[43] 높은 인플레이션은 현재 기준의 부채가치를 떨어뜨리기 때문에 높은 공공부채를 견딜 만하게 만들었고, 낮은 금리와 높은 국가보조금은 안정된 고용을 제공했으며, 대외 경쟁력에 미치는 부정적 영

---

41 Wolfgang Streeck and Lea Elsässer, *Monetary Disunion: The Domestic Politics of Euroland*, MPIfG Discussion Paper 14/17, Cologne: Max Planck Institute for the Study of Societies, 2014.

42 20년 전만 해도 '독일 모델'은 자본과 노동이 교섭한 사회협약하에서 상대적으로 낮은 불평등과 높은 사회적 보호로 유명했다. 반면 오늘날 독일은 임금 억제, 제로 인플레이션, 무역수지 흑자, 균형예산, '복지개혁' 등과 동일시된다.

43 Hall, 'The Economics and Politics of the Euro Crisis'; Blankart, 'Oil and Vinegar'.

향은 평가절하에 의해 이따금 보상을 받았다. 이 체계가 '경직된' 노동시장, 짧은 노동시간, 값비싼 공공서비스, 조기에 받는 많은 연금, 정기적이고 높은 명목임금 증가 등을 지탱해주는 정도만큼, 점점 많아지는 중간계급만이 아니라 나라를 '현대화'하겠다고 결심한 테크노크라트-민족주의 엘리트들에게도 눈엣가시가 되었다. 유럽통화동맹은 그들에게 국가적 계급 타협의 밑바탕에 놓인 다양한 경제적 조정을 취소함으로써 제도를 기반으로 자본주의적 현대화에 맞서는 저항을 깨뜨려준다고 약속했다. 그들은 긴축과 유연성이라는 쓴 약을 외부로부터 자국에 강제함으로써 결국 '스스로의 힘으로 서고', '세계화'를 받아들일 준비를 하며, 독일과 성공적으로 경쟁할 수 있게 될 것이라고 기대했다.

유럽통화동맹과 여기서 생겨나는 국제적 건전화 국가는 '후진적' 경제와 국가, 사회들이 자본주의적 합리화를 할 수 있는 독특한 기회를 나타낸다. 그럼에도 민주주의의 방해를 받을 위험이 있기 때문에 시장에 순응하는 민주주의로 향하는 변화는 느린 속도로만 관리될 수 있다. 재정 건전화를 둘러싼 일국적·국제적 정치는 둘 다 복잡하게 뒤얽혀 있다. 원래 **메르코지**[유로존 위기에 공동 대응하는 메르켈과 사르코지를 합친 표현]를 대체하기 위해 선출된 프랑스의 올랑드François Hollande 정부가 독일-유럽의 국제적 건전화 정책에 동의하라는 독일의 압력에 직면하면서 느낀 고뇌를 생각해보라. 또한 독일에서 반유로 정당인 '독일을 위한 대안AfD'이 부상하는 모습을 보라. 이 당은 '이전 연합'에 대한 독일의 저항과, 프랑스와 이탈리아를 한편으로 하고 독일을 다른 한편으로 하는 국제적 긴장의 고조를 표현하는 동시에 확고하게 군힌다. 2014년 말에 진행된 논의의 내용은 일국적 평가절하에 대한 대안으로 공동통화를 관리하면서 평가 절하할 것, 재정협약의 건전화 최종 기한을 미룰 것, 그리고 남부와 프랑스를 위한 '성장 프로그램'을 마련할 것 등이었다. 이 프로그램은 신규 부채로 재원을 마련해야 하는데, 이미 부채가 역사적인 고점상태고 지금까지 5년 넘게 부채를 추가했지만 성장을 낳지는 못했다.[44] 더 많은 부채축적이 지속 불가능하다는 점을 감안할 때, 이런 논의는 한편으로는 금융시장과 다른 한편으로는 독일의 패권이 압력을 가하는 가운데 균형 예산을 향해 집단적으로 진군하는 적을 상대로 승산 없는 싸움을 벌이는 격이다.

새로운 체제

부채국가를 건전화 국가로 개조하는 것—금융시장이 다시, 그것도 지금 이 순간만이 아니라 오랫동안 신뢰를 가질 수 있게 개조하는 것—은 기나긴 과정이다. 그 끝에는 공공긴축을 국가와 사회의 관계를 지배하는 기본 원리로 삼는 새로운 재정체제가 서 있다. 이 체제는 '세금과 지출을 둘러싼 갈등을 구조화하는 정치적 이해관계, 제도, 정책 조정'의 개혁된

---

44 실제로 부채 수준이 높은 상황에서는 원래대로라면 순조로운 상태라 할지라도 파산에 대한 두려움 때문에 차입자들이 추가로 빚을 지지 않는다. 유럽의 성장이라는 미사여구는 유권자들과 사회민주주의 정당, 남부 회원국들을 진정시키기 위함이다. 이런 미사여구는 또한 건전화와 성장을 동시에 바라는 채권자들의 양면성을 활용한다. 하지만 과거의 경험을 보건대 추가 부채를 용인하면 건전화를 진전시키는 데 활용되기는커녕 기존 부채에 더해질 뿐임을 알 수 있다.

'지형'이자 '제도, 강력한 조직, 공공정책, 지배적 사고의 특정한 정치적 맥락'이다.[45]

공공부채의 영속적 축적을 끝장내고 금융시장의 신뢰를 회복하려면 정치제도와 사회구조에서 심대한 변화가 일어나야 한다. 균형예산을 향해 신규 부채를 점진적으로 감축하는 것은 보통 몇 년이 걸리는데, 국가 축소와 시장 확대, 공적 공급 축소와 사적 공급 확대, 국가 활동과 자산의 사유화, 집단적 연대를 대신하는 개인적 노력 등의 방향으로 정부의 책임과 공공정책의 목적을 재정의하는 과정이 동반되지 않는다면, 지속 불가능할 것이다. 결국 건전화 체제 안에 한 층위로 내장된 건전화 국가를 건설하는 것은 광범위한 합리화, 일명 정치와 사회의 '경제화 economization'를 함축한다. 이 과정에서 국가는 점점 주권자의 성격을 잃고 기업과 흡사해진다. 시장에 우선하기보다는 시장에 반응해야 하는 것이다. 민주적 자본주의의 정치가 '시장의 변덕'(폴라니)으로부터 사회를 보호하는 것이었던 반면, 건전화 국가의 정치는 민주주의적 정치의 변덕으로부터 금융시장을 보호한다.

건전화는 전후 민주적 자본주의의 능동주의-개입주의적 국가를 시장의 압력에 민감한 깡마른 국가로 바꾸는 것이다. 국가가 믿음직하고 효과적이려면 집단적 수요의 사회적 생산을 통제하는 정치제도에 재정 규율을 고정시켜야 한다. 결국 따지고 보면, 부채국가가 건전화 국가로 변

---

45 Paul Pierson, 'From Expansion to Austerity: The New Politics of Taxing and Spending'. In: Levin, Martin A., et al., eds, *Seeking the Center: Politics and Policymaking at the New Century*, Washington, DC: Georgetown University Press, 2001, 56~57쪽.

형됨에 따라 '바그너 법칙'과 생산의 사회화 증대라는 마르크스의 추측에서 공히 예상되는 경향, 즉 성숙하는 자본주의-산업사회가, 자본주의적 산업주의가 생산수단의 사적 소유와 양립 불가능하게 되는 지점까지—기반시설 투자와 온갖 종류의 집단적 보수공사와 보상에 대해—점점 높은 수준의 공적 지원을 요구하는 경향에 종지부가 찍힌다. 20세기 말의 부채국가에 공공긴축을 강요한 것은, 공적 공급을 위해 세금을 부과받는 데 대한 자본주의 사회의 고조되는 저항에 반응하여 이런 추세에서 벗어나려 한 시도로 해석될 수 있다. 그 결과는 사회적 위험에 대비하는 보장을 마련하고, 복지·교육·보건을 제공하고, 물리적 기반시설과 심지어 정부 자체의 일부(전쟁, 정보 수집)까지 건설·유지하는 업무를 사기업으로 이전하는 대규모 정치적 실험이다. 그리하여 건전화 국가의 확립은 '광란의 70년대roaring seventies'[경제가 호황을 구가하면서 문화적 활기와 자신감이 넘치던 미국의 1920년대를 가리키는 '광란의 20년대'에 빗댄 표현]가 종언을 고하면서 시작된 (신)자유주의화 과정의 최종 단계를 나타낼 것이다.[46]

앞서 지적한 것처럼 건전화 국가의 모델은 1990년대에 스스로 긴축체제를 강제한 미국이다.[47] 이 과정에서 중요한 단계는 클린턴 대통령 시절에 '우리가 익숙하게 아는 모습의 복지가 종언을 고한' 것이었다.[48] 민

---

46 Streeck, *Buying Time*.

47 Paul Pierson, 'The Deficit and the Politics of Domestic Reform'. In: Weir, Margaret, ed., *The Social Divide: Political Parties and the Future of Activist Government*, Washington, DC: Brookings Institution Press and Russell Sage Foundation, 1998, 126~178쪽.

주당 대통령이 이런 개혁을 밀어붙였다는 사실은 개혁의 신뢰구축 효과를 강화했을 뿐이다. 균형예산을 향한, 그리고 클린턴의 두 번째 임기 말에 흑자예산을 향한 점진적 진전이 세입증대가 아니라 지출삭감을 통해 이루어졌다는 사실도 여기에 기여했다. 실제로 공공지출삭감을 통한 적자 감축은 상당한 감세를 동반했는데, 감세는 적자를 거듭 되풀이하면서 지출을 더욱 삭감하라는 압력을 낳았다. 이미 '적자와의 싸움'이 새로운 체제의 으뜸가는 원칙으로 확립되었기 때문이다.[49]

클린턴의 후임자는 곧바로 클린턴의 흑자를 감세에 탕진해버렸다. 조지 W. 부시는 2000년 대통령 선거운동에서 이런 조치를 '시민들이 원래 가져야 할 정당한 몫을 돌려주는 것'이라고 홍보했다. 하지만 이렇게 세금을 감축하고 아프가니스탄과 이라크에서 전쟁을 벌여도 금융시장의 신뢰가 줄어들지는 않았다. 미국은 아무 근거도 없이 글로벌 준비통화를 무제한으로 찍어낼 수 있는 능력을 비롯해서 채권자들을 안심시킬 방법이 여러 가지 있는 것이다. 그럼에도 미국 정부가 1990년대에 이미 활력을 잃은 복지국가에 국내 긴축이라는 쓴 약을 투여한 것은 시민의 복지 수혜 자격보다 금융시장의 의무가 우선한다는 문화적 기정사실에 더하여 정부의 '완전한 신용보장'에 대한 금융시장의 신뢰를 더욱 높여주었을 것이다. 더욱이 미국은 자신이 군대와 전쟁의 예산을 조달하기 위해 적자를 기록하는 정도만큼, 자원이 풍부한 동맹국들에 보호의 대가로 재

---

48 1996년 개인책임 및 노동기회법Personal Responsibility and Work Opportunity Act이 통과된 사실을 가리킨다.

49 Pierson, 'From Expansion to Austerity'.

무부 채권을 매입해달라고 요청할 수 있다. 그러면 동맹국들이 굳이 자국 군사력을 유지할 필요가 없기 때문이다. 또한 전쟁지출은 재량에 따라 임시적으로 처리할 수 있으며, 감세와 세금지출처럼 다른 영역의 지출삭감을 정당화하는 데 활용될 수 있다. 공공적자가 대규모로 증가해도, 만약 다른 나라에서 같은 일이 벌어지면 차입이 불가능해지겠지만, 미국은 금융시장에서 지위가 떨어지지 않는다.

미국만큼 특권적 지위를 누리지 못하는 유럽 나라들은 10년 뒤 건전화 국가로 스스로를 재창조하기 시작했다. 시장에 순응하겠다는 믿음직한 약속의 일환으로 긴축체제를 세우려는 그들의 노력은 미국의 노력을 넘어서야 했다. 자본시장에서 미국에 비해 경쟁력이 떨어졌기 때문이다. 유럽 나라들은 글로벌 통화도 없고, 대가를 받을 만한 군사적 역량도 없었으며, 경제에서 국가가 차지하는 비중이 대체로 높았고, 시민들은 사회적 권리와 복지 수혜 자격을 고집했다. 재정협약의 경우처럼, 재정긴축에 대한 각국의 약속을 국제법으로 정하는 것은 도움이 되었다. 역사적으로 수출 주도 성장과 경화체제[50] 위에서 번성한 독일 같은 나라가 패권국으로 부상하는 것도 역시 도움이 되었다. 2008년 이후 부채 부담이 커지자 한층 더 단호한 제2의 건전화 시도를 향한 압력이 높아졌다. 국가 비중을 축소하고 잠재력을 해방시켜 남아 있는 공공부채를 상환하는 것이 목표였다. 다른 곳에서처럼 유럽의 건전화 역시 하룻밤 사이에 달

---

50 혹은 메르텐스의 용어로 하면 '수출과 절약' 체제(*Privatverschuldung in Deutschland: Institutionalistische und vergleichende Perspektiven auf die Finanzialisierung privater Haushalte*, Dissertation. Cologne: Cologne: University of Cologne, 2014).

성될 필요는 없다. 시간이 흐르면서 지출삭감을 단계적으로 실행하는 게 더 나아 보인다. 그래야만 정치경제의 영속적인 특징으로 긴축체제를 점진적으로 적응시킬 수 있기 때문이다.

최근에 루카스 하퍼트Lukas Haffert는 한 나라가 적자예산에서 안정된 흑자로 이동함에 따라 긴축이 어떻게 영속화될 수 있는지를 보여준 바 있다.[51] 하퍼트는 자신이 '대칭 가설symmetry hypothesis'이라고 부르는 것, 즉 국가가 일단 만성적인 적자를 극복하면 회복한 재정능력을 활용해서 정치적 행동주의로 복귀하고 일시적으로 중단했던 프로그램들을 복원할 수 있다는 가설을 검토한다. 하퍼트가 보여주는 것처럼 실제로 사회민주주의 정부는 공공긴축에 착수할 때 종종 이런 약속을 한다. 하지만 사실 건전화 이후의 지출양상은 여전히 긴축기조를 유지하는데, 이 기조야말로 신자유주의적 건전화 국가를 앞선 부채국가와 구별해주는 핵심 덕목이다. 하퍼트는 부채 수준이 상승에서 감소로 바뀌는 것은 정치적·제도적 관례, 기득권의 지형, 곧바로 뒤집기 어려운 권력관계와 이데올로기 등의 심대한 변화와 관련되며 이 변화를 통해서만 달성될 수 있다는 사실로 이 점을 설명한다.

각국이 부채 의무를 신성불가침으로 간주하고 채무상환능력을 유지하기 위해 무슨 일이든 하겠다고 금융시장을 안심시키기 위해 재정 건전화에 몰두하면, 그로 말미암아 어떤 지속적인 정치경제적 결과가 생길

---

51 Lukas Haffert, *Freiheit von Schulden—Freiheit zur Gestaltung? Die politische Ökonomie von Haushaltsüberschüssen*, Dissertation, Cologne: University of Cologne, 2014.

까? 최근 연구에서는 네 가지 결과가 확인되었다.

1. 세금증대가 아니라 지출삭감을 통해 달성되는 균형예산은 의무지출 mandatory spending과 구별되는 재량지출discretionary spending을 희생시켜서 얻어지며, 세금인하를 동반하는 경우에는 훨씬 희생이 커진다[예산은 의무지출과 재량지출로 나뉜다. 재량지출은 매년 재정지출 절차를 거쳐야 집행이 가능한 예산으로 일반적인 정부 사업비용 등이 해당된다. 의무지출은 세출위원회의 관할이 아닌 예산으로 사회보장과 채무상환 등이 해당된다].[52] 정부 예산이 균형에 접근함에 따라 정부 지출의 점점 큰 몫이 공무원 임금, 공적 연금, 그리고 물론 채무상환같이 비교적 경직되고 법적으로 고정된 지출을 부담하는 데 들어간다. 건전화 국가에서는 채무상환이 신성불가침이기 때문에 양보를 해야 하는 것은 물리적 기반시설과 교육, 가족, 적극적 노동시장정책—이 분야의 투자는 '연성soft' 투자[53]나 '사회적' 투자[54]라고 불린다—등 공적 투자다. 장기적으로 보면 사회보장 같은 '복지 수혜 자격'에도 압력이 가해지면서 정치적으로 취약해지고 사실상 의무적 성격이 약해질 것이다. 오래된 약속 때문에 정

---

52 Wolfgang Streeck and Daniel Mertens, 'Politik im Defizit: Austerität als fiskalpolitisches Regime', *Der moderne Staat*, vol. 3, no. 1, 2010, 7~29쪽; Wolfgang Streeck and Daniel Mertens, *Fiscal Austerity and Public Investment: Is the Possible the Enemy of the Necessary?* MPIfG Discussion Paper 11/12, Cologne: Max Planck Institute for the Study of Societies, 2011.

53 Streeck and Mertens, *Fiscal Austerity and Public Investment*.

54 Nathalie Morel, Bruno Palier and Joakim Palme, eds, *Towards a Social Investment Welfare State?* Bristol: Policy, 2012.

부의 정치적 재량권이 부정됨으로써 미래를 위한 지출이 질식되고 '재정 민주주의'의 목이 졸린다는 불만[55]은 또한 후속 세대를 위한 너그러운 복지혜택의 축소로 귀결되는 한편, 기존 자격권자들이 받는 혜택은 이른바 '조부 조항grandfather clause'[기성세대의 기득권을 옹호하는 조항] 아래서 동결된다. 이런 현실은 사회정책의 정당성을 한층 더 갉아먹을 공산이 크다.

2. 예산균형을 맞추려면 신규 부채를 허용해서는 안 되는데, 이런 점은 흑자재정에 의한 부채 경감에 한층 더 적용된다. 그러므로 줄어들 것이 분명한 현행 세입에서 공공투자를 감당해야 한다. 따라서 금융시장의 신뢰를 회복하고 유지하려면 각국 정부는 국채의 실질 이자율이 제로에 가까워진다 할지라도 공공투자를 삭감해야 한다. 그 결과로 생겨나는 물리적 기반시설과 사회적 인프라의 부족은 이전에 공공의 책임이었던 일을 떠맡는 사적 투자자들에게 맡겨야 한다. 한 가지 결과는 다양한 종류의 공사파트너십public-private partnerships: PPPs이 될 텐데, 공공이 사적 투자를 지원하고 정부나 개별 시민이 사기업에 이용료를 내는 방식이다. 각종 지표를 보건대 이런 방식에서는 국가와 시민이 투자가 공공의 수중에 남아 있던 때에 비해 더 많은 비용을 지불하기 십상일 것이다. 특히 지역사회에서는 이런 경향이 더 분명한 것으로 보인다. 국제 투자자들의 법률부서와 동등한 입장에서 협상할 수 있는 전문성이 부족한 경우가 태반이기 때문이다.

---

55 Richard Rose, 'Inheritance Before Choice in Public Policy', *Journal of Theoretical Politics*, vol. 2, no. 3, 1990, 263~291쪽.

3. 재량지출을 삭감하면 불가피하게 교육 같은 사회서비스, 그리고 특히 모든 시민이 혜택을 누리는 보편적 서비스도 삭감된다. 그 결과로 국가가 제공하는 서비스의 범위와 질이 악화됨에 따라 중간계급은 보완적이거나 대안적인 사적 공급을 찾을 테고, 정부는 사기업이 공공당국과 경쟁하도록 허용해달라는 압박을 받을 것이다. 이 과정에서 부유층은 맞춤형 공급에 익숙해질 텐데, 그러면 그 비용을 치르기 위해 (추가적인) 감세를 요구할 것이다. 이 감세는 지출삭감을 한층 더 밀어붙일 것이다. 그리하여 복지국가가 중간계급 구성원의 점점 더 많은 부분을 상실함에 따라 공공 프로그램은 가난한 사람들을 위한 프로그램으로 바뀔 텐데, 미국의 격언에 따르면 가난한 사람들은 이 프로그램을 가난한 프로그램으로 만들 것이다.

4. 물리적 기반시설과 사회적 인프라 투자가 사유화되면 원래 공공 부문이었던 곳에서 운영되는 사적 산업이 점점 늘어난다. 사적 공급자들은 대체로 규제에 종속되지만 금세 정치 영역에서 유력한 행위자가 될 가능성이 높다. 그리고 상향 이동하는 중간계급 및 그들이 속한 자유주의-보수주의 정당과 제휴한다. 종종 회전문식 인사교류의 형태를 띠면서 새로운 기업들과 정부 사이에서 발전하는 연계와 기업들이 내놓는 선거 기부금 덕분에 재분배 국가에서 신자유주의 국가로의 전환이 더욱 공고해질 것이다. 신자유주의 국가는 사회적 형평성과 응집을 제공할 책임을 시민사회와 시장에 내어준다.

긴축체제가 굳건하게 확립된 가장 발전한 건전화 국가의 사례는 놀랍게도 예전에 사회민주주의의 모범국가였던 스웨덴이다.[56] 이 나라에서는 1970년대 이후의 부채국가에서 이탈하는 과정이 미국보다 훨씬 더 철저했고 그 정도도 더 심했다. 미국은 글로벌 자본시장에서 경쟁우위를 누리는 덕분에 예나 지금이나 상대적으로 건전화가 크게 강요되지 않았다. 스웨덴이 유럽통화동맹 회원국이 아니고 지금도 자국 통화를 갖고 있다는 점도 흥미롭다. 국제조약에 의해 건전화를 강요당하지 않았다는 의미이기 때문이다. 하지만 스웨덴은 1977년과 1991년에 두 차례 재정·금융위기를 겪으면서 깊은 트라우마를 입었다. 2008년 이후 유럽 대다수 나라가 겪은 위기보다 훨씬 심각한 규모였다.[57] 당시 스웨덴의 정치 스펙트럼 전체에서 습득한 교훈은 국제 금융시장은 신뢰를 잃은 나라에 대해 곧바로 가차 없이 응징을 하며, 그 신뢰를 회복하고 유지하는 것이 국가 경제정책의 최우선 목표여야 한다는 것이었다.

스웨덴의 건전화 국가는 두 가지 기본 원칙에 바탕을 두는 긴축체제를 운영한다. 첫째 원칙은 누적부채를 줄이기 위해 지출삭감에 의해 생

---

56 Lukas Haffert and Philip Mehrtens, *From Austerity to Expansion? Consolidation, Budget Surpluses, and the Decline of Fiscal Capacity*, MPIfG Discussion Paper 13/16, Cologne: Max Planck Institute for the Study of Societies, 2013; Mertens, Privatverschuldung in Deutschland.

57 1977년에서 1983년 사이에 스웨덴의 총공공부채는 2배 이상 늘어서 국내총생산의 30퍼센트에서 70퍼센트로 증가했는데, 1982년에 국내총생산의 7퍼센트로 적자가 정점에 달했다. 4년간 약 4퍼센트의 흑자예산을 기록한 뒤 공공부채가 다시 증가해서 1990년에서 1995년 사이에 48퍼센트에서 84퍼센트로 늘었으며 1993년에 11퍼센트로 적자가 정점에 달했다. 1998년부터 공공부채가 점차 줄어서 글로벌 금융위기 전해인 2007년에는 50퍼센트까지 떨어졌다 (Mehrtens, Staatsschulden und Staatstätigkeit, 70쪽). 1998년부터 2008까지 스웨덴 정부는 흑자예산을 운영했는데, 주기적인 조정을 거치면서 현재까지 흑자가 계속 늘어났다(Haffert and Mehrtens, *From Austerity to Expansion?*, 24쪽).

겨나고 지속적으로 갱신되는 재정흑자를 엄격하게 준수한다는 것이며, 두 번째 원칙은 지출삭감 압력을 갱신하고 중간계급이 공적 복지혜택과 서비스를 자유시장에서의 자기조달self-provision로 대체할 수 있게 정기적으로 세금을 인하한다는 것이다. 흑자정책을 세금인하와 결합하면 경제에서 국가의 비중을 줄이는 데 도움이 되며, 비능동주의적인 공공정책이라는 신자유주의의 처방과 점차 일치하는 더 날씬한 국가가 만들어진다. 분명 스웨덴의 신자유주의 개혁을 촉진하는 것은 예나 지금이나 이 나라가 아주 높은 수준의 정부 활동에서 출발했기 때문에 국가 긴축체제가 오랜 기간 동안 의존할 수 있는 국가 활동이 많다는 사실이다. 따라서 스웨덴의 착륙경로는 특별히 길 수 있지만, 이 나라의 건전화 체제는 시간이 흐르면서 워낙 뿌리 깊이 자리 잡았기 때문에 예측 가능한 미래에 그 체제를 대체할 방법을 상상하기란 쉽지 않다.

2014년에 이르면, 약 20년 동안 신자유주의 개혁을 거치면서 스웨덴의 정치경제는 점진적이면서도 오히려 더 효과적으로 알아볼 수 없을 정도로 모습이 바뀌었다.[58] 1993년에 두 번째 위기가 정점에 달한 이래 정부 총지출은 국내총생산의 70퍼센트에서 50퍼센트로, 총세입은 60퍼센트에서 50퍼센트로 감소했다(2012년). 중앙은행이 팽창적 재정정책에 협조하는 것을 막는 것과 같은 정치경제 제도상의 심대한 변화가 이루어진 가운데 이 과정은 계속될 것으로 보인다.

---

58 Haffert and Mehrtens, *From Austerity to Expansion?*; Philip Mehrtens, *Staatsschulden und Staatstätigkeit*.

2013~2015년 스웨덴 정부의 중기 재정 예측은 흑자가 국내총생산의 3퍼센트에 달할 것으로 예상되었다. (……) 연간 흑자 추정치는 국내총생산의 3퍼센트에 이른다. 예산균형의 개선은 세입 증가가 아니라 오로지 지출삭감에 의해 달성될 것이다.[59]

2011년 이후 경기가 후퇴했지만 재정 우선순위는 재고되지 않았다. 세금과 지출의 하향이동은 무엇보다도 연금체계를 '예산과 재정적으로 완전히 독립된' 것으로 바꾼 연금개혁(1994/1998년)에 의해 달성되었다. "이제 국고에서 연기금으로 재정이 교차 지원되는 일은 없을 것이다."(앞의 책, 17쪽) 인구학적 변화에 따라 예상되는 세입 감소에 맞추어 재정이 흑자임에도 연금은 2010년에 삭감되었고 향후에 추가로 삭감될 것이다. 또한 1990년과 1991년에는 이른바 '세기의 조세개혁'이 이루어졌는데, 이 개혁은 1990년대 초반 재정위기에 기여하고 이후 공공지출의 추가 삭감을 정당화하는 데 일조했다. 이후 몇 년 동안만이 아니라 2006년과 2008년에도 세금이 추가로 인하되었다. 이 개혁 때문에 조세체계의 역진성이 더욱 심해졌다. 자본소득이 근로소득에 비해 훨씬 적은 세금이 부과되고, 재산세가 폐지되고, 부가가치세는 여전히 세계 최고 수준에 속했기 때문이다.

다른 나라 못지않게 스웨덴에서도 재정 건전화는 '연성'과 '경성' 공공투자 모두의 급격한 감소와 결부되었다.[60] 무엇보다도 적극적 노동시장

59 Haffert and Mehrtens, *From Austerity to Expansion?*, 21쪽.

60 Streeck and Mertens, *Fiscal Austerity and Public Investment*.

정책에 대한 지출이 절반 이상 줄어들었다. 그와 동시에 실업률이 8퍼센트 정도에서 안정되었는데, 첫 번째 재정위기와 사회민주당의 칼손 정부 아래서 이루어진 통화주의적 전환 이전에는 전혀 상상하지 못했던 이 수준은 이제 스웨덴 노동시장에서 완전히 새로운 표준이 되었다. 건전화는 또한 소득 불평등의 가파른 증대를 동반했다. 거의 모든 다른 선진 자본주의 사회보다 더 가파른 증대였다. 게다가 1998년부터 2010년까지 초중등 교육에서 사립학교 재학생의 비중이 2퍼센트에서 12퍼센트로 늘어나서 미국의 수치를 넘어섰다.[61] 또한 스웨덴의 대규모 보건과 육아 부문에서도 사유화가 이미 빠르게 진행되고 있다. 새로운 건전화 체제가 지난 20년 동안 스웨덴의 정치경제에 확고하게 자리를 굳혔기 때문에 감세와 채무상환을 결합시킴으로써 국가를 축소시키는 정책이 계속 고수될 것이 확실하다.

건전화 국가와 민주주의

건전화 국가 체제는 우리가 아는 민주주의의 심대한 변형을 수반한다. 시장의 법칙에 대항해 사회적 형평성을 옹호하도록 설계된 인민의 정치 참여의 전통적인 제도들을 벗어 던지는 것이다.[62] 사유화 때문에 공공재

---

61 Mehrtens, *Staatsschulden und Staatstätigkeit*, 220쪽. 중등학교 수준에서는 그 비율이 2010년에 이미 50퍼센트였는데, 사립학교 운영자의 90퍼센트 정도가 이윤을 추구하는 기업이었다(Mehrtens, *Staatsschulden und Staatstätigkeit*, 223쪽).

가 줄어든 곳에서는 정치적으로 결정할 일도 적어지고, 자본주의의 경제적 민주주의—1달러 1표—가 정치적 민주주의를 대체하기 시작한다. 시장이—숙의 대신 집계에 의한—집단적 의사결정의 주요 기제가 됨에 따라 과거의 엄격한 부채국가에 비해 남아 있는 '재정 민주주의'도 한결 줄어든다. 거시적 차원에서 국가 재정이 헌법으로 신성시되는 부채 한도와 균형예산 규칙에 의해 점점 제약을 받는 것도 한 이유다. 유럽의 경우에 또한 재정을 긴축하자는 국제협정이 존재하는데, 이 협정에서 떨어져 나오려면 정치적·경제적으로 큰 대가를 치러야 한다.

건전화 국가를 향한 제도의 재구조화는 다른 몇 가지 측면에서도 민주주의의 원칙을 포기한다. 공사파트너십PPPs은 종종 복잡한 상업계약에 바탕을 두는데, 이 계약의 많은 부분이 영업비밀을 보호하기 위해 비공개로 유지되어야 한다. 독립적인 중앙은행이 경제정책의 주요 행위자로 부상함에 따라 사회에 심대한 영향을 미치는 정치적 결정이 의회와 선출된 정부의 권한에서 빠져나간다. 중앙은행은 비밀스럽게 협의하는 소규모 집단들에 의해 운영되는데, 중앙은행이 경제적 행위자들의 합리적 기대에 대해 갖는 중요성을 감안할 때 이런 비밀주의는 어쩔 수 없다. 또한 경제정책이 시장의 요구에 순응하는지 여부는 정치적 토론으로 결정되는 게 아니라 오직 시장 자체에 의해 결정되며, 경제정책이 '올바른지' 여부는 정책의 기준이 되는 규칙을 적용하는 책임이 있는 테크노크라시 전문가들이 결정하는 것이다. 이 모든 변화를 위해서는 경제관리

---

62 Streeck, *Buying Time*, 58쪽 이하.

를 민주주의 정치와 분리할 필요가 있으며, 또 이 변화들 때문에 그런 분리가 진전된다. 민주주의는 비합리적이고, 복잡한 문제들을 다룰 능력이 없으며, 글로벌 경제의 변화하는 상황에 대응하기에는 너무 느리고, 자유시장에 경제적으로 비효율적인 개입을 하라는 인민의 압력에 너무 취약하다고 주장하면서 새롭게 유행을 선도하는 엘리트주의 이론들이 이 변화과정을 이데올로기로 뒷받침한다.[63]

경제를 자유시장과 테크노크라시의 결합에 넘겨주면 정치적 참여가 고갈되어버린다.[64] 유럽통화동맹의 경우처럼 국가의 민주적 제도들이 국제적 '거버넌스'에 의해 무력화되는 곳에서는 탈정치화된 이 빈 공간이 새로운 내용으로 채워질 가능성이 높다. '포스트민주주의' 부류의 공적 연예[65]나 정치적으로 퇴행적인 종류의 민족주의가 판을 치는 것이다. 새롭게 등장하는 건전화 국가가 후원하는 가운데 정치화는 바야흐로 정치 스펙트럼의 오른쪽으로 이동하는 중이다. 이 오른쪽에서 반제도권 정당들은 공공서비스에 의존해 살아가는 불만을 품은 시민들을 조직하고 국제시장으로부터 정치적 보호를 요구하는 일에 점점 더 실력을 발휘하고 있다.

---

63 Daniel A. Bell, *Beyond Liberal Democracy: Political Thinking for an East Asian Context*, Princeton, NJ: Princeton University Press, 2006.

64 Schäfer and Streeck, *Politics in the Age of Austerity*.

65 Crouch, *Post-Democracy*.

05

시장 대 인민 :

민주적 자본주의와 유럽 통합

유럽 국가 수반들이 결의하면 최종
적으로 완전히 금융시장이 안정되고 유로존의 부채위기가 해결될 것이
라는 희망이 지난 2년 동안 새로 정상회담이 열릴 때마다 높아졌지만,
일단 세부 내용이 밝혀지자 이런 희망은 여지없이 무너졌다.[1] 투자자들
이 정말로 '자발적인 채무할인'에 동참하려고 할까? 결국 알고 보면 바
주카포는 물총 정도였던 게 아닐까? 무너진 글로벌 금융 시스템을 고치
려면 어떻게 해야 하는지 어느 누구도 확실하게 말할 수 없다. 어떤 이들
은 엄격한 긴축을 요구하고, 다른 이들은 성장을 부르짖는다. 모두들 둘
다 필요하다는 것을 알지만, 둘을 동시에 가질 수는 없다. 테크노크라트
들이 내놓는 구제안은 항상 새로운 진퇴양난을 오락가락한다. 기발한 특
허치료제를 수십 가지 내놓지만 하나같이 수명이 점점 짧아진다. 영국이
거부권을 행사했음에도 유럽 지도자들이 26개국 조약에 대한 2011년
12월 정상 합의[2011년 12월 9일, 영국을 제외한 유럽연합 26개국 정상이 연간 재
정적자를 국내총생산의 3.5퍼센트 이하, 누적 공공적자를 60퍼센트 이하로 유지하지
못하는 회원국을 자동 제재하는 것을 골자로 하는 재정통합에 합의한 사실을 가리킨

---

1 이 장은 *New Left Review*, vol. 73, January/February 2012, 63~71쪽에 처음 발표되었다.

다. 이 합의로 유로존은 통화동맹에서 재정동맹으로 한걸음을 내디뎠다] 이후 악몽 없이 푹 잘 수 있고, 유럽중앙은행이 1퍼센트 금리로 5,000억 유로를 은행들에 장기 대출하자 곧 정상상태가 회복되었다. 한 가지는 확실하다. '시장'은 진정될 만할 때 진정될 것이다. 하지만 그때가 언제이고 다음번에는 무엇을 요구할지 전혀 알려주지 않는다. '시장'은 프랑스를 공격할까? 필요하면 물론 그럴 것이다. '시장'은 국가 긴축안을 통해서든, 국제적인 예금보호협정을 통해서든, 또는 가장 좋은 방법으로 둘 다를 통해서든 자신의 돈을 돌려받는다는 보장이 있을 때만 만족할 것이다.

앞에서 주장한 것처럼,[2] 전후의 '민주적 자본주의'는 자본시장의 이해관계와 유권자들의 이해관계 사이에 근본적인 모순을 수반했다. 이런 긴장은 시간이 갈수록 '미래로부터 차입'하는 지속 불가능한 과정에 의해 계속 대체되었다. 1970년대의 인플레이션에서 1980년대의 공공부채를 거쳐 1990년대와 2000년대 초의 사적 부채에 이르렀다가 결국 2008년 금융위기로 폭발했다. 그 후로 민주주의와 자본주의의 변증법은 아슬아슬한 속도로 전개되고 있다. 불과 몇 달 전만 해도 파판드레우 총리가 구제금융 국민투표를 제안하자 브뤼셀 유럽연합 건물 복도에서는 차라리 군사 쿠데타가 일어나는 게 낫겠다는 농담이 오갔는데, 이후 그리스에 이어 이탈리아 정부까지 교체되었다. 다들 안도의 한숨을 내쉬는 가운데 많은 존경을 받는 경제학자이자 테크노크라트에게 권력이 넘어갔다. 이제 그는 마침내 '시장'의 논리를 강제할 것으로 기대를 받고 있다. 이런

---

2 이 책 2장을 보라.

신뢰는 액면 그대로 보면 전혀 부당한 게 아니다. 이탈리아의 신임 총리 마리오 몬티는 유럽연합 경쟁 담당 집행위원으로 독일의 국가 금융 시스템을 해체한 인물이다(이 해체를 기반으로 미국 정크본드 매입을 통해 성과 없는 구조조정을 시도했다). 브뤼셀 임기가 끝났을 때 몬티는 여러 곳에서 고문을 맡았는데, 그중에서도 정크본드 생산자 가운데 가장 큰 골드만삭스의 고문으로 밥벌이를 했다. 현재 그리스 총리인 루카스 파파데모스는 이 나라가 왜곡된 통계를 바탕으로 통화동맹 진입을 확보하고 그 덕분에 독일 금리로 무제한 신용을 얻을 수 있게 됐을 때 그리스 중앙은행 총재였다. 그리스 국민대차대조표의 창의적 회계에 도움을 준 것은 다름 아닌 골드만삭스의 유럽 지부였다. 그 직후에 마리오 드라기가 골드만삭스를 이끌었는데, 그는 지금 물론 유럽중앙은행 총재다. 이 세 명이 손발이 착착 맞는 것은 당연한 일이다.

대륙의 불균형

한편 이제 자본주의 세계의 민주주의 국가들에 하나의 주권자가 아니라 두 주권자가 있음은 아주 분명하다. 아래쪽에 인민이 있고 그 위에 국제적 '시장'이 있는 것이다. 세계화와 금융화, 유럽 통합 때문에 인민은 약해지고 '시장'은 강해졌다. 힘의 균형은 이제 빠르게 상층으로 이동하는 중이다. 전에는 인민의 언어를 이해하고 말하는 지도자들이 요구되었다면, 오늘날에는 지도자들이 돈의 언어를 숙달해야 한다. '인민과 소통하는 사람people whisperer'을 계승한 '자본과 소통하는 사람capital whisperer'은 투자자들이 복리로 돈을 돌려받도록 보장하는 데 필요한 비밀기술을 알 것으로 기대된다. 이제 투자자의 신뢰가 유권자의 신뢰보다 더 중요하기 때문에 중도좌파나 우파는 자본의 절친한 친구들이 계속 권력을 넘겨받는 것을 문제가 아니라 해법으로 본다. 북유럽에서는 그리스와 이탈리아에 특유한 패거리주의clientelism의 일화를 소개하는 이국적인 설명들 덕분에 민주주의가 어떻게 분수에 넘치게 살 권리나 빚을 갚지 않을 권리를 수반할 수 없는지, '우리의' 돈이 관련되면 더욱더 그러한지에 관한 진부한 의견으로 쉽게 후퇴해버린다.

하지만 현실은 그렇게 녹록지 않다. 위태로운 것은 '우리의' 돈이 아니라 은행들의 돈이며, 그리스인들과의 유대가 아니라 '시장'과의 유대다. 우리가 알다시피 '시장'은 그리스인들에게 사실상 돈을 억지로 떠안겼는데, 그들이 아니더라도 다른 유로존 국가들로부터 받아낼 수 있을 것이라고 기대했기 때문이다. 필요하면 2008년처럼 '대마불사' 협박을 동원하기도 해서 말이다. 거대 민족국가들과 국제기구들이 세운 대형 감시기구가 그리스 같은 나라들이 유로존에 가입한 뒤 어떻게 저렴한 신용을 양껏 끌어다 쓰는지를 눈치 채지 못했을 리가 없지만, 각국 정부는 이런 기대를 부정하지 않았다. 실제로 지금 와서 보면 이런 결과—전 세계적인 예산 건전화 시대에 무리하게 지출된 유럽의 지역·구조 기금regional and structural funds[유럽연합 내 저개발 지역을 지원하기 위해 조성한 기금]에서 줄어든 지원금을 대체하기 위해 남부 국가들의 화폐공급을 사적 신용으로 떠받치는 것—는 지중해의 민주적 자본주의 지각생 나라들이 유럽통화동맹에 가담하도록 허락한 주된 이유 중 하나였다. 그런 식으로 은행들이 수익성 좋고 외견상 안전한 거래를 했을 뿐만 아니라 북부 국가들의 수출산업은 꾸준히 갱신되는 남부 고객들의 구매력에서 이윤을 벌어들일 수 있었다. 그러면서도 포르투갈이나 스페인, 이탈리아, 그리스 같은 나라들이 주기적인 통화가치 절하를 통해 북부 경제의 높은 생산성으로부터 자국을 보호할지 모른다는 걱정을 할 필요가 없었다.

지중해 이웃 나라들이 대출과 지원금을 이용해서—'정직한' 앵글로색슨식 성장이 아니라—투기와 부패에 연료를 공급하는 것을 보고 북부의 정치 엘리트들이 짐짓 놀라는 체하는 모습은 정치선전의 역사에서 손꼽히는 뻔뻔스러운 재주로 보아야 마땅하다. 조금이라도 식견 있는 사람이라면 유럽연합으로부터 두 차례 보조금을 받는 그리스의 올리브 수확이 그 정도로 큰 규모가 될 수 없음을 알고 있었다. 우선은 올리브 생산을 위해, 그다음에는 마찬가지로 가상적인 기계용 오일로 변환하기 위해 보조금을 받은 것이다. 마치 전후 이탈리아에서 줄리오 안드레오티Giulio Andreotti 같은 인물이 국가기구와 정당, 군대, 조직범죄, 정보부를 연결하는 유력한 네트워크의 신경중추 역할을 하는 가운데 기독민주당과 마피아가 구축한 긴밀한 연계가 결코 국가기밀이 아니었던 것처럼 말이다. 그리스에 관한 한, 유럽 정치인들은 군사독재가 끝난 이래 누적된 두드러진 역사적 계산서를 잘 알고 있었다. 라틴아메리카를 상기시키는 부의 분배, 사실상 세금을 면제받는 상층계급, 부유한 시민들이 해외에 은닉해놓은 자원을 '시장'이나 다른 국가들로부터 차입하는 것 말고 선택의 여지가 없는 민주주의 국가. 이런 상황에서 '오래된 돈'은 아무 탈 없이 계속 '오래된 돈'으로 남을 수 있고, 새로운 돈을 이용해서 점점 북부 지향적 소비규범에 물들면서 그 수가 늘어나는 중간계급의 지지를 사들일 수 있었다.

당시에 어느 누구도 여기에 이의를 제기하지 않았던 것은 1974년에 군부통치가 종식된 뒤 유일한 대안이 있다면 그리스 사회를 아마도 유로코뮤니즘이 통치하던 에밀리아로마냐의 방식대로 급진적으로 개조하는 것일 뿐이었다는 사실에 기인할지 모른다. 하지만 북유럽의 정치인들이나 미국이나 이런 위험을 무릅쓸 각오가 되어 있지 않았다. 카네이션 혁명 이후의 포르투갈이나 프랑코 이후의 스페인, 특히 엔리코 베를링구에르Enrico Berlinguer가 이끄는 공산당이 칠레에서처럼 군사 쿠데타를 자극하지 않기 위해 정부 참여를 마다한 1970년대의 이탈리아에서 그랬던 것처럼 말이다. 그리하여 유럽연합은 포스트파시즘 사회와 비슷한 것은 무엇이든 인정했다. 경제가 성장하기만 하면 군사독재와 자본주의 근대화의 중단 둘 다에 책임이 있는 낡은 사회·계급 구조가 없어질 것이라는 기대가 있었기 때문이다.

수렴, 이탈리아 방식?

오늘날 북부와 남부로 갈라진 조직된 유럽에 관해 말하자면, 우리는 한 차례의 통합을 다시 또 준비해야 할지 모른다. '유럽 의식'이 악화되었다는 공통된 진단을 감안할 때, 이 말이 놀랍게 느껴질 수 있다. 하지만 이 새로운 추진은 대중이 참여하지 않는 가운데—그리고 어쩌면 심지어 대중의 의지를 거슬러서—다시 한번 증명된 신기능주의 모델을 통해 작동될 것이다. 신기능주의적 통합은 이미 통합된 분야들이 기능적으로 관련된 다른 영역으로 '확산되는spill-over' 효과에 의존한다. 이 효과는 단지 비준을 요구할 뿐인 현실적 제약Sachzwänge으로 정치적으로 나타나는 인과관계들에 의해 야기된다. 장 모네Jean Monnet[1888-1979, 프랑스의 경제학자이자 외교관으로 경제적 유럽 통합과정의 기초를 입안한 인물]가 상상한 유럽 통합과정이 이런 식이었고, 한 세대의 정치학자 전체가 칠판에 쓴 것도 이런 내용이었다. 하지만 1990년대에 이르자 이런 방식은 효력이 소진된 것처럼 보였다. 통합이 각 민족국가와 사회질서의 핵심 영역으로 진전됨에 따라 그에 비례해 '정치화'되면서 서서히 중단되었다. 통합을 향해 새로 발걸음을 내딛기가 더욱 어려워지고, 그나마도 유럽사법재판소를 통해서야 가능했다. 하나의 유령이 브뤼셀의 유럽을 어슬렁거렸다. 이제부터 민족국가들의 권력 축소는 그 인민들의 '유럽 의식'에 의존해야 할까? 또는 **민주적인** 유럽 의식의 결집에 의존해야 할까?

유로존 위기는 통합과정을 다시 한번 인민의 의지에서 분리함으로써 이 문제를 해결했다. 처음에는 일종의 테크노크라시 연습으로 구상되었던—따라서 정치연합이 수반하게 될 국가 주권과 민주주의의 근본적인 문제들을 배제한—통화동맹은 이제 유럽연합을 빠른 속도로 연방 정치체로 변형시키는 중이다. 이 연방 정치체에서 민족국가들이 가진 주권, 그리고 그에 따른 민주주의는 무엇보다도 지중해에서 서류상으로만 존재할 뿐이다. 이제 통합은 통화정책에서 재정정책으로 '확산된다.' 국제시장의 **현실적 제약**—사실상은 금융자산 소유자들의 이윤과 안전 요구의 역사적으로 전례 없는 권력 강화—은 정치적-민주적 수단은 전혀 원한 적이 없고 오늘날 아마 어느 때보다도 더 바라지 않을 통합을 벼려내는 중이다. 이 통합이 이루어지는 법적 형식은 부차적이다. 어떤 일이 일어나든 유럽중앙은행은 사적 투자자들이 이제 더는 원치 않는 채권을 무한정 사들일 것이다. 그리고 프랑크푸르트와 브뤼셀, 베를린, 그리고 아마 파리도 조약이 바뀌든 안 바뀌든 수십 년 동안 채무국들의 가구를 '단속할'(앙겔라 메르켈) 것이다. 2005년 '유럽 헌법 조약Constitutional Treaty'을 둘러싸고 벌어진 소동[프랑스와 네덜란드에서 조약 비준이 부결되는 바람에 다른 나라들에서도 비준이 연기되고 취소된 사태를 가리킨다]과 달리 이번에는 국민투표가 없을 것이다. 남부가 은행 대출금을 치르고 북부는 **그럴** 필요가 없도록 북부가 남부에 돈을 줄 것이다. 민주적 압력에서 자유로운 유럽 기관들, 특히 유럽중앙은행의 권력은 전에는 상상도 하지 못할 정도로 치솟고 있으며, 두 패권국의 관리진에 의해 든든한 지원을 받는다. 새로운 최고 권력이 역사적 이유 때문에 어쩔 수 없이 있는 그대로의 상황을 최대한 가려야 하지 않았다면 오래전에 한 나라의 관리진이 이 일을 맡았을 것이다.

물론 그 결과로 '한층 더 가까워지는 연합'은 결코 목가적인 풍경은 아닐 것이다. 그것은 예상에 없던 임신과 부모의 강요 때문에 마지못해 이루어지는 결혼의 방식으로 생겨날 것이다. 행복한 결혼생활을 예고하는 방식은 아니다. 현재 등장하는 '이전 연합'은 통일 이탈리아에 비교할 수 있는데, 이 경우에 부유한 북부 지역이 전후 시기 내내 후진적인 남부에 지원금을 주었지만 큰 효과가 없었다. 국가 통일을 완성하는 길로 시작되었던 것이 금세 제도화된 부패의 체계로 바뀌었다. '남부를 위한 기금 Cassa del Mezzogiorno'에서 나온 원조자금이 흘러들어간 대상은—거의 존재하지 않고 어쨌든 숨 쉴 공간이 부족한—활력 있는 현지 기업가들이 아니라 굳게 자리 잡은 포스트봉건적인 상층계급이었다. 이 상층계급은 그 대가로 자신이 통제하는 농촌 인구의 표를 기독민주당에 넘겨주었다. 그 결과 국가 정부는 그들의 영역을 어지럽게 하려는 어떤 시도도 하지 않았다. 그리하여 『표범The Leopard』[국역: 주세페 토마시 디 람페두사 지음, 최명희 옮김, 『표범』, 동안, 2015]의 줄거리에 충실하게 상황이 그대로 유지될 수 있었다.

민족주의―와 유럽 지역기금―의 도움을 받은 덕분에 이탈리아는 남부의 짐을 견디면서 버틸 수 있었다. 하지만 1990년대 이래 남부의 자본주의적 발전이 여전히 미약하고 브뤼셀에서 나오는 돈을 동유럽과 나눠 가져야 하게 되자, 북부 이탈리아 유권자들 가운데 분리주의자로 변신하는 이들이 점점 많아졌다. 그리스의 경우처럼 통화동맹에 가입한 뒤 한동안 곧바로 저리신용을 이용한 덕에, 중앙정부는 북부에 세금을 매기지 않고서도 남부에 진정제를 투여할 수 있었다. 하지만 이제 더는 이 대출을 이용할 수 없다. 오늘날 남부 이탈리아가 스스로의 힘으로든 유럽연합의 어떤 마법을 통해서든 경제적으로 상승할 것으로 기대하는 이는 아무도 없다. 베를루스코니 시절의 침체는 그가 여가시간을 독특하게 썼기 때문만이 아니라 이탈리아가 부유한 북부와 정체된 남부 사이의 확대되는 불평등에 직면해서 어떻게 국가적 통일을 지켜야 하는지의 문제에 아무도 답을 내놓지 못한다는 사실 때문이기도 했다. 오늘날 이 불평등은 극심한 사회적 격변이 일어나지 않는 한 극복할 수 없어 보인다.

롬바르디아[북부 이탈리아의 중심부]가 반세기가 지나는 동안 남부에서 자본주의적 근대화를 일으키는 데 성공하지 못했다면, 북부 유럽이 지중해에 내놓는 이전 지출이 자국 기업들의 생산성 향상을 위해 북부 유럽 납세자들에게 부과하는 돈 이상의 의미가 있으리라는 어떤 희망이 있을까? 그리스인들과 핀란드인들은 공통의 민족혁명에 관한 공동의 기억을 갖고 있지 않다. 제3자가 지역발전 지원금을 지불할 가능성도 없다. 그렇다면 도대체 왜 이탈리아 북부 사람들이 이탈리아 남부에 대해 보인 것보다 북부 유럽인들이 남부 유럽에 대해 더 많은 인내심을 가져야 할까? 유로가 도입된 탓에 이탈리아와 마찬가지로 경제적으로 허약한 남부 지역들에서 평가절하 가능성이 봉쇄된 이래로 종종 간과되지만 불길한 유사 사례가 존재한다. 그 결과도 똑같을 것이다. 영속적인 후진성, 이전 지출에 대한 극복 불가능한 의존, 경제 원조의 수혜자와 제공자 양쪽 모두에서 커지는 환멸.

그리스가 통화동맹에 남아 있도록 허용하는 북부 유럽은 트로이의 목마와 비슷해 보인다. 다만 이번에는 그리스가 선물을 가져가는 게 아니라 받는 쪽이다. 그리스 정부와 그리스 부르주아 계급의 일부는 여전히―국가 통화로 복귀한 뒤 경제적·사회적 발전을 스스로 결정하는―숲속에 있는 새 두 마리보다―유럽이 이따금 주는 지원금의 형태로―손 안에 든 한 마리를 더 좋아하는 것 같다. 걸려 있는 이해관계는 굉장히 복잡하며 여기서 자세하게 설명하기는 어렵다. 하지만 독일 금속노동조합IG Metall이 장기적인 관점에서 독일의 대對지중해 수출을 확보한다는 면에서 그리스와의 '국제적 유대'에 대한 지지를 직설적으로 정당화한다는 점은 주목할 만하다.[3] 하지만 '유대'는 '일방통행로'가 될 수 없기 때문에 그리스의 재정정책과 사회정책은 감독 아래 놓여야 하며, 특히 북부가 유럽연합의 응집을 위해 치러야 하는 대가를, 강화된 긴축정책 때문에 직접 고통을 받고 있는 일반 대중의 마음에 들게 만들어야 한다. 그리하여 통화연합은 일종의 정치연합으로 '확산되면서' 남부뿐만 아니라 북부에서도 민주주의를 희생시킨다. 남부에서는 의회의 예산결정권이 유럽연합과 국제통화기금의 감독기구로 넘어가고, 북부에서는 인민과 의회 대표자들이 어떤 구제금융 자금이 하룻밤 새에 어떤 식으로 다시 한 번 차입 투자되었는지를 거의 매일같이 신문에서 볼 수 있기 때문이다.

한편 북부 유럽 각국 정부와 여론은 시장에 순응하는 삶이라는 자신들의 독선적인 유토피아를 채무국에 각인시킨다. 그들 스스로가 미쳐 날뛰는 금융시장이 제공하는 저리자금을 바탕으로 하는, 랄프 다렌도르프 Ralf Dahrendorf가 말한 이른바 외상자본주의Pumpkapitalismus에 중독되었다는 사실은 아랑곳하지 않는다. 선금 지급을 통한 갈등 진정이라는 점차 위험해지는 습관을 없애기 위해 어떻게 민주적 자본주의의 사회계약을 고쳐 써야 하는지를 묻는 게 좀더 생산적인 질문일 것이다. 사회적 응집을 위해 무제한적인 소비 기준을 보증하겠다고 약속하는 비대한 신용 시스템에 의존하지 않는 자본주의를 어떻게 상상해야 할까? 이런 소비 기준을 일반화할 수 없음은 이제 모든 사람이 알고 있는데도 말이다. 이 문제에 관한 한 신용 시스템의 약속은 점차 가망이 없어지고 시스템

---

3 IG Metall, '10 Gründe für den Euro und die Währungsunion'(유로와 통화연합을 지지하는 10가지 이유), Press Release, 18 November 2011을 보라. "독일 경제는 다른 어떤 국가 경제보다도 수출에 의존한다. 해외의 우리 고객들은 수백만 개의 독일 일자리를 책임진다. 가장 중요한 독일 제품 구매자는 유럽인들이다. (……) 공동통화는 독일 제품의 경쟁력에 막대한 기여를 하고 있다. 만약 채무국들을 공동통화에서 축출한다면, 그 나라들은 경쟁력을 키우기 위해 자국 통화의 가치를 절하할 것이다. 그럴 경우에 경제적으로 강한 유럽연합 나라들만 쓰는 통화로 남을 유로는 대대적인 평가절상 압력을 받게 될 것이다. 독일 마르크로 복귀한다면 자그마치 40퍼센트의 평가절상이 이루어지게 된다. (……) 유로본드와 구제기금을 비롯한 적자 국가들에 대한 지원은 채무 축소를 겨냥한 조건과 결부되어야 한다. (……) 각국의 채무와 흑자는 유럽통화기금European Currency Fund의 감독을 받아야 한다. 과도한 채무나 흑자는 불균형 시정을 위한 절차로 귀결되어야 한다."

을 신뢰하는 채권자도 한층 줄어들었다. 이 질문들은 마인하르트 미겔 Meinhard Miegel 같은 보수주의자나 아마티아 센Amartya Sen과 장-폴 피투시Jean-Paul Fitoussi 같은 진보주의자들이 여러 방식으로 다룬 바 있다. 하지만 우리는, 현재 세계를 장악하고 있는 자멸적인 대중 소비주의가 가능한 것은 수십 년에 걸친 자유화와 세계화 시기에 자기 삶의 기회가 줄어드는 것을 목도한 이들과 정반대로 자본주의 경제에서 최근에 일어난 변형으로부터 가장 많은 이익을 얻은 이들에게서 더 큰 희생을 끌어낼 때뿐이라는 점을 안다—또는 알아야 한다.

저리자금 자본주의cheap-money capitalism가 제공하는 삶을 위협하는 진정작용으로부터 민주주의적으로 이탈하려면 이 자본주의가 악화시킬 뿐인 문제들을 풀기 위한 새로운 해법이 필요하다. 정체하는 임금과 상층과 하층의 간극 확대에 대한 보상으로 주어지는 소비자 신용은 모든 이가 적정 임금을 벌게 되면 불필요해질 수 있다. 인구의 대다수가 더 나은 삶과 노동조건을 누린다면, 지위 불안과 경쟁 압박, 불안 증대를 보상하기 위해 훨씬 더 많은 성인용 장난감이 필요한 이유가 줄어들 것이다. 노동조합운동이 다시 활력을 얻어서 노동하고 가족을 보살피는 인간능력을 한층 더 파괴적으로 착취하는 일을 끝장내는 데 힘을 보태지 않는다면 이런 일은 가능하지 않다. 그와 동시에 공공지출의 채무금융은 자유화의 승자들이 가진 소득과 자산에 대한 더 효과적인 세금 부과로 대체되어야 한다. 각국은 이제 사회 전체를 위해 시민들이 위임하는 업무를 차입한 돈으로 실행해서는 안 되며, 이자와 함께 이 돈을 대부자에게 갚아야 한다. 그리고 대부자는 남은 재산을 자녀들에게 유산으로 남겨야 한다. 20세기 말과 21세기 초 자본주의의 특징이라 할 수 있는, 사회적 분열이 깊어지는 추세가 역전되어야만, 현대 사회가 인위적 성장을 조작하기 위해 아무 견제도 받지 않고 유독성 자산을 생산함으로써 국내 평화를 확보하려는 강박에서 자유로워질 수 있다는 상상이 가능해질 것이다.

이 주제는 전혀 새로운 게 아니다. 우리가 걱정해야 하는 것은 이 주제가 갑자기—다시—나타난 게 아니라 오늘날 그것의 민주적인 해결이 너무도 불가능해 보여서 우리가 과거에 사로잡힌 것처럼 보이지 않으려고 거론조차 하지 않으려 한다는 사실이다. 에밀 뒤르켐은 분업에 관한 독창적인 저서에서 이렇게 말했다. "고대 민족들이 무엇보다도 삶의 기준으로 삼을 공통의 신앙을 필요로 한 것처럼, 우리는 정의를 필요로 한다."[4] 전후 시대가 끝난 이래 이 주제는 모두 지나간 일이 되었고, 그 대부분은 요즘 세계를 통치하는 본부가 있는 맨해튼 남단을 지나 허드슨 강 하류로 떠내려갔다. 노동조합은 사라지고 있으며, 자본은 정당도 아니라 각국 중앙은행 총재들의 말에만 귀를 기울인다. 그리고 부유층의 돈은 어디에나 있고 어디에도 없으며, 돈이 궁한 조세국가들이 손을 뻗으려는 즉시 사라져버린다. 우리는 다만 세계화 시대의 신용도핑이 효력을 다한 가운데 '물주money people'의 안정된 독재가 아직 확립되지 않는다면 후기 자본주의의 모리배들이 어떤 형태의 인민의 아편을 내놓을지가 궁금할 뿐이다. 아니면 우리는 그들의 아이디어가 고갈되는 것을 기대할 수 있을까?

---

4 Emile Durkheim, *The Division of Labour in Society*, Basingstoke: Macmillan, 1984[1893][국역: 에밀 뒤르켐 지음, 민문홍 옮김, 『사회분업론』, 아카넷, 2012], 322쪽.

06

헬러와 슈미트 그리고 유로

칼 슈미트Carl Schmitt의 '권위주의 국가' 프로젝트[1]에 대한 헤르만 헬러Hermann Heller의 예리한 논의[2]는 우리에게 자유주의의 본성과 민주주의와의 관계에 관해 객관적인 교훈을 제공한다. 또한 혹자는 민주주의와 자본주의의 깊은 긴장에 관한 교훈을 제공한다고 말할 수도 있다.[3] 여기서 우리가 배울 수 있는 것은 세계 경제위기Weltwirtschaftskrise와 바이마르공화국의 최종 연간에 국한되지 않는다. 헬러가 슈미트에게서 발견하는 것처럼, 자유주의는 국가 및 대중권력과 기묘하고 역설적인 관계 속에 존재한다. 자유주의 경제, 아니 자유주의-자본주의 경제를 규정하는, 국가 간섭으로부터 시장의 자유는 자연상태가 아니라 정치적으로 구축되고, 공적으로 제정되고, 국가권력에 의해 강제되는 것이며 강제되어야 한다. 자유주의 경제의 탈정치화된

---

1 Carl Schmitt, 'Gesunde Wirtschaft im starken Staat. Mitteilungen des Vereins zur Wahrung der gemeinsamen wirtschaftichen Interessen in Rheinland und Westfalen (Langnamverein)', *Neue Folge*, vol. 21, no. 1, 1932, 13~32쪽.

2 Hermann Heller, 'Autoritärer Liberalismus?', *Die Neue Runfschau*, vol. 44, 1933, 289~298쪽.

3 이 장은 *European Law Journal* 21(3), 2015, 361~370쪽에 처음 발표되었다. 건설적인 조언을 해준 마르틴 회프너Martin Höpner에게 감사한다.

상태 자체가 국가의 권위를 특정한 정치적 목적을 위해 특정하게 활용한
다는 의미에서 정치가 낳은 결과다. 이 상태는 정치적 권위가 비자유주
의적, 시장 전복적 목표를 위해 그것을 활용할 수도 있는 사회세력들의
수중에 들어갈 가능성에 맞서서 정치적으로 지켜야 하는 정치적 구성물
이다.

　'전체total'국가와 '전체주의authoritarian' 국가에 관한 슈미트의 구분에
반영된 것처럼, 바로 여기에 국가와 그 제도들이 개입한다. 히틀러의 권
력 장악Machtergreifung 직전인 1932년에 슈미트가 라인란트 기업가연맹
Langnamverein에 자신의 프로젝트를 제안했을 때만 해도 '전체국가'는 아
직 바이마르의 '다원적 민주주의'와 동일시되었다. 바이마르공화국은 조
직된 노동계급을 비롯한 다양한 사회집단이 진출하는 국가였고, 각 집단
은 국가를 자신들의 특수한 이해에 유용하게 만들려고 노력했다. 슈미트
가 보기에 이런 국가는 설령 모든 곳에 존재하고 사회 및 경제와 깊숙이
상호침투하기 때문에 강해 보일지 몰라도 약한 국가였다. 경제의 관점에
서 보면, 이런 상호침투 때문에 민주적-인민적—오늘날에는 포퓰리즘
적이라고 말할 것이다—'사회정의' 개념의 이름으로 시장의 결과가 '왜
곡'될 위험이 항상 존재한다. 효율성이 손상될 뿐만 아니라 기본적인 소
유권도 박탈당할 위험이 있는 것이다. 다시 말해 슈미트의 1932년 사전
에서 '전체국가'는 민주적인, 아니 더 정확히 말하자면 사회민주적인 개
입주의 복지국가에 다름 아니다. 이 국가는 아직 당시 대기 중이던 거대
한 짐승Behemoth[4]인 파시스트 전체국가, 즉 새로운 경제질서Neuordnung
der Wirtschaft와 5개년 계획, 전시경제를 갖춘 지도자 국가Führerstaat가
아니다. 적어도 한동안은 총력전total war을 준비하면서 경제를 수중에 장

악하는 전체국가가 아니다.

물론 실제로 전체국가가 당도했을 때, 슈미트가 1932년에 가졌던 우려는 이미 공허해진 상태였다. 전체국가가 경제와 사회로 복잡하게 확장되면 노동계급의 민주적 조직들이 이를 활용해서 자본주의 시장에 의해 생겨난 부와 소득의 분배를 시정할지 모른다는 우려 말이다. 히틀러가 좌파 지도자들을 수용소로 보내기 전에 전체국가는 아직 국가가 민주적으로 되거나 적어도 가끔 민주적 목적을 위해 이용될 수 있는 위험을 감수했다. 이런 이유 때문에 여전히 잠재적으로 생명력이 있는 좌파가 존재하는 한 권위주의 국가가 선호되어야 했다. 분명 슈미트가 권위주의 국가라고 지칭한 것은 자유주의 국가였지만, 자유주의 국가라고 지칭하면 독자들이 또한 민주적이기도 한 국가를 뜻하는 것으로 오해했을 것이다. 이것은 분명 당시 독일 기업가들이 염두에 둔 게 아니었다. 헬러가 제대로 지적하는 것처럼, 슈미트의 권위주의 국가는 **자유주의-권위주의** 국가, 즉 고전적인 자유주의의 방식으로 강한 동시에 약한 국가였다. 민주적인 재분배 요구로부터 '시장'과 '경제'를 보호하는 역할에서는—공적 권력을 적절히 활용해서 그런 요구를 억압할 수 있을 정도로—강하고, 자율적인 자본주의의 이윤 추구를 위해 지정된 장소로서의 시장과의 관계에서는 약하다. 정부 정책은 이런 이윤 추구를 보호하고 필요한 경우에 개입하지 않은 채로 확대하는 것이었다.

강하고 약한 자유주의 국가—자본주의 시장경제의 수호자인 동시에

---

4 Franz Neumann, *Behemoth. The Structure and Practice of National Socialism*, 2nd, revised edition, New York: Oxford University Press, 1944.

그 일상적 작동에는 관여하지 않는—는 라이프니츠식 이신론 신학에서 상상하는 신과 흥미로운 방식으로 비슷하다. 자신이 만든 완벽한 시계에 개입하지 않은 채 그 작동을 지켜보기만 하는 전능한 시계제조공인 것이다.[5] 어쨌든 신이 개입해야 한다면 그 시계는 완벽한 게 아닐 것이다. 경제과학의 규칙에 따라 스스로 균형을 맞추는 시장을 위한 공간을 만든 근대 국가는 그냥 시장이 자연스럽게 움직이도록 내버려두는 게 좋다. 행동이 필요한 것은 오직 무지하거나 악의적인 외부자가 시장자유 보호구역에 침입해서 자애로운 시장의 힘의 자유로운 작동을 교란하려고 할 때뿐이다. 바로 그런 결정적인 순간에 권위주의 국가는 자신이 이름에 걸맞은 자격이 있고, 또 자유주의 경제 헌법의 규칙이 단지 문서상으로만 존재하지 않도록 보장할 권력과 결단이 있음을 보여주어야 한다.

헬러와 슈미트를 읽으면서 머릿속에 떠오르는 또 다른 일반적 관찰은 슈미트의 '권위주의적 자유주의'와 전후 독일의 '질서자유주의 ordoliberalism'의 유사성과 관련된다. 헬러와 슈미트가 서로 정반대의 정치적 입장에서 분명하게 드러내는 것은 예나 지금이나 보통 민족사회주의National Socialism의 강한 국가에 대한 자유주의적 대립물로 홍보되는 이념에 들어 있는 국가주의-권위주의의 요소다.[6] 슈미트와 질서자유주

---

5 독일의 反자유주의적 자유주의의 신학적 차원에 관한 한층 더 깊이 있는 탐구로는 Philip Manow, 'Ordoliberalismus als ökonomische Ordnungstheologie', *Leviathan*, vol. 29, 2001, 179~198쪽을 보라.

6 독일 프로테스탄티즘이 제3제국에 대해 보인 양가적 태도에 의해 중재되는, 질서자유주의와 민족사회주의의 복잡한 관계에 관해서는 필립 마노브의 능수능란한 분석('Ordoliberalismus als ökonomische Ordnungstheologie')을 보라.

의자들 모두[7] 국가의 권위로부터 독립된 시장경제를 결코 믿지 않았다는 점에서 영미 자유주의와 다르다.[8] 그들이 보기에는 리바이어던Leviathan 이 먼저 존재했고 존재해야 했다. 그들은 또한 경제, 시장, 자본주의가 정치 행위와 국가에 의해 도입된 뒤 방임되는, 스스로 움직이면서 균형을 잡는 기계라고 간주한다는 점에서 공통점이 있다. 이 기계는 충분한 지식이 없거나 부패한 외부의 간섭으로부터 보호해야 하고, 시간이 지나면 마모되기 때문에 이따금 수리를 해야 한다. 1945년 이후 질서자유주의가 누린 비교우위는 국가주의 독재인 나치 정권과 그 전시경제를 거치면서 배운 값비싼 교훈으로 선전될 수 있다는 점이었다. 거대한 짐승의 정치적·도덕적·경제적 실패로부터 배운 교훈이었던 것이다. '전체국가'가 아직 다원적 민주주의와 너무 밀접하게 관련된다는 점을 감안할 때 슈미트가 보기에 여전히 차선의 해법이었던 권위주의적 자유주의는 독재적인 전체국가의 재앙을 겪고 난 다음 이제 자본주의와 그 부활의 관점에

---

7 그들은 흔히 예상하는 것보다 우연히 역사적으로 한층 긴밀하게 연결되어 있었다. 헬러가 논평하는 슈미트의 1932년 11월 강연 '강한 국가와 건전한 경제Starker Staat und gesunde Wirtschaft'에 앞서 같은 해 9월에 경제학자이자 사회학자인 알렉산더 뤼스토브Alexander Rüstow가 '자유경제와 강한 국가Freie Wirtschaft, starker Staat'라는 제목으로 강연을 했다. 여기서 뤼스토브는 슈미트가 앞서 '전체국가'를 약한 국가로 규정한 바 있다고 언급했다. "[전체국가는] 전체 권력total power이 아니라 전체적 무력함total powerlessness이다. (⋯⋯) 또한 조직된 이익집단Interessenhaufen의 단합된 공격에 맞서 스스로를 지킬 수 없는 약한 존재다. 국가는 탐욕스러운 이익집단에 의해 갈가리 분열된다." 뤼스토브는 1918년에 급진좌파로 출발했지만 이후 바이마르공화국 시기에 보수우파로 이동했다. 슈미트와 달리 그는 1933년에 나치의 박해를 피해 국외로 이주해야 했다. 1945년 이후 그는 독일 질서자유주의의 지도적 인물이 되었고, 1963년에 사망했다.

8 질서자유주의와 신자유주의의 관계에 관한 통찰력 있는 논의로는 Mark Blyth, *Austerity*를 보라.

서 최선의 선택이 될 수 있었다. 20세기 전반기에 여러 재앙이 벌어진 뒤 자본주의의 평판이 손상되었기 때문이다.

앞서 지적한 것처럼, 슈미트에게서 자본주의 경제를 설계하고 보호 하는 데 국가가 결정적인 역할을 한다는 점뿐만 아니라 국가 개입과 관 련된 위험성에 대해서도 예리한 인식을 물려받은 독일의 질서자유주의 는 관념뿐만 아니라 실제적으로 전후의 정치경제에서 특별한 역할을 했 다. 미국의 뉴딜 케인스주의, 그리고 전시경제의 잔재는 '자유시장'보다 는 20년에 걸친 경제기적Wirtschaftswunder 기간 동안 독일 경제부Ministry of Economics를 장악하는 데 성공한 서독의 질서자유주의와 한층 더 관련 이 있었다. 수요 관리와 계획에 매혹된 자본주의 세계에서 독일 경제부 는 시장자유주의가 정책에서 단절된 먼 과거의 분파적 기억을 넘어서는 유일한 장소였다. 이런 이유로 독일은 당시 미국과 영국에서 이국적인 분파로 동면 중이던 '오스트리아' 경제학자들에게 흥미로운 탐구 대상이 되었다. 양자의 중요한 연결고리는 물론 프리드리히 하이에크였는데, 그 는 독일 질서자유주의학파의 학문적 본고장인 프라이부르크에서 몇 년 동안 교수직을 맡았다.[9] 신자유주의의 부상에 관한 미셸 푸코의 분석은 영미보다 독일에 제대로 초점을 맞춘다.[10] 푸코는 질서자유주의의 기반 을 독일 국가의 전통 및 전후 독일, 나치 이후 독일의 정치에 두면서 슈미

---

9 Friedrich A. Hayek, 'The Economic Conditions of Interstate Federalism'. In: Hayek, Friedrich A., ed., *Individualism and Economic Order*, Chicago: Chicago University Press, 1980[1939], 255~272쪽.

10 Foucault, *The Birth of Biopolitics: Lectures at the College de France, 1978-1979*[국역: 미셸 푸코 지음, 오트르망(심세광·전혜리·조성은) 옮김, 『생명관리정치의 탄생』, 난장, 2012].

트와 헬러로까지 거슬러 올라간 것 같다. 이 과정에서 그는 자본주의하에서 국가 권위의 경제적 역할이라는 자유주의적 사고를 형성했고, 지금도 형성하는 사상의 기본적 형상을 발견했을 것이다. 마거릿 대처를 다룬 1980년대 어느 책의 제목을 빌리자면 '강한 국가'를 위해서는 '자유경제'가 필요하다는 사고다.[11]

슈미트가 구상하고 헬러가 분석한 것처럼, 전간기 독일의 권위주의적 자유주의에서 1980년대에 전후 정치경제를 해체하기 시작한 신자유주의로 이어지는 다리를 놓을 수 있는 질서자유주의의 독특한 자격은 1950년대와 1960년대의 경제적 상식과 이것을 비교해보면 알 수 있다. 가령 '비판 이론'의 프랑크푸르트학파는 자본주의 경제가 국가와 떼려야 뗄 수 없게 합쳐졌으며, 이 과정에서 국가는 현대 사회의 지배적인 제도적 복합체로 변신했다고 확신했다.[12] '자유방임의 종언' 이후 경쟁하는 세 가지 경제체계, 즉 공산주의, 파시즘, 뉴딜 민주주의가 자유주의적 자본주의의 자리를 차지한 것으로 여겨졌다. 시장이 국가 관료제와 긴밀하게 제휴한, 관료적으로 조직된 거대한 기업 독점체들에 길을 내주는 가운데 이 세 체계는 모두 민주적이든 그렇지 않든 철저하게 정치화된 것으로 간주되었다. 세 체계는 각각 나름대로 슈미트의 전체국가와 비슷했

---

11 Andrew Gamble, *The Free Economy and the Strong State*, Basingstoke: Macmillan, 1988.

12 이 점에 관해서는 Friedrich Pollock, *Stadien des Kapitalismus*, München: Beck, 1975; Friedrich Pollock, 'Staatskapitalismus'. In: Dubiel, Helmut and Alfons Söllner, eds, *Wirtschaft, Recht und Staat im Nationalsozialismus*, Frankfurt am Main: Europäische Verlagsanstalt, 1981 [1941], 81~109쪽 등을 보라.

다. 뉴딜 변형체가 다원적 민주주의의 영향 아래 시장정의를 민주적으로 전복할 위험을 수반했기 때문이다. 슈미트와 헬러는 각자 정반대의 관점에서 이 점을 인식했을 테고, 둘 다 자본주의가 시장으로의 복귀, 즉 국가 권위에 의해 유지되고 호위를 받는 한편 평등주의-민주주의의 침해에서 보호받는 자유시장을 위한 공간을 만들어내는 새로운 정치를 압박할 가능성, 아니 개연성을 보았을 것이다. 전에 지적한 것처럼,[13] 케인스주의 사회복지국가를 하이에크주의로 계승하라—평등주의적 재분배를 통한 성장을, 승자에 대한 인센티브 강화와 패자에 대한 더욱 가혹한 징벌을 통한 성장으로 대체하라—는 이런 압박은 질서자유주의의 언어로 쉽게 개념화되었다. 질서자유주의는 슈미트에서 하이에크에 이르기까지 줄곧 자유주의 질서 속에서 국가가 갖는 강점과 약점이 복잡하게 얽힌 변증법에 정통했기 때문이다. 국가는 시장을 교정하라는 민주주의 정치의 요구를 받아넘기는 데는 강하고, 경제의 통치를 정치적 권위에 의해 만들어지고 보존되는 시장의 자기조정적 시계장치에 맡기는 데는 약하다.

지금까지는 전반적인 사상에 관해 다루었다. 오늘날의 포스트민주주의적, 아니 정확히 말하자면 비민주주의적인 하이에크식 자본주의는 신자유주의가 승리 또는 거의 승리를 거둔 지금 역사적으로 갱신된 질서자유주의의 한 형태로 간주할 수 있다. 하이에크식 자본주의와 질서자유주의의 공통점은 정치적으로 수립된 시장경제를 민주주의 정치와 격리시킨다는 것이다. 이런 격리 때문에 신자유주의 국가와 신자유주의 경제체

---

13 Streeck, *Buying Time*.

제 모두 슈미트와 헬러의 의미에서 권위주의의 자격을 얻는다. 내가 역사적으로 갱신되었다고 말하는 것은 신자유주의의 지형은 파시즘적 전체주의나 그와 관련된 재앙의 기억을 배경으로 삼을 필요가 없기 때문이다. 신자유주의의 배경은 자본주의 복지국가의 **영광의 30년**이다. 또한 신자유주의는 1930년대 초의 권위주의 국가 프로젝트가 그랬던 것처럼, 독재를 추구한 폰 파펜Franz von Papen의 친자본주의적 비상사태 선포에 의존하지 않는다.[14] 오늘날 민주주의가 무력화되고, **정치적으로 구성된 정치적 자율성**으로 무장한 시장경제에 봉사하는 방향으로 국가권력이 재조정되는 것은 억압을 통해서가 아니라 주로 정치경제의 통치를 민주주의가 따라갈 수 없는 수준으로, 그리고 정치적 논쟁에서 면제되도록 헌법으로 설계되고 법률에 새겨진 사명을 지닌 제도들로 이동시킴으로써 이루어진다. 이 제도들의 권위는 총구에서 나오는 게 아니라 '과학적' 경제학 이론에서 생겨난다. 민주주의 정치가 이 과정에서 정치경제적 내용이 비워짐에 따라 그 빈 공적 공간은 다시 소비주의적 폴리테인먼트에 바쳐진다.

정치적으로 조작된 현대 유럽 자본주의의 탈정치화가 어떻게 작동하는지를 이해하려면 그 제도적 틀을 자세히 들여다볼 필요가 있다. 그 틀의 한 측면은 정치경제적 결정을 국가 수준에서 특별히 구축된 새로운 국제적 수준으로, 국제기구의 수중으로, 다시 말해 민족국가와 달리 의식적으로 민주화에 적합하지 않도록 고안된 제도적 맥락으로 이동시킨

---

14 헬러가 언급하는 것처럼, 폰 파펜의 아첨꾼인 발터 쇼테(Walther Schotte, *Der Neue Staat*, Berlin: Neufeld & Henius, 1932)가 분명히 보여준 바 있다.

것이다.[15] 이데올로기적으로 볼 때, 민족국가에 대한 정치경제적 선제 차단—초국가적인 테크노크라시 제도를 위해 민주적인 국가제도를 차단하는 것—은 특히 좌파의 국제주의에 담긴 긍정적이고 규범적인 함축을 활용한다. 슈미트의 권위주의적 민족국가에서 채워져야 하는 역할을 애국적 규율에 대한 호소로 채우는 것이다. 좌파의 국제주의를 활용해서 좌파를 무력화하는 것은, 특히 좌파 스스로가 이런 방식을 활용하는 경우에, 자본주의 정치경제를 탈민주화하는 특별히 아이러니한 방법이다. 이런 시도는 잘못 이해한 코스모폴리타니즘의 이름으로 국경과 보호주의를 간단히 도덕적으로 비난하면서 벌어진다. '세계화'를 자본만의 해방이 아니라 삶 일반의 해방과 동일시하는 것이다. 글로벌 시장이 민주적 참여에 대해 패권을 가지고, 동시에 경제적인 것이 사회적인 것에 대해 패권을 가질 수 있다는 우려를 불식시키기 위해 미래에 전 세계적인, 또는 최소한 대륙 차원의 민주주의가 건설된다는 꿈같은 계획이 좌파 이상주의자들에게 미끼로 주어진다. 당장 내일이 아니면 모레라도 국제적 민주주의가 국제 자본에 대한 통제권을 다시 획득할 것이라면서 더 나은 미래를 약속하는 것이다.

다시 말해 오늘날 유럽에서 유행에 뒤지고 있는 권위의 언어는 우월한 전문성이라는 테크노크라시의 주장과 '세계화'의 '현실'을 받아들이는 복종의 혼합물로 대체되어야 한다. 이런 혼합물만으로 항상 충분한 것은 아니기 때문에 신권위주의적인 정치-겸-경제체제의 설계자들은

---

15 Peter Mair, *Ruling the Void: The Hollowing of Western Democracy*, London: Verso, 2013.

대중에게 국제적 민주주의의 예고편을 보여줄 필요가 있음을 깨닫는다. '유럽 선거'를 갖춘 이른바 '유럽의회'의 모습으로 향후 등장할 체제의 예고편을 보여주는 것이다. 물론 그 '의회'는 자신이 제어할 행정부가 없고, 입법 발의권도 갖지 못했으며, '유럽' 헌법을 바꿀 수도 없다. 믿을 수 없이 복잡하고, 심지어 전문가조차도 전혀 읽을 수 없는 국제조약의 형태로나마 각국 행정부가 작성한 유럽의 게임 규칙 같은 것이 없기 때문이다.[16] 유럽의회에는 집권 다수당이란 게 없는 것처럼 야당도 없다. 유럽의 건설에 회의적이거나 관심을 기울이지 않는 유권자들은 투표에 참여하지 않는데, 실제로 그 수가 점점 늘고 있다. 투표에 참여하는 이들이 유럽 제도권에서 '유럽 반대파'라고 부르는 이들을 선출하는 정도만큼, 그들이 뽑은 대표자들은 '의회'의 일상 운영에서 가차 없이 열외 취급을 받는다. 이런 경향이 워낙 심해서 선거 사이 5년 동안 누구도 그들의 이야기를 듣지 않는다. 지금까지 수십 년 동안 '유럽의회'의 업무는 중도파 '대연정'이 관리했는데, 이 대연정은 의사결정 권력을 각국의 민주주의로부터, 민주적 기대에 대한 면역성이 있고, 슈미트의 언어를 빌리면, 자유시장 자본주의라는 시계장치에 '민주주의-다원주의'가 간섭할 여지를 주지 않는 '유럽'으로 이동시키기 위한 강력한 로비집단으로 기능한다.

오늘날 유럽화는 대체로 각국의 민주주의에서 정치경제적 내용을 걷

---

16 유럽의 '민주주의 결핍'에 관한 문헌은 끝도 없이 많다. 기고자들은 민주주의 결핍에 대해 국제적 해법을 내놓아야 한다고 생각하는 쪽과, 유럽 통일을 가능케 하거나 신자유주의적 자본주의를 촉진시키기 위해, 또는 한쪽을 추구하다가 다른 쪽을 얻기 위해 '유로파'에서 민주주의의 부재가 기능적으로 필요하다고 보기 때문에 그런 해법이 필요 없다고 생각하는 쪽으로 나뉜다.

어내려는 체계적인 시도와 동일하다. 오랫동안 국경을 넘어서 정치적으로 구축되고 협약된 '단일시장Single Market'으로 성장한 경제로부터 각 민족국가 안에서 재분배의 잠재력을 가진 '사회'민주주의의 유물을 잘라 내려는 것이다.[17] 유럽에서 아직 민주적 제도들이 존재하는 곳에서는 시장을 교정하는 비자본주의적 이해관계가 경제관리를 침해하지 못하도록 하기 위해 이제 더는 경제적 거버넌스가 존재하지 않는다. 그리고 경제적 거버넌스가 **존재하는** 곳에서는 민주주의가 다른 곳에 존재한다. 이런 사실이 너무나도 명백해지면 문제가 될 수 있기 때문에 브뤼셀 비의회Brussels non-parliament 옹호자들은 지난해 치러진 '유럽 선거'—글로벌 '금융위기'가 유럽에 미친 영향이 감지된 이래 최초로 치러진 선거—가 각국의 민주주의에서 유권자들에게 선택권이 있다고 믿게 만들기 위해 오래전부터 활용된 장치와 똑같은 것이라고 간주했다.[18] 각자의 이해관계와 정치적 신조에서 조금의 차이도 발견할 수 없었던 두 중도 진영, 즉 중도우파와 중도좌파 지도자들은 '유럽'이나 유로에 대한 찬반 투표를 요구하는 대신 선거를 인물 대결로 몰아가면서 자신들을 유럽연합 집행위원장을 놓고 다투는 **유력후보**Spitzenkandidaten로 내세우기로 결정했다(물론 유럽연합 집행위원회는 '의회'가 **아니라** 회원국 정부들로 채워진다). 정말 전

---

17 이 점과 다음의 논의에 관해서는 Fritz W. Scharpf, 'Monetary Union, Fiscal Crisis and the Pre-Emption of Democracy', *Zeitschrift für Staats-und Europawissenschaaften*, vol. 9, no. 2, 2011, 163~198쪽; Scharpf, 'Monetary Union, Fiscal Crisis, and the Disabling of Democratic Accountability', *Politics in the Age of Austerity*, 108~142쪽 등도 보라.

18 2014년 유럽 선거와 그 여파에 관해서는 Susan Watkins, 'The Political State of the Union', *New Left Review*, vol. 90, 2014, 5~25쪽을 보라.

형적인 **가짜민주주의**Fassadendemokratie(하버마스)의 발동이다. 그들이 국내 정치의 비슷한 부류인 사회민주당과 기독민주당보다 훨씬 더 어느 지점에 동의하지 않는지를 절대 설명하지 않는 것은 전혀 문제가 되지 않으며, 또한 몇몇 나라에서 그들의 경쟁이 전혀 주목받지 못한다는 사실도 문제될 게 없다. 어쨌든 투표율은 43퍼센트로 다시 한번 감소했고, 굳이 투표를 한 이들 가운데 자그마치 15퍼센트가 '진정한 유럽인들'에 의해 '반유럽 정당'으로 분류되는 당에 표를 던졌다. 여하튼 의석의 30퍼센트(즉 전체 유권자의 약 13퍼센트의 지지)를 확보한 당의 **유력후보**는 승리를 선언한 한편, 의석의 25퍼센트를 손에 넣은 명목상 적수는 집행위원장 자리를 달라는 그의 요구를 서둘러 지지했다. 후에 드러난 것처럼 자신은 부위원장을 요구하는 행동이었지만 결국 무위로 돌아갔다.

이른바 '유럽의회' 말고도 공동통화에 의해 통일된 유럽의 정치적으로 탈정치화된 자유주의-자본주의 시장을 운영·유지·보호하는 정치기관이 네 개 더 있다. 여기서 나는 이 기관들을 간략하게 논의하면서 특히 이것들이 '민주적 다원주의'의 유령에 맞서 자본주의 경제를 수호하는 데서 슈미트의 '권위주의 국가' 모델과 얼마나 흡사한지에 관심을 기울이고자 한다.

(1) 유럽이사회

유럽이사회는 각국 정부 수반들로 구성되며 다양한 장관 회의, 특히 재무부와 외무부 장관 회의의 지원을 받는다. 물론 여기서 중요한 것은 유럽통화동맹 회원국의 재무장관들로 이루어진 이른바 유로그룹이다. 유럽이사회는 다국가로 이루어진 유럽 비국가의 입법부이자 행정부인데, 이런 결합 자체가 권위주의 체제를 규정하는 특징이다. 유럽이사회는 또한 각국의 민주주의 제도, 특히 각국의 의회를 저지하는 역할을 한다. 주권국가의 정부들 사이에서 대체로 비밀리에 이루어지는 교섭을 통해 움직이기 때문이다. 일단 결정이 내려지면 각국의 대중과 그 대표자들이 철회하는 게 거의 불가능한데, 이런 결과는 다층위 외교라는 제목 아래 다양한 맥락에서 연구된 바 있다.[19] 관련된 모든 나라가 동등한 우려를 느낄 것 같지도 않을뿐더러 보통 복잡한 일괄 거래를 다시 교섭하면 예상치 못한 위험성이 수반될 테고 불확실하고 비대칭적인 결과가 나올 것이다. 각국 정부는 국가적 비준 토론에서 이 점을 부각시키는 한편 그 덕분에 권력이 커진다는 사실을 발견할 것이다. 비준이 되지 않으면 다른 나라 정부들 사이에서 지위가 손상되고 향후의 교섭에서 자국의 입장이 약해지기 때문이다.

유럽이사회가 유럽의 경제적 거버넌스에서 수위를 차지한 사실이 낳은 또 다른 결과는 계급갈등이 국가 간 갈등으로 재정의되고 계급 간 재분배문제가 국가 간 문제로 바뀐다는 점이다.[20] 이런 변화 때문에 국가 차원에서 계급을 가로지르는 연합이 장려될 뿐만 아니라 경제적 갈등이 완화되기도 한다. 유럽이사회 때문에 이 갈등이 더 큰 쟁점 묶음에 포함되고 외교관들에게 전달되며, 무엇보다도 국제평화문제와 뒤얽히기 때

---

19 Peter B. Evans, Harold K. Jacobson and Robert D. Putnam, eds, *Double-Edged Diplomacy: International Bargaining and Domestic Politics*, Berkeley: University of California Press, 1993.

20 Streeck, *Buying Time*, 90쪽 이하.

문이다. 그리하여 억압된 계급갈등이 국가 간 적대의 형태로 귀환하는 것을 막을 수 있는 한 외교가 계급투쟁의 자리를 차지하고, 국제협력이 사회정의보다 우선시된다. 하지만 그렇다 하더라도 자본주의 시장경제가 평등주의에 의해 교정되는 일은 없을 것이다. 가령 경제적으로 강한 나라들이 국가 주권이라는 도구에 의지해서 자국의 이익을 수호할 것이기 때문이다.

게다가 다국가 체제가 국가적 경제구조와 이해의 면에서 더욱 다양해질수록 그 통치체가 시장의 결과를 교정하는 재량적 조치를 취할 수 있을 가능성은 줄어든다. 일찍이 1939년에 프리드리히 폰 하이에크는 국가 연합체가 각국의 경제를 국가 개입으로부터 해방시키는 데—즉 현대 정치학에서 말하는 이른바 '부정적 통합'[21]에—가장 잘 합의할 수 있다고 지적한 바 있다.[22] 따라서 하이에크는 장래에 국제평화를 회복하고 유지하기 위해 국가 간 연합체가 필요할 것이라고 말한다. 하지만 하이에크에 따르면, 경제를 통합하지 못하는 연합체는 버티지 못할 것이며, 서로 다른 동시에 동등한 나라들 사이의 경제적 통합은 시장통합의 형태로서만 진행될 수 있다. 국가 개입에서 자유로운 단일시장의 제도화가 필요한 것이다. **회원국들이 그것 말고는 어떤 문제에도 합의하지 못할 것이기 때문이다.** 하이에크의 1939년 논문은 오스트리아 경제학과 전간기에 슈미

---

21 Fritz W. Scharpf, 'Negative and Positive Integration in the Political Economy of European Welfare States'. In: Marks, Gary et al., eds, *Governance in the European Union*, London: Sage, 1996, 15~39쪽.

22 Hayek, 'The Economic Conditions of Interstate Federalism'.

트가 구상한 '권위주의적 자유주의', 전후 독일의 질서자유주의, 1990년 대 이후 유럽통화동맹의 신자유주의 사이에 다리를 놓는다.

(2) 유럽연합 집행위원회

일찍부터 유럽연합 집행위원회는 유럽 입법부의 지위를 주장하는 '유럽의회'와 비슷한 초국가적인 유럽 거대국가European superstate의 행정부로 자리 잡기를 열망했다. 하지만 2008년 위기 이후 여러 사태가 벌어지면서 유럽이사회의 우위가 확인되고 더 나아가 굳어졌다. 그리하여 집행위원회는 이사회의 결정을 실행하고 회원국들의 조약 준수를 감독하는 책임을 맡은 관료기관 역할에 머물렀다. 하지만 집행위원회는 비록 이사회에 미치지는 못해도[23] 행정 권한을 활용해서 '단일시장'을 보호할 수 있고 그렇게 한다. 회원국들이 노동자들에게 집단적인 정치적 역량을 제공하는 노동법 같은 국가적 제도뿐만 아니라 자국 경제를 보호하는 것을 막음으로써 가능하다. 기본적으로 집행위원회가 자신의 권한과 기능을 보호하고 확대하는 조직적 이해관계를 가장 잘 충족시키려면 그 기능을 각국의 경제를—민주적인—국가 정치의 시장 왜곡으로부터 해방시키는 데 집중시켜야 한다. 그래야만 국가적인 다원적 민주주의를 제거하고 초국가적인 다원적 민주주의의 방해를 받지 않는, 정치적으로 구축되고 보호받는 공동시장의 형태로 유럽 경제통합을 진전시킬 수 있다.

---

[23] 마르틴 회프너는 특히 위기 이전 시기에 대해서 집행위원회에 더 독립적인 역할을 허용한다(*Wie der Europäische Gerichtshof und die Kommission Liberalisierung durchsetzen: Befunde aus der MPIfG-Forschungsgruppe zur Politischen Ökonomie der europäischen Integration*, MPIfG Discussion Paper 14/8, Cologne: Max Planck Institute for the Study of Societies, Cologne, 2014를 보라).

(3) 유럽사법재판소

법원은 권위적인 기관이며, 최종심급에서 유럽의 법률을 해석하는 책임을 지는 유럽사법재판소 같은 사실상의 헌법재판소는 권위주의적인 기관으로 간주될 수도 있다. 그 판결을 뒤집을 수 있는 진정한 의회가 부재한 상황에서는 더욱더 그러하다. 실제로 유럽사법재판소가 마주하는 현실의 입법부인 이사회는 재판소의 결정을 정정하기 위해 대체로 만장일치를 요구하며, 때로는 국제조약도 만장일치로 수정한다. 잘 알려진 것처럼 유럽사법재판소가 원래 규범적 자산으로 삼은 것은 독일 질서자유주의학파에서 발전시킨 경쟁법이었다. 재판소는 그 자산을 지속적으로 확대했다. 자신의 권위를 활용해서 기회가 생기는 곳마다 경쟁시장을 조성하고 이른바 '네 가지 자유', 즉 유럽연합 내에서 재화·서비스·자본·노동의 자유로운 유통과 경쟁시장을 동일시한 것이다. 이사회나 집행위원회와 마찬가지로 재판소 역시 자유시장을 위한 제도적 공간을 확장하고, 일국적으로든 국제적으로든 시장을 억제하거나 왜곡하려는 모든 시도를 물리치는 것이 '유럽'의 사명이라는 일반적인 전제 위에서 움직인다. 유럽사법재판소 사법권의 신자유주의적인 친시장 편향은 오래전부터 지적되었으며, 재판소가 자신의 의제를 추구하는 데서 전술적으로 빈틈이 없다는 점도 충분히 밝혀졌다.[24] 일찍부터 자신의 판결을 비롯한 유럽법의 '우위와 직접적 효과'의 원리를 확립한 유럽사법재판소는 강력한

---

24 Benjamin Werner, *Der Streit um das VW-Gesetz: Wie Europäische Kommission und Europäischer Gerichtshof die Unternehmenskontrolle liberalisieren*, Frankfurt am Main: Campus, 2013.

도구를 활용해서 각국의 정치경제에 개입하고 사실상 자유주의적, 아니 신자유주의적 경제 헌법을 강요한다. 어느 정도는 계획적으로, 어느 정도는 자연스럽게 민주주의 정치로부터 보호받는 이 헌법은 어쨌든 독일의 질서자유주의 교의와 슈미트의 '권위주의적 자유주의'에서 상상한 것과 똑같다.

(4) 유럽중앙은행

유럽중앙은행은 유럽통화동맹의 핵심 요소이며 실제로 그 주권자다. 다른 중앙은행들이 같은 공간에 걸친 관할권을 가진 국가 안에 한 층위로 내장되어 있고, 동일한 영토와 정치의 수준에서 정부와 대중에 직면해야 하는 반면, 유럽중앙은행이 운영하는 통화와 공동시장은 그에 상응하는 국가가 부재하다(유럽사법재판소가 다스리는 사법체계도 본질적으로 마찬가지다). 따라서 유럽중앙은행은 세계에서 가장 독립적인 중앙은행이며, 그 통화체제는 가장 탈정치화되어 있다. 케인스주의적 화폐와 달리 유로는 교환 수단이자 가치 저장 수단일 뿐이다. 유로는 가령 완전고용 추구 같은 민주주의적 시장 교정에 특별히 적합하지 않다. 애초에 화폐를 창조한 조약에서 구상된 유럽 화폐는 오스트리아의 질서자유주의적·신자유주의적 화폐다.

실제로 유럽중앙은행만큼 권위주의적 자유주의의 이상에 긴밀하게 부합하는 기관은 거의 존재하지 않는다. '단일시장'과 최소한의 제도적 부속물을 지닌 유럽통화동맹은 80년 전에 슈미트가 구상한 '권위주의 국가'가 이상적으로 실현된 것처럼 두드러지게 보인다. 이 동맹의 핵심 기관인 유럽중앙은행의 정당성은 오로지 자유시장경제가 유지되려면 어떤 종류의 공공정책이 필요한지와 관련해서 기술적 전문성을 갖고 있다는 가정에만 의존한다. 이론상 이런 전문성은 거의 없지만, 실제로는 쉽게 아주 많아질 수 있다. 표면상 유럽중앙은행의 권한은 하나로 결합된 회원국들의 경제를 위해 바람직한 물가상승률을 가능케 하고, 회원국들의 금융 결제 시스템의 건전성과 생명력을 보장하는 것이다. 하지만 유럽통화동맹을 구성하는 각국의 정치경제는 역사적으로 다양한 제도의 지배를 받기 때문에 유럽중앙은행의 화폐체제와 통화정책에 각기 다르게 반응하는 경향이 있다. 만약 이런 이유로 2008년 이후 잇따른 위기에서 그랬던 것처럼 공동통화가 실패할 가능성이 높아지면, 유럽통화동맹 전체를 책임지는 유일한 기관인 유럽중앙은행은 공동통화를 유지하기 위해 '무슨 일이든' 해야 하거나 거리낌 없이 하려고 할 것이다.[25] 여기서 누가 칼 슈미트의 예외상태Ausnahmezustand 정의, 즉 **궁지에 몰리면 법을 아랑곳하지 않는**Not kennt kein Gebot 행정부의 시간die Stunde der Exekutive이라는 정의가 떠오르지 않겠는가? 예외상태에서 주권자는 공동체의 생존을 확보하기 위해 법률을 정지시키고 가용한 모든 수단, 법적·초법적 수단을 동원할 자격이 있으며 스스로 그 자격을 입증한다.[26]

---

25 2012년 7월 27일 런던에서 유럽중앙은행 총재가 금융 투자자들과 회동한 자리에서 언급하며 유명해진 말이다. 당시 총재는 유로를 계속 살리기 위해 유럽중앙은행이 어떤 일을 할 것이냐는 질문을 받았는데, 계속해서 이렇게 말했다. "나를 믿어주세요. 그러면 충분할 겁니다."

26 Carl Schmitt, *Politische Theologie. Vier Kapitel zur Lehre von der Souveränität*, Berlin: Duncker und Humblot, 1922[국역: 칼 슈미트 지음, 김항 옮김, 『정치신학』, 그린비, 2010]. 이 점에 관해서는 또한 Christian Joerges, *Europe's Economic Constitution in Crisis and the Emergence of a New Constitutional Constellation*, ZenTra Working Papers in Transnational Studies No. 06/2012; Revised Edition Sept. 2013, Bremen: Center for Transnational Studies of the Universities of Bremen and Oldenburg, 2013도 보라.

지금까지 몇 년 동안 유럽중앙은행은 창립자들 때문에 유럽통화동맹의 한가운데에 생긴 정치적 공백을 메우기 위해 관례대로 **초법적으로**extra legem 행동하고 있다. 정치와 무관한 신자유주의의 자본주의적 시장경제에 유로랜드를 끼워 넣으려는 것이다.[27] 원래 유럽중앙은행의 개입은 표면상 물가상승률 목표치에 유로를 안정시키고 결제 시스템의 작동을 유지하는 데 국한되고, 이런 협소한 권한과 관련해서만 정당하다. 그런데 각국의 제도적 조정과 정치적 합의를 '개혁'해서 공동의 신자유주의적 화폐체제에 맞게 조정하기 위해 깊숙이 침투하고 있다. 이전에 화폐체제를 국가의 정치적 합의, 특히 정치적으로 교섭되고 국가적으로 제도화된 시장 교정적 사회정의 개념에 따라 조정하던 국가적 관행을 건전화폐라는 이름으로 끝장내려는 것이다.

　　유럽중앙은행은 유럽이사회, 집행위원회, 유럽사법재판소와 더불어, 그리고 필요하면 이 기구들 없이도 지구상 최대 규모의 경제를 움직이는 사실상의 정부로 발전하고 있다. 이 정부는 자유주의 시장경제의 수호자이자 보증자로 행동하고 유일하게 행동할 수 있는 '다원적 민주주의'로부터 완전히 차단된다. 전혀 끝나지 않은 2008년 위기 이래 유럽중앙은행은 자신이 관할하는 주권국가들과 사회들을 규율해서 신자유주의적 화폐-겸-시장체제의 규칙을 충분히 존중하게 만들 수 있는 광범위

27　이런 모습이 위기 이전에 존재했으며, 설립된 모습 그대로의 유럽중앙은행이 유럽에서 민주주의를 지속적으로 가로막는 장애물이라는 상당수 예리한 전문가들의 통찰도 위기보다 앞선다. 예를 들어 Sheri Berman and Kathleen R. McNamara, 'Bank on Democracy', *Foreign Affairs*, vol. 78, no. 2, 1999, 2~8쪽을 보라.

한 능력을 획득했다. 오늘날 유럽중앙은행은 국가 재정, 공공 부문의 규모와 구성, 심지어 임금결정 시스템의 구조 등에 대해 자신이 정한 규칙을 따르지 않는 국가들의 금융 시스템에 유동성 공급을 차단할 수 있는 재량권이 있다. 자본주의적으로 정확하게 스스로를 '개혁'하지 않음으로써 국제 **큰손금융**의 신뢰를 얻지 못하는 각국과 정부는 아주 다양한 방식으로 처벌을 받을 수 있다. 반면 유럽중앙은행이 장려하는 대로 제도개혁을 실행하는 국가들은 보상을 받을 수 있다. 유럽중앙은행이 유럽통화동맹 조약을 위반하거나 우회해서라도 그 나라들을 위해 새로 돈을 찍어주는 것이다.[28] 유럽중앙은행과 유럽통화동맹 회원국들 사이에 관할권이 비대칭적일 뿐만 아니라 유럽통화동맹 전체 차원에서 똑같이 효과적인 정치적 기구가 없다는 점을 감안할 때, 유럽중앙은행은 위기관리, 가령 회원국이 채무 불이행 상태에 빠지는 경우에 관한 한 이상적인 독재자다. 결정적인 행동을 취할 수 있는 유일한 행위자인 것이다. '금융시장'과 좋은 관계를 유지하는 공동의 범용 화폐체제의 요건에 적합하게 회원국들을 신자유주의적 금융화 자본주의의 모델에 수렴하도록 만드는 데도 아주 이상적인 독재자다. 바야흐로 '권위주의적 자유주의'의 창조자이자 보호자인 '권위주의 국가'가 당도했다.

---

28 예를 들어 국가 금융 시스템을 지원하고 적자에 시달리는 정부에 신용을 확대하는 것(신자유주의적 '개혁'에 관한 엄격한 조건이 붙는다)을 통화정책으로 치장하면 된다.

07

유로는 왜 유럽을 분할시키는가?

지난 5년 동안 유로존 안팎에서 분출된 갈등을 이해하려면 화폐 개념을 다시 논의하는 것으로 시작하는 게 도움이 될 것이다.[1] 막스 베버가 기념비적 저작 『경제와 사회Economy and Society』 2장 「경제 행위의 사회학적 범주들Sociological Categories of Economic Action」에서 두드러지게 다루는 것도 바로 화폐다. 베버가 생각하기에 화폐가 화폐가 되는 것은 '조절된 조직', 즉 '화폐체계monetary system' 덕분이다.[2] 그리고 G. F. 크납Knapp의 『화폐의 국가 이론The State Theory of Money』(1905)을 따라서 베버는 현대의 조건에서 이 시스템은 반드시 국가가 독점할 것이라고 주장했다.

화폐는 역시 베버의 중요한 개념인 '지배조직' 안에 삽입되고 또 이것에 의해 효력을 얻는 정치경제제도다. 모든 제도가 그러하듯 화폐는 일정한 이해관계에 특권을 부여하고 다른 이해관계에 불이익을 준다. 그리하여 화폐는 사회적 '갈등'의 대상, 아니 더 정확히 말하면 베버가 말하는

---

1   이 글은 2015년 4월 21일 베를린 사회연구학문센터 사회과학 특별강연을 바탕으로 한 것이다. *New Left Review*, vol. 95, September/October 2015, 5~26쪽으로 발표되었다.

2   Max Weber, *Economy and Society*, Guenther Roth and Claus Wittich, eds, Berkeley: University of California Press, 1968, 48쪽, 166쪽.

이른바 '시장투쟁market struggle'에서 활용되는 자원이 된다.

화폐는 인간에 대한 인간의 투쟁이라는 가격체계의 성격에 근본적인 영향을 미치지 않은 채 자의적으로 바꿀 수 있는 '특정되지 않은 효용을 가리키는 단순한 증서'가 아니다. 정확히 말해 '화폐'는 주로 이 투쟁에서 쓰이는 무기이며, 가격은 이 투쟁의 표현이다. 가격은 오직 이 이익투쟁에서 상대적 승산의 산정된 수량화로서 계산의 도구다.[3]

베버의 사회정치적 화폐 개념은 자유주의 경제학의 개념과 근본적으로 다르다.[4] 이 전통의 기초를 세운 문서는 애덤 스미스가 쓴 『국부론 Wealth of Nations』의 4장과 5장인데, 여기서 스미스는 화폐가 점차 보편적인 교환의 매개물이 되면서 '선진 사회', 즉 분업에 근거한 사회에서 거래관계의 (결국 무제한적인) 확대에 기여한다고 설명한다. 화폐는 보편적으로 사용 가능하고, 쉽게 운반할 수 있으며, 무한히 나눌 수 있고, 내구성이 있는 중간 상품을 통해 직접 교환을 간접 교환으로 대체한다(마르크스는 이 과정을 '단순한 순환', 즉 C-M-C라고 설명한다).

스미스에 따르면 화폐체계는 아래에서부터, 즉 거래관계를 확대하고 단순화하려는 시장 참가자들의 욕망으로부터 발전한다. 그래야 거래비

---

3 Weber, *Economy and Society*, 108쪽.

4 아래의 서술에서 나는 제프리 잉햄의 중요하고 자극적인 논의에 의존한다. Geoffrey Ingham, *The Nature of Money*, Cambridge: Polity, 2004[국역: 제프리 잉햄 지음, 홍기빈 옮김, 『돈의 본성』, 삼천리, 2011].

용을 지속적으로 줄임으로써 효율성을 높일 수 있기 때문이다. 스미스가 보기에 화폐는 교환하는 대상의 가치를 나타내는 중립적 상징이며, 이론상 그 생산비용에서 생겨나는 자체의 객관적 가치가 있다 할지라도 가급적 목적에 부합하게 만들어야 한다. 국가는 '국가의 인장을 찍음으로써' 더 믿음직스럽게 보이도록 만들어서 화폐의 유효성을 높이라고 시장 참가자들이 권유할 수 있는 정도만큼만 모습을 드러낸다. 베버가 화폐체계를 길항하는 분배 이해관계에 대한 친연성에 따라 구별한 것과 달리, 스미스가 보기에 화폐가 충족시킬 수 있는 유일한 이해관계는 가능한 한 광범위한 시장경제의 순조로운 작동을 보장하는 보편적인 이해관계뿐이다.

놀랍게도 전후의 사회학 전통은 베버보다는 스미스를 따르는 쪽을 선택했다. 역사학파 경제학이 소멸함으로써—그리고 구조기능주의, 무엇보다도 하버드의 탈콧 파슨스Talcott Parsons가 경제라는 연구 대상을 점차 신고전파 정신으로 정화되는 경제학부에 양도함으로써—1945년 이후 **탈역사**post-histoire를 추구한 수십 년을 거치면서 확립된 사회학은 독자적인 화폐 이론이 필요 없게 되었다. 대신에 사회학은 조용한 삶을 선택했으며, 화폐를 탐구한다 할지라도 권력이 가득한 사회적 제도가 아니라 스미스의 방식대로 이해관계에서 중립적인 소통의 매개체로 바라보는 쪽을 택했다. 사회적 관계보다는 절댓값, 즉 **교환 기준 비율**numéraire로 본 것이다.[5]

---

5 Ingham, *The Nature of Money*.

그리하여 사회학과 경제학 양쪽 다 화폐의 본성과 화폐체계의 정치적 함의를 둘러싸고 전간기에 벌어진 격렬한 논쟁과 결별했다. 이 논쟁은 특히 케인스주의 이론의 핵심을 차지했다. 특히 케인스 본인이 밀어붙인 금본위제의 사회적·정치적 함의를 둘러싼 싸움이나 어빙 피셔Irving Fisher가 고안한 완전지급준비금은행full-reserve banking 모델을 둘러싸고 벌어진 논쟁[대공황의 여파가 계속되던 1935년 미국 경제학자 어빙 피셔는 금융 위기의 재발을 막기 위해 부분지급준비제가 아닌 완전지급준비제를 도입할 것을 주 창했다. 요구불 예금을 100퍼센트 지급준비상태로 두는 완전지급준비금은행을 만들 어야 뱅크런bank run을 예방하고, 경제주기의 진폭을 완화하며, 부채의 늪에 빠지는 사태를 막을 수 있다는 것이었다. 많은 경제학자가 반대해서 오늘날 사실상 어느 나 라도 완전지급준비금은행 제도를 시행하지는 않지만, 2008년 대불황을 계기로 다시 이 제도를 둘러싸고 논쟁이 벌어졌다]을 보라.

여기서 본보기로 중요한 것은 탈콧 파슨스와 닐 스멜서Neil Smelser가 1956년에 펴낸 저작으로 '경제·사회 이론의 통합에 관한 연구A Study in the Integration of Economic and Social Theory'라는 부제가 붙은 『경제와 사회Economy and Society』다. 파슨스의 체계 이론에서 화폐는 구매력, 즉 재화 교환을 통제하는 능력의 표현으로 나타난다. 화폐는 또한 위신을 부여하는 특별한 사회적 기능이 있으며, 따라서 '세부적인 상징들과 광범위한 상징화' 사이의 중개자로 기능한다.[6] 스미스의 논의에서 알 수 있듯이, 역사적으로 화폐는 분업의 증대를 통해 발전하는데, 분업은 교환의

---

6   Talcott Parsons and Neil Smelser, *Economy and Society: A Study in the Integration of Economic and Social Theory*, London, 1984[1956], 71쪽.

확대를 가능케 하기 위해 경제적 가치의 추상적 표현을 요구한다. 화폐는 이 과정에서 신용도구 및 채무증서와 더불어 '경제적 가치가 있는 대상에 대한 권리나 소유권 주장을 구성하는 문화적 대상'으로, 따라서 베버의 용어로 하자면 '특정되지 않은 효용을 가리키는 단순한 증서'로 나타난다.[7]

화폐 무기

파슨스와 미국 사회학 일반은 화폐가 이런 의미를 훌쩍 넘어선다는 점을 보여주는 증거를 다름 아닌 미국에서 충분히 발견했을지 모른다. 1945년 이후 어쨌든 예외적인 시대였다고 선언된 전간기만이 아니라 이전 역사

---

7 Parsons and Smelser, *Economy and Society*, 106쪽과 140쪽 이하. 파슨스가 1964년에 발표한 「진화적 보편성Evolutionary Universals」도 보라. 여기서 '화폐와 시장'은 관료제 조직, 보편적인 사법체계, 민주적인 결사형식 등과 나란히 현대 사회가 이룩한 네 가지 역사적인 성취의 하나로 등장한다. 파슨스는 '진화적 보편성'이 사회체계의 구조적 특징이며, 이것이 없이는 주요한 발달단계가 차단될 것이라고 본다. 상호 연결된 제도인 화폐와 시장은 자신들이 발전하는 바탕이 된 '사회의 적응능력에 근본적인 기여'를 한다. 원래 귀속된 유대로부터 자원이 풀려나는 것을 촉진하고 이 자원을 새로운 목적에 할애하는 것을 가능케 하기 때문이다. 이 과정에서 화폐는 다른 체계의 경쟁하는 주장들과 반대되는 의미로, 자신과 교환될 수 있는 구체적인 재화의 '경제적 효용'을 '추상적'·'중립적' 형태로 '나타내는 상징적 매개물'로서 필수 불가결하다. 화폐는 상이한 사회에서 각기 다르게 발전한다. 정도의 차이는 있어도 관료제 조직이 그 기능을 떠맡을 수 있기 때문이다. 하지만 항상 문제는 구체적인 화폐체계의 제도적 요소들이 '물론 정부를 포함한 사회의 여러 운영 단위에 처분 가능한 자원 기반'을 제공하는 임무를 어느 정도나 이행하는가 하는 것이다. 이 자원 기반은 어떤 범위의 용도에도 이용 가능하고, 한도 내에서 용도를 전환할 수도 있다. Parsons, 'Evolutionary Universals in Society', *American Sociological Review*, vol. 29, no. 3, June 1964, 350쪽.

에서도 증거가 많았다. 하지만 그 증거를 발견하려면 화폐를 '시장투쟁'에서 쓰이는 무기로 본 베버의 견해를 복권하는 책임을 맡은 '신경제사회학'이 등장하는 1990년대까지 기다려야 했다. 당시만큼이나 지금도 중요한 이런 발전에 공헌한 것은 브루스 커러더스Bruce Carruthers와 세라 배브Sarah Babb가 남북전쟁 이후 미국의 새로운 화폐체계를 둘러싸고 국내에서 벌어진 정치적 갈등을 연구한「돈의 색깔과 가치의 본성The Color of Money and the Nature of Value」이다.[8] 두 사람은 정치학자 잭 나이트Jack Knight가 제안한 분석적 구분을 채택했다. 화폐체계는 제도 일반과 마찬가지로 단순히 '집단적 이익을 위한 조정이라는 사회제도 개념'에 따라 판단해서는 안 된다는 것이다. 다시 말해 그 체계가 상호 주관적으로 소통 가능한 가치와 가치권리의 상징화를 제공하는지 여부로 판단해서는 안 된다.

커러더스와 배브에 따르면, 갈등 관점 역시 똑같이 정당하고 심지어 필수적이다. 우리는 더 나아가 이 관점을 정치적 관점이라고 부를 수도 있다. 나이트가 제안한 갈등 관점에서 보면, 화폐체계는 경쟁하는 이해관계를 가진 행위자들 사이의 견해차 때문에 생겨난다.[9] 그와 같이 화폐체계는 어느 정도 비대칭적인 분배 효과와 상충하는 이해관계를 가질 수 있는데, 이런 것들은 종종 사회 현실에서 효율성보다 더욱 중요하다.[10]

---

8 Bruce Carruthers and Sarah Babb, 'The Color of Money and the Nature of Value: Greenbacks and Gold in Postbellum America', *American Journal of Sociology*, vol. 101, no. 6, 1996, 1558쪽 이하.

9 Jack Knight, *Institutions and Social Conflict*, Cambridge: Cambridge University Press, 1992.

「돈의 색깔과 가치의 본성」에서 두 사람은 19세기 후반에 미국의 향후 화폐체제와 화폐의 본성 자체를 둘러싸고 나타난 정치적·경제적 분열을 재구성한다. 당시에 전선은 스미스적 화폐 개념과 베버적 개념 사이 거의 한가운데에 그어졌다. 스미스적 개념은 효율적인 경제적 조정과 사회통합을 위해 상징적 소통의 매개체로서 화폐의 신뢰성을 강조했다. 이 견해는 자연주의 화폐 이론 및 금본위제로의 복귀 요구와 연결되었다. 현저하게 발전한 사회구성주의적 화폐 가치 이론에 바탕을 둔 다른 견해는 자유롭게 지폐를 발행하는 방식을 도입할 것을 신봉했다.

예상할 수 있는 것처럼, 금본위제 옹호론자들은 신뢰를 불어넣을 수 있는 가치 상징화에 대한 대중의 이익을 강조한 반면, 달러 지폐인 '그린백greenback' 지지자들은 두 가지 화폐 개념의 서로 다른 분배 효과를 역설하면서 상이한 물질적 이해관계를 대변했다. 그리고 실제로 경쟁하는 두 접근법은 상이한 축적 관행과 생활방식에 뿌리를 두고 있었다. 금본위제 옹호론자들은 동부 연안의 '상류층 가문'을 대변했는데, 무엇보다

---

10 이런 의미에서 화폐체계는 대체로 특권적 이해관계를 위해 의사결정을 왜곡하는 경향이 내재되어 있는 정치체계와 유사한 것으로 간주할 수 있다. 정치체계에는 고유한 동학이 존재하는데, E. E. 샤츠슈나이더는 미국의 다원적 민주주의를 거론하면서 그것을 '편견의 동원'이라고 규정한 바 있다. "다원주의라는 천국이 가진 결함은 그 천국의 합창에서 상층계급의 억양이 더 강하게 들린다는 것이다." E. E. Schattschneider, *The Semi-Sovereign People*, New York: Holt, Rinehart and Winston, 1960[국역: E. E. 샤츠슈나이더 지음, 현재호·박수형 옮김, 『절반의 인민주권』, 후마니타스, 2008], 35쪽. 제이컵 해커와 폴 피어슨이 최근에 쓴 글에서 이 인용문을 발견했다. Jacob Hacker and Paul Pierson, 'After the "Master Theory": Downs, Schattschneider, and the Rebirth of Policy-Focused Analysis', *Perspectives on Politics*, vol. 12, no. 3, 2014. 『돈의 본성』에서 잉햄은 화폐는 하나의 '사회적 관계'이며, 그 구체적인 모습은 밑바탕에 놓인 특정한 화폐체계에 의해 결정된다고 설명한다.

도 안정성에 관심이 있었다. 반면 지폐 대표자들은 남부와 서부에 근거를 두었는데, 자신들이 진 채무의 가치절하에 도움이 되거나 사업 확장을 북돋우기 위해 자유로운 신용접근을 원했다. 빠르게 성장하는 자본주의 경제가 어떤 발전경로를 택해야 하는지를 둘러싸고 상충하는 이해관계는 서로 대립하는 계급권력과 특권의 구조와 연결되었다. 뉴욕을 필두로 한 귀족적인 도시계급의 생활세계와 나머지 지역의 부채가 있는 농민과 '카우보이 사업가들'의 생활세계가 대립한 것이다.

현금과 의사소통 행위

1980년대에 성년에 다다른 독일 사회학은 베버가 아니라 파슨스로부터—그리고 파슨스를 통해 스미스로까지 거슬러 올라가는 경제학 전통으로부터—화폐 개념을 받아들였다. 체계 이론을 개작한 니클라스 루만 Niklas Luhmann뿐만 아니라 위르겐 하버마스도 마찬가지다. 물론 하버마스는 대부분 루만의 연구에 대한 내재적 비판을 통해 '의사소통 행위 이론'을 발전시켰지만 말이다. 아니 어쩌면 그 때문일 것이다. 내가 이해하기로 문제는 하버마스가 루만과 파슨스로부터 받아들인 '조종하는 매개체steering medium' 개념에 대한 그의 비판이 '물질적 재생산이라는 기능영역'에 대해 그 개념이 갖는 타당성을 건드리지 않는다는 사실에 있다. 이 영역은 독특하게 '생활세계와 차별화'될 수 있기 때문이다.[11] 하버마스의 용어로 하자면, 어느 누구도 실제로 근대의 경제적 하위체계—여전히 생활세계의 특권이다—안에서 '발화하지' 않지만, "화폐의 특별한 '언

어'"는 그 하위체계가 기능을 수행하기에 충분하다.[12]

물론 여기에는 '경제'를, 생활세계와의 연관이 전혀 없고 그런 연관 없이도 도구적으로 합리적이고 중립적인 방식으로 기능할 수 있는, 근대 사회의 기술적 하위체계로 생각할 수 있다는 가정이 깔려 있다. 그렇게 이해되는 경제의 권한 영역 안에는 행위의 강요가 전혀 존재하지 않는다. 대신에 그냥 '조종'하는 게 가능하다. 그리하여 온전한 표준 경제학 이론의 정신 안에서 '경제'를 예측 가능한 수단들의 메커니즘으로 볼 수 있다. 물론 경제는 의사소통과 행위의 포괄적인 맥락 안에 한 층위로 내장되어 있고, 원칙적으로 민주적인 기반 위에서 조직될 수 있지만 말이다. 이런 일에 적당할 뿐만 아니라 이상적으로 들어맞기도 하는 '조종하는 매개체'인 화폐의 도움을 받으면서 이 메커니즘은 비록 의사소통의 수준이 축소되긴 하지만 행위자들을 조정하고 그들의 노력을 희소한 자원의 효율적 배치에 집중시키는 데만 자신의 역할을 제한한다.[13]

그 이론적 결과는 지대한 영향을 미친다. 하버마스는 체계 이론을 부분적으로 통합함으로써—상대성 이론에서 고전역학의 제한적인 적용 가능성을 인정하는 것과 유사하게 사회의 일정 부문에 대한 테크노크라시의 지배권 주장을 인정함으로써—경제적인 것을 탈정치화하면서 그

---

11 Jürgen Habermas, *The Theory of Communicative Action, vol. 2: Lifeworld and System*, trans. Thomas McCarthy, Boston: Beacon Press, 1985[국역: 위르겐 하버마스 지음, 장춘익 옮김, 『의사소통행위이론 2』, 나남출판, 2006], 261쪽.

12 Habermas, *Theory of Communicative Action*, 259쪽.

13 하버마스가 화폐를 다루는 방식에 관해서는 Nigel Dodd, *The Sociology of Money: Economics, Reason and Contemporary Society*, New York: Continuum, 1994도 보라.

것을 효율성에 대한 1차원적인 강조로 협소화한다. 정치화를 위한 공간을 탈물질주의적인 '근대성' 이론으로 몰래 들여오는 대가인 것이다. 정치경제학의 근본적인 통찰은 잊힌다. 자체적인 효율성 덕분에 존재하는 것처럼 보이는 경제의 자연법칙은 실제로는 이데올로기적으로 기술적 필연성으로 드러나는 사회적 권력관계가 투사된 것에 불과하다는 통찰 말이다.

그 결과, 경제는 이제 자본주의 경제로 이해되지 않고 순수하고 단순한 '경제'가 되는 반면, 자본주의에 대항하는 사회적 투쟁은 민주주의를 위한 정치적·법적 투쟁으로 대체된다. 화폐가 '소통체계'로 기능한다는 사고가 베버적 의미의 화폐체계 개념을 대신한다. 그와 더불어 화폐의 기술적 기능과 구별되는 화폐의 정치적 역할에 관한 사고가 모조리 사라진다. 정치적·경제적 제도로서의 화폐체계가 우선 권력에 순응하고 그다음에야 시장에 순응한다는 깨달음도 마찬가지다. 그리하여 대체로 화폐체계는 이런저런 지배적 이해관계에 기우는 편향이 있다. 우리는 샤츠슈나이더와 더불어 다원적 민주주의라는 '천국의 합창'이 그러하듯 화폐의 언어에도 언제나 억양이 존재하며, 대개 그 합창과 똑같은 상층계급의 억양이라고 말할 수 있다.[14]

----

14 또한 글로벌 화폐에는 미국식 억양이 붙는다는 말을 덧붙일 수 있다. 우리는 항상 미터나 야드처럼 '돈에는 아무런 색깔이 없다'는 말을 듣지만, 달러는 분명 금색이 아니라 녹색이고 유로역시 빨간색이나 노란색이 아니라 검은색이다.

유로존의 시장투쟁

왜냐하면 만약 화폐가 소통의 중립적인 매개체—일정한 유형의 인간 행위의 생산적 조정을 촉진시키기 위한 상징적 언어—일 뿐이라면, 10여 년이 지난 지금 우리는 유로가 어떤 공유된 정체성 속에서 그 사용자들을 묶어냈을 것으로 기대해야 마땅하기 때문이다. 독일 마르크화가 '독일 마르크 민족주의'를 만들어냈다고 말해지는 것처럼,[15] 유로도 그 고안자들이 기대한 것처럼 유럽 애국주의를 창조했어야 마땅하다. 1999년 장-클로드 융커Jean-Claude Juncker—룩셈부르크 총리 시절 다국적 기업들의 주요한 조세 고문이었다—는 2002년이 시작되면서 일단 시민들이 새로운 지폐와 동전을 손에 쥐면, "우리 유럽인이라는 새로운 공동체 정서가 나타날 것"이라고 선언했다.[16] 같은 해, 이미 독일의 전 총리가 된 헬무트 콜Helmut Kohl은 유로 덕분에 '유럽인 정체성'이 생겨날 테고, "영국

---

[15] Jürgen Habermas, 'Der DM Nationalismus', *Die Zeit*, 30 March 1990.

[16] Dirk Koch, 'Die Brüsseler Republik', *Der Spiegel*, 27 December 1999. 융커의 정체성 이론은 그가 추구하는 사회공학정책을 특징짓는 인지 이론과 잘 들어맞는다. 이것은 '허용적 동의permissive consent'의 한 사례로서 그가 종종 구사하는 방식에 대한 다음과 같은 설명으로 아주 잘 요약된다. "우리는 어떤 것을 결정하고 세계에 발표하면서 어떤 일이 생기는지 보려고 잠시 기다립니다. 대다수 사람이 우리가 결정한 내용을 실제로 파악하지 못하기 때문에 커다란 소동이나 반란이 전혀 일어나지 않는다면, 우리는 다음 단계로 넘어갑니다. 되돌아갈 수 없을 때까지 한 단계씩 나가는 겁니다."(강조는 덧붙임) 그 밑바탕에 놓인 실천윤리와 관련해서 우리는 융커가 유로존 은행의 구제를 관장할 때 선언한 격언을 떠올린다. "상황이 심각해지면 우리는 거짓말을 해야 합니다." 2014년 융커는 바른 생각을 가진 모든 유럽인이 전반적으로 환호하는 가운데 유럽연합 집행위원장으로 선출되었다. 위르겐 하버마스에 따르면, "달리 어떻게 결정이 나더라도 유럽은 심장부를 강타당했을 것이다." *Frankfurter Allgemeine Zeitung*, 29 May 2015.

역시 통화동맹에 가입하고 스위스도 곧바로 합류하는 데 기껏해야 5년"
이 걸릴 것이라고 예상했다.[17] 언론 광고는 약간 낮은 수준에서 젊은 여
행자들의 사진을 실어서 단일통화에 대한 지지를 권유했다. 젊은 남녀들
이 서로의 눈을 응시하는 사진으로 나라들을 더 가깝게 묶으려고 한 것
이다. 젊은이들은 서로 만나는 장소까지 여행하면서 수수료 지불과 환율
손실에서 얼마를 아꼈는지 계산하면서 빛나는 미소로 기쁨을 표현했다.
정체성 이론과 효율성 이론이 하나가 된 것이다!

이런 '유럽 관념', 아니 정확히 말하면 이데올로기에도 불구하고, 유로
는 유럽을 둘로 나누고 있다. 더욱 가까워지는 연합을 이끄는 엔진인 유
로의 대차대조표는 재앙이 되었다. 노르웨이와 스위스는 조만간 유럽
연합에 합류하지 않을 것이며, 영국은 아예 탈퇴를 적극적으로 고려하
는 중이다[2016년 6월 영국 국민투표에서 브렉시트Brexit, 즉 유럽연합 탈퇴가 통
과되었다]. 스웨덴과 덴마크는 원래 일정한 시점에 유로를 채택하기로 되
어 있었는데 지금은 논외의 일이 되었다. 유로존 자체가 흑자국가와 적
자국가, 북부와 남부, 독일과 나머지 나라들로 분열되어 있다. 제2차 세
계대전이 끝난 이래 유럽 민족국가들이 지금만큼 서로 적대감을 가지고
마주 대한 적이 없다. 어느 때보다도 유럽 통합의 역사적 성취가 위협받
고 있다. 오늘날 프랑스나 네덜란드, 덴마크에서 어느 통치자도 통합을
조금이라도 진전시키는 문제를 놓고 국민투표에 붙일 엄두를 내지 못한
다. 단일통화 덕분에 특히 독일연방공화국 내에서 유럽의 독일European

---

17 Rainer Hank, 'Europa der Heuchler', *Frankfurter Allgemeine Zeitung*, 15 March 2015.

Germany—독일의 정체성과 유럽의 패권이라는 두 문제 모두를 해결하는 통합—을 향한 희망이 독일의 유럽German Europe에 대한 두려움에 자리를 내주었다. 그 결과, 남유럽 각국에서 벌어지는 선거운동은 독일과 독일 총리에 반대하는 싸움으로 승리를 거두고 있다. 그리스와 이탈리아뿐만 아니라 심지어 프랑스에서도 나치 문양을 걸친 메르켈과 쇼이블레의 사진이 등장하기 시작했다. 독일이 점차—그리스만이 아니라 이탈리아로부터도—배상 요구에 직면하는 사실을 보면, 독일이 전후에 추진한 유럽화 정책 자체가 단일통화로 이행한 이래 얼마나 실패하고 있는지를 알 수 있다.[18]

단일통화 같은 제도가 어떻게 이런 파괴를 가할 수 있는지를 이해하려는 사람이라면, 자유주의 경제학 전통과 그 영향을 받은 사회학 이론의 화폐 개념을 넘어서는 화폐 개념이 필요하다. 유로존에서 나타나는 갈등을 해독하려면, 화폐를 권리주장과 계약의무를 상징화하는 기호체계만이 아니라 베버의 견해와 일관되게 지배조직의 산물로, 더 나아가

---

18 이 과정에서 몇 가지 개인적인 비극이 있었다. 다른 사람은 몰라도 오랫동안 독일과 프랑스를 중심으로 완벽하게 통합된 '핵심 유럽core Europe'을 주창한 쇼이블레는 2015년 4월 '프랑스에 대해 용납하고 수용하기 어려운 적대감'을 보인다고 비난받았다. 프랑스 경제를 '감독'하려고 한다는 이유에서였다. 이런 공격이 나온 계기는 쇼이블레가 워싱턴에서 "프랑스에 개혁을 도입하도록 강제하는 게 더 낫겠지만…… 참 어려운데, 이런 게 민주주의의 본성"이라는 취지로 발언한 사실이었다. 어느 당 소속이든 독일 재무장관 입에서 나올 법한 상식적인 발언이다. 프랑스 사회당 의장은 '유럽 우파', 특히 '독일의 기독민주연합CDU-기독사회연합CSU과 대결하도록' 호소할 것이라고 보도되었다. 프랑스 좌파당Parti de Gauche은 쇼이블레가 '프랑스 국민에게 사과하라'고 요구했다. 쇼이블레의 발언은 '독일의 새로운 오만'을 보여주는 본보기로 거론되었고, 독일이 유럽을 지배하려 한다는 등의 말이 나왔다. 'Schäuble will Dividenden-Steverschlupfloch stopfen', *Frankfurter Allgemeine Zeitung*, 18 April 2015를 보라.

잠재적 갈등으로 가득한 분배 결과를 지닌 논쟁적이고 경쟁하는 제도로 이해할 수 있는 경제학 이론의 도움을 받아야만 한다.

지역적 특이성

'자본주의의 다양성'에 관한 문헌을 보면, 왜 단일통화가 유럽을 통합하기는커녕 분할하고 있는지에 관해 도움이 되는 몇 가지 예비적 징후를 얻을 수 있다. 적어도 이 연구가 효율성 이론의 성격이 아니라 역사적-제도적 성격을 갖는 한은 그러하다.[19] 유로존의 모든 나라는 그 발전과정에서 각자 고유한 방식으로 사회와 자본주의 경제 사이에 결정적인 접점을 형성했다. 상이한 화폐체계는 그 결과로 생겨나는 국가 경제에서 핵심적인 역할을 했다.[20] 단일통화는 동기가 무엇이든 각국의 제도적·정치적

---

19 이 구별에 관해서는 Wolfgang Streek, 'E Pluribus Unum? Varieties and Commonalities of Capitalism'. In: Granovetter, Mark and Richard Swedberg, eds, *The Sociology of Economic Life*, Boulder, CO: Westview Press, 2011을 보라.

20 프리츠 샤프가 하버마스의 통합 이론에 관한 비판적인 논의에서 강조하는 것처럼—단순히 자유와 평등의 자유주의적 보장이 아니라—, 정치경제제도가 여러 민족국가에서 싸워 얻은 역사적 성취에 속한다. 이런 정치경제제도는 단순히 초국가적 수준에서 표준화하거나 초국가적 묘책을 위해 폐지할 수 없다. 대기업과 중소기업에서 올바른 형태의 노사 공동결정을 둘러싸고 유럽 노동조합들 사이에서 끝없이 벌어진 논쟁을 목격한 사람이라면 누구나 이 사실을 잘 알 것이다. Fritz Scharpf, 'Das Dilemma der Supranationalen Demokratie in Europa', *Leviathan*, vol. 43, no. 1, 2015와 Habermas, 'Warum der Ausbau der Europäischen Union zu einer supranationalen Demokratie nötig und wie er möglich ist', *Leviathan*, vol. 42, no. 4, 2014를 보라.

맥락에서 채택된 국가별 화폐체계를, 참여하는 모든 사회에 똑같이 유효한 초국가적 화폐체계로 대체하려는 시도로 이해할 수 있다. 이 체계는 자신의 필요에 적합한 제도적 맥락의 발전을 강제하는 새로운 신자유주의적 형태의 화폐를 각국 경제에 끼워 넣기 위해 고안된 것이다.

현대 화폐체계와 그 실행은 민족국가에 한 층위로 내장되어 있으며, 나라별로 근본적으로 다를 수 있다.[21] 단일통화의 경우에 지중해 나라들의 이상형과 북유럽, 특히 독일의 이상형을 구분하는 것으로 충분할 것이다.[22] 유럽 남부는 무엇보다도 국내 수요에 의해 성장이 추동되는 자본주의 유형을 낳았다. 필요한 곳에서는 인플레이션의 지원을 받았다. 한편 수요는 예산 적자, 또는 높은 수준의 고용안정과 대규모 공공 부문을 통해 강화된 노동조합에 의해 추동되었다. 게다가 인플레이션 때문에 공공부채의 가치가 꾸준히 떨어진 덕분에 각국 정부는 쉽게 차입할 수 있

---

21 Georg Friedrich Knapp, *Staatliche Theorie des Geldes*, Munich and Leipzig: Verlag von Dunder and Humblot, 1905를 보라. 축약된 영어판으로는 *The State Theory of Money*, trans. H. M. Lucas and J. Bonar, London, 1924로 출간됨.

22 아래의 논의에 관해서는 특히 Armingeon and Baccaro, 'Political Economy of the Sovereign Debt Crisis'; Lucio Baccaro and Chiara Benassi, 'Softening Industrial Relations Institutions, Hardening Growth Model: The Transformation of the German Political Economy', *Stato e mercato* 102, 2014; Blankart, 'Oil and Vinegar'; Hall, 'The Economics and Politics of the Euro Crisis'; Bob Hancke, *Unions, Central Banks, and EMU: Labour Market Institutions and Monetary Integration in Europe*, Oxford: Oxford University Press, 2013; Martin Höpner and Mark Lutter, *One Currency and Many Modes of Wage Formation: Why the Eurozone is too Heterogeneous for the Euro*, MPIfG Discussion Paper 14/14, Cologne, 2014; Johnston and Regan, *European Integration and the Incompatibility of Different Varieties of Capitalism*; Torben Iverson and David Soskice, 'A structural-institutional explanation of the Eurozone crisis', paper given at LSE, 3 June 2013 등을 보라.

었다. 이 체계는 일부 또는 전부를 국가가 소유하는, 규제가 심한 금융 부문의 지원을 받았다. 이 모든 점이 합쳐진 결과, 대체로 국내 시장에서 소규모로 움직이는 고용주와 노동자의 이해관계를 어느 정도 만족스럽게 조화시킬 수 있었다. 이런 식으로 생겨난 사회적 평화의 대가는 경화를 쓰는 나라들에 대해 국제 경쟁력을 상실한 것이었다. 하지만 자국의 통화가 있으면 주기적인 평가절하를 통해 손실을 보상할 수 있었다. 물론 이 과정에서 외국 제품 수입은 희생을 당했다.

북부 나라들의 경제는 다르게 작동했다. 이 나라들의 성장은 수출에서 나왔기 때문에 인플레이션을 혐오했다. 이따금 '케인스주의'의 미사여구가 동원되긴 했어도 이런 성장은 노동자들과 노동조합에도 적용되었다. 비용이 증대하면 저렴한 지역으로 생산을 이전하는 결과로 쉽게 이어지는 세계화 시대에는 더욱 그러했다. 이 나라들은 평가절하라는 선택지가 절실하게 필요하지 않다. 독일 경제는 생산물의 가치절상에 일부 기인하는 통화의 평가절상이 거듭되는데도 1970년대 이래 번영을 구가했다. 가격으로 경쟁하는 시장에서 품질로 경쟁하는 시장으로 옮겨간 덕이 컸다. 지중해 국가들과 달리 경화를 쓰는 나라들은 금리가 상대적으로 낮더라도 인플레이션과 부채를 경계한다. 느슨한 통화정책 없이도 생존할 수 있는 이 나라들의 능력은 수많은 저축자에게 이익을 주는데, 이 사람들의 표는 상당한 정치적 비중을 갖는다. 또한 저축자들은 시장 거품의 위험을 감당할 필요가 없다.[23]

다양성에서 생겨나는 불평등

자본주의와 사회 사이의 어느 한 접점도 다른 것보다 본래 도덕적으로 우월하지 않다는 점을 강조하는 게 중요하다. 사회 안의 한 층위로 자본주의를 내장하려는 모든 노력, 자본주의의 논리를 사회질서의 논리에 끼워 맞추려는 모든 시도는 '임시변통'의 즉흥적인 것이고, 타협의 결과이며, 어느 당사자도 절대 완전히 만족하지 못한다. 그렇다고 해서 다양한 국가적 모델의 당파적 지지자들이 다른 대안을 비난하고 자신의 모델이 가장 올바르고 합리적이라고 치켜세우는 것을 막지는 못한다. 그 이유는 경제 모델을 둘러싼 갈등에서 문제가 되는 것은 사람들의 생활수준만이 아니라 각각의 경우에 확립된 도덕경제이기도 하기 때문이다.

북유럽에서는 이런 문화적 국수주의 때문에 '게으른 그리스인들'이라는 상투적인 비난이 생기는 한편, 남부에서는 '살기 위해 일하는 게 아니라 일하기 위해 사는 피도 눈물도 없는 독일인들'이라는 통념이 만들어진다. 양쪽은 서로 잘못을 인정하고 행동방식을 고치라고 요구한다. 이렇게 실상이 왜곡된 까닭에 그리스인들에게 사치와 부패를 끝장내기 위해 경제와 사회를 '개혁'하라고 요구하는 독일인들은 자신들이 실제로 압박하는 것이 구식의 지역적인 부패를 골드만삭스 풍의 현대적이고 글로벌한 부패로 대체하라는 요구임은 꿈에도 생각하지 못한다.[24]

---

23 '우선 저축하고, 다음에 사라'는 독일의 전통적인 문화적·경제적 행동을 나타내는 표어인데, 상호 보완적인 정치·경제제도가 복잡하게 결합되어 이런 행동을 뒷받침한다. 최근의 논의로는 Daniel Mertens, *Privatverschuldung in Deutschland*를 보라.

각국이 주권을 유지하면서 경쟁력의 변동을 상쇄하기 위해 자국 통화를 조정할 수 있는 한 상이한 사회질서를 위해 고안된 여러 화폐체계는 공존할 수 있다. 이와 대조적으로 공급을 바탕으로 한 유럽 북부와 수요를 바탕으로 한 남부같이 전혀 다른 경제를 통합된 화폐체제monetary regime['monetary system'과 달리 획일성과 강제성이 있다]로 묶으면 양쪽 다에 공평하게 작동할 수 없다. 그 결과, 질적이고 수평적인 다양성이 양적이고 수직적인 불평등으로 변형된다. 정치적으로 구별되는 국가 경제들을 억지로 하나의 통화동맹으로 묶으면, 그 때문에 불리하게 된 나라들은 생산방식과 그에 맞게 개조된 사회계약을 단일통화의 특권을 누리는 나라들의 노선에 따라 '개혁'하라는 압력을 받게 된다. 그 나라들이 이런 개혁을 할 능력과 의지가 있을 때만—다시 말해 통합된 통화체계가 통합된 자본주의 질서를 창출할 때만—통화동맹이 마찰 없이 기능할 수 있다.

---

24 나는 그리스나 스페인 같은 사회가 '봉건적 족쇄'를 벗어던진다는 의미에서 '근대화'하는 것이 얼마나 바람직한가의 문제는 건드리지 않는다(Hirschman, 'Rival Interpretations of Market Society'를 보라). 그 이유는 두 가지인데, 첫째, 이런 식으로 다른 나라에 개입하는 선택을 해서는 안 되며, 둘째, 자본주의와 사회를 (일시적으로) 조화시키는 다른 방법들이 있다. 유럽 민족국가들은 미국의 개별 주들보다 훨씬 더 '민주주의의 실험실'로 대우받을 수 있고 그래야 한다(1932년 '뉴스테이트얼음회사 대 리브만 사건New State Ice Co. vs Liebman'에서 루이스 브랜다이스Lewis Brandeis 재판관이 한 발언을 보라). 이 경우에 '민주주의'는 집단적 토론과 정책 개발의 제도적 형식만이 아니라 사회와 자본주의 사이의 분쟁지대에 관한 언제나 임시적인 형상화까지 포함하는 것으로 간주될 수 있다.

전투 개시

유럽통화동맹의 전략적 목표와 타협은 처음부터 이렇게 불가피하게 불균등한 결과에 의해 모양이 만들어졌다. 그에 따라 각국 경제는 선택적인 적응을 강요받았다. 유로는 언제나 모순적이고 갈등이 들끓는 구성물이었다. 1980년대 말에 이르러 특히 프랑스와 이탈리아는 독일 분데스방크의 경화금리정책에 진력이 났다. 분데스방크는 금융화하는 공동시장에서 자본의 자유로운 이동이라는 전제를 감안할 때 사실상 유럽의 중앙은행이 된 상태였다. 두 나라, 특히 프랑스는 또한 자국의 경쟁력을 유지하기 위해 주기적으로 독일 마르크에 비교해서 통화가치를 절하해야하는 사실에 진저리를 쳤다. 그들은 이런 사실을 국가적 모욕으로 느꼈다. 두 나라는 분데스방크를 유럽중앙은행으로 대체함으로써 독일에 양도했던 통화 주권을 일부 되찾는 한편, 또한 유럽의 통화정책이 안정에만 초점을 맞추는 것을 좀 줄이고 완전고용 같은 정치적 목표에 좀더 관심을 기울이게 되기를 기대했다. 확실히 미테랑과 당시 재무장관 자크 들로르Jacques Delors 역시—평가절하 옵션을 배제하고 더욱 엄격한 경화를 강제하게 될—통화동맹을 활용해서 프랑스 공산당과 노동조합에 정치적·경제적 목표를 포기하도록 강요하기를 기대했다. 이탈리아은행 Banca d'Italia도 비슷한 생각이었다.

분데스방크와 압도적 다수의 독일 경제학자들은 대부분 질서자유주의와 통화주의 견해를 갖고 있었던지라 단일통화에 반대했다. 단일통화 때문에 독일의 '안정성 문화'가 훼손될 것을 우려했기 때문이다. 아마 헬무트 콜이라면 통화동맹보다 정치동맹을 먼저 구성하는 쪽을 선호했을 것이다. 물론 독일의 경제정책을 택하는 게 이상적이었을 테고. 하지만 콜의 유럽 파트너들은 자국의 주권을 훨씬 많이 희생시키기 위해 공동통화를 요구하려 하지 않았다. 콜은 독일 통일에 대한 그들의 지지를 잃을 것이 두려워 양보했다. 하지만 그는 아마 어떤 식으로든 통화동맹에 이어 정치동맹이 생길 것으로 기대했다. 독일의 친유럽파Europhile 중도좌파들, 즉 신기능주의적 통합 이론의 최후의 지지자들은 지금도 이런 기대를 소중하게 품고 있다. 콜의 정치 진영에 속한 주요 동맹자들이 반기를 들려고 하자, 그는 공동화폐체제가 독일 모델을 따를 것이며 유럽중앙은행은 분명히 분데스방크의 복제품이 될 것임을 확인함으로써 그들의 저항을 이겨냈다.

그리하여 다가오는 시기의 갈등의 무대가 만들어졌다. 독일 정부가 회의적인 유권자들을 획득하기 위해 내세운 구호는 '유로: 마르크만큼 안정적이다'였다. 그럼에도 다른 회원국들은 마스트리히트 조약을 비준했는데, 아마 경제적 '현실'의 압력 아래 조약을 개정할 수 있는 능력에 기대를 걸었던 것 같다. 이론상은 아니더라도 실제로는 그렇게 할 수 있었다. 1990년대에 미국이 선도하는 가운데 서구 각국 경제가 모두 재정 건전화 정책을 추구하면서 신자유주의적 금융화 경제로 이행 중이던 사실이 도움이 되었다.[25] 국가 부채 비율을 국내총생산의 60퍼센트 이하로, 예산 적자를 3퍼센트 이하로 묶어두는 것은 당시의 시대정신에 부합했다. 게다가 '시장'은 이런 규칙을 준수하지 않는 나라들을 응징하는 수단

---

25 이 점에 관해서는 이 책 4장을 보라.

과 방법이 있을 터였다.

통화동맹의 불균등한 영향은 금세 감지되었다. 오늘날 단일통화에서 가장 큰 이익을 얻는 나라는 독일과 네덜란드, 오스트리아, 핀란드 등이지만, 이런 사정은 2008년 이후의 일일 뿐이다. 유로 초기 단계에서는 단일한 통화정책 때문에 독일이 '유럽의 환자'가 되었다. 유럽중앙은행 금리는 독일의 물가상승률보다 높았지만, 지중해 나라들의 물가상승률보다는 낮아서 이 나라들은 마이너스 실질금리의 혜택을 톡톡히 누렸다.[26] 정부의 신용비용 또한 남부에서 급격하게 줄었다. 여러 조약과 관계없이 단일통화에는 회원국들의 지급능력에 대한 공통의 보장이나 심지어 특별히 독일의 보장이 담겨 있다는 가정이—유럽연합 집행위원회에 어느 정도 고무되어—자본시장에 퍼진 탓이 컸다. 그 결과 남부에서는 호황이 나타난 반면, 독일에서는 스태그네이션과 더불어 높은 실업률과 정부 부채 증가가 이어졌다.

노선투쟁

이 모든 상황은 2008년에 신용경색이 도래하면서 바뀌었다. 독일이나 유럽이 남부의 부채를 보증하는 최후 수단의 대부자로 기꺼이 나설 것이라는 금융시장의 환상이 무너진 데다가 금리가 거의 제로에 가까운 수준

---

26 Fritz Scharpf, Political Legitimacy in a Non-Optimal Currency Area, MPIfG Discussion Paper 13/15, Cologne: Max Planck Institute for the Study of Societies, 2013.

으로 하락했기 때문이다. 단일통화가 이제 독일에 유리하게 작용한 이유는 독일 경제의 이른바 과잉산업화에 있었는데, 이 사실은 1990년대까지만 해도 개탄의 대상이었다. 이런 과잉산업화 때문에 독일은 국내 시장에 한층 더 의존하는 국가들에 비해 재정위기와 신용붕괴에 민감하게 영향받지 않았다. 우선 이 덕분에 독일은 어느 때보다도 더 강하게 고품질의 산업용품을 글로벌 시장에 공급하는 데 집중할 수 있었다. 또 다른 요인은 유로존 일반과 대조적으로 독일의 통화로서 유로가 과소평가된 것이었다.[27] 이렇게 하여 독일은 스스로 바라거나 계획하지 않았지만 논란을 불러일으키며 유럽의 패권국이 되었고, 이런 지위는 당분간 지속되었다.

그와 동시에 회원국들의 경제가 서로 공존 가능성이 달랐기 때문에 북부와 남부 사이에 점차 맹렬한 주도권 싸움이 일어났다. 이 싸움은 세 가지 다른 질문을 제기했고, 지금도 제기하고 있다. 첫째, 마스트리히트 조약에서 합의된 화폐체계를 어떻게 해석할―그리고 어쩌면 수정할― 것인가. 둘째, 북부를 남부에, 또는 남부를 북부에 맞추기 위해 제도'개혁'을 수행하는 회원국의 의무는 무엇인가. 셋째, 소득과 생활수준의 불균형이 지속된다고 가정할 때 북부에서 남부로 수지균형을 어떻게 맞출 것인가.

현재 시도 중인 방법은 아무리 효과를 발휘한다 할지라도 이 문제들 중 어느 것도 치유할 수 없다는 점을 강조해야 한다.[28] 세 문제는 모두 하

---

27 2013년 모건스탠리에 따르면, 달러 대비 환율이 1.36인 유로는 독일에 대해 13퍼센트 과소평가되고 이탈리아와 그리스에 대해서는 12~24퍼센트 과대평가되었다.

나의 정치체계로서 단일통화에 고질적으로 존재하는 분열이 드러나는 것이다. 그리고 이런 분열은 어떤 금융'구제'로도 근절되기는커녕 그때가 되어서야 그 전모가 감지될 것이다. 첫 번째 문제, 즉 마스트리히트 조약의 실제 운영을 둘러싼 의견 불일치에 관한 한, 유럽중앙은행의 도움을 받아 유로를 약화시켜서 인플레이션과 채무금융, 통화 평가절하로 복귀하려는 남부 국가들의 시도에 대해 북부 나라들은 분노의 반격을 가하고 있다. 이제 북부 나라들은 다수 결의안에 이끌려서 남부 회원국들이 제대로 기능하는 데 긴요한 선제적인 자금투입을 위한 대리 대부자와 보증인 역할을 떠안는 것을 내켜하지 않는다. 단일통화의 내부 정치학은 이 정도로 이미 회원국들의 동맹에서 역할을 하고 있으며, 회원국들은 공동화폐체제를 정반대 방향으로 잡아당기려고 애쓰는 중이다. 한 그룹은 남부로, 다른 그룹은 북부로 (뒤로) 당기려고 하는 것이다. 현재의 정치적·경제적 지형 속에서 각 블록은 화폐체제의 해석을 장악해야만 역할을 다할 수 있다. 하지만 어느 쪽도 상대방이 **없어지기를** 바라지 않는다. 북부 사람들은 자국의 수출산업을 위해 고정 환율을 소중히 여기는 반면, 남부 사람들은 낮은 금리를 원한다. 그들은 채무 상한선과 적자 한도에 대한 조약의 제한을 받아들일 각오가 되어 있다. 비상시에 동료 회원국들이 금융시장보다 외교적 압력이나 유화책에 더 민감하게 반응할 것으로 기대하기 때문이다.

---

28 특히 독일에서 현재 벌어지는 정치논쟁의 인상적인 실패는 유로존이 직면한 여러 문제를 심각하기는 하나 단일한 위기로 다루고 있다는 것이다. 은행이나 국가를 구제하기 위해 값비싼 지불을 함으로써 이 위기를 극복할 수 있지만, 이런 구제는 한 번뿐이어야 하는 것으로 가정된다.

적어도 남부가 여전히 수십억, 수백억 유로의 구제금융에 의존하고 있는 한 단일통화에 대한 '올바른' 해석을 둘러싼 논쟁에서 현 독일 정부와 그 동맹자들이 여전히 우위에 있다. 이런 상황이 계속되면, 남부 사람들은 북부가 위압적으로 해석하는 그대로의 신자유주의적 유럽 화폐체제에 맞게 자국의 정치·경제제도를 조정하는 것 말고 달리 선택의 여지가 없을 것이다.[29] 이런 조정과정이 어떤 결과를 낳을지는 아직 알지 못한다. 모든 것이 순조롭게 이루어지더라도 정치적 소요와 경제적 불확실성으로 가득한 긴 이행기가 수반될 것이다. 가령 그 결과는 남부가 북부식의 완전히 '유연한' 노동시장을 받아들여야 함을 의미할 것이다. 한편 정반대의 결말에서 독일인들은 어쩔 수 없이 자신들의 '파괴적인' 절약습관을 버리고 '이기적인' 수출 기반 경제를 포기해야 할 것이다.

그리하여 시장투쟁이 두 번째 문제, 즉 회원국들에 요구되는 제도'개혁' 문제로 옮겨진다. 북부는 경제적으로 우위에 있을 뿐만 아니라 여러 조약에 쓰인 언어와 유럽중앙은행에서 생겨나는 개혁-건전화 패키지에 호소할 수 있다. 한편 남부는 유로존 기관들과 유럽중앙은행의 이사회에서 다수 의견을 주장하는 동시에 유럽에 조화를 확립해야 하는 독일 정치계급의 사정을 지렛대로 활용할 수 있다. 확실히 양쪽 모두 자국의 정치경제적 합의의 심장부를 강타하는 개혁에 반대하는, 격렬하고 민주적

---

29 그럴 경우에 유럽중앙은행이 현재 시행하는 양적 완화 프로그램은 '남부의' 견해로 전환하는 것을 함축하는 게 아니라 단지 일시적인 수정을 의미할 것이다. 그 대가로 남부는 북부의 '개혁'을 강제해야 한다. 드라기 같은 사람에게서 정치적 확신을 포착할 수 있는 한, 그들은 남부에 유리한 체제 변화로 나아가기보다는 이런 방향으로 향하는 경향이 있다.

으로 정당한 저항을 중요하게 고려해야 할 것이다. 그 결과로 양립 불가능한 제도들이 공동통화체제 아래에서 영속적으로 나란히 존재할 수 있다. 이 시나리오에서 남부 사람들은 공공 부문 고용안정과 해고로부터의 보호를 지키는 한편, 북부 수출 기업의 고용주들은 '공장 차원의 동맹관계'를 포기하거나 경쟁력, 더 나아가 일자리를 위험에 빠뜨릴 수 있는 임금협상을 체결하려고 하지 않을 것이다. 남부는 생산성을 올리지 못하고, 북부 역시 비용을 올리지 못할 것이기 때문에 양자가 수렴하는 일은 없을 것이다.[30] 두 접근법이 벌이는 투쟁은 계속되고, 북부의 수출과 무역흑자 비중은 높아지는 한편, 남부에 가해지는 디플레이션과 합리화 압력은 계속 이어질 것이다.

그 결과는 유로존의 재정구조를 둘러싸고 알력이 지속되는 상태일 텐데, 이것은 세 번째 수준의 갈등으로 이어진다. 이 투쟁은 중앙정부와 주정부 사이의 재정 합의를 둘러싸고 독일에서 끝없이 계속되는 논쟁과 유사하다. 유럽통화동맹 안에서는 공유된 민주적 헌법이라는 지배적인 틀이나 한 민족국가 안의 공통된 제도들의 긴밀한 네트워크 같은 게 존재하는 않는 가운데 주권국가들 사이에서 벌어지는 갈등이라는 점이 다를 뿐이다. 또한 이 투쟁은 어느 정도 통합된 단일한 경제 안에서 벌어지

---

30 얼마 전에 독일 좌파(라퐁텐, 플라스벡)는 이 점을 인정하면서 독일 노동조합들이 단일통화에서 독일의 경쟁우위를 해체하기 위해 공격적인 임금정책을 채택하고, 남부 각국의 경제에 맞게 조정함으로써 필요한 수렴을 이끌어내는 데 기여해야 한다는 오랜 요구를 철회했다. 지금과 같은 형태의 단일통화를 폐지하라는 그들의 현재 요구는 이런 입장 변화에 따른 논리적 결과다. Heiner Flassbeck and Costas Lapavitsas, *Nur Deutschland kann den Euro retten: Der letzte Akt beginnt*, Frankfurt am Main: Westend Verlag, 2015를 보라.

는 게 아니라 각기 다르게 구성된 자본주의의 국가적 변형체들 사이에서, 그것도 변덕스럽고 감정적인 국제관계라는 매개물을 통해 벌어진다. 관련된 총액은 상당한 규모일 테고, 계속해서 만기가 도래할 것이다. 물론 남부에 요구되는 '구조개혁'이 실제로 실행되고, 영향받는 나라들이 20~30퍼센트의 디플레이션을 겪은 뒤 회복을 시작할 수 있겠지만 말이다. 이 모든 일을 거치고 남부 나라들이 아무 도움도 받지 않고서 북부 나라들보다 빠른 속도로 경제를 성장시킬 수 있다는 생각은 경제학자들만의 상상일 뿐이다.[31]

북부에서 얼마나 막대한 재정 이전을 해야 할 것인지는 확실하게 명시할 수 없지만, 우리는 이런 재정 이전이 북부와 남부 사이의 거대한 간극을 메우기에 충분하지 않을 것임을 확신할 수 있다. 여기에 그리스뿐만 아니라 스페인과 포르투갈, 그리고 아마 지중해 지역 전체까지 포함될 것이라는 점을 인식하면, 북부에 요구되는 지출은 그에 비례해서 적어도 1990년 이후 독일연방공화국이 새로 편입된 주들에 지불한 연간 자원 이전이나 제2차 세계대전 종전 이래 이탈리아가 남부 지역에 쏟아 부은 이전 규모에 맞먹을 것이다. 두 경우 모두 국내총생산의 4퍼센트 정도인데, 그 결과는 부유한 지역과 가난한 지역의 소득 격차가 더 커지는 것을 막는 수준에 머물렀다.[32] 유럽연합 예산으로 따져보면, 국내총생산의 1퍼센트에서 4퍼센트로 적어도 300퍼센트는 증가해야 할 것이다. 줄

---

31 개혁을 통해 수렴할 수 있다는 경제학자들의 믿음과 비교할 만한 것은 채무면제를 통해 수렴할 수 있다는 친유럽파 중도좌파의 믿음이다. 둘 다 똑같이 비현실적이며, 유토피아적 이데올로기를 경험에 근거한 의심에 대한 면역력을 주입하는 언어적 장치로 볼 때만 이해가 가능하다.

잡아서 추정해보면, 회원국들은 공공지출의 7퍼센트 정도를 브뤼셀로 이전해야 한다. 연방 예산이 공공지출의 절반 정도에 이르는 독일에서는 증가 규모가 약 15퍼센트는 되어야 할 것이다. 저성장과 전반적인 재정 압박의 시대에 말이다.[33]

이런 것들이 유로존의 향후 모든 국내 정치에 내재한 주요한 단층선이다. 인도적 근거에서 정당화될 수 있는 일회성 '구제 지불' 이외에 이전 지불이 정치적으로 실행 가능한 것은 유럽연합의 오래된 지역개발기금 Regional Development Funds을 크게 초과하지 않고, 수혜국이 자력갱생하는 데 도움을 주는 것으로 확실히 제시될 수 있는 경우뿐이다. 경화 환경에서 경쟁력이 떨어지는 국가 경제들에 대한 연대의 표시로 정기적으로 재분배적 현금을 투입하는 것은 더 열심히 일하라고 끊임없이 권유하는 북부의 능력주의 사회에서 지속될 수 없다. 또한 장기적으로 수혜국의 자존심과도 양립하지 못할 것이다. 일국적 수준에서 유럽 지역 정책이, 또는 국제적 영역에서 발전원조가 그런 것처럼, 결국 불필요한 존재가 되는 지원금의 경우에 지불 종료일에 관한 의문뿐만 아니라 원조가 투자

---

32 Wolfgang Streeck and Lea Elsässer, *Monetary Disunion*, 14쪽을 보라. 이전 정책의 전모를 이해하려면 유럽연합의 전략 지정학적 지향과 관련해서 보아야 한다. 유럽연합의 가입 승인 정책은 동쪽으로 갈수록 미국의 입김을 한결 강하게 받는다. 그리하여 세르비아부터 알바니아까지 발칸반도 전체에 대해 자원 이전이 필요할 것이다. 이 국가들은 모두 잠재적인 지원금 수혜자를 자임한다. 지중해 위기를 해결하는 것과 무관하게, 남부와 동부로 확장하는 데 따르는 문제와 비용에 관해 논의가 거의 없었다는 점은 주목할 만하다. 이 점에서 '과대확장'이 적절한 키워드가 될 것이다.

33 독일이—유럽을 두려워해서든 사랑해서든—스스로 노력해서 유럽의 경제적 불균형을 보상할 것이라는 생각은 소망적 사고를 완전히 새로운 수준으로 끌어올리는 것이다.

보다 소비에 쓰이고 있다는 비난도 있을 수밖에 없다. 임시 긴급원조로 정당화되는 이전이 사실상의 장기 원조로 변형되는 것을 막기 위해 공여자들은 원조 사용을 감독하는 권한을 받는 엄격한 조건 아래서만 원조를 제공할 것이다. 이렇게 되면 불가피하게 주권국가들 사이에 긴장이 생겨나고, 공여국이 제국주의 행세를 하면서 다른 나라의 내정에 간섭하고 민주주의를 훼손한다는 비난이 일어난다. 수혜국은 불충분한 지불과 정당성 없는 주권 파기에 대해 불평하는 한편, 공여국은 요청하는 액수가 너무 많고 부대조건이 불충분하다고 생각할 것이다. 그리하여 장래에 유로존의 국내 정책은 통제를 받는 조건으로 제공되는 화폐 축을 중심으로 돌아갈 것이며, 따라서 사방에서 민족주의적 선동에 따라 대중이 결집할 가능성이 무수히 많아질 것이다.

새로운 체계?

정치적인 것이든 경제적인 것이든 단일통화에 관해 긍정적으로 말하는 주장을 접해본 게 오래전 일이다. 폴라니라면 의심의 여지 없이 '경솔한 실험'이라고 일축했을 시도를 포기하는 데 반대하면서 현재 상태를 옹호하는 이들이 제시하는 유일한 근거는 해체의 결과를 예측할 수는 없어도 이미 영속적인 제도적 위기가 된 현실을 지속하는 것보다 더 나쁠 것이라는 점뿐이다. 이런 주장의 밑바탕에는 아마 유권자들이 대륙의 번영과 평화공존을 별 생각 없이 위험에 빠뜨린 데 대한 청구서를 내놓을지 모른다는 유럽 정치계급의 두려움이 자리하고 있을 것이다.

그러나 단일통화를 해체하는 비용이 그 지속에 찬성하는 주장보다 훨씬 오래 살아남을 수 없다. 일회성 지불—또는 심지어 남부에서 구조개혁을 초래하기 위한 일회성 디플레이션—로 현재의 곤경에서 빠져나간다는 북부의 기대는 경화체제에 어울리지 않는 사회구조에 대한 장기적인 지지를 바라는 남부의 희망만큼이나 확실하게 연기처럼 사라질 것이다. 한편 유럽의회로부터 범유럽적 민주주의가 샘솟아서 어떤 식으로든 구제에 나설 것이라는 통념은 환상임이 드러날 것이다. 그리고 오래 기다릴수록 환멸은 더욱 커지게 마련이다.[34] 그보다 훨씬 가능성이 희박한 것은 '고통'이 너무 커질 때까지 유로존 위기가 계속되게 내버려둠으로써 이런 민주주의를 달성할 수 있다는 꿈이다. 여기서 말하는 고통이란 남부가 겪는 경제적 고통이라기보다는 북부, 무엇보다도 독일이 겪는 도덕적·정치적 고뇌를 말한다.

각국의 정치체는 범유럽적 민주주의로 무모하게 돌진하기보다는 공격적인 민족주의 정당의 먹잇감이 될 가능성이 높다. 자리를 잃을까봐 전전긍긍하는 정치인들을 제외하고 유로가 주도하는 통합을 여전히 지지하는 이들은 남부의 중간계급들뿐이다. 그들은 북부 자본주의 자체가 내부에서부터 파열되는 와중에도 그 도움으로 사회민주주의적 소비자 낙원을 달성하는 꿈을 꾼다. 북부의 수출산업 또한 신용으로 자금을 조달하는 남부 사람들의 소비가 최대한 오래 유지되고, 또 저평가된 범유럽 통화의 경쟁우위가 지속되기를 바라기 때문에 유럽 통합을 지지한다.

---

34 Wolfgang Merkel, 'Is Capitalism Compatible with Democracy?', *Zeitschrift für vergleichende Politikwissenschaft*, 7 February 2015에 관한 논평인 8장을 보라.

하지만 실질적 의미의 수렴이 결정적으로 배제되고, 재분배를 위해 정기적으로 현금 투입을 해야 할 필요성이 완전히 분명해지면, 심지어 독일에서도 선거의 측면에서 현 상황이 지속되기는 불가능할 것이다.

이런 이유로—'전형적인 독일' 방식으로—단일통화체제를 신성시하고 거기에 포스트국가적인 구원의 기대와 속성을 지나치게 부여하는 것을 멈추는 게 중요하다.[35] 그러면 언제나 들먹이는 공포 시나리오—'유로가 실패하면 유럽이 실패한다'는 앙겔라 메르켈의 협박은 특히 지독한 사례다—가 필요 없을 테고, 단일통화가 정말로 무엇을 위한 것인지 생각하게 될 것이다. 목적에 이바지하지 못하면 그 **존재 이유**raison d'être 가 사라지는 경제적 수단에 불과함을 알게 되는 것이다.[36] 나는 『시간 벌기』에서 케인스가 원래 구상한 브레턴우즈 모델의 윤곽을 따라 단일통화를 개조하자고 잠정적으로 제안했다. 유로를 개별 국가 통화나 다국가 통화의 기축 통화로 삼고, 환율 조정 가능성을 포함해서 경제적 불균형을 상쇄하기 위한 합의된 기제를 갖추자는 것이다. 이렇게 하면 초국

---

35 단일통화가 평화를 보증해주기 때문에 필수불가결하다는 식의 주장이 그러하다. 유럽의 장기적 평화는 1945년에 시작되었는데, 단일통화는 1999년까지 출범하지 않았다. 각국의 통화가 유지되는 유럽 공동시장과 더불어 무엇보다도 나토와 냉전 때문에 유럽 나라들은 전간기와 대조적으로 평화를 유지할 수밖에 없었다. 이와 대조적으로 단일통화는 유럽에서 평화보다는 불화의 원인이 되었다. 그리고 유럽연합이 전반적인 평화유지에 공헌한다는 점에 관해서는 우크라이나의 사례를 고려할 때 공식적인 이야기의 유효성이 유지되기 어렵다. 우크라이나에서는 유럽연합을 동부로 더욱 확대하려는 '서구의' 계획 때문에 현재의 전쟁상태가 지속적으로 악화되어왔기 때문이다.

36 입에 담기 힘든 악선동인 메르켈의 경구(2010년 5월 19일)는 오늘날에도 광범위한 중도좌파 진영에서 교리로 간주된다. 메르켈 같은 친유럽파는 유럽의 문화적 전통과 자신들에게 책임이 있는 그릇된 정책 결정을 혼동한다.

가적 민주주의를 확립하는 데 도움이 되지도 않으면서 민주주의를 기진맥진하게 만드는, 단일통화에 함축된 '금본위제'가 사실상 끝날 것이다. 일반적으로 말해서 이렇게 되면 유로와 회원국들의 여러 통화가 나란히 공존하면서 공공연하게 고정 패리티 환율fixed, non-variable parities[1999년 유로존이 창설되었지만, 처음에 단일통화 유로는 실체가 없는 일종의 가상 통화였다. 정부기관이나 금융기관의 결재통화로만 쓰이는 유로는 각국 통화와 고정환율이 정해졌고, 이 패리티 환율을 기준으로 삼아 외환거래가 이루어졌다]이 존재하던 1999~2001년의 상황으로 돌아가는 셈이다. 차이가 있다면 지금은—외환시장이나 정부의 일방적인 개입이 아니라—조약으로 규제되는 과정에 의해 패리티가 수정될 수 있다는 점이다. 당시 나는 지금에 비해 전문적인 세부사항에 관해서 훨씬 알지 못했기 때문에 이 제안을 자세히 설명하지 않았다. 게다가 유럽을 통치하는 엘리트들은 결국 아무리 분열을 야기할지라도 통합 프로젝트를 완강하게 고수할 것이라고 확신했다. 결국 분열은 현실로 입증되었다.

그러나 2013년 이래 유연한 통화체제currency regime를 지지하는 놀랍도록 많은 목소리가 들리고 있다. 유연한 통화체제야말로 민주주의 정치로 하여금 내부적 평가절하보다 덜 파괴적인 수단을 통해 불균형을 바로잡게 만들 수 있기 때문이다. 국가별 통화로 복귀하는 방안에서부터 일시적으로나 영속적으로 병용통화를 도입하면서 자본통제를 결합하는 방안을 거쳐 케인스식 2중 통화체계currency system에 이르기까지 여러 제안이 나와 있다.[37] 유럽과 민주주의, 사회에 이익이 되는 방향으로 유럽 단일통화를 재건하는 문제에 함께 머리를 맞대고 생각을 할 긴급한 필요성을 알기 위해 굳이 '독일 마르크에 대한 향수'가 필요한 건 아니다.

원칙적으로 이 주제는 현재 존재하는 것보다 더 좋은 **글로벌** 화폐체계에 대한 시급한 탐색에서도 나온다. 현존하는 체계는 1970년대 초 브레턴우즈 체제가 결정적으로 해체된 이래 점차 기능장애에 **빠졌고**, 2008년에 세계 경제를 붕괴 일보 직전까지 몰고 갔기 때문이다.

유로의 실패는 전후 시기의 이례적으로 평화적인 상태에서 생겨난 환상—화폐란 무엇이고 어떻게 그것을 관리해야 하는지의 문제가 완전히 해결되었다는 확신—을 쫓아버리는 여러 사건들 중 하나에 불과하다. 새로운 글로벌 화폐·금융체제를 둘러싸고 벌어지는 토론은 이미 한참 때 늦은 것이다. 토론의 과제는 서로 대결하는 평가절하 화폐와 채무의 경쟁적 생산, 그리고 그에 따른 전략 지정학적 경쟁을 부추기지 않는 가운데 세계 경제에 참여하는 모든 사회의 발전을 다스리는 여러 제약과 조건을 공평하게 다룰 수 있을 만큼 충분히 유연한 체계를 고안하는 일

---

37 이 제안들과 관련된 문헌은 워낙 광범위하기 때문에 자세하게 언급하기 어렵다. 다만 '우파'와 '좌파' 모두에서 제안을 한다는 점, 그리고 통화동맹에서 탈퇴하는 비용의 적어도 일부라도, 애초에 명시적이든 암묵적이든 비현실적인 약속으로 연화 국가들을 통화동맹으로 유인한 나라들에 부담시킬 수 있는 방법에 관한 고찰도 포함된다는 점을 지적해야겠다. 특히 Heiner Flassbeck and Costas Lapavitsas, *Against the Troika: Crisis and Austerity in the Eurozone*, New York: Verso Books, 2015, 그중에서도 오스카 라퐁텐이 쓴 서론, 그리고 미국의 경제학자 앨런 멜처Allan Meltzer('Die Südländer brauchen ihren eigenen Euro', *Frankfurter Allgemeine Sonntagszeitung*, 16 November 2014), 안드레 텐 담André ten Dam을 중심으로 모인 네덜란드의 경제학자와 언론인들('마태 해법The Matheo Solution'), 프랑스의 경제학자인 자크 메지에Jacques Maizier와 파스칼 프티Pascal Petit('In Search of Sustainable Paths for the Eurozone in the Troubled post-2008 World', *Cambridge Journal of Economics*, vol. 37, no. 3, 2013, 513~532쪽), 그리고 누구보다도 볼프강 뮌하우Wolfgang Münchau('Why Smoke and Mirrors are Safer than Cold Turkey', *Financial Times*, 16 March 2015) 등이 지속적으로 기고하는 글들을 보라.

이 될 것이다. 의제를 꼽아보자면, 달러의 준비통화 지위 계승자 문제, 자본의 자유로운 이동에 한도를 정하기 위한 국가와 국제기구의 권한 강화, 그림자 은행shadow bank과 글로벌한 화폐와 신용의 창출 및 조정 가능한 고정 환율 도입 때문에 야기되는 대규모 혼란의 규제 등이 있을 것이다. 이런 토론은 전간기에 피셔나 케인스 같은 저자들이 내놓은 대안적인 국가적·초국가적 화폐체제에 관한 놀랍도록 풍부한 사유들로부터 단서를 얻을 수 있다. 우리는 그들에게서 최소한 화폐가 지속적으로 개조할 필요가 있는 끊임없이 발전하는 역사적 제도이며, 이론상으로만이 아니라 정치적 기능에서도 효율적인 것으로 판단되어야 한다는 교훈을 배울 것이다. 유럽 단일통화의 미래는 그리하여 자본주의를 위한—어쩌면 심지어 21세기 포스트자본주의 질서를 위한—화폐·신용체계에 관한 전 세계적인 토론에 종속된 주제가 될 수 있다.

또는 경우에 따라 아닐 수도 있다. 이제 어느 때보다도 더 자본주의의 격화되는 재생산 문제와 그것을 해결하는 데 필요한 집단적 에너지 사이에 그로테스크한 간극이 존재한다. 이런 간극은 화폐체계에 필요한 복구만이 아니라 노동력과 환경의 착취에 대한 규제에도 영향을 미친다. 따라서 우리에게 유로를 선물할 만큼 친절한 사람들이 우리를 그 결과로부터 보호해줄 수 있거나 심지어 보호하려고 진지하게 노력이라도 할 것이라는 보장은 전혀 없다. 마법사의 제자들은 유럽 자본주의를 신자유주의로 변형시키기 위해 전근대적인 사회적·반자본주의적 결점을 쓸어버리려고 집어 들었던 빗자루를 내려놓을 수 없을 것이다[마법사의 제자 이야기는 괴테의 발라드에서 빌려온 것이다. 마법사가 외출을 하면서 제자에게 일을 시키는데 제자는 빗자루에 마법을 걸어 일을 처리하려다가 마법을 푸는 법을 몰라 사고를 친다). 가까우면서도 그렇게 가깝지는 않은 미래에 유럽에서 가장 현실성 있는 시나리오는 경제적 불균형이 커지고, 민족들 사이에 정치적·문화적 적대감이 고조되는 것이다. 한편에서는 민주주의를 훼손하려는 테크노크라시의 시도에 측면공격을 당하고, 다른 한편에서도 새로운 민족주의 정당이 부상할 것이기 때문이다. 민족주의 정당들은 이 기회를 포착해서 점점 수가 많아지는 이른바 근대화의 패배자들, 즉 시장과 세계화를 끌어안은 사회민주주의에 의해 버림을 받았다고 느끼고 있는 이들의 진정한 옹호자를 자임할 것이다. 게다가 2008년이 되풀이될 가능성 때문에 끊임없이 위협받으며 살아가는 이 세계는 특히 독일인들에게 불편할 것이다. 한때 마음씨 좋은 이웃들에 둘러싸인 안전한 거주지를 제공하려고 했던 '유럽'을 내팽개치고 자기들끼리 살아남으려고 애를 써야 할 테니 말이다.

08

볼프강 메르켈의

「자본주의와 민주주의는 양립할 수 있는가」에 관한 논평

좋은 소식과 나쁜 소식이 있다. 그리고 간혹 그런 것처럼 나쁜 소식 안에 좋은 소식이 있다.[1] 나쁜 소식은 이제 주류 정치학도 무시할 수 없을 정도로 서구 자유민주주의의 위기가 뚜렷이 심해졌다는 것이며, 좋은 소식은 주류 정치학에서 실제로 그 위기를 주목하고 있다는 것이다. 더욱이 주류 정치학의 주요 대표자들은 이제 다름 아닌 제도주의를 뒤로한 채 앞으로(어쩌면 사실은 뒤로?) 나아가는 중이다. 제 이름에 걸맞은 민주주의에 관한 정치경제적 관점으로 나아가고 있는 것이다. 이제 민주주의와 자본주의는 선택이 아니라 필연적으로 다뤄야 하는 문제가 되었다. 일등당선제first-past-the-post냐 비례대표제냐, 영국식의 유명무실한 법안 거부권이냐 거부권 보장이냐, 다원통합형 민주주의consociational democracy냐 다수결 민주주의냐, 의원내각제냐 대통령제냐, 단일정부냐 연방정부냐, 단원제냐 양원제냐 등등의 문제만큼 무해하고 편안한 **유리알**Glasperlen 쟁점들이 정치학의 공식 저널들을 지배하는 지금, 좋은 시절은 지나갔거나 지나간 것처럼 보인다. 기본으로 돌아가자! 나는 메르켈의 주목할 만한 글에 담긴 메시지를 이렇게

---

1 이 장은 *Zeitschrift für Vergleichende Politikwissenschaft*, vol. 9, 2015, 49~60쪽에 처음 발표되었다.

읽었다.[2] 여기서 메르켈은 전후 정치학의 토대가 된 가정, 즉 자본주의와 민주주의는 같은 부류에 속한다는 가정 자체에 이의를 제기한다. 자본주의가 민주주의를 지지하고 필요로 하는 만큼 민주주의 역시 자본주의를 지지하고 필요로 하며, 양자는 영원한 예정 조화 속에서 함께 날개를 편다는 가정을 문제 삼는 것이다.

자본주의와 민주주의는 양립할 수 있을까? 논문 제목에서 던진 문제에 답하면서 메르켈은 지난 30~40년 동안 이루어진 역사적 상황 전개의 인상적인 목록을 제시한다. 그에 따르면 이런 상황 전개 때문에 자본주의 세계에서 민주주의의 유효성이 크게 감소했다. 그리하여 그가 던진 질문에 대해서 점점 양립이 불가능해졌다는 답이 나와야 한다. 메르켈이 자본주의를 '도전자, 즉 독립변수'로 명명하는 반면 '민주주의는 [그의 모델에서—지은이] 종속변수로 기능한다'고 보는 것은 정확한 진단이다.[3] 하지만 나라면 궁극 원인ultimate cause과 근접 결과proximate effect라는 좀 더 단순한 언어를 선호했을 것이다. 이쪽이 분명하면서도 정확하게 메르켈의 추론의 근저를 이루는 사회관계의 유물론적 이미지를 떠올리도록 만들기 때문이다. 특히 메르켈은 '사회적 시장경제'—그가 말하는 이른바 '한 층으로 내장된' 자본주의—가 금융화하는 과정에서 겪는 변형에 초점을 맞춘다. 이 과정은 1980년대에 시작되어 2008년 금융위기에서 당분간 정점에 다다랐다. 무엇보다도 메르켈은 규제완화와 사유화, 복지

---

2 Wolfgang Merkel, 'Is Capitalism Compatible with Democracy?', *Zeitschrift für vergleichende Politikwissenschaft*, vol. 8, no. 2, 2014, 109~128쪽.

3 Merkel, 'Is Capitalism Compatible with Democracy?', 111쪽.

국가의 축소, 신자유주의를 향한 관념의 선회, 글로벌 금융 부문의 성장, 국가 규제를 훼손시키는 한편 글로벌한 수준에서 규제를 발생시키지 못하는 국제적 경쟁, 노동자에 대한 주주의 승리 및 그와 관련된 계급 세력 균형의 기울기 등을 거론한다. 민주주의에서 나타난 결과들 가운데 메르켈은 다음과 같은 네 가지를 강조한다. 불평등과 빈곤의 증대로 야기된 비대칭적인 정치참여—정치과정에서 하층계급들의 배제—, 개방된 정치체에서 민주주의 정치가 경제적 불평등 증대를 저지할 가능성의 봉쇄, '시장에 순응하는 민주주의'(앙겔라 메르켈)로 변신하라고 금융화된 국가경제에서 각국 정부에 가해지는 압력, 세계화 아래서 의회를 희생시키면서 행정부로 의사결정 권한이 이전되는 현상.

메르켈의 목록에서 내가 제외해야 한다고 생각하는 것은 하나도 없다. 다만 나라면 몇 가지 점을 추가하고 일부 항목에 대해 강조점을 약간 바꿨을 것이다. 예를 들어 어떤 이는 분배갈등을 격화하고 빈곤층에 양보하려는 부유층의 의지를 급격하게 깎아내리는 전반적인 성장률 저하를 언급할 수도 있다. 또한 내가 보기에 국가와 정부의 약화에서 특히 중요한 측면에 대해 좀더 시간을 할애할 수도 있다. 소득을 세금이 낮은 관할구역으로 옮기거나 자본을 조세피난처로 이동시킴으로써 과세를 회피하는 것은 오늘날 부유한 시민과 기업들의 엄청난 능력이기 때문이다. 그 결과로 각국은 사회 하층으로 자원을 재분배하는 능력이 약화될 뿐만 아니라 세금의 누감적 성격이 커지고 재정이 부족한 국가의 부채가 많아진다. 이런 나라들은 조세 수입이 정체하거나 줄어들기 때문에 시민들에 대한 의무를 이행하지 못한다. 결국 시민들은 감소하는 공공서비스와 지원을 벌충하기 위해 사적 차입에 점점 의존한다. 게다가 공공부채가 증가하면 공공지출에서 채권자들에게 지불하는 이자의 비중이 커지면서 사회지출과 공적 투자에 압박이 가해진다. 그리하여 과두적 재분배는 국가의 신자유주의적 재건을 동반하며, 무엇보다도 공공 부문의 축소로 나타난다.[4] 공공이 빈곤해지면 과두적 박애oligarchic philanthropy가 등장할 공간이 열리면서 사적 부와 공적 영역 사이에 신봉건적 관계가 나타난다.

정치권력의 측면에서 말하자면, 현재 유럽에서 부채국가에서 건전화 국가로 진행 중인 이행을 보면 내가 현대 자본주의적 민주주의의 두 번째 유권자라고 확인한 금융시장이 첫 번째이자 원래의 유권자인 시민들에 대해 확고한 우위를 굳혔음을 알 수 있다.[5] 이런 맥락에서, 그리고 메르켈이 언급한 행정권력의 부상이라는 맥락에서, 나라면 주요국 중앙은행들이 어떤 종류의 민주적 통제도 받지 않는 유사주권적인 경제 정부quasi-sovereign economic government의 지위로 부상한 점을 더욱 분명하게 강조했을 것이다. 게다가 인플레이션을 부활시키기 위한 그들의 필사적인 노력이 지금까지 실패한 것을 보면, 신자유주의 혁명의 과정에서—자본주의 정치경제에서 권력의 비대칭을 때로 시정할 수 있는 정치참여의 또 다른 통로인—노동조합이 사실상 파괴되었음이 증명된다. 우리는 또한 중도좌파와 중도우파의 '대안은 없다There Is No Alternative: TINA' 정당들—'대안은 없다'라는 세계화 시대의 표어를 신봉하는 정당들—의 대연정을, 공식적인 정책 결정으로부터 차단된 이른바 '포퓰리즘' 운동들

---

4 이 책 4장 「유럽 건전화 국가의 부상」을 보라.

5 Streeck, *Buying Time*.

과 대항시키는 새로운 정치지형이 등장하는 모습을 목격한다. 포퓰리즘 운동은 정부가 될 가능성을 완전히 차단당하며, 또 기성 민주주의 정당들이 그들은 아무 대처도 할 수 없다고 말하는 상황 전개에 압박을 느끼는 이들에 대해 부적절하거나 비현실적으로 **반응하기** 때문에 제대로 **책임**을 지지 않는다고 쉽게 불신을 받는다.[6]

경고의 징후들이 정말로 넘쳐나는데도 현대 민주주의의 위기를 이해하고 그것을 제대로 진지하게 받아들이는 것이 왜 그렇게 어려울까? 내가 보기에는 너무 많은 이가 민주주의의 폐지에 관해 전통적인, 쿠데타 식의 견해에 여전히 집착한다. 선거가 취소되고, 야당 지도자와 반체제 인사들이 투옥되거나 망명을 강요당하거나 살해되고, 텔레비전 방송국이 돌격대에 장악되는 등 아르헨티나나 칠레의 모델로 민주주의의 위기를 바라보는 것이다. 사회 과목에서 사람들에게 각인된 것처럼, 민주주의 제도와 관련된 의지주의적 환상도 아주 강하다. '우리'가 목소리를 높이고 투표함에서 악당들을 몰아낼 수 있는 한, '우리 인민'이 우리 공동체의 상태를 책임진다. 만약 우리가 정말로 공동체의 변화를 원한다면, 자리에서 일어나 상황을 바로잡기만 하면 된다. 충분히 많은 수의 동료 시민들에게 우리의 불만이 타당하다는 점을 설득할 수만 있으면 된다는 식이다. 여전히 선거가 존재하는 한, 우리의 세계는 우리가 의도한 것이거

---

6 대체로 유권자들에게 국제 금융 투자자와 기타 투자자들의 요구에 저항하겠다고 약속하는 정치 지도자와 조직이 중도파 '대안은 없다' 정당들에 의해 '포퓰리즘'—'좌파'나 '우파', 두 딱지는 종종 호환된다—이라는 낙인이 찍힐 가능성이 가장 높다. 중도파는 자신들은 시장의 규칙에 충실하게 따르기 때문에 '책임성이 있다'고 자처한다.

나 '인민'이 바란 것이다. 볼프강 메르켈은 의미심장하게 여기서 벗어나 문제의 핵심은 민주주의와 사회구조의 관계이며, 무엇보다 자본주의 사회구조의 특수한 동학, 그리고 그것이 특히 사회 안에서 민주주의가 차지하는 지위와 유효한 범위에 어떻게 영향을 미치는가 하는 점이라고 말한다. 나는 바로 이 관계와 관련하여 우리가 이미 '하이에크식 시장 독재'로 가는 도상에서 많은 진전을 이루었다고 주장한 바 있다. 메르켈은 이런 전망이 '묵시록적'이라고 보지만 그럼에도 마지못해 동의하는 것 같다. 내가 현재 등장하는 신자유주의의 정치경제를 '하이에크적'이라고 규정하면서 말하고자 한 것은 스스로 부적절하게 된 상태, 외부로부터 가해졌을 뿐만 아니라 자초하기도 한 부적절성, 자본주의 경제와 관련하여 위축된 민주주의 정치의 보잘것없음, 즉 민주주의가 평등주의-재분배 능력을 상실한 탓에 경쟁 선거의 의미 자체가 의문시되는 선거에서 누가 공직에 선출되는지에 더는 아무런 영향을 미치지 못하는 상태다.

말하자면 메르켈의 질문을 약간 바꿔서 민주주의를 **현대** 자본주의와 양립하게 **만들 수 있는**가라고 묻는다면, 내 대답은 이렇다. 둘 사이에 만리장성을 세워야만, 그러니까 민주주의 정치의 재분배적 잠재력을 고갈시키는 한편 선거 경쟁에 계속 의존해서 평등주의의 왜곡으로부터 보호되는 자유시장의 결과를 정당화할 때만 가능하다. 하이에크식 민주주의는 자본주의 시장사회가 오래전에 민주주의의 통제에서 벗어났는데도 마치 '인민이 선택한 것'으로 보이게 만드는 기능을 수행한다. 내가 테크노크라시적-권위주의적 시장 독재라고 말하는 것은 사람들의 생활기회 life chances[집단이나 계급의 전형적인 구성원이 특정한 사회 내에서 기대할 수 있는 물질적 이익이나 불이익을 말한다]의 분배에 관한 결정을 시장의 힘의 '자유로운 작동'에 위임하거나, 달리 말해 이런 시장이 가장 잘 작동하도록 조직하는 데 필요한 기술적 지식을 총괄한다고 여겨지는 행정기관의 수중에 결정권을 집중시키는 정치경제체제다. 분배정치를 없애버림으로써 자유로워진 하이에크식 민주주의는 특히 자본주의 세계의 이국적인 경계선에서 국가 이익과 국제적 갈등에, 또는 경쟁하는 지도자들의 개인적 경쟁이나 사적 삶에서 나타나는 공적 스펙터클에 분주하게 몰두한다. 문화전쟁, '가족의 가치', 생활방식 선택, '정치적 올바름', 정치인의 나이와 성별, 정치인의 옷차림과 외모와 말투 등은 가짜 논쟁에 가짜로 참여할 기회를 끝없이 제공한다. 지루할 틈이 없다. 외무장관이 중동국가를 공식 방문할 때 남성 반려자를 동반해야 하는지[2009~2013년에 독일 외무장관을 지낸 귀도 베스터벨레Guido Westerwelle는 커밍아웃한 동성애자다], 여성 각료의 수가 충분히 많으며 요직을 많이 차지하고 있는지, 여성 장관들은 어린 자녀를 어떻게 돌보는지, 너무 무관심한지 아니면 지나치게 신경을 쓰는지, 공화국 대통령이 애인을 찾아갈 때 오토바이를 이용해야 하는지, 경제장관은 일주일에 몇 번이나 아침에 딸을 유치원에 데려다주는지 등등. 공적 공간이 이런 흥미로운 문제들로 채워지는 상황에서 그 누가 국제 금융 외교가 역외 금융과 그림자 금융 시스템을 유의미하게 규제하는 데 합의하지 못할 것이라는 빤히 예상되는 결과에 귀를 기울이려 하겠는가?

나는 자본주의가 발전하는 과정에서 현재 민주주의가 종언을 고했다는 메르켈의 진단에 전적으로 동의하지만, 메르켈이 자신의 주장을 개념적으로 수립하는 방식, 특히 그가 자신의 설명을 구조화하기 위해 구사하는 '모델' 언어가 약간 걱정스럽다. 민주주의와 자본주의가 양립 가능한지, 만약 그렇다면 어떤 조건에서 가능한지를 결정하기 위해 메르켈은 자본주의의 세 '유형'—'시장-자유주의', '조직되고 내장된organized and embedded', '신자유주의'—과 민주주의의 세 유형—'최소화', '내장된' 또는 '중도', '최대화'—을 구별한다.[7] 그는 메뉴판을 펼쳐 보이고는 자본주의와 민주주의에서 그가 생각하기에 서로 가장 잘 어울리는 모델을 하나씩 고른다. 예상되는 것처럼 각각 '내장된' 모델이다. 하지만 자본주의가 공동 내장joint embedding에서 빠져나와 신자유주의적이거나 금융화된, 이른바 영미식 자본주의로 변형됨에 따라 양자의 우월한 조합은 분명 결합이 해체되는 것을 막지 못했다(여기서 우리 시대의 정치적 문제는 자본주의가 다시 내장된 자본주의로 변형돼서 내장된 민주주의와 재결합하고 둘은 '죽을 때까지 행복하게 살았답니다glücklich und zufrieden bis an ihr lebensende'라는 동화식 결말을 만드는 것으로 정의된다).

이런 개념적 **달변**에서 걱정되는 것은, 최적화된 방식으로 함께 작동해서 바람직한 결과를 만들어내는 부품들이 이미 만들어져 있고, 지적인 설계자가 골라서 조립하기만 하면 된다는 이미지를 너무 쉽게 떠올리게 만든다는 점이다. 또는 테크노크라시적으로 독해하지 않는 경우에 의지주의적인 정치 개념이 생길 수 있다. 이런 정치에서는 전능한—카를 마르크스의 말을 비틀어보자면—이상적인 **집단적 시민**ideeller Gesamtbürger이 식견 있는 정치학자들의 도움을 받아 역사가 공급하는 제도적 재료를 가지고 어떻게 최적의 정치경제를 건설하는지를 고찰하고, 나아가서 최

---

7   Merkel, 'Is Capitalism Compatible with Democracy?', 112~113쪽.

선이라고 생각되는 바를 실행하거나 아무도 관심을 기울이지 않으면 통제 불가능해지는 것을 바로잡는다. 여기서 내가 빠뜨린 것은 (좀더 정확히 말하자면, 빠뜨린 것을 다른 독자들이 인식하지 못하고, 그 때문에 테크노크라시적-의지주의적 실행 가능성의 세계관에 빠져서 문제를 해결하기보다는 오히려 악화시킬까 걱정되는 것은) **계급**과 **권력**이라는 근본적인 정치의 범주다. 자본주의와 민주주의 둘 다 간략한 요약 개념이라는 통찰도 빠뜨렸다. 이 둘을 이해하려면, 사회계급들 사이의 근원적인 갈등과 사회 전체에 자신의 이해관계를 강제할 수 있는, 상이하고 역사적으로 변화하는 능력을 살펴보기 위해 두 개념을 분해하고, 풀었다가 다시 싸고, 해체했다가 재구성해보아야 한다.

요컨대 자본주의와 민주주의는 엔진과 조향 시스템같이 한데 결합하는 두 구성부품이 아니며 다른 쪽의 기술적 호환성에 의존하지도 않는다. 자본주의와 민주주의는 둘 다, 각각의 조합에서만이 아니라 개별적으로도, 지적 설계에 의해서가 아니라 계급의 정치적 능력의 분포에 의해 추동되는 역사적 과정 속에서 진화한 여러 계급과 계급적 이해관계의 특정한 지형이 낳은 결과물이다. 그리하여 전후의 민주적 자본주의는 솜씨 좋은 사회공학자나 사회에 관심 있는 시민들이 최적에 미치지 못하는 여러 대안 중에서 선택한 게 아니라, 당시 독특하게 강했던 노동계급과, 마찬가지로 유별나게 약해서 전에 없이 정치적·경제적으로 수세에 몰렸던 자본가 계급이 역사적으로 타협한 결과물이다. 전쟁의 패자들만이 아니라 승자들까지도 당시의 모든 자본주의 나라가 이런 타협을 이루었다. 대공황이 국제적으로 반향을 미치고 이후 세계 전체를 유린한 뒤 자본주의의 수렵 면허를 되찾기 위해 자본가 계급은 큰 대가를 치러야 했다. 정치적으로 보장되는 완전고용과 고용안정, 꾸준히 상승하는 번영, 소득 재분배, 보통 사람들에게 유리한 부의 기회와 생활기회, 강한 노동조합과 자유로운 단체교섭을 통한 직장 내의 사회적 보호와 포괄적인 복지국가를 통한 직장 밖의 사회적 보호 등을 약속해야 했던 것이다. 이 모든 내용은 말하자면 자유주의적 자본주의의 머리에 권총을 겨눈 채 교섭되었다. 자유주의적 자본주의는 사회민주주의와 마지못해 결합을 해야 했다. '자본주의의 여러 다양한 변종'의 미묘한 구분은 여기서 적용되지 않는다. 전후 일본은 노동조합원 비율이 80~90퍼센트에 육박했고, 미국의 점령으로 물러날 때까지 사회당 정부가 집권했다. 독일에서는 주요 자본가들이 투옥되었다가 한국전쟁이 발발하고 나서야 도움을 받으려는 미국에 의해 풀려났고, 기독민주연합은 1947년 당 선언에서 자본주의가 '독일 국민의 중대한 정치적·사회적 이익'에 위협이 된다고 단언했다.[8] 영국에서는 노동당 정부가 투표로 선출되어 국가 산업시설의 40퍼센트가량을 국유화했다. 미국은 여전히 뉴딜의 땅이었고, 광범위한 자본 통제, 금융 부문에 대한 고도의 규제, 강한 산업별 노동조합, 전 세계 전장에서 조국을 위해 군인-시민들이 바친 희생을 보상하기 위한 야심 찬 사회 프로그램 등이 존재했다.[9]

여기서 나는 이 합의—볼프강 메르켈이 말하는 이중 내장된 자본주

---

8 "자본주의 경제체계는 국가와 독일 국민 양쪽 모두의 결정적 이익에 기여하지 못했다. 그리고 범죄적인 권력정치의 결과로 정치·경제·사회가 끔찍하게 붕괴된 뒤, 이제 새로운 질서가 요구되며, 이 질서는 아래에서부터 건설되어야 한다. 이 새로운 사회, 경제질서의 내용과 목적은 이제 더는 자본주의적 권력과 이윤 추구가 되어서는 안 된다. 이 질서는 우리 국민의 복지 안에 자리해야 한다."

의-민주주의 합성물―가 대략 30년 동안 대체로 유지된 뒤 어떻게 무너 졌는지를 논할 수 없다. 메르켈이 말하는 것처럼 유럽의 내장된 자본주 의가 영미식 금융화의 방향으로 변형된 과정―신자유주의 혁명의 단계 적 진전―은 자본과 노동, 또는 한편으로 기동성이 점점 커지는 자본의 소유자와 통치자 및 다른 한편의 보통 사람들의 상대적 힘의 장기적인 변동으로 거슬러 올라간다. 바로 이 변동이 사회민주주의적인 전후 타협 의 바닥을 치워버렸다. 노동자와 보통 사람들이 자본가로부터 꾸준한 경 제적 향상과 보편적 사회보장('모두를 위한 복지!Wohlstand für alle!')을 약속 받는 대가로 시장과 사유재산을 복원하는 데 동의한 타협이 무너진 것이 다. 신자유주의적 전환의 밑바탕을 보면, 계급과 부의 구조, 생산양식, 정 치적 제약과 기회 등에서 나타난 오랜 변화의 궤적이 발견된다. 우연한 상황, 그리고 각 계급과 그 정치조직들이 가진 전략적 기술과 능력이 각 기 달랐다는 사실 둘 다가 이 변화에서 중요한 역할을 했다.[10] 여기서 중 요한 것은 지금까지 수십 년 동안 자본주의의 발전이 민주주의의 발전을 이끈 것이지 그 반대가 아니라는 점이다. 진보하는 자본주의는 전후의 민주적-제도적 억제를 돌파하고 새로운 정치경제 패러다임을 왕좌에 올 려놓았다. 아래에서 위로 향하는 재분배―승자에게는 더 많은 인센티브 를 주고, 패자에게는 더 가혹한 징벌을 가하는 것―를 통해 경제 진보를

---

9 아이러니하게도 자본주의하의 노동계급이 자본주의 정치경제에서 가장 효과적인 진전을 이 룬 것은 20세기에 양차 대전이 끝난 직후, 즉 1918년과 1945년이었다(Piketty, *Capital in the Twenty-First Century*).

10 『시간 벌기』에서 이 동학의 개요를 서술한 바 있다.

이룬다는 하이에크의 공식이 부자의 것을 가져다가 빈자에게 줌으로써 총수요를 떠받친다는 케인스의 처방을 밀어냈다.

　전후 민주적 자본주의의 타협이 이루어지는 배경이 된 잇따른 위기의 과정을 살펴보면, 메르켈의 모델화에서 시사하는 것에 비해 자본주의와 민주주의의 관계가 기계적이거나 부가적이라기보다는 변증법적이고 양도논법적이라는 인상을 피하기 어렵다. 계급과 권력을 고려하면, 민주적 자본주의 사회에서 국가, 정부, 정치가 모순적인 욕구와 요구를 수용하라는 지속적인 압력에 기본적으로 노출된다는 사실을 알 수 있다. 이 압력은 정치경제를 다스리는 제도에 대해 영속적으로 새로운 제약과 기회를 낳는다. 한편으로 시장의 힘의 자유로운 작동에 정치적으로 개입할 때만 민주주의 사회가 자본주의 경제에서 기대하는 집단적 이익을 끌어낼 수 있다. 다시 말해 현 정부가 정치적 정당성을 구축하는 데 도움이 되는 정치적 균형을 유지하기 위해 이윤 극대화라는 사적 악덕이 사회 진보라는 공적 이익으로 전환될 수 있다. 다른 한편, 경제성장이 매우 높은 특수한 상황을 제외하면, 민주주의에서 정치적 균형을 달성하는 데 필요한 시장의 사회적 교정은 자본 소유자와 투자자의 신뢰를 훼손함으로써 자본주의적 민주주의의 안정에 마찬가지로 필수적인 경제적 균형을 교란하는 경향이 있는 것 같다. 따라서 자본주의와 민주주의는 서로를 **지지하는 동시에 훼손하는** 것처럼 보인다. 민주주의 사회가 사적 자본축적의 집단적 이익을 거둬들이려면 경제적 균형이 필요한 반면, 사적 자본축적을 사회적으로 수용 가능하게 만드는 데 필요한 바로 그 정책 때문에 경제적 균형이 위험에 빠진다. 그리고 또한 자본주의에 대한 동의를 창출하기 위해 정치적 균형이 필요하지만, 경제적 균형을 위해 필요한 정책 때문에 정치적 균형이 위협을 받는다. 결국 자본주의 아래서 민주주의 정부는 체계 차원의 두 위기, 즉 정치적 위기와 경제적 위기 사이에서 딜레마에 직면한다. 한쪽 위기를 관리하면 어김없이 다른 쪽 위기가 다시 불이 붙어서 정치는 양쪽 사이를 오락가락할 수밖에 없다. 위기 순환 덕분에 재결집할 시간을 벌어서 가장 최근의 위기 해결 때문에 불가피하게 새로 생겨나는 새로운 문제를 다루기만을 바랄 뿐이다.

볼프강 메르켈은 완전히 비관적이지는 않은 어조로 글을 끝맺으면서 '현재와 같은 형태의 금융화되고 탈내장된disembedded 자본주의'를 종식시키는 한편, '정치적 평등이라는 정언명령을…… 진지하게 받아들이고' **공적 권력**pouvoir publique에 의한 '자율적인 규범'[11]의 설정을 허용하는, 최소주의를 넘어선 민주주의 개념을 복원하기 위한 '민주적 · 경제적 개혁'을 촉구한다. 누구도 여기에 반대할 수는 없지만, 이 개혁이 어디서 나와야 하는지 묻지 않을 도리가 없다. 정확히 반대 방향으로 움직이는, 이제 수십 년 묵은 경제적 · 정치-제도적 발전의 주된 흐름을 어떻게 뒤집을 수 있을까? 자본주의 스스로가, 보완물인 '내장된 자본주의'를 안정화하는 오래된 '내장된 민주주의' 대신 새로운 민주주의(메르켈의 용어로 하면 '최소화' 민주주의)를 건설하고 있는 상황인데 말이다. 이제 더는 정치를 진지하게 생각하는 데 익숙하지 않은 공중에게 민주주의의 혁신—자본주의 발전의 고유한 동학보다 민주주의 정치가 우선한다는 원칙의 재확립—을 기대할 수 있을까? 동성 결혼 합법화 투쟁, 모든 것의 상징적 '젠

---

11 Merkel, 'Is Capitalism Compatible with Democracy?', 126쪽.

더화', 그리고 싱글마더가 되는 순간 빈곤의 위험성이 가장 커지는 시기에 상층계급 여성들이 대기업 이사회의 상층계급 관리직으로 승진하는 것이, 믿기지 않겠지만, 사회민주주의 정당과 노동조합의 상징적인 정책 목표가 되는 현상 등 메르켈이 말하는 이른바 '진보적 민주주의 정치의 문화적 전환'의 기풍 속에서 수십 년 동안 재교육을 받은 지금에 와서? '책임성 있는' 카르텔 정당들[12]에 의해 정치적으로 도용당하는 민주적 대중은 진지한 정치에 얼마나 많은 관심을 기울일 의사와 능력이 있을까? 포스트포드주의적 소비주의와 포스트민주주의적 폴리테인먼트에 사로잡힌 상황에서 얼마나 많은 사람이 여전히 싸워서 쟁취해야 하는 집합재가 있다는 믿음을 부여잡고 있을까? 타인들과 공통의 이해관계를 확립하고 그것을 위해 조직하는 것과 반대로, 의기양양하게 경쟁적으로 역경을 극복하는 것이 문화적으로 가장 존경받는 기술이 되어버린—민주주의의 진지한 내용이 죄다 사라지고 정치가 알아볼 수 없을 정도로 사소해진—세계에서 민주적 참여는, 메르켈이 상기시켜주는 것처럼, 고래 구하기나 그와 비슷한 국지적인 개선과 너무도 쉽게 혼동된다. 정치적 갈등이 사적인 도덕적 확신의 공적 표현으로 대체되는 것이다. 탈정치화된 다원주의적 **자유방임**laissez-faire 아래서 정치적 참여는 도덕적으로 올바른 형태의 진보적 소비와 비슷한 것으로 바뀐다.

또한 볼프강 메르켈이 상상하는 역사적 전환에서 누가 추진력—한때 사람들 입에 오르내리던 '혁명적 주체'—이 되어야 하며, 기껏해야 권위

---

12 Mair, *Representative versus Responsible Government*.

주의적인 신자유주의적 테크노크라시로 나아가는 경로가 돌이킬 수 없을 정도로 굳어지기까지 우리에게 얼마나 많은 시간이 남아 있을까? 도대체 누가 민주적 개혁을 요구하고 밀어붙일 수 있을까? 가령 불안정 고용의 증대 추세를 끝장내고 역전시키고, 사유화를 중단하고 공평한 공공 서비스를 복원하며, 구글 같은 기업에 세금을 매기고, 시장에서 더욱 동등한 출발점과 기회를 만들기 위해 공적인 사회 투자를 증대하며, 노동 시간을 통제하고, 화폐의 생산과 규제를 더욱 투명하게 만드는 동시에 그 과두적 성격과 위험을 줄이는 개혁을 누가 강제해야 할까?

유럽에서 우리는 오직 초국가적 차원에서, 즉 유럽연합, 특히 유럽통화동맹을 민주화함으로써만 이런 개혁이 가능하다는 이야기를 듣는다. 물론 현재 유럽의 여러 기구를 지배하는 것은—국제 화폐산업이 각국 경제에 밀어 넣은 대출금을 꼬박꼬박 상환하기 위해—자기들 이름으로 현재 하고 있는 일을 시민들에게 숨기기로 공모한 각국 정부의 비밀결사다. 이 모든 일을 감독하는 것은, 인민의 민주주의적 압력에서 격리된 탓에 글로벌 금융의 동지들과 마음대로 손잡을 수 있는, 권력을 쥔 중앙은행이다. 적절하게도 유럽 유권자의 다수는 몇 년 동안 경제위기와 제도적 소요를 겪었음에도 2014년 유럽의회 선거라는 사기에 가담하기를 거부했다. 그러나 '유럽의' 오랜 영혼의 단짝인 융커와 슐츠Martin Schulz가 유럽연합 집행위원회 위원장직을 놓고 서로 **유력후보**를 자임하면서 벌인 익살극—각 진영의 박수부대는 이 연극을 두고 유럽 민주주의를 향한 획기적인 일보라고 찬양했다—은 '유럽'을 글로벌 기업들의 조세피난처로 설계한 주역이자 2005년부터 2013년까지 무엇보다도 유럽 은행을 구제하려 한 시도의 지휘본부인 '유로그룹' 의장을 지낸 인물이 '유럽 프로젝트'의 최고 관리자 지위로 승진하는 것으로 귀결되었다. 더군다나 '선거'가 치러진 다음 날 다름 아닌 위르겐 하버마스가 공개적으로 바로 이런 '유럽 프로젝트'를 요구하고 나섰다.[13]

악명 높은 은행 로비스트이자 글로벌 기업들의 은밀한 세금 고문을 '유럽'의 최고위직에 임명하는 것이 유럽 차원에서 현재 닿을 수 있는 민주적 개혁의 좋은 예라고 한다면―이것이 하버마스가 우리에게 알려주고자 하는 점임이 분명해 보인다―, 금융화된 자본주의에 대한 평등주의-민주주의적 통제를 다시 확립하려는 메르켈의 프로젝트와 관련해서 '유럽'이 도움이 될 가능성은 거의 없다. 메르켈은 우리가 결국 '총선거를 통해 공식적으로 과두제를 정당화하는' 결과를 낳지 않으려면 '민주적·경제적 개혁'이 필요하다고 말하면서도 자세한 내용은 전혀 말하지 않는다.[14] 따라서 그로서는 유럽연합에 대해 분명한 입장을 밝히지 않아도 된다. 물론 그렇지만 유럽연합은 분명 전후 서유럽 최초로 의도적으로 민주적 통제에 종속되지 않게 설계된 정치구조물로서 전후 자본주의가 신자유주의적 변형을 겪으면서 순조롭게 등장하게 된 체제의 초창기 선구자가 되었다.[15] 사실 수십 년 동안 '확대'와 '심화'를 거치고, 또 1980년대

---

13 'Jürgen Habermas im Gespräch: Europa wird direkt ins Herz getroffen', *Frankfurter Allgemeine Zeitung*, 29 May 2014를 보라. 한 가지 흥미로운 아이러니는 토마 피케티가 훗날 유명해진 저서를 출간한 직후에 융커가 위원장에 올랐다는 사실이다. 피케티는 이 책에서 자본주의하의 장기적이고 내재적인 불평등 증대를 바로잡기 위해 전반적인 부유세를 요구한다(Piketty, *Capital in the Twenty-First Century*). 지난해 치러진 '유럽 선거'의 익살극에 관해서는 Susan Watkins, 'The Political State of the Union'을 보라.

14 Merkel, 'Is Capitalism Compatible with Democracy?', 126쪽.

15 Mair, *Ruling the Void*.

와 1990년대에 '공급 중시' 경제정책을 채택한 오늘날의 유럽연합은 메르켈이 염두에 두는 식의 민주주의의 복원이 이루어져야 한다면 가장 시급하게 '개혁'되어야 할 기구가 되었다. 실제로 바로 이런 맥락에서 특히 독일의 중도좌파가 유럽연합에 새로운 헌법을 마련함으로써 유럽의 '민주주의 결핍'을 해결한다는 생각을 주고받는 중이다. 그 밑바탕에는 국가적 차원부터 초국가적 차원까지 민주주의가 자본주의를 따르게 만들어서 민주주의와 자본주의를 재결합하려는 기대가 깔려 있다.

만약 융커가 이 문제를 해결하지 못한다면, 유럽 헌법이 최초의 제정 시도가 완전히 재앙으로 끝났음에도 그 문제를 해결할 수 있을까?[16] 나는 '유로파'를 위해 헌법을 민주화하자는 이야기가 여전히 나올 수 있는 주된 이유는 이 기획의 최근 역사가 완전히 잊혔기 때문이라고 생각한다. 또한 헌법 주창자들은 누가 새로운 헌법의 초안을 작성하고 논의하고 토론할 것인지, 헌법에서는 무엇을 다루고 무엇을 제외할지, 그리고 융커나 그와 연결된 유럽 각국 정부가 글로벌 금융이 유럽 각국 경제에 강요하는 채무상환을 어김없이 지키느라 분주한 시기에 그 기적은 언제 작동하기 시작할지 등 가장 중요한 세부사항에 관해서도 모든 의문을 회피하는 데 거짓말같이 성공했다.

---

16 유럽연합에 헌법을 부여하려는 기획은 2001년에 당시 유럽연합 회원국들이 이런 취지로 결의안을 마련하면서 시작되었다. 그로부터 2년 뒤 각국 정부가 임명한 회의체가 작업에 착수했고, 2004년에 회원국들이 회의체에서 작성한 문서에 서명했다. '유럽 헌법'이라고 알려진 내용은 사실상 기존 조약들을 모아놓은 것으로 16만 단어 분량의 책자로 이루어졌다. 처음 작업이 시작된 지 5년 뒤인 2006년에 발효될 예정이었다. 유럽 통합에 관한 그 유명한 '묵인적 합의'가 여전히 남아 있던 시기였다. 유럽 헌법이 두 나라의 국민투표에서 지지를 받지 못하자 리스본조약Treaty of Lisbon으로 대체되었다(2010년 발효).

제헌의회는 어떻게 소집해야 할까? 결국 유럽 세계의 지스카르나 헤어초크 같은 각국의 명사들로 구성되었던 지난번처럼 각국 정부가 소집할까? 아니면 불과 얼마 전에 민주주의를 신자유주의에 팔아먹은 민족국가들과 그들을 진두지휘하는 가능성의 예술가들을 무시한 채 과거의 노동자농민평의회Arbeiter-und Bauernräte처럼 선출된 반란 시민들로 구성해야 할까? 아니면 그 사이의 어떤 주체들로? 그리고 어느 나라들을 초청해야 할까? 유럽통화동맹 회원국들만? 유럽연합 회원국 전체? 아니면 세르비아, 터키, 우크라이나, 조지아 등 참여 의사가 있는 나라들로 연합을 구성해서? 카탈루냐나 스코틀랜드, 코르시카, 플랑드르, 파다니아는 어떨까? 이 지역들은 그들이 (지금도) 속하는 각 민족국가의 대표단에 의해 대표되어야 하나, 아니면 독자적인 대표단을 구성해야 할까? 그리고 '유럽'에 저항하면서 점점 커지는 민족주의적 반대파를 어떻게 다뤄야 할까? 그들을 인정해야 하나, 배제해야 하나, 아니면 '유럽의회'에서처럼 **중용**juste milieu을 내세워 전술적으로 차단해야 하나?

이런 문제만 해결하는 데도 시간이 걸릴 테고, 혁명적 상황은 예외지만 적어도 혁명이 발생하는 데 그만큼 많은 시간이 걸리는 한편, 다음 문제는 무엇을 의제에 올릴 것인가 하는 점이다. 이민과 망명? 낙태와 '모두를 위한 결혼'? 교회와 종교의 헌법적 지위? 가능성은 없지만, 어쩌면 문화전쟁을 제쳐두고 우선 다음과 같은 정치경제적 문제에 집중하자는 합의에 도달할 수도 있다.[17] 사유재산의 보장 여부, '유럽'과 지방·지역·국가 구성원들 사이의 세입분배와 조세체계, 부유층이 가난한 국가 및 지역과 재정 유대를 하는 정도와 한계, 균형예산이나 부채 한도, 연방이 회원국의 재정 행동에 개입할 권리, 산업·지역 정책 체제, 금융시장과 노동시장 규제, 유럽연합 전역에서 생활조건을 균등화해야 하는 중앙정부의 책임의 정도, 사회보험체계의 통합 여부, 통일적인 연금 연령 설정 여부, 연합의 각기 다른 지역에서 똑같이 효과적으로 세금징수를 하는 방법, 그리고 가장 중요한 것으로 유럽 각국의 중앙정부와 지방정부, '독립적인' 중앙은행이라는 삼각형에서 화폐정책을 수행하는 방법.

민주주의는 **인민**demos을 필요로 할 수도 있고 아닐 수도 있다. 어쩌면 민주주의는 몇몇 **인민들**demoi을 아우를 수도 있다. 이 '인민들'은 '유럽 민주주의'를 초국가적 수준으로 이전하기를 갈망하는 일부 사람들이 오늘날 **데모이크라시**demoicracy(인민들의 지배)라고 부르는 것을 함께 구성한다. 하지만 그렇다고 해서 공통의 민주적 헌법은 한 무더기의 공통의 경험과 실천, 관점—권리와 의무의 공동 축조물을 세우기 위한 토대가 되는, 현재 상황이 어떠하고 무엇을 해야 하는지에 관한 공동의 이해—을 전제로 삼는다고 말하려는 것은 아니다. 민주적 헌법은 어느 날 갑자기 생겨나지 않는다. 심지어 1949년 독일 기본법Grundgesetz[서독 제헌의회에서 제정된 헌법. 통일을 염두에 두고 헌법이라는 명칭을 쓰지 않았다]이나 바이마르 제국헌법Reichsverfassung도 그렇게 생기지 않았고, 또 이 점에 관한 한 북아메리카 영국 식민지의 농장주 귀족들이 쓴 미국 헌법도 마찬가지다. 헌법은 시민들이 자신들의 역사와 가치, 열망과 타협, 그리고 그들 자신과 세계, 사물과 사람들이 그 안에서 움직이는 방식 등에 관해 배운 바를 반

---

17 가능성이 없다고 보는 것은 모름지기 문화전쟁은 정확히 정치경제로부터 관심을 돌리기 위해 부추겨지는 경향이 있기 때문이다. 다수 인민이 자신의 이해관계를 망각하게 만들기 위해 그들의 정념을 현실문제에 관해 어둠 속에 묻어두도록 선동하는 것이다.

영하는 것으로 인식할 수 있는, 쟁점과 이해관계의 합의를 대변해야 한다. 이런 합의가 도출되려면 시간이 필요하다. 공동체의 집단적 기억을 구성하는 복잡하고 다양한 재료들을 광범위하게 고찰하고 집단적으로 면밀하게 조사해야 한다. 가장 좋은 경우에도 '인민'이나 '인민들'에게 받아들여질 수 있으려면, 헌법은 무척 다른 경험과 기대와 역량과 관련되는 광범위한 쟁점을 하나로 묶어야 하거나, 어떤 이유에서든 정치공동체 전반에 일반화할 수 없는 가치와 실천을 특별히 보호하거나 집단적 간섭에서 면해주어야 할 것이다.

내가 아는 한 둘 이상의 민주적으로 구성된 '인민들'이 자발적으로 통합해서 다'인민'민주주의multi-demoi democracy를 형성한 사례는 단 하나도 없다. 근대 유럽 국가와 견주기 어렵고 그에 비교해서 매우 동질적인, 18세기 북아메리카에서 생겨나기 시작한 국가는 예외로 볼 수 있다. 20세기 말에 이르러 러시아의 지배라는 공동의 경험으로도 발트 3국인 리투아니아와 라트비아, 에스토니아를 연방 '데모이크라시'로 집어넣기에 충분하지 않았다. 모두 아주 작은 나라였는데도 연방으로 묶기가 쉽지 않았다.[18] 하지만 체코와 슬로바키아의 경우처럼 연방을 이루던 '인민

---

18 바로 이런 이유 때문에 발트 3국은 유럽연합과 나토에 가입하기를 열망했다. 어느 한 나라도 민주적 정당성과 국가 주권 주장을 다투지 못할 것이라는 전제, 아니 상황이 있었기 때문이다. 특히 유럽연합과 관련해서 발트국가들은, 몰타에서 룩셈부르크, 아일랜드에 이르기까지 대다수 다른 소규모 회원국들과 마찬가지로, 주권적 독립을 지속하게 해주는 가장 효과적인 보장책으로 간주한다. 독일의 친유럽파가 때로 유럽연합을 바라보는 시각, 즉 민족 정체성을 '유럽적' 정체성과 맞바꾸는 수단으로 보는 시각과 정반대다. 경제적으로 볼 때, 특히 작은 나라들은 글로벌 경제에서 자신들이 차지할 수 있는 틈새를 만들기 위해 필수불가결한 것으로, 또는 유럽 통화동맹에서처럼 큰 나라들로부터 '연대'를 끌어내기 위한 유력한 수단으로 주권을 생각한다.

들'이 각자 민주주의를 세우기 위해 결별하는 사례들은 있다. 연방을 '데모이크라시'로 만들 생각은 전혀 한 적이 없는 공산주의가 종언을 고한 뒤 구유고슬라비아의 '인민들'은 말할 것도 없다. (말이 나온 김에 얘기하자면, 미국에서는 연방이 수립된 직후에 주들 사이의 공통성 공급이 고갈되어 남북전쟁에서 다시 채워져야 했다. 남북전쟁을 계기로 연결되기 힘든 정치경제적 분열의 원천인 노예제가 공식적으로 근절되었다. 헌법을 진정으로 공유하는 가운데 참된 연방이 시작되었다고 한다면, 그것은 아이젠하워, 케네디, 존슨 등의 대통령이 주방위군 National Guard을 동원해서 남부 여러 주 교육체계의 공식적 인종분리를 종식시킨 100년 뒤의 일일 뿐이다.)

제헌의회가 마지막 순간에 유럽 단계에 접어드는 것이 민주화이고, 따라서 **위기를 해결하는 기계장치 신**crisis-resolving deux ex machina이라는 생각은 백일몽이며, 그것도 위험한 백일몽이다. 훨씬 더 시급히 해야 할 일을 외면한 채 관심과 에너지를 다른 쪽으로 돌리기 때문이다.[19] 유럽, 200년에 걸친 민족 건설 끝에 오늘날 현존하는 유럽은 유의미한 공동 헌법을 갖기에는 너무나도 이질적이다. '인민'이 부족할 뿐만 아니라 '인민들'이 너무 달라서 하나의 포괄적인 민주주의 정치체에 끼워 맞출 수가 없다. 남북전쟁 이전에 미국을 두고 '쪼개진 집은 무너질 수밖에 없다'고 한 에이브러햄 링컨의 유명한 경구는 유럽의 '데모이크라시'에도 적용되며 한층 더 들어맞는다. 유럽 민족국가들에서 여러 세기 동안 **계급투쟁**Kalssenkämpfe을 거치면서 진화된 노동시장의 관행, 기업 지배구조, 국가 전통 등이 특

---

19 오늘날 유럽의 '책임 있는' 지식인들은 이런 일을 오큐파이!Occupy!나 아탁ATTAC(시민지원 금융과세 운동연합), 시리자SYRIZA(그리스 급진좌파연합) 등에 위임하고 있다.

히 화폐·재정정책과 관련해서 매우 다양하기 때문이다. 얻기 위해 싸우고 교섭한 결과로 결국 나라마다 특수하고 무척 다양한, 근대 자본주의와 근대 사회의 접촉면에 새겨지게 된 여러 가지 합의가 존재하는 것이다.[20]

'유럽 헌법'을 만들려는 첫 번째 시도가 재앙으로 끝난 것은 결코 우연한 일이 아니다. 다시 시도한다고 해도 그 헌법은 해결하는 것보다 더 많은 문제를 괄호로 묶고, 온갖 예외조항과 유보권, 당대의 권력(우리는 그 주인공이 누구인지 안다)이 다루어야 하는 열린 문제들로 가득한 복잡하기 짝이 없는 테크노크라시 문서가 될 수밖에 없다. 마스트리히트 조약이나 리스본 조약이 그랬던 것처럼, 각국의 민주주의가 계속해서 조금씩 잘려 나가는 것을 막지도 못하고 오히려 부추기는 문서가 되어버리는 것이다. 문화전쟁과 정치경제적 다양성의 정치는 둘 다 메르켈식 '내장된 민주주의'를 향한 진전을 효과적으로 봉쇄하고 그 대신 유럽에서 등장하는 하이에크식 경제질서를 강화하는 데 기여할 것이다. 국가적 수준에서 민주

---

20 프리츠 샤프가 최근에 하버마스의 소르본 강연에 대한 답변에서 지적한 것처럼(Jürgen Habermas, 'Warum der Ausbau der Europäischen Union zu einer supranationalen Demokratie nötig und wie er möglich ist', Leviathan, vol. 42, no. 4, 2014, 524~538쪽; Fritz W. Scharpf, 'Das Dilemma der supranationalen Demokratie in Europa', Leviathan, vol. 43, 2015), 내가 유럽 각국 '인민들'의 **민주적 기득권**acquises démocratiques이라고 지칭하고 싶은 것에는 법 앞의 자유와 동등한 대우에 대한 자유주의적 보장(대략 메르켈이 민주주의의 최소한의 형태라고 부르는 것)을 훌쩍 넘어서는 것들이 포함된다. 무엇보다도 이 민주적 기득권은 또한 시장에서 나온 결과를 민주적으로 바로잡아주는—즉 **사회**민주주의로서의 민주주의를 제공하는—광범위한 정치경제적 제도로 구성된다. 우리는 또한 늦어도 1980년대에 유럽통합이 신자유주의적으로 전환된 뒤에는 이 민주적 기득권이 범유럽적인 **공동체 기득권**acquis communautaire[유럽연합의 법안과 관행을 통칭하는 표현]으로 곧바로 흡수될 수 없음을 배웠어야 했다. 그리고 민주적 기득권에 의존하는 이들의 이해관계를 거슬러서, 그리고 적어도 때로는 그들의 저항에 거슬러서 이런 시도를 한다면, 신자유주의적인 범용 시장체제로 희석될 위험이 압도적으로 높다는 사실을 알았어야 했다.

주의의 과다출혈을 막기는커녕 오히려 재촉할 것이다. 국제 자본주의에 뒤이어 등장하는 초국가적이고 광범위한 **애국헌법**verfassungspatriotische 민주주의는 위험한 키메라chimera다. 하버마스의 유럽 민주주의 프로젝트가 골드만삭스의 글로벌 금권정치 프로젝트에 의해 촉진되기는커녕, 전자는 의도치 않게 후자에 정당성을 제공하고, 결국 유용성이 다하면 버려지게 될 것이다.

자본주의의 유의미한 교정장치로 기능할 수 있는 민주주의를 복원하려면 어떻게 해야 할까? 초국가적인 '유럽' 안에 거기서 요구되는 종류의, 즉 지난 2세기 동안 유럽 민족국가들에서 어느 정도 성공적으로 확립된 종류의 사회적 응집과 유대와 통치능력이 전혀 없다면—초국가적인 수준에서 존재하는 것이라고는 융커들과 드라기들과 그들의 동료인 금융관리들뿐이라면—일반적인 답은 현대판 돈키호테처럼 민주주의의 척도를 자본주의 시장의 척도까지 연장하려 하기보다는 후자의 척도를 전자의 척도에 맞게끔 줄이기 위해 할 수 있는 일을 하라는 것이다. 자본주의를 민주주의 정부의 범위 안으로 다시 돌려놓고, 그를 통해 민주주의 정부를 절멸에서 구하는 것은 **자본주의를 탈세계화**de-globalize함을 의미한다. 이런 시도는 단순하며 그만큼 어렵다. 이것이 거대한 의제이고 어떤 면에서 보면 또한 아마 성공이 전혀 보장되지 않는 값비싼 의제일 것임은 부정할 수 없다. 하지만 적어도 쟁취하기 위해 싸울 만한 가치가 있는 목표일 것이다. **내장된 민주주의를 복원한다는 것은 또한 자본주의를 다시 내장함을 의미한다.** 이런 맥락에서 유럽통화동맹이라는 가엾은 흉물보다 민주주의를 파괴하지 않는 화폐체제를 생각하는 것이야말로 엘리트 성원들이 마땅히 땀을 흘릴 만한 일이 될 것이다.

09

현대 자본주의를

어떻게 연구할 것인가?

옛날 옛적에 사회학자들은 **현대** 사회는 **자본주의** 사회이며, 자본주의―특정한 종류의 경제―와 현대 사회가 별개가 아님을 알았다.[1] 지금도 진행 중인 2008년 위기를 겪으면서 우리는 경제와 사회가 자본주의 아래서 얼마나 깊숙이 서로 뒤얽혀 있는지를 상기했어야 마땅하다. 두 가지 함의가 두드러진다. 자본주의 경제는 굉장히 중요하기 때문에 경제학자들의 연구 대상으로만 남겨놓아서는 안 되고, 현대 사회는 자본주의 경제를 전혀 참조하지 않는 사회학으로는 이해할 수 없다는 것이다. 나는 사회학이 현대 자본주의를 이해하려면 20세기에 사회학을 창시한 인물인 탈콧 파슨스가 사회학을 위해 경제학과 학문적 분업을 교섭하기 전으로 거슬러 올라가야 한다고 주장한다.[2] 이를 위해서는 대표적으로 스미스에서부터 파레토, 마셜, 케인스, 슘페터에 이르는 고전 경제학자들의 사회학과 베버, 좀바르트, 모스, 베블런 같은 고전 사회학자들의 경제학을 재발견하는 게 도움이 될 것이다.

---

1 이 장은 2011년 9월 7~10일 제네바에서 열린 유럽사회학회 10차 총회 '소란스러운 시대의 사회적 관계' 중 '현대 자본주의 연구' 본회의에서 처음 발표되었다. 지면 발표는 *European Journal of Sociology*, vol. 53, no. 1, 2012, 1~28쪽.

2 Charles Camic, ed., *Talcott Parsons: The Early Essays,* Chicago: University of Chicago Press, 1991.

특히 **역사학파**Historische Schule의 제도경제학과 결정론적 경제학자와 반대되는 의미의 사회이론가로서의 마르크스에게 관심을 기울이는 것이 유용할 듯싶다. 이 사람들 모두에게서 배워야 하는 교훈은 **자본주의는 경제와 사회 둘 다를 나타내며**, 자본주의를 연구하려면 경제와 사회를 분리하지 않는 개념 틀이 필요하다는 것이다.

그렇다면 현대 자본주의를 어떻게 연구해야 할까? 첫 번째 답은, 경제가 아니라 사회로, 즉 오늘날의 표준 경제학 이론이 아니라 사회학 이론의 영역에 해당하는 사회적 행위의 체계이자 일단의 사회제도로 연구해야 한다는 것이다.[3] 사실 바로 이런 것이 19세기 정치경제학의 전통이다. 정치경제학 이론은 '경제'의 '운동법칙' 아래에 존재하거나 이면에 숨어 있는 행위자와 이해관계를 확인함으로써 경제적 관계를 사회적 관계로 변환하고 전자가 후자의 특수한 사례임을 보여주는 것이다. 경제를 사회로, 또는 사회적·정치적으로 세워지거나 '구성되는'[4] 것으로 다루는 견해는 '합리적 선택'이라는 경제학 제국주의 접근법인 사회를 경제로 다루는 견해의 반명제다. 실제로 내가 제안하는 접근법 역시 결국 일종의

---

3 앨프리드 마셜이 『경제학의 원리』에서 내린 경제학 이론의 정의와 혼동하지 말아야 한다. "정치경제학 또는 경제학은 평범한 인생사를 사는 인간에 대한 연구다. 경제학은 행복에 필요한 물질적 요건의 확보 및 사용과 가장 밀접하게 연결된 개인과 사회적 행위의 부분을 고찰한다. 따라서 한편으로 경제학은 부의 탐구이며, 다른 한편으로 더 중요하게는 인간 탐구의 일부분이다."(Alfred Marshall, *Principles of Economics*, Amherst, NY: Prometheus Books, 1997[1890], Introduction[국역: 알프레드 마셜 지음, 백영현 옮김, 『경제학원리』 1·2, 한길사, 2010]). 이 책의 초고를 읽은 너그러운 한 독자가 이 내용을 참조하라고 귀띔해주었다.

4 Jens Beckert and Wolfgang Streeck, *Economic Sociology and Political Economy: A Programmatic Perspective*, MPIfG Working Paper 08/4, Cologne: Max Planck Institute for the Study of Societies, 2008.

제국주의에 해당하지만 그 방향은 정반대로 사회학에서 경제학으로 나아간다.

우선 정의에서 시작해보면, 자본주의 사회란 개인의 효용 계산에 의해 추동되는 시장에서의 자유로운 계약적 교환을 통해 사회의 물질적 공급을 화폐 단위로 측정되는 사적 자본축적과 연결한다는 의미에서 경제를 자본주의적 방식으로 만든 사회다.[5] 이런 사회는 자본주의 사회 또는 자본주의하의 사회라고 부를 수 있다. 사적으로 전유專有되는 자본의 성공적인 축적에 사회의 지속을 의존하기 때문이다. 어떤 사회를 자본주의 사회라고 부르는 경우에 또한 하나의 사회로서 그것이 경제를 다스리는 사회관계가 종래의 비자본주의적 사회관계로 침투해서 장악할 위험에 처한 사회라는 함의가 들어 있다. 마르크스 정치경제학에 대한 지나치게 단순한 독해로 생각되는 견해나 '역사유물론'의 경우와 달리, 자본주의 사회에서 자본주의 경제의 헤게모니적 경향을 지적한다고 해서 마치 '하부구조'가 '상부구조'를 지배하듯이 '경제'가 언제나 사회의 지배적인 '하위체계'임을 함축하지는 않는다. 다만 우연히 이렇게 될 수 있고, 또 앞으로 밝혀질 것처럼, 사회적 삶이 자본주의 경제의 조직원리에 점점 포섭되는 것이 자본주의하의 삶에 고유하고 항상 존재하는 위험이며 이 위험에 정치적으로 대항해야 함을 함축한다.

오늘날의 정치경제학 이론은 대체로 두 종류 중 하나다. 우선 첫째로,

---

5 더 광의의 개념이라면, 생활의 체계적인 개선, 개인의 자유, 기술의 자연 지배로 나아가는 근대성의 문명적 원동력을 한편으로 하고, 시장교환의 소유적 개인주의를 다른 한편으로 하는 근대 자본주의의 역사적 연계가 강조될 것이다.

자본주의는 부를 창출하는 기계로 이해되는 사물화된 '경제'로 축소된다. 이 기계는 매우 비밀스러운 독특한 자연법칙에 따라 작동하기 때문에 경제학이라는 특별한 자연과학이 필요하다. 정치는 마치 블랙박스처럼 외부로부터 경제에 작용하면서 올바른 투입을 제공함으로써 원하는 산출을 만들게 한다. 둘째로, '경제'는 자력으로 움직이지 못하기 때문에 어느 정도 숙련된 기술적 조작을 해야 하는 대상이 아니라 경쟁하는 집단의 이해관계라는 형태로 정치를 위해 투입을 생산하는 존재로 나타난다. 이 이해관계는 효율적인 경제관리의 기능적 정언명령으로 나타나며 정치적으로 판결을 받아야 한다.

이 두 접근법 중 어느 것도 현대 자본주의의 본성을 정당하게 평가하지 못한다는 게 나의 주장이다. 무엇보다도 자본주의 사회와 자본주의 경제의 경계선이 두 접근법에서 가정하는 것만큼 고정되어 있지 않을뿐더러 실제로 지속적인 논쟁의 대상이기 때문이다. 자본주의 사회 또는 자본주의 경제가 존재하는 사회는 현재를 기준으로 그 **경제적 사회관계**, 즉 생산과 교환의 특정한 관계가 **비경제적인 사회관계**와 어떻게 연결되고 상호작용하는지를 해결해야 하는 사회다. 그 이유는 앞서 말한 것처럼 특히 경제적 사회관계가 그 사회적 맥락으로 확대되고 지배적으로 되는 내적인 경향이 있기 때문이다. 이런 이유만으로도 자본주의는 사회 외부에 사회와 동떨어져 존재하는 경제체계의 정적이고 초시간적인 이상형이 아니라, 무엇보다 사회적인 것과 경제적인 것 양자의 관계와 관련된 **역사적 사회질서**로 연구되어야 한다. 19세기 초에 서유럽에서 존재를 인정받은 이래로 계속 진화해온 사회질서로 보아야 하는 것이다. 이렇게 보면, 경제학 이론에서 경제적 편의를 위한 기술적 조정이나 어느 정도

전문가의 통제에 어울리는 가변적 속성을 지닌 인과적 구조로 표현되는 것은 제도적 제약과 기회, 기대, 권리, 자원과 권력 등이 사회적·역사적으로 구성된 역동적 복합체로 인식할 수 있다. 이 복합체는 자신을 둘러싼 사회, 즉 사회의 권력과 지위와 생활기회의 분배, 사회의 행동 성향과 능력, 사회적 정체성과 생활방식 등에 원대한 영향을 미친다.

오늘날에는 현대 자본주의에 관한 일반이론이 전혀 보이지 않는데, 따라서 나는 현대 자본주의하에서 경제적 사회관계와 비경제적 사회관계 사이의 **상호작용**Wechselwirkung에 관한 네 가지 도해만을 제시하고자 한다. 내가 제시하는 네 가지 스케치 또는 삽화는 각각 자본주의하에서 경제와 사회가 맺는 관계의 각기 다른 측면을 다룬다. 여기서 경제적 관계는 더 포괄적인 사회관계를 지탱하는 동시에 전복하는 방식으로 그 안에 끼워 넣어진 특별한 종류의 사회관계로 여겨진다. 각각의 경우에[6] 나는 경제적 관계를 자세히 들여다보면 결국 사회관계임이 드러나는 반면, 사회-정치-문화적 관계는 그 밑바탕에 놓인 자본주의 경제질서와의 상호작용에 의존할 때만 완전히 이해할 수 있다는 점을 보여주고자 한다.

우선 자본주의를 **내생적으로 동적이고 동적으로 불안정한** 사회체계, 즉 팽창 성향이 있고 팽창에 의존하며, 대개 이런 이유 때문에 특히 오늘날 위태로운 상황에 처한 체계로 다루어야 한다고 주장할 것이다(**역사로서의 자본주의**). 둘째, 흔히 그러하듯 자본주의 경제를 물질적 희소성에 대응하는 합리적 행동의 체제로 이해하면, 사회적으로 생겨나고 유지되는 **상상,**

---

6   더 많은 사례가 추가될 수 있으며, 어떤 체계적인 순서에 따라 선택한 것은 아니다.

기대, 꿈, 약속이 현대 자본주의 사회에서 하는 역할을 과소평가하게 됨을 보여줄 것이다. **자본주의**는 하나의 문화일 뿐만 아니라 자본주의 **경제도** 문화다. 셋째, 자본주의가 민주주의와 결합될 때 생겨나는 갈등과 관련해서, 나는 자본주의 **사회**에 속하는 **도덕경제**와 자본주의 **경제**에 속하는 **경제적 경제** 사이의 기본적인 긴장에 의해 움직이는 정치체계 또는 **정치체**로서 자본주의를 논의할 것이다. 여기서 경제적 경제 또한 궁극적으로 일종의 도덕경제이며, 다만 자본 소유자들의 도덕경제일 뿐이다. 나는 전후 성장기가 끝난 이래 두드러지게 나타난 연속적인 경제적 불균형의 책임은 정치적인 관리 부실보다는 이런 긴장에 있다고 생각한다. 넷째이자 마지막으로, 여성의 노동시장 참여, 가정생활, 출산, 그리고 육아와 관련된 시장과 국가의 역할 변화 사이의 관계를 사례로 살펴보면서 시장팽창, 사회적 생활세계의 구조와 집단적 가치, 정부의 사회정책 사이의 다원적 상호작용에 의해 형성되는 생활방식으로 자본주의를 이해해야 한다고 주장하고자 한다.

역사로서의 자본주의

오늘날 정치경제학의 여러 연구에서는 자본주의나 그 '다양한 변종'을 효율성과 경제적 성과, 또는 이와 비슷한 여러 목표를 추구하면서 서로를 안정시키는 보완적 제도들로 이루어진 자기균형적 체계self-equilibrating system라고 설명한다. 정치는 '시장경제'로 이해되는 각 유형의 자본주의가 최적 상태로 작동하도록 해주는 제도들의 집단적 설계와 유지로 관여한다.[7] 이런 설명은 스미스와 마르크스에서부터 슘페터[8]와 케인스에 이르기까지, 내생적 동학과 결정적인 불안정성, 지속적인 변화를 강조하는, 자본주의와 자본주의 사회에 관한 전통적 설명과 극명한 대조를 이룬다. 나는 전후 시기의 어느 때보다도 더 오늘날 이런 전통적인 설명이 타당하다고 주장한다.[9]

자본주의는 예나 지금이나 항상 자본축적, 또는 현대적인 표현으로 하면 경제성장에 관한 것이다. 성장은 시장의 팽창이라는 형태로 이루어지면서 전통적인 사회적 교환의 관계를 화폐경제 안으로 포섭하고 호혜성의 관계를 교환경제 관계catallactic relations로 대체한다.[10] 로자 룩셈부르크는 제국주의에 관한 저술에서 말 그대로의 의미를 넘어서 이 과정을 '토지수탈'이라고 지칭했다.[11] 시장팽창을 통한 자본주의적 토지수탈은 사회구조와 사회적 삶의 심대한 변형을 수반한다. 바로 이런 의미에서 마르크스주의의 토대를 세운 문서인 『공산당 선언』에서 부르주아지

7 Peter A. Hall and David Soskice, 'An Introduction to Varieties of Capitalism.' In: Hall, Peter A. and David Soskice, eds, *Varieties of Capitalism: The Institutional Foundations of Comparative Advantage*, Oxford: Oxford University Press, 2001, 1~68쪽.

8 특히 Joseph A. Schumpeter, 'The Instability of Capitalism', *The Economic Journal*, vol. 38, no. 151, 1928, 361~386쪽을 보라.

9 Wolfgang Streeck, *Re-Forming Capitalism: Institutional Change in the German Political Economy*, Oxford: Oxford University Press, 2009; Wolfgang Streeck, 'Institutions in History: Bringing Capitalism Back In'. In: Campbell, John et al., *Handbook of Comparative Institutional Analysis*, Oxford: Oxford University Press, 2010, 659~686쪽; Streeck, 'E Pluribus Unum?'

10 Karl Polanyi, 'The Economy as Instituted Process'. In: Granovetter, Mark and Richard Swedberg, eds, *The Sociology of Economic Life*, Boulder, Co: Westview Press, 1992[1957], 29~51쪽.

는 인류 역사에서 가장 혁명적인 계급으로 언급된다.[12] 무엇보다 중요한 점으로 일단 자본주의 경제가 자리를 잡으면 자본주의의 팽창을 외부로부터 유발할 필요가 전혀 없다. 팽창 경향이야말로 자본주의의 근본적인 속성이기 때문이다. 자본주의라는 이름이나 그 화폐에 걸맞은 모든 자본주의는 필연적으로 전진하며, 언제나 내부로부터 앞으로 나아간다.[13]

자본주의가 자신이 속한 사회를 항구적으로 변혁한다는 사실은, 그 제도적 조직, 특히 자본주의가 경쟁—동료 인간들을 앞지름으로써 그들의 생계를 박탈하는 경쟁—에 부여하는 정당성에, 그리고 정당한 경제적 이득에 한계가 없다는 점에 깊이 뿌리를 내리고 있다.[14] 경쟁은 **두려움**으로 이어지는 한편, 무제한적인 이득은 **탐욕**을 부추긴다. 이 둘이 합쳐지면 자본주의 정치경제와 사회에 특징적인 끝없는 동요가 생겨난다.[15] 탐욕과 두려움은 또한 자본주의 경제의 뛰어난 혁신성에도 기여한다. 혁신은

11 Rosa Luxemburg, *Die Akkumulation des Kapitals: Ein Beitrag zur ökonomischen Erklärung des Imperialismus*, Berlin: Buchhandlung Vorwärts Paul Singer GmbH, 1913.

12 Karl Marx and Friedrich Engels, 'The Communist Manifesto'. In: McLellan, David, ed., *Karl Marx: Selected Writings*, Oxford: Oxford University Press, 1977[1848], 221~247쪽.

13 무엇보다도 바로 이런 이유 때문에 '세계화'는 자본주의 정치경제의 외부에 있는 힘이 아니다. 세계화는 자본주의 정치경제의 내부에서 생겨나며, 외부에서 비집고 들어오는 게 아니라 외부로 밀어붙인다(Streeck, *Re-Forming Capitalism*).

14 Wolfgang Streeck, 'Taking Capitalism Seriously: Towards an Institutional Approach to Contemporary Political Economy', *Socio-Economic Review*, vol. 9, no. 1, 2011, 137~167쪽. 자본주의를 동적 사회질서로 보는 이론의 미시적 토대에 관해서는 옌스 베커르트가 '자본주의의 4C', 즉 신용credit, 상품commodity, 경쟁competition, 창의성creativity에 관해 최근에 쓴 논문을 보라(Jens Beckert, *Capitalism as a System of Contingent Expectations: On the Microfoundations of Economic Dynamics*, Cologne: Max Planck Institute for the Study of Societies, Unpublished Manuscript, 2012).

경쟁에서 보호를 제공할 뿐만 아니라 수익성도 매우 높기 때문이다.[16] 자본주의는 또한 예측 불가능하며, 그 사회적·경제적 결과도 예측이 어렵다. 따라서 자유롭게 변동하는 상대 가격을 가진 자기조정 시장이 자본주의 경제를 다스리는 점을 감안하면, 지속적인 혁신은 사회관계에서 지속적인 **불확실성**을 낳는다. 상이한 유형의 경제적 자원을 소유한 이들의 사회적 지위와 생활기회가 상대 가격에 의해 결정되기 때문에 혁신과 그로 말미암아 변화하는 거래조건은 기존에 확립된 생활방식을 항구적으로 위험에 빠뜨리며, 결국 이 생활방식은 특정한 생산양식과 교환관계에 묶이게 된다.

자본주의의 팽창을 추동하는 또 다른 기제는 **신용**이다. 자본주의 경제는 현재의 생산에서 사용해야 하는 자원의 값을 미래 생산의 결실에 대한 권리 자격으로 지불할 수 있게 만듦으로써 작동한다. 금융 시스템이 미래 지불 약속을 현재의 구매력으로 전환해주기 때문이다. 금융 시스템에서 법원에 이르기까지 금융기관은 이런 약속이 지켜질 것을, 그리고 미래로부터 끌어온 아직 존재하지 않는 가상의 자원이 실제로 생산되며, 따라서 반환될 수 있음을 보증해야 한다. 하지만 상환 약속은 성장이 존재할 때만 지켜질 수 있다. 신용은 예상되는 성장일 뿐이다. 가령 평소보다 많은 수의 채무자가 채무를 이행하지 않는 등 어떤 이유에서든 상환

---

15 Dorothee Bohle and Bela Greskovits, 'Varieties of Capitalism and Capitalism "tout court"', *Archives Européennes de Sociologie*, vol. 50, no. 3, 2009, 355~368쪽.

16 Joseph A. Schumpeter, *Theorie der wirtschaftlichen Entwicklung*, Berlin: Duncker & Humblot, 2006[1912][국역: 조지프 슘페터 지음, 박영호 옮김, 『경제발전의 이론』, 지만지, 2012].

약속이 전반적으로 신뢰를 잃으면, 대출이 축소되고 성장도 쇠퇴한다.

토지수탈과 관련된 자본주의 성장의 동학에 대한 은유는 **경계 가로지르기**border-crossing다. 자본주의의 팽창 또는 발전은 이제까지 시장관계가 전무하던 곳에서 시장관계가 확립되는 것으로 이루어진다. 국경에서부터 가령 장기, 아동, 코카인의 판매를 금지하는 법률에 이르기까지 거래 영역을 비거래 영역으로부터 분리하는 사회제도는 구분선을 가로질러 경제적 교환을 확대하려고 하는 이윤 추구 행위자들의 압력을 받게될 것이다. 이런 관점에서 보면, 자본주의의 팽창이란 결국 사적이고 자발적-수평적이며, 계약적인 사회관계가 이미 정당성을 얻은 시장에서부터 여전히 호혜성이나 권위에 의해 다스려지는, 아직 시장화되지 않은 사회 영역으로까지 확대되는 것을 의미한다.[17] 이런 의미에서 경계 가로지르기를 가리키는 현재의 개념은 상업화나 상품화, 자유화다. 나는 현대 자본주의를 연구하려면 이런 종류의 과정을 우연이 아니라 근본적인 것으로, 그리고 제도변화와 역사발전의 원동력으로 인식해야 한다고 주장한다. 결국 이 과정이 자본주의 정치경제에서 분명히 나타나지 않거나 효과를 발휘하지 못한 경우가 있다면, 그것은 단지 확인할 수 없는 상쇄 요인들 때문에 일시적으로 중단되었기 때문이다.

자유화 압력이 만연해 있고, 또 경제적·사회적 관계를 변혁함으로써 무한한 이익을 추구하는 자본주의 혁신가들이 노력을 기울이기 때문에 자본주의 사회질서에는 영속적인 긴장이 발생하며 그 질서를 둘러싸고

---

17 Streeck, *Re-Forming Capitalism*; Streeck, 'Taking Capitalism Seriously'.

지속적으로 갈등이 벌어진다. 이번에도 역시 현대 자본주의 연구는 이런 긴장과 갈등이 간헐적이고 주변적인 게 아니라 정상상태이며, 원칙적으로 스스로 안정화하는 '시장경제' 안에서 쉽게 관리 가능한 것으로 생각해야 한다. 여기서 두 가지 사례를 간략하게 언급할 텐데, 하나는 시장세력과 시장에 대한 **사회적 규제** 사이의 불평등한 투쟁이고, 다른 하나는 **사회적 보호**를 둘러싼 싸움이다. 전자에 관해 말하자면, 시장은 생산과 교환의 확대된 연쇄에서 잠재적으로 만연할 기회주의에 대비하기 위해 온갖 종류의 규칙을 필요로 한다. 이런 이유 때문에 자본주의와 나란히 규제법이 성장했고 지금도 계속 성장 중이다. 어쨌든 시장 자본주의의 논리는 이기심의 추구를 허용하는 논리이며, 잠재적인 보상이 무제한임을 감안하면 거래자들이 공격적으로 이익을 추구할 것이라고 기대해야 마땅하다.[18] 그럼에도 이 체계에서 규제의 지위는 불확실하다. 자유시장의 토대를 이루는 이데올로기에서는 계약의 자유와 **매수자 위험 부담 원칙** caveat emptor이 경쟁자들의 정직성을 유지하는 데 기본적으로 충분하다고 가정되기 때문이다.

무엇보다도 규칙과 규제는 시장 참가자들을 정보 비대칭으로부터 보호함으로써 신뢰를 확립하기 때문에 시장의 작동에 대단히 중요하지만, 이윤 추구자들이 규칙과 규제를 피하거나 우회하려고 노력하는 것은 자본주의 경쟁의 본성에 속한다. 혁신적인 상거래만큼이나 불법적이거나 탈법적인 상거래도—양자는 종종 동일하다—더 위험하기 때문에 통상

---

18 Streeck, 'Taking Capitalism Seriously'.

적인 경로의 거래보다 수익성이 높은 경향이 있다. 이런 이유 때문에 진취적인 상거래업자들은 대체로 거래의 자유를 제한하는 규제를 비판하면서 상당한 지성과 창의성을 끌어모아서 규제가 아무 효과가 없음을 증명하려고 한다. 이기적인 영리기업들은 다른 누구보다도 자신의 거래를 잘 알고, 또 종종 상당한 경제적 자원과 정치권력을 휘두르기 때문에 대체로 그들을 규제하는 책임을 맡은 공공기관보다 더 빠르게 움직인다. 특히 민족국가 같은 기존 관할권의 경계를 가로질러 상거래가 이루어질 때는 더욱 차이가 난다. 이 때문에 현대 자본주의의 규제정책은 기본적으로 시장의 선도적 움직임을 따라가는 데 국한된다. 우월한 지식과 자원을 갖고 있기 때문에 선도 주자의 항구적인 이점을 누리며 대개 한 걸음 이상 앞서나가는, 매우 민첩하고 창의적이며 예측 불가능한 행위자들을 따라잡는 데 급급한 것이다.[19]

사회적 보호에 관해 보자면, 자본주의 경제에서 상대 가격은 사람들이 자기 삶을 그 가격에 적응시키는 능력이나 의지보다 빠르게 움직이는 경향이 있다. 사회적 관계와 기대, 지위 질서 등은 대체로 자유시장에 비해 느리게 움직이기 때문에 시민으로서의 사람들은 항구적인 조정을 압박하는 시장에 대항하여 자신의 사회적 존재를 안정시키기 위해 정치적 개입을 요구한다. 자본주의 발전의 역동성과 기존에 확립된 생활방식의

---

19 물론 이런 사실을 보여주는 주된 사례는 경제적 관계의 '세계화'다. 세계화에는 대체로 점차 효과를 상실한 국가적 규제를 이른바 '글로벌 거버넌스'로 대체하려는 필사적인 시도가 뒤따른다. 현대 자본주의나 규제정책을 연구하는 이들은 자본주의하에서 권위적인 규제기관을 세우는 것이 자발적인 거래관계의 역동적 성장에 뒤처지는 경향이 있다는 사실을 놀라운 일로 받아들여서는 안 된다. 이런 점은 실제로 이 짐승의 본성에 속하는 것으로 간주되어야 한다.

관성 사이의 이런 충돌이야말로 현대 자본주의에서 나타나는 정치의 요체다. 정치에는 많은 측면이 있으며 일부는 매우 복잡하고 심지어 역설적이기도 하지만, 그렇다고 해서 자본주의하에서 정치는 본질적으로, 칼폴라니가 자유화를 향한 '운동'과, 사회안정을 위한, 또는 시장과 사회변동의 방향을 집단적으로 통제하기 위한 '대항운동' 사이의 거의 마니교적인 투쟁이라고 정의한 것에 의해 추동되고 형성된다는 사실이 손상되지는 않는다.[20] 그리하여 생겨나는 한 가지 결과는 자본주의하에서 정치는 기본적으로 합의를 통한 경제적 효율성의 추구가 **아니라는** 것이다(홀과 소스키스의 연구에서도 마찬가지다).[21] 정치적 갈등의 핵심적인 쟁점은 효율성이 사회적 삶을 어느 정도까지 다스릴 수 있는지, 그리고 계약보다 의무에 의해, 자신에 대한 책임보다 타인에 대한 책임에 의해, 개인의 자발적인 노력보다 집단적 의무에 의해, 또는 개인적 효용의 극대화와 반대되는 신성한 것에 대한 존중에 의해 사회적 관계가 다스려지는 보호영역은 어디서 시작되는지 하는 것이다.

마지막으로 시장관계의 지속적인 확장을 통한 성장에 몰두하는, 내생적으로 역동적인 경제-겸-사회로서 자본주의를 고찰함으로써 우리는 사회변동의 **방향성이라는 제한된 개념**을 거시사회학 이론에 도입할 수 있다. 이 개념이 제한적이라는 것은 자본주의에 독특하다는 의미에서만이 아니라 폴라니의 경우처럼 변화의 방향이 자본주의의 운동과 보호적 또는 심지어 반反자본주의적인 대항운동 사이의 대결로 간주된다는 의미

---

20 Karl Polanyi, *The Great Transformation*.

21 Hall and Soskice, 'An Introduction to Varieties of Capitalism'.

에서다. 내가 제안하는 관점에서 개념적으로 말하자면, 변함없는 운동으로 이루어진 뉴턴적 우주상에서 벗어나 역사적 주기성과 불가역성('역사로서의 자본주의')을 고려할 수 있다.

더욱이 자본주의의 지속적인 팽창 논리에 초점을 맞추면 현대 사회의 수많은 **결정적으로 중요한 문제**에 관심을 돌리고 이 문제들을 각각, 그리고 사회구조와 관련지을 수 있다. 생존을 위해 상품화된 거래관계의 규모와 범위를 영속적으로 확장해야 하는 자본주의 시장경제를 지닌 사회 체계는 일정한 시점에서 진보를 가로막는 장애물에 부딪힐 가능성이 있으며, 토지수탈이 이미 오래 진행되었을수록 그 가능성도 커진다. 이번에도 역시 폴라니의 기본 개념들이 도움이 된다. 그가 말하는 세 가지 '허구적 상품'—노동·토지·자연[22]—모두가 오늘날 역동적으로 상품화가 진전된 결과로 위기에 처해 있는 듯 보이기 때문이다. '금융화' 과정에서 이루어진 화폐의 상품화는 교환과 가치 측정의 신뢰성 있는 수단으로서 그 집단적 지위를 훼손하고, 상업적 목적을 위한 자연의 황폐화는 바야흐로 우리가 생각하는 삶의 토대를 파괴하려 하고 있는 반면, 인간 노동력의 시장화는 풍부한 사회의 물리적 재생산이 공적인 관심사가 되어야 하는 시점에 이르렀다(이 점에 관해서는 뒤에서 더 이야기하겠다). 이 세 가지 측면 모두에서 볼 때, 하나의 사회체계로서 자본주의를 구성하는, **개인의 부 증대를 통한 성장**의 논리는 인간 사회와 인간 종을 잠재적으로 위협한다는 의심을 받게 되었다.

---

22 Polanyi, *The Great Transformation*, 68~77쪽.

문화로서의 자본주의

현대 정치경제의 대부분은 객관적으로 필요한 삶의 물질적 요건과 관련해서 객관적인 조건으로 **사물화된 희소성 개념**을 고수한다. 경제학 이론에서 욕구를 외부에서 주어지는 동시에 무한한 것으로 다룸으로써 비판적 질문을 차단하는 사정이 반영된 것이다. 이와 대조적으로 사회학은 욕구가 역동적이며, 특히 자본주의에서는 더욱 그러하다는 점을 오래전부터 알고 있었다. 삶에 '필요한' 것은 대체로 사회적으로 규정되며, 주어진 한 사회에서 사회적 삶을 영위하는 데만 필요하다. 또한 완전한 궁핍이라는 제한적인 경우를 제외하면, 희소성은 절대적이거나 무제한적이지 않으며 사회적으로 조건 지워지고 구성된다. 하지만 사회학자들은 대체로 경제학자들이 경제적 욕구와 열망의 사회적·역사적 성격을 무시한다고 비난하는 일을 삼갔다.[23]

　인간의 욕구가 고정된 게 아니라 유동적이고 사회적·역사적으로 조건 지워진다면, 희소성은 상당 정도 집단적 **상상**의 문제가 되며, 한 사회가 '객관적으로' 부유해질수록 더욱 그러하다. 무엇보다도 상상—물질적 필요성이 아니라 본래부터 역동적인 상상—이 경제적 행동을 움직인다는 통찰은 **경제생활의 문화적-상징적 차원**을 가리킨다.[24] 이 차원은 물론 기본적으로 사회적인 것이다. 이 점을 깨달으면 '경성' 경제학과 '연성' 사회학 사이의 경계선이 흐려지고, 경제에 대해 '구성주의적' 관점에서

---

23 사회학과 경제학이 결별하기 전에는 사정이 달랐다. 가령 소스타인 베블런(*The Theory of the Leisure Class*, New York: Penguin, 1994[1899])과 그의 과시적 소비 이론을 보라.

사회학적 질문을 던질 여지가 생긴다. 채무자가 의무를 다하려는 의지와 능력에 대한 '신뢰'(앞을 보라), 경제성장의 중요한 요건이 되는 투자자의 '확신'(아래를 보라), 또는 정치경제에서 전략적으로 중요한 집단들의 이해관계를 존중하는 각국 정부의 '믿음직한 약속'같이, 경제적 행동을 추동하고 통제하는 객관적인 조건을 대체하거나 보완하는 광범위한 문화적 구성물이 존재한다(앞을 보라). 표준 경제학 이론은 이런 요인들의 중요성을 인정하지만, '단단하고' 견고하며 '정말로 경제적인' 유인의 효과를 너무도 자주 왜곡하는 '비합리적인' 잔여적 영향의 형태로 마지못해 인정할 뿐이다. 또한 대체로 이 요인들을 사회적인 게 아니라 '심리적인' 것으로 이해한다. 그러면서 개념적으로 분명하지 않은 언어로 '공황panic'이나 '확신' 같은 정신상태의 원인을 '시장'이라 불리는 것에 돌린다.

하지만 거의 받아들이는 사람이 없는, 현대 자본주의 연구에 대한 매우 전도유망한 접근은 **소비**, 그리고 소비자 '욕구', 아니 더 정확히 말해 욕망의 진화에 초점을 맞춘다. 특히 여기서는 꿈, 약속, 상상된 만족 등이 전혀 주변적이기는커녕 오히려 중심적이다. 표준 경제학과 그 족적을 따르는 표준 정치경제학은 경제성장에서 신뢰와 소비자 지출의 중요성을 인정하지만, 소비자가 소비하게 만드는 욕망의 역동적으로 진화하는 성

---

24 이 절의 논의는 옌스 베커르트가 최근에 발표한 많은 논문에서 영감을 받았다. Jens Beckert, *Imagined Futures: Fictionality in Economic Action*, MPIfG Discussion Paper 11/8, Cologne: Max Planck Institute for the Study of Societies, 2011; Jens Beckert, 'The Transcending Power of Goods: Imaginative Value in the Economy'. In: Beckert, Jens and Patrick Aspers, eds, *The Worth of Goods: Valuation and Pricing in the Economy*, Oxford: Oxford University Press, 2011, 106~130쪽 등을 보라.

격은 제대로 다루지 않는다. 선진 자본주의 사회의 밑바탕에 항상 도사리고 있는 걱정은 시장이 어느 시점에 포화상태가 되어 지출이 정체하거나 감소하고, 설상가상으로 화폐로 정해진 노동유인의 효과도 줄어들 수 있다는 것이다. 부유한 자본주의 사회의 경제는 오직 거의 모두 물질적 최저 생활수준을 훌쩍 넘어서는 삶을 영위하는 소비자들이 새로운 욕구를 발견할 것이라고 확신할 수 있을 때만 성장을 계속할 수 있다. 역사적인 사회규범과 상상을 몰역사적이고, 전前사회적이며, 외생적으로 고정된 '생활필수품'으로 표현하는 현실주의-합리주의-물질주의적 경제 행동 개념이 지배하는 가운데 소비 성향이 현대 자본주의의 아킬레스건이 될 수 있다는 사실은 감춰진다.[25]

전후의 사회학이 소비에 대해, 그리고 소비주의 부상의 획기적인 중요성에 대해 알지 못했던 것은 아니다. 눈에 띄는 사례는 데이비드 리스먼David Riesman의 『고독한 군중Lonely Crowd』(1950)에 관한 유력한 분석이다.[26] 1960년대에 미국에서는 광고업의 발달에 관한 매우 대중적인 문헌도 있었다(가령 밴스 패커드의 『숨은 설득자The Hidden Persuaders』).[27] 소비자 사회에 대한 비판은 1960년대 말과 1970년대의 혁명적 시대에 정점에 다다랐는데, 당시에는 '소비 테러consumption terror' 같은 개념들이 대

---

25 Smith, *An Inquiry into the Nature and Causes of the Wealth of Nations*, 22쪽.

26 David Riesman with Nathan Glazer and Reuel Denney, *The Lonely Crowd: A Study of the Changing American Character*, New Haven, CT: Yale University Press, 1950 [국역: 데이비드 리스먼 지음, 이상률 옮김, 『고독한 군중』, 문예출판사, 1999].

27 Vance Packard, *The Hidden Persuaders*, New York: D. McKay Co, 1957 [국역: V. 팩카아드 지음, 한국생산성본부 편역, 『숨은 설득자』, 한국생산성본부, 1968].

중의 '허위의식'에 대한 진단에 반영되고, 좀더 소박하고 물질주의를 덜어낸 생활방식에 대한 호소와 결합되었다. 하지만 나중에 이런 주제들은 수십 년 동안 사라졌다. 아마 세계화와 새로운 정보기술의 시대에 소비주도 성장이 정말로 폭발적으로 증대한 현실을 마주하고 체념한 결과일 것이다. 또한 사회학은 과학적 인정과 전문화를 열망하는 한편 1970년대의 실패한 반자본주의와 절연하기 위해 훈계하는 것처럼, 즉 사람들이 하는 일을 '가치중립적으로' 분석하는 것과 반대되는 의미로 사람들에게 무엇을 해야 할지를 말해주는 것처럼 보이지 않으려고 기를 썼다.[28] 문화사회학이 여전히 소비를 연구하는 경우에도 표준 경제학이 경제적 욕구를 사물화하는 것에 의문을 제기하거나 그 주제를 자본주의나 그것의 경제적 팽창 요구와 관련짓지 않는다.

오늘날에는 객관적인 것이든 상상적인 것이든 경제적 필연성과 그 한계에 관한 논쟁이 강력하게 돌아왔다. 하지만 그 기원은 사회학보다는 생태학과 이단적 경제학자들 사이에 존재한다. 점점 더 많은 문헌에서 소비주의와 관계없이 행복으로 가는 길, 비물질적인 만족의 근원의 성격, 새롭고 포괄적이며 시장에 덜 의존하는 경제성과와 성장조치 등의 문제를 놓고 논의한다. 내가 아는 한 사회학자들, 심지어 경제사회학자들도 대부분 이 논의에 참여하지 않으며, 특히 이 문제가 현대 자본주의에 대해 갖는 폭발력을 파악하지 못하는 것으로 보인다. 사회학 저널들에는 남녀 임금 격차, 가사 분담, 노동시간 등에 관한 논문이 넘쳐나지만,

---

28 이런 점은 경제학이 합리적 선택이라는 틀 덕분에 규범적인 동시에 분석적일 수 있는, 또는 규범을 분석으로 치장할 수 있는 것과 흥미로운 대조를 이룬다.

30년 전보다 훨씬 부유해진 오늘날 사람들이 왜 더 오랜 시간을 더 열심히 일하는가라는 문제는 거의 금기처럼 보인다. 사람들이 왜 1970년대 이래 이루어진 생활수준의 향상을 그것을 낳는 데 필요했던 막대한 노력의 가치에 합당한 것으로 보는가라는 질문도 마찬가지다. 선진 자본주의 사회가 어떻게 하면 향후에 성장을 유지하는 데 필요한 노동 동기를 만들어내리라고 기대할 수 있는가라는 질문은 말할 것도 없다.

한 가지 가능한 대답은 부유한 사회에서 소비가 점차 비물질적 성격을 띤다는 사실인 것 같다.[29] 물리적 욕구가 대부분 충족된 가운데, 사람들은 **사용가치**use value와 구별되는 **꿈가치**dream value 때문에 점점 더 많은 상품을 사는 것으로 보인다. 가령 최신 유행 의류, 유명 상표 액세서리, 운동용품, 자동차, 와인, 복권, 해외여행, 골동품 등등. 부유한 나라의 국내 생산에서 점점 많은 비중을 차지하는 이 상품들은 대부분 또한 높은 신분가치status value를 갖는다. 덧붙여 말하자면, 특히 여성들의 경우에 자신의 노동력을 팔 수 있다는 사실 역시 마찬가지다. 게다가 상징재의 소비와 사회적 관계의 상품화에 대한 참여는 사회통합에 매우 중요해진 것처럼 보인다. 현대인의 삶을 구조화하는 데서 컴퓨터에 기반을 둔 '소셜 네트워크'의 역할이 점점 급속하게 커지는 현상을 보라. 오늘날 기

---

29 이런 맥락에서 미국의 공적 언설에서 '아메리칸 드림'의 경우처럼 '꿈'이라는 단어가 남발되는 현상을 주목하자. 지상에서 가장 소비주의적인 동시에 이른바 양키식 합리주의와 공리주의에 푹 빠진 문화라는 점을 염두에 두고 말이다. 미국에서는 어떤 정치인도 자기 자신과 동료 미국인들, 세계 전체에 대한 '꿈'을 갖고 있다고 거듭해서 고백하지 않고는 선거에 당선되지 못한다. 이런 현상이 종교적 경험과 흡사하다는 점은 쉽게 알아볼 수 있다. 오늘날 미국인들이 거의 사회적 의무처럼 꾸는 꿈속에서 무한한 소비가 '약속의 땅'을 대체한 것처럼 보인다.

업들은 광고에, 그리고 대중적 이미지와 아우라를 구축하고 유지하는 데 어느 때보다도 더 많은 돈을 지출하는 중이다. 시장이 포화된 상태에서 제품의 성공이 여기에 달려 있기 때문이다. 특히 쌍방향 인터넷 덕분에 가능해진 새로운 소통 채널이 기업들이 고객의 사회화와 양성에 지출하는 예산에서 점점 많은 비중을 흡수하는 것처럼 보인다. 오늘날의 자본주의 경제가 성공하게 하는 상품 가운데 점점 많은 것이, 만약 사람들이 지금과 다른 꿈을 꾸면 팔리지 않을 것이다. 따라서 사람들의 꿈을 이해하고 개발하고 통제하는 것이야말로 선진 자본주의 사회에서 정치경제의 기본적인 관심사가 된다.

사회학자들은 소비자 자본주의 초창기에 이미 탐구되었지만[30] 이내 포기된, 물질적으로 포화상태인 자본주의 경제가 성장능력을 유지할 수 있는 사회적 메커니즘이라는 주제를 거의 되살리지 못하고 있다. 오늘날 한층 커지는 생태적 압박, 과잉 팽창한 신용 시스템과 관련된 전례 없는 리스크, 사회조직을 점점 조여드는 압력 등에 직면해서 **비물질적인 경제적 욕구의 정치**가 정치경제에서 결정적인 전장으로 등장할 것이다. 자본주의는 기존의 욕구를 충족시키는 게 아니라 새로운 욕구를 유도함으로써 번성한다—즉 자본주의가 성장하려면 **양적인** 의미에서만이 아니라 **질적인** 의미에서도 항구적인 수요관리가 필요하다—는 오랜 진실이 점점 더

---

30 당시 소비자 자본주의의 새로운 사회적 형성과정은 '미들타운Middletown'에 관한 린드 부부의 연구서 두 권에 매혹적으로 반영되어 있다(Robert S. Lynd and Helen Merrell Lynd, *Middletown: A Study in Contemporary American Culture*, London: Constable, 1929; Robert S. Lynd and Helen Merrell Lynd, *Middletown in Transition: A Study in Cultural Conflicts*, New York: Harcourt, 1937).

중요해진다는 사실을 인식해야 한다. 지금이야말로 사회학이 다른 어떤 학문보다도 현대 자본주의 연구에 기여할 수 있는 가장 유리한 관점을 재발견해야 할 때로 보인다.

정치체로서의 자본주의

시장교환을 통해 스스로 물질적 부를 쌓는 비폭력적이고 문명화된 양식인 자본주의는 자유주의적인 반권위주의와, 그리고 민주주의를 요구하는 여러 민중운동과 손을 잡고서 봉건주의에서 벗어나야 했다. 하지만 자본주의와 민주주의의 역사적 결합은 언제나 불편한 관계였으며, 특히 초창기에는 서로에 대한 강한 의심으로 결합이 훼손되었다.[31] 자본가들은 민주주의가 지나치게 진전되어 빼앗긴 다수가 사유재산을 폐지하는 것을 두려워한 반면, 노동계급은 자본가들이 자유선거와 결사의 자유를 억압하는 방식으로 재산을 빼앗기는 사태를 막으려고 할 것을 걱정했다. 민주적 자본주의 또는 자본주의적 민주주의는 1945년 이후에야 산업화된 세계의 서쪽 지역에서 반쯤 안정된 정치경제체제가 되었다. 전쟁 직후 최소한 20~30년 동안은 케인스주의적 완전고용 정책과 확대되는 복지국가, 독립적인 노동조합 등이 높고 꾸준한 경제성장을 지탱하는 동시에 그 성장에 의해 지탱되었다.

---

31 이 절은 Wolfgang Streeck, 'The Crises of Democratic Capitalism', *New Left Review*, vol. 71, 2011, 5~29쪽[이 책 2장]에서 제시한 주장을 긴밀하게 따른다.

하지만 그렇다고 해서 민주적 자본주의에 긴장이 전혀 없었던 것은 아니다. 하나의 사회체계로서 자본주의적 민주주의는 서로 갈라지는 두 개의 규범적 원리에 의해 다스려진다. 한편에 있는 **사회정의**는 그 사회의 **도덕경제**에 속하며, 다른 한편에 있는 **시장정의**는 이른바 **경제적 경제** 안에 존재한다. 민주적 자본주의의 도덕경제는 사람들이 옳고 공정하다고 믿는 것을 반영하는 반면, 경제적 경제 또는 시장경제는 한계생산성, 그리고 이런 의미에서 극대화된 효율성에 근거해서 자원을 할당한다. 민주주의는 민주적 자본주의의 도덕경제에 응답하는 반면, 시장은 경제적 경제의 원리에 따라 기능할 때만 균형을 이룬다.

1960년대 말에 이르러 자본주의와 민주주의가 서로를 어느 정도 실질적으로 훼손하지 않고서는 나란히 작동할 수 없음이 분명해지기 시작했다. 각국 정부와 언론, 표준 경제학 이론이 시장정의가 실은 가장 높은 형태의 사회정의라고 시민들을 설득하기 위해 지속적으로 노력했지만, 점차 사회정의와 시장정의가 조화를 이루기 어렵다는 사실이 드러났다. 만약 한계생산성의 차이에 따라 공동체 생활을 조직하도록 보통 사람들을 재교육할 수 있다면, 자본주의가 내적으로 모순되거나 불안정해지지 **않고서도** 민주적일 수 있음은 사실이다. 하지만 지금까지 대부분의 인간 사회는 너무나도 쉽게 시장정의와 충돌할 수 있는 사회정의라는 전통적인 원리를 계속 고수한다. 누군가 '꼬박 하루치 일'을 하면 '꼬박 하루치 임금'을 받아야 한다, 나이가 들었다고 가난해져서는 안 된다, 누구도 굶주리거나 병에 걸려 방치되거나 거리에서 살아서는 안 된다, 고용된 노동자들은 경영진이 자의적으로 권한을 행사하는 경우에 모종의 정당한 법 절차에 호소해야 한다, 고용주는 노동자를 해고하기 전에 사전에 통

고해야 한다는 등의 사고가 대표적인 예다.[32]

자본주의가 아직 대중적인 사회정의 개념을 효율성 이론의 시장정의 통념 안으로 녹여 넣지 못하는 한, 자본주의와 민주주의 또는 시장과 정치는 서로 계속 간섭하게 될 것이다. '경제법칙'과 '건전한 경제관리'가 민주적인 도덕적 권리 주장의 충족을 방해하는 것처럼, 도덕경제가 경제정책으로 침입하면 이윤 압박의 형태로 알려진 효율성 요금을 경제로부터 뽑아낸다. 그 결과, 정부는 똑같이 받아들이기 쉽지 않은 두 선택지 사이에서 선택을 강요당하는 위험에 지속적으로 직면한다. 경제적 안정과 성과를 희생해서 민주적 정당성을 지키거나 건전한 경제정책을 내세워 사회정의에 대한 대중의 권리 주장을 봉쇄해야 하는 것이다. 대체로 이 문제는 딜레마의 양쪽을 번갈아 다루는 것으로 해결되기 쉽다. 민주적 정당성의 위기에 성공적으로 대응하면 경제적 불균형이 생기고, 경제 안정을 위해 성공적인 조치를 취하면 사회적 불만이 나타나는 식으로 오락가락할 수밖에 없다.

1970년대 이래 부유한 자본주의적 민주주의 사회의 경제사를 이루는 위기의 연속을 보면, 민주적 자본주의에 내재한 긴장과 그 긴장을 다루려고 노력하는 공공정책의 한계가 잘 드러난다. 전후의 성장이 끝난 뒤, '자유세계'에 속하는 각국 정부는 높은 물가상승률을 허용함으로써 임금 인상이나 실업문제를 놓고 강한 노동조합과 충돌하는 사태를 피했다. 인플레이션은 신용과 흡사하게 아직 존재하지 않는 자원을 미리 당겨쓰는

---

32 한 사회의 도덕경제를 구성하는 정의의 원리는 무엇보다도 변화하는 경제 상황과 사회적 담론의 영향을 받아 변할 수 있다.

작용을 함으로써 고용주와 노동자들은 명목화폐 기준으로 자신들의 권리 주장을 실현할 수 있었는데, 그 액수는 실제 분배에 충당할 수 있는 수준 이상이었다. 노동자들은 현재 일자리의 고용안정과 결합된 생활수준의 꾸준한 향상이라는, 자신들이 도덕경제의 권리라고 생각하는 바를 달성하고 있다고 믿었던 반면, 고용주들은 수십 년에 걸친 전후 재건에서 확립된 대로 적절한 수입에 대한 기대와 나란히 이윤을 거둬들일 수 있었다.

하지만 인플레이션이 계속됨에 따라 누적된 저축의 가치가 떨어지고 물가관계가 점차 왜곡되었다. '볼커 혁명'[케인스주의를 포기하고 **큰손금융**의 이해관계를 수용하도록 만든 계기로, 달러의 강세를 회복하기 위해 이자율을 인상하고 강력한 긴축정책을 추진함으로써 세계의 과잉자본을 미국으로 집중시키는 결과를 낳았다]을 거치면서 1980년대 초에 인플레이션이 정복되긴 했지만 안정이 회복되지는 않았다. 대신에 잉여자원을 동원해서 파괴력이 큰 분배 갈등을 진정시키기 위한 당대의 정치경제 기제로서 집단적 교섭 대신 선거정치가 자리를 잡자 정부 부채가 증가하는 시기가 도래했다. 1990년대에 이런 방식도 유지할 수 없게 되자 가구가 규제완화된 사적 신용을 이용할 수 있도록 허용함으로써만 공공재정의 건전화를 수행할 수 있었다. 그리하여 가구는 각자의 책임으로 차입을 함으로써 정체하는 소득과 고조되는 불평등을 벌충할 수 있었다.[33]

자본주의와 민주주의의 이야기에서 최근에 전환이 이루어진 것은 부

---

33 Crouch, 'Privatised Keynesianism'.

채 피라미드가 마침내 무너지고, 화폐경제의 유동성을 유지하기 위해 가치를 잃어버린 사적 채무를 사회화할 수밖에 없었던 2008년 이후의 일이다. 그 결과는 공공부채의 또 다른 극적인 증가였다. 그리하여 재정 건전화의 새로운 시대가 열려 지금도 모양을 잡아가는 중인데, 여기서 각국은 채무상환능력을 확보하기 위해 사회적 보호와 투자에 대한 지출을 삭감하라는 '금융시장'의 전례 없는 압박을 받는다. 정치적 진정이라는 현재의 목적을 위해 미래 자원을 동원하는 장소가 집단적 교섭에서 선거정치로, 또 계속해서 소비자 신용시장을 거쳐 마침내 공공부채로 옮겨감에 따라 도덕경제를 위해 경제적 경제를 왜곡할 수 있는 민주주의의 능력은 점차 축소되었다. 오늘날 금융 자본 소유자들은 국제기구 및 부채에 시달리는 민족국가들과 손을 잡고 경제적 경제를 전통적인 사회적 의무와 근대적 시민권의 도덕경제로부터 완전히 격리하기 위해 노력하고 있다. 1970년대 이래 40년간 어느 때보다도 더 성공 전망이 높다. 민주주의 국가들이 새로운 글로벌 **큰손금융**을 대신하는 징수기관으로 변신함에 따라 바야흐로 시장정의가 사회정의를 압도하려는 참이다. 이런 추세가 무한정 이어지진 않을지라도 오랫동안 계속될 것이다. 이 과정에서 시민으로서 자본주의적 민주주의를 신뢰한 사람들은 투자자로서 자본주의적 민주주의에 돈을 건 사람들에게 우선권을 양보해야 한다.

도덕경제와 시장경제의 충돌이라는 측면에서 현대 자본주의를 연구하면 한계생산성에 근거한 분배 요구의 성격을 좀더 자세히 탐구하게 된다. 표준 경제학에 따르면, 이런 분배 요구는 도덕적이고 주관적이라기보다 기술적이고 객관적이라는 점에서 사회적 권리 자격과 다르다. 하지만 사회학적 접근법은 효율성 이론의 장막 아래에 도사리고 있는, 자본

또는 좀더 일반적으로 필수적인 생산자원의 소유자와 투자자들의 도덕 경제를 인식할 수 있어야 한다. 여기서 핵심 개념은 칼레츠키가 정치적 경기순환 이론에서 분석한 것과 같은 투자자의 '신뢰' 개념이다.[34] 자본 소유자들은 고정된 기대수익률에 기계적으로 반응하기보다는, 비관주의에서 낙관주의까지, 공황상태에서 도취상태까지 스스로 진단한 '심리적' 상태에 관한 공표를 활용해서 신호를 보낸다. 자원을 투자하면서 자신들이 받는 대가가 마땅히 받아야 한다고 생각하는 바에 부합하는지 여부를 알려주는 것이다. '투자자의 신뢰'가 낮음을 보여주는 표현은, 희소성과 정치권력의 분배가 주어진 상태에서 투자자들이 경제의 나머지 집단으로부터 얼마나 뽑아내도록 허용받아야 하는지를 공동으로 결정하는 상호작용 과정에서 전략적으로 활용된다.

현재 우리는 글로벌 금융시장의 투자자들이 각국에 요구하는 다양한 금리를 활용해서 긴축의 정치를 더욱 확고하게 제도화하라는 요구를 강화하기 위해 공공부채를 차환하려는 모습을 목격할 수 있다. 효율성 이론이 아니라 사회적 행동에 바탕을 두는 정치경제는 표준 경제학의 시장 메커니즘의 사물화를 벗겨내고, 가격과 이윤 형성을 있는 그대로 드러낼 수 있어야 한다. **도덕적으로 옳은** 것에 관한 **주관적 관념**과 **기술적으로 가능**하거나 **요구되는** 것에 관한 **객관적 법칙** 사이의 투쟁이 아니라—'상생'이나 '오로지 수익'이냐 하는—정의에 관한 상충하는 개념과 권리 주장 사이에서 벌어지는 투쟁의 결과인 것이다.

---

34 Kalecki, 'Political Aspects of Full Employment', 322~331쪽.

생활방식으로서의 자본주의

마지막으로 현대 자본주의를 연구한다는 것은 역사적인 사회질서와 문화, 정치체만이 아니라 하나의 **생활방식**으로 연구함을 의미한다. 자본주의 발전의 원동력인 시장의 팽창은 사회적 관계와 그것을 다스리는 제도를 지속적으로 변혁하기 때문에 사회의 가장 외딴 구석까지 영향을 미친다. 자본주의의 발전은, 무엇이 '자연스럽고' '정상적'이며 당연한 것으로 간주되는지와 관련해서 변화하는 문화적 가정假定들—이 가정들 자체가 시장의 팽창에 영향을 받는다—과 나란히 사람들이 가장 개인적이고 내밀한 사회적 삶을 조직하는 방법과 밀접하게 뒤얽힌다. 여기에는 가정 생활과 사회가 그 물리적 재생산을 가능하게 하는 방식도 포함된다.[35]

지난 30년 동안 우리는 서구 사회에서 시장, 즉 소비재시장뿐만 아니라 노동시장까지 발전한 결과로 생겨난 새로운 제약 및 기회와 긴밀하게 상호작용하면서 가족과 육아가 근본적으로 재구조화되는 모습을 목도했다. 단순한 경제가 아니라 생활방식으로서의 자본주의를 분석하려면, 우선 '포드주의적' 가족에 의해 보완된 '포드주의' 생산방식이 지배한 전후 시대를 떠올려보면 된다. 당시에는 여성이 유급노동을 하지 않아도 되는 게 가족의 자부심 문제이자 경제적 성공의 신호였고, 따라서 여성

---

35 이하의 논의에 관해서는 Wolfgang Streeck, 'Flexible Employment, Flexible Families, and the Socialization of Reproduction'. In: Coulmas, Florian and Ralph Lützeler, eds, *Imploding Populations in Japan and Germany: A Comparison* Leiden: Brill, 2011, 63~95쪽을 보라.

들은 가족을 위한 무급노동에 전념할 수 있었다. 그런데 이런 상황은 그야말로 순식간에 사라져버렸다. 1970년대를 시작으로 점점 많은 수의 여성이 유급노동으로 진출했다. 임금을 받으면서 일하는 것이 사회적으로 존중받고 공동체의 온전한 성원이 되기 위한 조건일 뿐만 아니라 개인적 독립을 위해서도 선택할 수 있는 경로가 되었기 때문이다. 그와 동시에 혼인율이 감소하고, 이혼율이 증가했으며, 가족관계의 의무적 성격이 약해지고 느슨해졌으며, 출산율이 감소했다. 혼외관계에서 태어나는 아이가 많아지는 동시에 많은 아이가 노동시장에 참여할 기회가 없는 여성들에게서 태어났기 때문이다. 실제로 유급노동 진출이 여성에게 선택이 아니라 사실상 의무가 되면서 1950년대와 1960년대의 결혼과 육아를 대신하게 되었다. '일'은 유급노동과 동일시되었으며, 유급노동에 참여하지 않으면—가정주부Hausfrau로 살면—아무 일도 하지 않는 셈이 되어 점점 개인적으로 수치스러운 입장이 되었다.

애초에 여성들이 생계경제에서 시장의 화폐경제로 대이동하게 만든 요인이 무엇인지에 관해 서로 다른, 어느 정도 상충하는 두 가지 설명이 있다. 하나는 미는 힘, 즉 경제적 필요와 관련되고, 다른 하나는 당기는 힘, 즉 개인적 해방과 관련된다. 전후의 성장이 끝난 뒤 실질임금이 정체하기 시작했을 때, 미국의 가정은 노동시장에서 고용주에게 훨씬 더 많은 시간을 판매함으로써 계속 번영을 구가한다는 아메리칸 드림을 추구했다. 게다가 전후에 교육이 확대됨에 따라 새롭게 등장하는 '서비스 경제'에서 늘어나는 자리를 채울 새로운 세대의 여성들이 배출되었다. 그들에게 '자기 스스로 돈'을 버는 일은, 어느새 남성이 지배하는 전통적 가족에 유폐된 개인적 예속상태라고 간주되기에 이른 처지에서 성공적으로 탈출하는 길이었다. 소비주의의 부상도 여성을 가정 밖으로 밀어내는 동시에 시장으로 잡아당기는 역할을 했다. 점점 많은 사람이 결혼 적령기를 넘겨 계속 혼자 살고, 개인적 관계와 가족이 해체될 가능성이 높아지고, 이혼한 여성이 일자리를 찾아서 스스로 생활할 책임을 강조하는 방향으로 가족법이 바뀌는 가운데 점차 개인주의화된 생활방식도 시장의 팽창에 의해 촉진되기도 하고 시장의 팽창을 촉진하기도 하면서 여성의 노동시장 진출에 기여했다.

노동과 노동자들의 임금인상 및 고용조건 개선 요구가 지속적인 자본축적을 방해하는 병목 지점이 된 시기에 여성들이 노동시장으로 이동함에 따라 자본주의 경제는 거대한 노동력을 추가로 공급받았다. 여성의 참여가 늘어남에 따라 노동조합 조직률이 감소하고, 실업이 만연했으며, 파업이 '점점 줄어들고' 이윤에 대한 임금 압박이 완화되었다. 많은 경우에 고용주들은 고용 규제완화를 위한 싸움에서 여성을 자기편으로 끌어들일 수 있었다. 양쪽 모두 대체로 여성인 '외부자'가 대체로 남성인 '내부자'와 사실상 경쟁하게 허용하는 '유연한' 노동시장을 밀어붙일 이유가 있었기 때문이다.[36] 시장과 사회적 삶이 둘 다 자유화되는 과정에서 가족임금이 폐지됨과 동시에 가족관계가 점점 불안정해짐에 따라 여성

---

[36] 오늘날 전부는 아니더라도 많은 부유한 자본주의 국가의 언론과 정부 선전에서는 '양성 간 투쟁'이 다른 모든 분배갈등을 거의 완전히 가려버린다. 이와 관련해서 기이한 점은 유럽연합과 대다수 회원국이 좌파를 포함한 모든 정치세력이 지지하고 언론이 열광적으로 환영하는 가운데 대규모 공기업 이사회에 여성 할당제를 도입할 계획이라는 것이다. 사회정책 '개혁'으로 사실상 노동시장을 지탱하던 토대가 무너진 결과로 여성이 압도적으로 많은 저임금 부문이 급속하게 증대하고 모든 곳에서 싱글마더가 가장 주요한 빈곤의 원인으로 꼽히는 가운데 이런 일이 벌어진다.

들은 점점 고용조건이 악화되는 가운데서도 경제적으로 유급고용을 필요로 하게 되었다. 점점 수가 많아지는 여성 가장은 말할 것도 없었다. 그 결과 임금과 노동조건이 더욱 압박을 받게 된다. 하지만 임금고용이 개인의 자율성과 사회적 존중을 누리는 필수조건이 되면서 여성이 가정에서 빠져나와 시장으로 이동했고, 그 결과 고용주들은 열의가 있는 새로운 집단이 물결을 이루어 노동력에 진출하고 어쨌든 고용되는 데 만족하는 유순한 노동자들이 충분히 공급되는 상황을 맞게 되었다. 이런 변화가 낳은 문화적 결과로 임금고용은 1960년대에 비해 놀랄 정도로 명예를 회복해서 경멸받는 공장의 예속상태('종속된 노동자')에서 바라 마지않는 사회적 특권으로 바뀌었다. 점차 일터가 가정과 지역사회를 대신해서 사회통합의 중심지가 되었고, 무엇보다도 사회에서 가장 중요한 결혼시장으로 바뀌었다.

여성 노동이 상품화되면서 자본주의 발전의 진전을 반영하는 새로운 육아양상이 생겨났다. 부부가 일터에서 더 많은 시간을 보냄에 따라 아이를 돌볼 시간이 줄어든다. 결국 육아를 시장이나 국가 같은 외부에 맡겨야 한다. 물론 많은 이가 아예 아이를 갖지 않으면서 사정에 따라 노동과 소비라는 절박한 일과 끌리는 일에 모든 시간을 할애한다. 대체로 교육과 소득 수준이 낮은 이들이 아이를 많이 낳는다. 가족 밖에서는 성공의 가능성이 거의 없기 때문이다. 중간계급 사이에서는 불안정 고용 때문에 출산이 미뤄지지만, 하층계급에서는 그런 영향이 거의 없다. 불안정 가족precarious family이 비교적 아이를 많이 낳는다. 사회적 관계가 개인화되고 점점 유연해지는 시대에 생식 연령대 커플 중 결혼한 수가 줄어들고 있기 때문이다. 따라서 더 많은 아이를 원하는 현대 자본주의 사회는 점점 더 많은 아이가 결혼하지 않은 여성에게서 태어나는 상황을 대비해야 한다. 물론 결혼하지 않은 여성이 아이를 낳으면 빈곤위험이 높다. 특히 유럽에서는 이렇게 하여 공적 부조가 사실상 으뜸가는 가족 정책이 된다. 어머니들이 육아에 전념하도록 돈을 주는 셈이기 때문이 다. 여성의 풀타임 노동시장 참여율을 남성 수준으로 끌어올리는 데 열 중하는 노동시장 정책 결정권자들은 이런 결과를 유감스럽다고 여긴다. 국가 경제의 생산성과 경쟁력을 높이는 데 필요하다고 여겨지는 '인적 자본' 공급을 걱정하는 이들도 이런 결과를 재앙으로 본다. 그리하여 각 국 정부는 경제적으로 달갑지 않은 아이들의 비중을 줄이기 위해 하층계 급에서 중간계급으로 높은 출산율을 이동시키는 조치를 취하고 있다. 이 른바 사회적 우생학이라 부를 만한 시도다. 하지만 맞벌이 중간계급 가 정에서 직업과 소비가 갖는 매력을 보상하려면 강한 재정적 유인책을 제 공해야 하는데, 이런 지출은 재정긴축과 충돌할 뿐만 아니라 누감적 성 격이 빤히 드러나기 때문에 어느 시점에 이르면 정치적으로 옹호하기가 어려워진다.

모든 선진 자본주의 나라에서 정부와 고용주는 여성 노동력 공급을 한층 늘리기 위해 공동으로 노력하고 있다. 정부나 고용주 입장에서 보면, 너무 많은 여성이 여전히 노동시장에서 풀타임으로 일하는 것을 주 저한다. 특히 자녀가 있는 여성들은 대개 양육에 지나치게 몰두한다(또는 아이를 구실 삼아 '일을 하지 않는다')는 의심을 받는다. 고용주들은 노동시장 의 공급 측면에서 충분한 경쟁을 누리지 못하는 반면, 정부는 세금을 매 기고 사회복지체계의 예산을 보충할 수 있도록 무급노동을 유급노동으 로 전환할 필요가 있다. 또한 사람들을 복지에서 '노동'으로 이동시키면 시급히 필요한 재정완화를 얻을 수 있다. 여기서 특별한 표적집단이 되는 것은 역시 싱글마더들이다. 하지만 싱글마더들을 유급고용, 특히 풀타임고용으로 이동시키면 그 자체가 비용이 많이 든다. 사적 육아는 저소득자들이 감당하기 힘든 탓에 대개 공공육아를 제공해야 하는데 그 비용이 만만치 않은 것이다.

각국 정부는 여성 고용을 늘리려 하면서도 낮은 출산율을 걱정해야 한다. 현 세대가 진 빚을 상환하려면 충분히 많은 다음 세대가 필요하다는 이유만으로도 그렇다. 여성들에게 가해지는 고용 압력은 값비싼 육아 제공이 동반되지 않으면 출산율에 해를 끼칠 수 있는데, 재정압박이 심해지는 상황에서는 육아 제공이 점점 어려워진다. 대안이 있다면 이민 유입을 늘려서 미국식 해법이 가능하게 만드는 것이다. 여기서 미국식 해법이란 경제적 불평등이 심해서 사적 보모의 비용이 저렴하고, 가난한 이민자들이 사회 전체 비중에 비해 아이를 많이 낳는 것이다.[37] 고용 보호 개선, 그리고 무엇보다도 노동시간 단축을 통해 부모가 고용과 가족의 의무를 결합시킬 수 있게 해주는 또 다른 접근법은 보통 의제에 올라 있지 않다. 고용주, 특히 공공 부문 이외의 고용주들이 이 방식을 달갑게 여기지 않기 때문이다. 사회적 보수주의자들이 요구하는 것처럼 집을 지키는 어머니들에게 돈을 주면 공공육아보다 비용이 저렴하기 때문에 돈을 아낄 수 있겠지만, 고용주들은 만족하지 못할 것이다. 또한 이 방식은 사회보장제도를 위한 세입을 창출하지 못하고 가정-비공식 노동과 시장

---

[37] 물론 이민자 자녀들은 인적 자본이라는 관점에서는 그다지 달갑지 않은 인력일 것이다.

노동의 상대적 가치에 대한, 오늘날 지배적인 문화적 견해에도 맞지 않는다. 현재 많은 나라에서 선택하는 수단은, 저렴하지만 그 효과는 의문스러운데, 공공 캠페인을 벌여서 가사노동과 육아 의무를 공평하게 분담하는 '새로운 아버지'가 되도록 남성들을 재교육하는 것이다. 그래야 인적 자본을 생산하는 여성 '파트너'들이 노동시장에 더 많은 시간을 할애할 수 있기 때문이다.

한편 싱글이든 커플이든 놀라울 정도로 많은 부모가 한층 더 힘들고 불안정한 일자리에서 훨씬 더 많은 시간을 일하면서도 어떻게든 아이를 돌보느라 무척 벅찬 생활방식에도 기꺼이 적응하고 있다.[38] 많은 이가 불만을 토로하거나 반기를 드는 대신 마치 자신이 최고 수준의 운동선수라도 되는 양 이 스트레스를 개인적 능력을 끝없이 향상시키는 잣대로 받아들이는 것 같다. 부모들은 현대 자본주의의 생활방식으로 살면서 스스로 강제하는 엄격한 시간관리법을 기분 좋게 따르고, 직업과 소득, 소비와 인적 자본 형성에 공헌하면서 새로운 종류의 '내면세계의 금욕주의'[39]라는 곤경을 인내하는 데 자부심을 가져야 한다는 사회적 기대에 순응한다. 실제로 오늘날 이상화된 중간계급 가족을 살펴보면, 일상생활을 한층 더 세밀하게 합리화하는 결과로 이어지는 새로운 프로테스탄트 윤리의 부상을 논하고 싶은 마음이 든다. 한층 더 경쟁이 심할 것으로 예상되는 미래의 노동시장에서 다음 세대에게 요구될 인적 자본을 가급적 일찍

---

38 최근에 이런 현상을 일컬어 '그래 우리는 할 수 있다 가족yes we can family'이라고 부른다.

39 Max Weber, *The Protestant Ethic and the Spirit of Capitalism*, trans. Talcott Parsons, Introduction by Anthony Giddens, London: Unwin Paperbacks, 1984[1904/1905].

부터 획득할 수 있게 하기 위해 부모가 생각하는 필요에 부응하는 아동교육에 대한 요구가 더욱 커지는 것도 이런 윤리에 기여한다. 우수한 아이들이 만 3세에 유치원에서 중국어를 배우는 한편, 이 아이의 우수한 부모는 자기들이 직접 해줄 시간이 없는 양질의 육아비용과—어쩌다 한번 가능한—자유로운 주말 동안 아이들과 양질의 시간을 함께 보내는 데 필요한 SUV 값을 치르기 위해 오랜 시간을 일한다. 스트레스가 심한 현대 가족의 삶에서 긴장을 떨치기 힘들다는 점은 무엇보다도 종종 보도되는 것처럼 여성들이 양심의 가책을 느낀다는 사실에서 드러난다. '일을 하면서' 아이를 제대로 돌보지 않거나, '일을 하지 않음으로써' 시장에서 돈을 벌어 자신의 가치를 입증하지 못하는 데 대해 가책을 느끼는 것이다. 물론 정부와 고용주, 그리고 현대 자본주의 사회에서 문화적 헤게모니를 쥔 대중적 담론은 필요한 경우에 여성을 설득해 일을 하면서 가책을 느끼는 쪽으로 이동하게 만들려고 노력한다.

안정된 다양성에서 불안정한 공통성까지

현대 자본주의를 연구하기 위해 내가 제시하는 접근법에서 독특한 점은 무엇일까? 역사로서의 자본주의, 문화로서의 자본주의, 정치체로서의 자본주의, 생활방식으로서의 자본주의에 관한 네 편의 짧은 글에서 나는 **한 공간에 존재하는 여러 자본주의 사이의** 차이보다는 **시간의 흐름에 따라 자본주의에서 나타나는** 차이를 강조한다.[40] 이런 입장은 일반적으로 국가적 '자본주의들' 사이의 횡단면적cross-sectional 변이를 가장 중요하게 보는 오늘날의 대다수 비교정치경제학과 정반대다. 비교정치경제학이 본질적으로 고정된, 자본주의의 '다양한 변종'[41]을 주목하는 반면, 내 관점에서는 다양한 제도적 구현물의 공통성, 아니 더 정확히 말하자면 국가적 자본주의들이 역사적으로 움직이는 유사한 궤적을 만들어내는 공통된 동학이 부각된다.[42]

분명 차이와 공통성은 나란히 나타나는데, 따라서 한쪽을 다른 한쪽보다 우선시하는 것은 개인적 취향의 문제, 또는 물 잔을 앞에 놓고 반이나 찼다고 보거나 반이 비었다고 보는 문제를 넘어서는 것이라는 쟁점이 제기된다. 나는 그 **이상**이라고 생각하며, 또한 모든 자본주의 정치경제에 고유한 일반적 동학이 그것들 사이의 차이보다 현대 사회를 연구하는 데 훨씬 도움이 된다고 생각한다. 나는 차이에 초점을 맞추기보다는 자본주의하의 사회구조 발전, 소비주의 문화, 민주적 자본주의에 고질적인 정치경제적 마찰과 불균형, 현대의 부유한 사회에서 자본주의 시장이 사회적 삶에 미치는 심대한 영향 등을 추동하는 일반적인 긴장과 갈등에 관한 주장을 폈다. 쉬지 않고 움직이는 시장의 상태 및 그와 관련해서 가차없이 나타나는 내생적 팽창 압력에 따라 제기되는 질문들에 대해 정치가 내놓는 반응은 다를 수 있지만, 정치적 선택의 의제를 지시하는 것은 자본주의 발전의 동학이지 그 반대가 아니다. 내가 보기에 비교정치경제학은 집단적 결정에 지나치게 많은 자율성을 부여하며, 또 이런 결정이 기

---

40 Streeck, 'E Pluribus Unum?'.

41 Hall and Solskice, *Varieties of Capitalism*.

42 Streeck, *Re-Forming Capitalism*.

본적으로 민주적 자본주의하에서 제도화된 것과 같은 정치의 재량이 아닌 사회경제적 조건 아래서만 이루어질 수 있다는 사실을 간과한다.

한 가지 덧붙이자면, '자본주의의 다양한 변종'을 다루는 문헌에서 비교 단위가 되는 국가적 자본주의들은 자본주의 세계 시장의 상호작용이 한층 더 긴밀해진 결과로, 사실 이론에서 허용되는 것보다 훨씬 더 상호의존적이다.[43] 무엇보다도 이런 상호작용 때문에 제도적 이동과 모방에 의한 **수렴**과 동시에 전문화에 의한 **분기**가 생겨날 수 있다. 전문화는 공통성을 종식시키기는커녕 그것을 전제로 삼는다. 전문화는 자본주의의 진보라는 포괄적인 논리 아래 그것에 의해 규정되는 가능성의 범위 안에서 틈새를 찾은 결과다. 더욱이 여러 국가적 자본주의와 그것들이 지탱하는 국가들 사이의 상호작용, 그리고 차별화와 전문화를 위한 가능성의 공간은 경제적·정치적·관념적 권력의 차이에 의해 다스려진다. 예를 들어 만약 미국이 선호하는 부 창출 전략으로 금융화를 채택하면, 세계 나머지 나라들의 제약과 기회도 그에 따라 다시 정의된다. 결국 다른 나라들이 이런저런 방식으로 금융화에 적응하지 않는 것은 불가능하지는 않더라도 어려운 일이 된다.

'자본주의의 다양한 변종'의 비교정치경제학에서 강조하는 **횡단면적 차이보다 자본주의 정치경제**에 의해 확인되는 **종적인**longitudinal **공통성**을 우선시해야 하는 또 다른 이유는, 전자에서는 보완성과 경쟁력 같은 기능주의적 개념들이 지배하는 것과 반대로 후자에서는 내적인 모순과 갈등이

---

43 Streeck, 'E Pluribus Unum?'

핵심적인 역할을 한다는 점이다. 이런 중요한 면에서 비교정치경제학은 표준 경제학 이론, 특히 이른바 '신제도경제학'과 흡사하다.[44] 두 학문이 공유하는 지도적 관념은 시간의 흐름을 관통하는 제도의 안정성이 중요하다고 보는 점인데, 이것은 경제적 성과에 기여하는 균형이라는 면에서 설명된다. 이와 대조적으로 나는 과거뿐만 아니라 현재의 자본주의, '조정된' 자본주의만큼이나 '자유주의적' 자본주의도 **항구적인 불균형**상태의 정치경제로 볼 것을 제안한다. 사회정의와 경제정의의 관계, '창조적 파괴'의 부산물로부터 개인을 보호할 집단적 의무와 경제적 변화에 적응할 개인적 의무 사이의 마찰, 개인의 경제적 이익 추구에 대한 도덕적 한계 등을 둘러싸고 만연한 정치적 갈등과 지속적인 혁신 때문에 이런 불균형이 생겨난다. 우리가 현재의 위기를 보면서 상기할 수밖에 없는 것처럼, 현대 자본주의에 관한 연구가 자본주의 사회에서 사회적·정치적 합의의 안정성이 아니라 불확실성과 위험성, 허약성과 불안정성, 그리고 대체로 일시적이고 절대 완전히 진정되지 않는 성격에 초점을 맞추는 것이 이론적·경험적으로 훨씬 더 도움이 된다.

효율성 이론의 관점을 버릴 때만 우리는 자본주의를 미래가 열려 있는 사회, 역사적인 동시에 정치적인 사회로 파악할 수 있다. 자본주의 기업가의 토지수탈과 스스로를 약화시키는 제도변화의 편재성 때문에 언제나 안정되고 효율적인 균형상태로 돌아간다는 선험적인 가정은 비현실적일 뿐만 아니라 소망적 사고에 불과하다. 오늘날 우리가 떠올리는

---

44 Streeck, 'E Pluribus Unum?'

것처럼 재앙적 결과를 차단하기란 불가능하다. 계산 착오 때문에 심대하고 지속적인 영향이 미칠 수 있으며, 체계적인 불확실성이 존재하기 때문에 착오가 생길 수 있고, 그 가능성 또한 적지 않다. 현대 자본주의 이론은 그 논리 조직 안에 깊숙이 숨어 있는 함의, 즉 일시적이고 예외적인 것으로 간주되는 중대한 동요를 딛고 정치적 계획이나 시장 중심 자기조직화를 통해 지속적인 정상성을 확실히 회복할 것이라는 전제를 떨쳐버려야 한다. 현대 자본주의의 구조와 문화, 정치와 생활세계가 언제나 나란히 진화하면서 서로를 지지하고 강화하는 가운데 한층 높은 상품화의 차원으로 진보할 것이라는 보장도 전혀 없다. 분명 지금까지 우리가 개괄적으로 설명한 자본주의 발전의 상이한 요소들은 서로 관련되고 실제로 뒤얽혀 있는데, 그 요소들 사이에는 많은 '작용'이 존재해서 자본주의의 지속적인 진보에는 마찰과 긴장, 지연과 방향 수정, 잠재적으로 최소한 효과적인 저항이 생겨난다.

그렇다면 이런 그림에서 경제사회학이 끼어들 자리는 어디일까? 나는 경제사회학자들이 교육, 스포츠, 가족 등의 사회학—영어에 비해 하이픈을 한결 자주 쓰는 독일어에서 말하는 이른바 '하이픈 사회학Bindestrichsoziologie'—이 존재하는 것과 같은 의미로, 그들이 추구하는 것이 경제의 사회학인지를 결정해야 한다고 본다. 이런 식의 경제사회학은 그것이 다루는 영역과 용어를 놓고 표준 경제학과 경쟁할 것이다. 경제문제에 대한 경제학자들의 설명에 '사회적 요인'을 덧붙일 것을 제안하는 한편, 무엇이 '경제적인 것'이고 무엇이 아닌지에 대한 경제학자들의 정의를 받아들이는 것이다. 그 결과는 본질적으로 규범적 함의가 강한 **확대된 효율성 이론**이 되어야 한다. 시장이 실제로 작동하게 하려면, 네트워크와 신뢰 등을 거래비용을 줄이는 데 필수 불가결한 장치로 계산에 넣어야 하고, 또 비개인적이고 이런 의미에서 '합리적인' 시장과 조직에서조차 보편주의적인 사회적 관계와 구별되는 특수주의적 관계의 감춰진 효율성을 일반적으로 인식해야 한다. 한편 이런 종류의 경제사회학은 좀더 인류학적인 방식으로 '현장에서 경제가 어떻게 이루어지는지'에 관한 심층 기술thick description을 생산하는 일을 한다. 직관과 암묵적인 지식으로 무장한 채 반半의식적인 어림셈법을 따르는 이런 작업은 물론 표준 경제학 이론에서 사용하는 합리주의적인 호모 에코노미쿠스homo economicus 모델에서 멀리 일탈한다. 이 이론에서 제기하는 아이러니한 주장은, 행위자들이 합리적 개인주의의 경험적 모델이 아니라 이상적 모델에 따라 행동할 때만 경제가 작동한다고 경제학자들이 가정하는 만큼 효율적으로 '경제'가 작동할 수 있는 것은 오직 그런 일탈 때문이라는 것이다.

내가 생각하기에 너무도 겸손한 경제사회학의 이런 자기정의의 이면에는 20세기 사회과학의 거인인 칼 폴라니의 연구, 특히 경제적 행위가 사회적 행위 안에 '내장되어 있다'는 그의 개념에 대한 특정한 독해가 자리하고 있는 것 같다. 이런 독해에서 보면, 가장 자본주의적인 경제조차 언제나 비자본주의적 사회관계의 하부구조 위에 세워져야 할 것이다. 그 하부구조에 의해 사회적으로 지탱되어야 하고 지탱되기 때문이다.[45] 신자유주의 교의에서 상상하는 것과 같이 완전히 자유주의적인 정치경제는 유토피아적 꿈에 지나지 않는다. 사회학적 지식이 없는 소망적 사고가 꾸며낸 허구인 것이다. 사실적인 이유에서나 정치적인 이유에서나 자본주의는 '언제나 내장되어 있다.' 경제적 행위를 사회적 행위로부터 분리하는 게 불가능하다는 의미에서 사실적이고, 이윤을 추구하는 자본가들은 신자유주의 이데올로그들과 달리 자신들의 이윤 창출이 그것을 지탱하는 사회적 관계의 존재에 의존한다는 것을 안다는 점에서 정치적이다. 따라서 자본가들은 최소한 이기심 때문에라도 그런 사회적 관계를 기꺼이 존중한다.

하지만 타당한 이유에서 이런 사실을 의심할 수도 있다.[46] 자본주의 정치경제를 자족적으로 보지 않는 견해에서 보자면, 자본가의 이윤 추구 행동이 그것을 지탱하는 비경제적인 사회적 하부구조를 필요로 한다는 사실을 부정할 필요는 없다. 다른 점이 있다면, 이 견해에서는 자본주의 시장이 사회적 제약으로부터 해방을 추구하는 시장에서 생겨나는 강한 압력을 통해 비자본주의적 토대를 파괴하면서 팽창하는 고유한 경향의 가능성이 허용되고 더 나아가 명기된다는 것이다. 다른 경우와 마찬가지로 이런 식의 폴라니 해석에서도 자본주의가 비자본주의적 '내장'이 없이 존재할 수 없다는 게 사실이라 하더라도, 자본주의는 그런 내장을 창조하거나 보전할 수 없으며, 실제로 그것을 잠식하고 소모하는 경향이

---

45 Fred Block, 'Rethinking Capitalism'. In: Biggart, Nicole Woolsey, ed., *Readings in Economic Sociology*, Oxford: Blackwell, 2002, 219~230쪽; Fred Block, 'Understanding the Diverging Trajectories of the United States and Western Europe: A Neo-Polanyian Analysis', *Politics and Society*, vol. 35, no. 3, 2007, 3~33쪽; Fred Block, 'Varieties of What? Should We Still Be Using the Concept of Capitalism?', *Political Power and Social Theory*, vol. 23, 2012, 269~291쪽.

46 Jens Beckert, 'The Great Transformation of Embeddedness: Karl Polanyi and the New Economic Sociology'. In: Hann, Chris and Keith Hart, eds, *Market and Society: The Great Transformation*, New York: Cambridge University Press, 2009, 38~55쪽.

있다. 이 때문에 자본주의는 억제받지 않는 경우에 스스로를 파괴하는 사회 형성체가 된다. 자본가들, 적어도 그중 일부는 분명 이 점을 충분히 인식할 것이다. 하지만 **자본가로서** 그들은 대체로 기본적인 집단행동의 문제에 직면하기 때문에 자신의 선호에 따라, 특히 장기적이고 계몽적인 선호에 따라 행동하지 못한다. 바로 이런 이유로 자본주의하에서 정치와 정치권력이 필수적이며, 실제로 정치는 자본주의 시장을 **지지**하는 게 아니라 **상쇄하고 제약**함으로써 지원하며, 그리하여 **자본주의 시장을 자체로부터 보호해준다.**[47]

폴라니에 대한 '언제나 내장되어 있다'는 해석과 달리, 내가 제시하는 '언제나 불안정하'거나 '언제나 의문시되는' 해석은 신자유주의를 진지하게 간주한다. 단순히 이데올로기적 몽상이 아니라 현대 사회, 그리고 궁극적으로 자본주의 자체에 대한 긴급한 위험으로 보는 것이다. 내가 제안하는 접근법은 대다수 '신경제사회학'의 **단순한** 기능주의 대신에 **변증법적** 기능주의를 특징으로 한다. 이런 변증법적 기능주의 아래서 자본주의의 기능은 그에 대한 효과적인 반대의 존재에 결정적으로 의존한다(이런 반대는 필수적이지만 결코 보장되지는 않는다). 한편 이런 반대가 생겨나서 그 소임을 할 수 있는지 여부는 대항력을 결집할 수 있게 해주는 정치적 자원의 존재에 달려 있다. 이런 조건은 기본적으로 자본주의적 이윤 극대화론자들의 이기심에 맡길 수 없다. 집단적으로 무책임한 개인적 이익의 최종 승리를 향해 온갖 종류의 경계를 점진적으로 제거하는 것으

---

47 이런 사고의 변증법적 형상을 처음 정교하게 설명한 것으로는 『자본』 1권(Marx, *Capital*, Vol. 1의 '노동일'에 관한 장을 보라.

로 이해되는 자유화의 정치가 진행되는 가운데 자본주의는 다른 모든 것에 더하여 **사회적 억제를 자멸적으로 파괴할** 항존하는 가능성을 수반한다. 이런 파괴를 막으려면 인간 사회의 지속 가능성에 대한 일반적인 관심을 규정하고 강제하며, 자본주의 행위자들을 정신 차리게 만들고, 더 나은 통찰—그런 통찰이 이미 있든 없든—에 따라 행동하도록 강제할 수 있는 **비자본주의적 정치**가 필요하다. 바로 여기, 즉 현대 사회가 자본주의 경제에 대해 긋고 계속해서 다시 그어야 하는 한계를 둘러싸고 현재 진행 중인 싸움에 관한 분석이야말로 경제사회학과 정치사회학이 서로 뒤섞이는 곳이다. 지금까지 내가 보여주려고 노력한 것처럼, 현대 자본주의에 관한 연구가 가장 큰 진전을 이룰 수 있고 이루어야 하는 것도 바로 여기다.

10

프레드 블록의 「무엇의 다양한 변종인가?

우리는 여전히 자본주의 개념에 기대야 하는가」에 관하여

자본주의―명칭이 아니라 실제―
는 제2차 세계대전 이후 시기에는 대중적 인기가 전혀 없었고, 미국을 비롯한 산업세계 모든 곳에서 그러했다. 공산권 바깥에서는 1930년대의 재앙이 되풀이되는 사태로부터 사회를 보호하기 위해 억제하고 제약하는 정책과 제도의 집합체로 자유시장과 사적 소유를 포장함으로써 정치세력화한 노동계급의 마음에 다시 들게끔 만들어야 했다.[1] 하지만 현재 우리가 아는 것처럼, 자본주의를 다른 어떤 것―이 새로운 것이 옛것과 충분히 달라 보이게 하기 위해 '혼합경제'나 '사회적 시장경제' 같은 이름이 붙었다[2]―으로 바꾸고자 했던 정치적 규정은 불과 사반세기 동안 지속되었을 뿐이다. 1960년대에 전후 재건이 끝나면서 점진적인 제도변화의 지루한 과정이 시작되었다. 당시 집단적으로 강력하게 제기된 안전, 안정, 동등한 기회, 번영의 공유 등의 요구와 자본주의가 양립할 수 있도록 고안된 안전장치를 대부분 서서히 훼손하고 결국은 없애버리는 과정이었다.

그로부터 40년 뒤, 지금 우리는 이례적인 역사적 발전이 낳은 결과를

---

1 이 장은 Julian Go, ed., *Political Power and Social Theory*, Vol. 23, Bingley: Emerald Group Publishing Limited, 2012, 311~321쪽에 처음 발표되었다.

목도하는 중이다. 새롭게 해방된 자본주의는 한때 잠시나마 공존할 의지와 능력이 있는 것처럼 행세했던 사회적 구속을 탈출 마술의 대가 후디니처럼 벗어 던지는 데 성공했다. 자본주의의 놀라운 탈출 행위의 희생양이 된 집단적 안전조항 가운데는 정치적으로 보장된 완전고용, 경제 전체에 걸친 자유로운 단체교섭, 일터의 산업민주주의, 좋은 일자리와 고용안정을 제공하는 폭넓은 공공 부문, 광범위한 공공서비스, 경기순환과 위기의 반복을 막기 위한 경제계획, 모든 시민에게 전반적 최저 수준의 사회적 권리를 보장하고 시장 경쟁의 상품화 압력으로부터 사람들의 삶을 보호하는 사회복지국가 등이 있었다. 이런 발전, 그리고 경쟁력과 유연성, 수익성을 향한 시장의 압력에 대응하여 삶과 사회를 심층에서부터 재편하기 위해 이 발전으로부터 생겨난 압력이 미국에만 국한된 게 아니라 모든 산업사회에서 지역적으로 다양한 형태로 나타났다는 사실

---

2 전후 독일에서 자본주의는 발설해서는 안 되는 단어였다. 1960년대 말 내가 사회학을 배운 프랑크푸르트에서 아도르노는 교환경제사회Tauschgesellschaft에 관해 이야기하는 쪽을 선호했다. 아마 당시에 자본주의라는 개념이 공산주의 정통 이념과 지나치게 연결되었기 때문일 것이다. 다른 한편 영광스럽게도 내가 속한 신사회주의의 젊은 세대는 '사회적 시장경제'를 조롱조로만 이야기했다. 우리가 보기에 이 용어는 너무도 노골적인 자본주의의 프로파간다였다. 블록이 주장하는 것처럼, 자본주의가 최근에 미국에서 긍정적인 개념이 되었다 할지라도 유럽에서는 사정이 다르다. 유럽에서는 공산주의가 종언을 고한 뒤 미셸 알베르가 쓴 『자본주의 대 자본주의』(Michel Albert, *Capitalism Against Capitalism: How America's Obsession With Individual Achievement and Short-term Profit Has Led It to the Brink of Collapse*, New York: Four Walls Eight Windows, 1993 [1991])가 베스트셀러가 되면서 이 단어가 다시 쓰이게 되었다. 알베르는 여기서 좋은 자본주의와 나쁜 자본주의를 구별하는데, 전자는 라인 강 지역과 연결되고 후자는 영미와 연결된다. 이 책은 '조정된' 자본주의와 '자유주의적' 자본주의 또는 '시장경제'라는 오늘날의 이분법을 예견한 것이었다. 위기가 발발한 뒤로 과연 좋은 자본주의가 나쁜 자본주의보다 정말 그렇게 나은 것인지를 둘러싸고 의문이 커지고 있다.

을 주목하는 게 중요하다. 일부는 전후 시대의 약속을 깨뜨리는 데 앞장서고 다른 곳은 뒤처졌지만, 모든 산업사회가 그 본질에서 같은 방향으로 움직였다.[3]

지난 40년 동안 우리가 목도한 사실을 어떻게 해석해야 할까? 프레드 블록Fred Block이 글에서 구사하는 언어로 하면, 우리는 똑같이 가능한 '시장사회'의 다양한 변종 중에서 하나가 부상하는 것을 목격한 걸까? 그릇된 이론과 서투른 정치적 결정 때문에 생겨난 이 변종은 나라와 부문을 가로질러 신비롭게도 동시에 발생하지만, 원칙적으로 보면 미래에 더 나은 이론과 결정으로 언제든 뒤집어질 수 있는 걸까? 아니면 지금 우리가 목도하는 것은 정치적으로 통치하기 어려운, 자동으로 추진되는 사회적 과정의 고유한 동학인 걸까? 전통적인 자본주의 이론의 언어로 하자면, 정부와 정치가 낳은 **산물**이 아니라 해결해야 하는 **문제**인 경제 행위의 무정부적 체제가 작동하는 걸까? 블록은 첫 번째 질문을 선택하지만, 자본주의가 전후의 족쇄로부터 '풀려나게'[4] 되는 역사적 연쇄를 검토해보면 두 번째 질문으로 나아가게 된다. 이렇게 생각하면서 나는 블록이 제안하는 것처럼 자본주의 개념을 포기하고 이 짐승을 '시장사회'라고 부르는 대신, 자본주의 개념 및 이것에 따라 붙는 몇 가지 이론적 교의를 고

---

3 아마 '조정된', 즉 사회적으로 길들여진 '시장경제'의 전형일 독일의 사례(Hall and Soskice, 'An Introduction to Varieties of Capitalism')에 관해서는 Streeck, *Re-Forming Capitalism*을 보라.

4 Andrew Glyn, *Capitalism Unleashed: Finance Globalization and Welfare*, Oxford: Oxford University Press, 2006[국역: 앤드류 글린 지음, 김수행·정상준 옮김, 『고삐 풀린 자본주의, 1980년 이후』, 필맥, 2008].

수해야 한다고 주장하고자 한다.

왜 자본주의인가? 괴테가 말한 것처럼 **이름은 속임수에 불과하다**Name ist Schall und Rauch.[5] 그러나 우리가 현대 정치경제를 언급할 때 염두에 두는 것은 확실히 **노동주의**labourism는 아니라는 점을 상기하는 게 유용할 것이다. 그 안에 축적되는 것은 인간의 능력이 아니라 화폐의 단위로 측정되는 자본이기―또는 자본축적에 이바지하는 정도에서만 인간의 능력이기―때문이다. 경제학 개론에서 배우는 것처럼 시장은 '공급과 수요가 만나는 곳'이다. 하지만 차이가 나는 점은 자본주의하에서는 화폐를 더 많은 화폐로 바꾸기 위해, 즉 마르크스의 유서 깊은 공식에 따르면 M→C→M′를 만들기 위해 공급과 수요가 **상품으로서** 만난다는 것이다.[6] 자본주의적 사회경제 형성체의 독특한 동학의 뿌리는 바로 여기에 있다.[7] 자본주의에 관해 이야기할 때, 우리는 자본주의가 번영하고 생존하기 위한 조건으로 그 자체뿐만 아니라 그것이 자리하는 사회까지 항구적으로 변혁하는 데 몰두하는 경제체제의 독특하게 기민한 활동성[8]을 염두에 둔다. 또는 적어도 염두에 둘 수 있거나 두어야 한다.[9] 엄밀히 말해서 자본주의 경제는 한층 더 많은 사회적 관계를 가차 없이 화폐화를 통해

---

5 Faust, Part Ⅰ, Marthens Garten.

6 물론 금융화 때문에 이 연쇄는 M→M′로 줄어들었다(John McMurtry, *The Cancer Stage of Capitalism*, London: Pluto, 1999).

7 Ingham, *The Nature of Money*; Geoffrey Ingham, *Capitalism*, Oxford: Polity, 2008[국역: 제프리 잉햄 지음, 홍기빈 옮김, 『자본주의 특강』, 삼천리, 2013].

8 Sewell, 'The Temporalities of Capitalism'.

9 Schumpeter, *Theorie der wirtschaftlichen Entwicklung*.

상품화하는 데 의존하는 경제다. 그 결과, 지속적으로 효율성을 극대화하는 자본축적의 필요성에 따라 '경제'가 사회에 계속적인 재편을 끊임없이 압박하기 때문에 불균형이 정상적인 상태가 된다. 혹자는 또한 자본주의 개념은 구성원들의 소유적 개인주의를 사회 진보의 주된 동력으로 삼는 사회를 가리킨다고 말할 수도 있다. 이 사회 진보 역시 화폐로서의 부의 증가로 측정된다. 이 사회는 집단적 삶의 조건의 개선과 개인적 자유라는 핵심 가치의 실현을 이윤 동기의 성공적 활성화와 자본 증가율의 극대화에 의존하는 동시에 종속시키는 사회다. 이 점을 염두에 두고, 그리고 이런 의미에서 나는, 블록에게는 미안한 말이지만, 하나의 체계로서 자본주의는 그 '경제'가 사회 안으로 깊숙이 확장되고 사회적 삶을 심대하게 규정하고 조건 지우기 때문에 '근본적인 통일성'[10]을 갖는다고 생각한다.[11]

나는 특히 프레드 블록의 영향 아래 현역 폴라니주의자가 되었지만[12] 아직 그처럼 홀가분하게 마르크스의 유산을 내팽개치는 것은 주저된다. 물론 마르크스는 변호를 필요로 하지 않는다. 누구든지 마르크스가 19세기에 사회학을 창시한 인물들 가운데 단연코 가장 정교한 이론가라고 쉽게 인정한다. 마르크스는 이미 생존한 인물이 아니라는 이유만으로도 우

---

10 물론 블록이 이야기하려는 것과 달리, 이 통일성이 반드시 응집성을 함축하지는 않는다. 사실 우리가 마르크스에게 배울 수 있는 중요한 교훈은 통일성이 내적으로 모순되거나 변증법적일 수 있다는 것이다. 더 자세한 이야기는 아래를 보라.

11 사회적 행위체계로서의 자본주의 이론의 세련된 '미시적 토대'에 관해서는 옌스 베커르트가 자본주의의 '4C', 즉 신용, 상품, 경쟁, 창의성에 관해 최근에 쓴 논문을 보라.

12 그 증거로는 졸저 *Re-Forming Capitalism*, 특히 17장 230쪽 이하를 보라.

리가 그에게 바치는 찬사에 의존하지 않지만, 그를 심지어 칼 폴라니 같은 인물과 도매금으로 맞바꾼다면 중요한 영감의 원천을 잃게 될 것이다. 지금 우리가 매일같이 쓰는 정치경제학과 경제사회학의 핵심 개념들의 뿌리와 심층적인 의미를 잃어버리는 것은 말할 나위도 없다. 마르크스 덕분에 우리가 쓸데없이 시간을 낭비하지 않아도 되는 예로는 제도의 자기 파괴적 성격,[13] 양이 질로 바뀌는 역사의 티핑포인트tipping-point 개념, 현대 자본주의를 비롯한 현대 사회의 폭력적 기원에 관한 기억('본원적 축적'),[14] 외견상 자발적으로 보이는 교환관계의 강압적 토대,[15] 자유롭지만 비대칭적인 계약에 토대를 두는 지배관계로서의 고용관계 분석, 노동공급 곡선의 특히 아래쪽 끝에서 나타나는 반비례 모양 등이 있다. 물론 마르크스적 또는 마르크스주의적 '결정론'[대체로 '마르크스적Marxian'과 '마르크스주의적Marxist'을 구별해서 쓰는 경우에 마르크스주의Marxism라는 이데올로기적 성격을 피하기 위해 '마르크스적'이라는 단어를 쓴다], 또는 훨씬 더 나쁜 '역사유물론'과 거리를 두는 것이 흔한 일이 되었다. 하지만 전자와 관련해서 '결정론'이 19세기 과학의 뚜렷한 특징이었고, 어쨌든 이를테면 스펜서와 젊은 뒤르켐이 결정론을 한결 더 많이 선언했다는 사실을 기억해야 한다. 마르크스가 자본의 '유기적 구성'이 증가하는 영향을 받아 이

---

13 Avner Greif, *Institutions and the Path to the Modern Economy*, Cambridge: Cambridge University Press, 2006; Avner Greif and David A. Laitin, 'A Theory of Endogenous Institutional Change', *American Political Science Review*, vol. 98, no. 4, 2004, 633~652쪽.

14 Marx, *Capital*, Vol. 1, 873쪽 이하.

15 David Graeber, *Debt: The First 5,000 Years*, Brooklyn, New York: Melville House, 2011 [국역: 데이비드 그레이버 지음, 정명진 옮김, 『부채, 그 첫 5,000년』, 부글북스, 2011].

윤율이 감소한다는 논의에서 말하는 것과 달리, 그들에게는 '상쇄력' 같은 개념이 없었고 변증법에 무지했기 때문이다.[16] 역사유물론과 관련해서 어떤 이는 막스 베버 같은 사람들이 자본주의의 기원에 관한 마르크스의 설명에 직접적으로 도전하는 것을 신중하게 피한다는 사실에 여전히 깊은 인상을 받을 수 있다.[17] 마르크스 자신이 이른바 역사의 철의 법칙이 인류에게 사회주의 사회를 가져다줄 때까지 그냥 앉아서 기다린 게 아니라 혁명적인 정치운동을 조직하려고 애쓰면서 많은 시간을 보낸 것을 잊어서는 안 되는 것처럼 말이다.[18]

아무리 그렇다 하더라도, 그리고 설령 폴라니의 '언제나 내장된' '시장사회'로 개념적 이동을 하는 형태라 할지라도 마르크스적 '결정론'을 정치적 주의주의voluntarism로 대체하는 것[19]은 좋은 생각이 아닌 것 같다. 자본주의하에서 '정치의 우위' 같은 건 존재하지 않으며, 있을 수도 없다.

---

16 Karl Marx, *Capital: A Critique of Political Economy*, Vol. 3, London: Penguin, 1981 [1894], 2장과 13장.

17 다음과 같은 예를 보라. "물질적 토대, 사회적·정치적 조직 형태, 당대에 통용되는 관념 간의 상호의존적 영향이 매우 혼잡하다"는 점을 고려할 때 "우리는 경제체계로서의 자본주의는 종교개혁의 산물이라는…… 어리석고 공론적인 명제를 주장할 생각은 없다."(Weber, *The Protestant Ethic and the Spirit of Capitalism*, 91쪽) 또 다음의 예를 보라. "물론 그렇다고 내가 문화와 역사에 대한 일방적인 유물론적 인과 해석을 똑같이 일방적인 정신주의적 해석으로 대체하려는 것은 아니다. 이 둘은 모두 똑같이 가능하지만, 각각이 예비 작업이 아니라 탐구의 결론 역할을 한다면, 역사적 진리를 향상시키는 데 둘 다 똑같이 아무런 기여도 하지 못한다."(앞의 책, 183쪽)

18 필수적인 호의를 가진 사람이라면, 마르크스가 구사하는 결정론적 언어가 본성상 수사적인 것임을 읽을 수 있다. 자본주의에 맞서는 정치적 대항운동에 참여하도록 독자들을 고무하고, 이론적 예언이 현실에서 자기실현을 하게 만들려고 낙관주의의 전략적 표현을 동원한 시도로 보는 것이다.

블록이 지지를 호소하는 '자본주의의 다양한 변종' 관련 문헌들의 경우에 이 점이 가장 분명히 드러난다. 여기서는 '자유주의적' 정치경제와 '조정된' 정치경제에 차이가 생기는 이유를 민주적으로 조직된 시민들의 의지가 **아니라** 경쟁적 시장에서 기업들이 취하는 상이한 전략에서 찾는다 (기업 중심적 접근법).[20] 유감스럽게도 블록이 월러스틴을 예로 들면서 글로벌 경제에서 각국이 서로 경쟁하고, 각국 정부가 국가 경제의 '경쟁력'을 향상시키기 위해 존재한다는 것은 '반론의 여지가 없는' 사실이라고 선언할 때, 기능주의적 경제주의에 분명하게 동의하는 셈이다.[21] '자본주의의 다양한 변종' 이론이라고 스스로 선전하는 이론의 경제주의-기능주의 요소가 블록과 마찬가지로 경험적 분석에서 자본주의가 아니라 '시장경제'에 관해 말한다는 점은 흥미롭다.[22] 두 경우 모두, 자본주의 개념을 포기함으로써 자본주의의 공통성을 감출 뿐만 아니라, 합의에 따른 부의 창출을 위해 정치적으로 고안되고 통제되는 기술적 조정으로 보는 기능주의적 경제 개념의 덫에 빠지게 된다.

분명 자본주의하에서 정치, 그것도 단순히 테크노크라시적 정치가 아니라 민주적 정치가 **존재하지만**, 또한 자본주의적 행위체계의 **독립적 삶**

---

19 한 예로 다름 아닌 오바마 행정부가 '새로운 축적체제를 건설할' 가능성에 관한 프레드 블록의 논의('Crisis and Renewal: The Outlines of a Twentieth-Century New Deal', *Socio-Economic Review*, vol. 9, no. 1, 2011, 31~57쪽)를 보라.

20 Hall and Soskice, 'An Introduction to Varieties of Capitalism'; Wolfgang Streeck, 'Taking Capitalism Seriously' 참조.

21 이런 주장이 개념적 수준에서는 말할 것도 없고 경험적 수준에서도 오류인 이유에 관해서는 Streeck, *Re-Forming Capitalism*, 13장을 보라.

22 Hall and Soskice, 'An Introduction to Varieties of Capitalism'.

Eigenleben도 존재한다.[23] 자본주의는 정치적으로 매우 중대하고, 이런 의미에서 실제로 그 근본에서 정치적이지만, 정치적 통제로부터 자신을 보호하고 빠져나갈 수 있는 강력한 힘을 갖고 있다. 폴라니의 용어로 하자면, 정치는 자본주의 시장에 맞서는 대항운동으로 작동하고 때로는 이 운동을 성공시킬 수 있지만, 시장은 스스로 움직이면서 대항운동이 대응하려고 노력해야 하는 운동을 창출한다. 어떤 이는 자본주의 개념이 낡았다고 생각하겠지만, 이 개념은 중요한 이점이 있다. 현대 사회에서 경제생활에 대한 정치적 규제는 대개 상품화된 시장관계의 역동적인 팽창을 절뚝거리며 따라갈 수밖에 없기 때문에 언제나 불안정하다는 사실을 우리에게 상기시켜주기 때문이다. 다시 말해 우리는 자본주의에 관해 이야기할 때만 자본주의적 토지수탈이, 특히 사회적 의무로 이루어진 보수주의를 자유로운 계약 거래의 자발주의volutarism로 대체함으로써, 기존에 확립된 '경제적' 관행만이 아니라 사회구조와 제도에 관해서도 슘페터적인 창조적 파괴를 항구적으로 가르쳐준다는 점을 잊지 않을 수 있다.[24]

내가 독일의 사례에 대해 경험적으로 보여준 대로,[25] 전후에 평화를 회복한 자본주의가 쇠퇴한 것은 블록이 이야기하는 것처럼 신자유주의 경제학자들과 그에 현혹된 정치인들이 경솔하게 환상을 품은 탓이 아니라

---

23 하나의 제도적 체제로서 자본주의에 특유한 동학에 관해서는 Streeck, 'Taking Capitalism Seriously'를 보라. 현대 자본주의를 어떻게 연구할 것인지에 관해서는 이 책 9장과 Beckert, *Capitalism as a System of Contingent Expectations*를 보라.

24 Streeck, 'Taking Capitalism Seriously'.

25 Streeck, *Re-Forming Capitalism*.

무엇보다도 자본축적을 위한 차선책이 된 제도적 틀이 내부에서부터 전복되고 잠식된 탓으로 보아야 한다. 전후의 민주적 자본주의는 처음부터 허약했다. 이례적인 정치 상황과 전쟁이 끝난 뒤 정치 지도자들이 의도적으로 보인 낙관주의 때문에 안정되게 보였을 뿐이다. 실제로 민주적 자본주의는 역사적인 면에서 볼 때 아주 짧은 시기를 넘어서 지속될 가능성이 전혀 없었다. 1970년대에 민주적 자본주의가 쇠퇴하기 시작했을 때, 그 원인은 자본주의가 점점 이윤 압박을 불편해하는 가운데 1970년대까지 가해진 사회적 제약을 회피할 수 있는 국제적 기회를 새롭게 얻게 되었으나 민족국가 차원에서 조직되고 한정되는 민주주의 정치는 이런 변화에 속수무책이었다는 것이다. 한동안 민주적 자본주의하에서 정치와 정치적 성공이 방해받지 않는 자본축적—또는 표준 경제학의 테크노크라시적 언어로 하면 경제성장—에 의존하자 낙관적 정치인들은 어쩔 수 없이 호랑이 등에 올라타서 자유화와 규제완화로 나아가는 시류에 편승하는 데 희망을 걸었다. 그러다가 결국 재구성된 자본주의 경제체제는 아무 구속도 받지 않고 진보한 결과로 붕괴 일보 직전까지 갔다.

만약 지금 내가 블록이 폴라니의 개념 틀을 재구성하면서 쓴 용어를 빌려 현재의 위기가 자본주의 '경제'가 **잘못** 내장misembedded되거나 **탈**내장된disembedded 탓이냐고 묻는다면 사소한 꼬투리를 잡는 것처럼 보일지 모른다. 블록은 경제적 행위는 언제나 불가피하게 사회적 행위이기 때문에 후자의 경우는 불가능하다고 선언한다. 하지만 나와 마찬가지로 이 말에 완전히, 그것도 단호하게 동의할 수 있다 하더라도[26] 그로부터 자본주의 정치경제가 정치의 우위에 의해 지배된다는 결론을 내려야 할 논리적 이유는 전혀 없다. 그 대신에 나는 모름지기 현실주의적 정치경제 이론이라면 '시장의 변덕'으로부터 사회와 인간을 보호하기 위해 만들어진 사회제도가 **그 변덕에 압도당할** 가능성—그리고 사회적 억제를 지속적으로 강화하고 주의 깊게 유지하지 않으면 자본주의의 행위가 그 억제를 깨뜨릴 가능성—에 대비해야 한다고 본다.

　다시 말해 자본주의는 사회에서 이루어지고, 사회적 제약과 기회에 종속된다는 의미에서 실제로 '언제나 내장되어' 있다.[27] 또한 자본주의는 중요한 의미에서 계속 내장되는 것에 의존한다. 자본주의는 법의 지배, 상호 신뢰, 규범적 조정과 제도화된 협력, 창의적 지능 등의 바탕 위에서 번성하기 때문이다. 그럼에도, 그리고 그와 동시에, 자본주의의 행위자들은 언제나 사회적 억제에서 벗어나고 갖가지 의무와 통제에서 자유로워지기 위해 분투한다.[28] 따라서 연대의 이념과 사회적 규제의 제도는 언제나 잠식될 위험이 있다. 사회적 억제에서 해방된 순수하고 단순한, 엄밀한 의미의 자본주의는 존재할 수 없다 할지라도 자본주의적 행동방식은 마치 암처럼 사회라는 신체 안에서 퍼지기 때문이다.[29] 이런 의미에서 자본주의는 흡사 기생충처럼 자신이 거주하거나 속하는 사회를 먹고 살며, 사회적·정치적 반대에 의해 견제받지 않으면 결국 자멸할 때까지 팽창

26　그 이유와 방식에 관해서는 Jens Beckert and Wolfgang Streeck, *Economic Sociology and Political Economy: A Programmatic Perspective*, MPIfG Working Paper 08/4, Cologne: Max Planck Institute for the Study of Societies, 2008을 보라.

27　Block, 'Understanding the Diverging Trajectories of the United States and Western Europe'.

28　Streeck, 'Taking Capitalism Seriously'.

29　McMurtry, *The Cancer Stage of Capitalism*.

한다. 신자유주의 시대에 그런 것처럼, 때로는 자본주의가 발전함에 따라 자본주의를 위해 그것을 억제해야 하는 정치 자체가 포획되고, 자멸적 진보의 수단으로 바뀌어버린다. 내가 보기에 폴라니가 '시장사회'의 팽창을 국가와 정부의 '경솔한 실험'이라고 설명했을 때 염두에 둔 것이 바로 이런 일이다.[30]

그렇다면 국가는 자본가 계급의 집행위원회인가? 사회 형성체로서 자본주의의 변증법적 성격, 즉 내적으로 모순된 성격을 정당하게 평가하는 답은 집행위원회가 **아닌** 정도만큼만 집행위원회**라는** 것이다. 다름 아닌 마르크스 자신이 『자본』 1권의 노동일에 관한 유명한 장(340쪽 이하)에서 지적한 것처럼, 만약 정부가 자본가의 이해관계에 완전히 포획당한다면 그들이 자멸하지 않도록 보호하지 못할 것이다. 하지만 자본주의는 실제로 적어도 어느 정도 사회의 대항운동에 반응하는 정치에 의해 보호받는 데 의존하는 반면, 자본가들은 그런 의존에 따라 행동할 수 없다. 무엇보다도 그들은 언제나 카지노가 파산하기 전에 마지막으로 크게 한몫 잡는 데 판돈을 걸려는 유혹에 속절없이 빠지기 때문이다. 따라서 그 성공 여부가 자본주의의 생존—지속적인 '내장'—을 좌우하는 사회의 대항운동은 자신의 수혜자-겸-적의 강력한 저항, 즉 전혀 겉치레거나 실패할 운명의 저항이 아니라 실제로 매우 심각한 저항에 맞서 자신을 주장해야 한다. 여기에는 기능주의 따위는 없으며, 자본주의적 행위체계의 안정화는 매우 불확실한 과업이다. 대항운동을 막으려는 이들의 이익이 된다

---

30 '언제나 내장된' 자본주의 개념에 대한 결정적인 비판으로는 Beckert, 'The Great Transformation of Embeddedness'를 보라.

할지라도 그 성공이 보장되지 않는다. 자본가들에게 그런 이익을 가르칠 수는 있지만, 과연 자세를 낮추어 그 교훈을 배우려고 할 것인지는 그들에게 달려 있다.[31] 어쨌든 권력은 배움을 거부할 수 있는 능력이다.[32] 현재 진행되는 위기에서 목격한 것처럼, 그저 자기가 붕괴하면 공동체 전체에 위협이 될 만큼 덩치가 크기만 하면 이런 능력을 가질 수 있다.

논평을 끝내는 지금 사회주의나 심지어 공산주의 같은 개념을 완전히 포기하지 않기 위해 한마디 거들고 싶다.[33] 공산주의에 관해서 말하자면, 데이비드 그레이버David Graeber는 부채의 인류학에 관한 책(『부채, 그 첫 5,000년』)에서 선진 자본주의에도 존재하는 경제생활의 일반적인 공산주의적 토대를 간결하게 지적한 바 있다. 내가 보기에 사회주의 개념은— 소유적-소비주의적—개인주의에 대응하는 것을 의미하기 위해 필수불가결하다. 오늘날 팽배한 '개인숭배'를 거슬러서, 다시 한번 마르크스를 인용하자면, 인간은 오직 사회 안에서만 개인이 될 수 있는 유일한 동물이라는 사실을 상기시켜주기 때문이다.[34] 어쨌든 오늘날 우리에게 어느 때보다도 더 시급히 필요해 보이는, 좀더 공동체적이고 타인을 존중하며 집단적으로 책임지는 삶의 방식, 사적인 쾌락 추구의 비용을 마음대로

---

31 Wolfgang Streeck, 'Educating Capitalists: A Rejoinder to Wright and Tsakalatos', *SocioEconomic Review*, vol. 2, no. 3, 2004, 425~483쪽.

32 Karl W. Deutsch, *The Nerves of Government: Models of Political Communication and Control*, New York: The Free Press, 1963.

33 여기서 내가 정치적 판매술political salesmanship의 전문적 사항에 관심이 없음은 말할 필요도 없다. 내가 관심을 갖는 것은 만약 우리가 정치적으로 공세적이지 않은 태도를 유지하기 위해 이 용어들을 포기한다면, 이것들이 의미하는 내용까지 잊어버릴 수 있다는 것이다.

나머지 세계에 외부화하는 것을 한결 줄이는 삶의 방식을 가리키는 다른 개념이 있을까? 그리고 집단적 운명에 대해 한층 더 많은 통제권을 공유하고, 자유롭게 팽창하는 시장관계가 예상치 못하게 야기하는 결과—오늘날 우리가 사회로서만이 아니라 개인으로서도 원치 않을 수 있는 결과를 개인적으로 야기하는 가운데 우리를 끝없이 미혹시키는 결과—를 피할 수 있는 집단적 능력이 강한 사회조직에 어떤 이름을 붙여야 할까?

'정치의 우위'에 종속되는 '언제나 내장된' 자본주의라는 프레드 블록의 개념은 유럽의 사회민주주의자들이 오랫동안 스스로 믿었던 것과 눈에 띄게 비슷한 낙관주의를 발산시킨다. 자본주의적 경제-겸-사회가 점점 무자비하게 요구하는 집단적 통치의 기능적 필요성을 채워줌으로써 그 경제-겸-사회 위에 앞서 정의한 사회주의를 세우고 유지하고 은밀하게 확대할 수 있다는 것이다. 하지만 지난 40년을 돌아보면, 민주주의적 정치가 아니라 자본주의 발전의 역동적 논리에 의해 추동된, 느리지만 압도적인 제도변화의 지속적인 과정이 드러난다. 사실상 이 과정을 거치면서 20세기 전반기에 자본주의가 재앙을 겪은 뒤 복귀를 허용받는 조건이었던 정치적 안전장치가 전부는 아니더라도 대부분 파괴되었다. 그 논리, 그리고 이 논리가 명령한 사회적 삶의 재편—또는 해체—은 각국의 민주주의 국가체계뿐만 아니라 글로벌 금융체계까지 연루된 이중의

---

34 "하지만 이런 고립된 개인의 관점을 낳는 시대는 또한 지금까지 가장 발전된 사회적(이 관점에서 보면 일반적) 관계가 지배하는 시대다. 인간은 말 그대로의 의미에서 ζῶον πολιτικόν[정치적 동물], 즉 단순히 모여 사는 동물일 뿐 아니라 사회의 한가운데에서만 개인화될 수 있는 동물이다." Karl Marx, *Grundrisse: Foundations of the Critique of Political Economy*, trans. Martin Nicolaus, London: Penguin Books, 1973[1857-1858], 6쪽.

위기에서 오늘날 정점에 이른다. 자본주의 시장의 한층 더 공세적인 요구를 충족시키기 위해 수십 년에 걸쳐 '개혁'이 이루어진 결과, 사회조직의 자본주의적 소모는 악화되기만 했다. 이 과정에서 사회민주주의 정부를 비롯해서 협박을 받은 국가와 정부는 종종 묵인했다. 정치가 '시장사회'를 좌우할 수 있다고 보는 이론은 이런 경험과 정말로 양립 가능한가? 아니면 오히려 이 이론은 전후 사회민주주의의 **틀에 박힌 정치**politics as usual가 점점 장악력을 상실하는, 사회적 행위체계로서의 자본주의에 고유한 생명과 논리, 권력과 역동성을 부여하는 것을 대변하는 게 아닐까? 만약 누군가 나처럼 후자가 한결 현실주의적인 관점이라는 결론에 다다른다면, 책임 있는 정부가 어떻게 '체계'를 바로잡거나 '자본주의의 한 변종'을 다른 변종으로 바꿀 수 있는지에 관해 책임 있는 견해를 발전시키는 데 시간과 정력을 투자하는 것이 여전히 책임 있는 일일까? 아니면 덜 건설적인 게 훨씬 더 건설적인 일이 되지 않을까? 그러니까 자본주의의 더 나은 **변종**을 찾는 걸 중단하고 대신 자본주의의 **대안**에 관해 진지하게 생각하는 게 더 낫지 않을까?

11

사회학의 공적 임무

몇 년 전 어떤 국제 사회과학 회의에
서 마이클 부라보이Michael Burawoy가 '공공사회학public sociology'이 필
요하다는 호소를 발표했을 무렵에 나는 인류 역사상 사회적 삶을 분석하
고 설명하는 훈련을 훌륭하게 받은 사람들이 오늘날처럼 많은 적은 한
번도 없었다는 생각에 깊은 인상을 받았다.[1] 하지만 그렇게 사회학적으
로 가장 세련된 세대—우리 세대—가 배출한 가장 유력한 정치 지도자가
조지 W. 부시와 딕 체니였다. 두 사람은 이 회의가 개최될 시기에 인민의
의지에 의해 재선되어 세계에서 가장 민주적인 민주주의를 다스리는 과
제를 맡았다. 이후 몇 년 동안 나는 미국 정치와 경제의 점진적 쇠퇴와 하
버드에서 스탠퍼드에 이르기까지 기라성 같은 학자들이 포진한 사회과
학 학과들의 대조적인 모습에 계속 마음이 쏠렸다. 이 명민한 지성들은
도대체 어디에 쓸모가 있을까? 나는 이따금 일을 마치고 저녁식사를 하
면서 미국인 동료들에게 개인적으로 물었다. 이를테면 이라크와 아프가
니스탄에서 진행 중인 국가 건설 프로젝트에 대해 어떤 식으로 견해를
밝혔느냐고. 사회과학이 영향력을 발휘해야 하는 것은 바로 이런 문제들

---

1 이 장의 초기 판본은 2011년 9월 16~17일에 사회과학연구회의SSRC와 베를린 사회연구학문
센터가 주최한 학술회의 '사회과학과 인문학의 공적 사명: 변화와 혁신'에서 처음 발표되었다.

아니냐고. 그때마다 언제나 돌아오는 답은 체념한 듯한 침묵이었다. 아무도 들으려 하지 않는데, 무엇하러 굳이 나서느냐는 것이었다.

사회학과 그 대중: 수요의 문제?

대서양 이쪽 편에서는 그보다 덜 극적인 주제들에 관해 사회학에 귀를 기울이는 대중적 청중이 있을까? 이 문제에 관해 경험적 조사를 한 적은 없지만, 수년에 걸쳐 참여관찰자로서 본 바에 따르면 내가 받은 인상은 설령 있다 하더라도 아주 제한된 규모라는 것이다. 이 강연과 무관한 이유로 정론지 사회면을 매일 훑어보다 보면, 심리학, 뇌 연구, 진화생물학 등이 사회학보다 훨씬 많이 다뤄지는 점이 눈에 띈다. 경제학, 특히 최신 학문인 행동경제학과 신경경제학 역시 크게 다뤄진다. 물론 정론지의 진짜 전문 영역은 경제면과 정치면이고, 이 두 면이 의심할 나위 없이 과학면보다 훨씬 더 영향력이 큰데, 아주 드문 예외가 있긴 하지만 사회학은 이 두 면에서 전혀 모습이 보이지 않는다.

왜 이렇게 된 걸까? 머릿속에 떠오르는 여러 이유 중 하나는 사회학이 다른 학문에 비해 대중적으로 과학이라고 간주되는 것, 그리고 그중에서 흥미롭게 여겨지는 내용에 부합하지 않는다는 것이다. 일반 대중이 심리학과 행동경제학, 진화생물학 등에 열광하는 것은 이런 학문들이 우리가 보통 **명백한 이유** 때문에 생겨난다고 믿는 행동의 **잠재적 원인**—우리가 미처 알지 못하는 가운데 우리가 하는 일을 비밀스럽게 통제하는 원인—을 확인시켜준다고 주장하기 때문인 것 같다. 최근에 독일 과학 저널리

즘에서 풍파를 일으킨 연구의 대표적인 사례를 보면, 티셔츠 냄새를 맡게 하는 실험에서 여자들이 건강한 자녀를 낳을 가능성이 높다는 의미에서 자신의 유전자 구성에 가장 적합한 남자의 냄새를 선호한다는 결과가 나왔다. 잊을 만하면 거론되는 또 다른 주제는 일부일처제 조류 중에서 바람을 피우는 사례가 있다는 것이다. 미국인 동료들에게 사과를 하고 싶다. 이런 사례는 예상한 것보다 훨씬 빈번하게 나타나는데, 암컷이 평생 짝이 아닌 다른 수컷과 은밀하게 짝짓기를 한다. 무엇보다 자녀의 '적합성'과 관련된 어떤 복잡한 이유에서든 자기 아버지가 다른 수컷에 비해 어머니에게 정조를 지키지 않은 경우에 특히 바람을 많이 피운다.

사회학 연구에 전혀 관심이 없는 것은 아니다. 성적 행위에 관한 조사연구는 널리 보도될 게 확실하다. 하지만 사회학자들은 이제 더는 섹스를 연구하지 않는 것 같다. 대신에 그들은 젠더를 연구하며, 어떤 문제—임금 불평등, 가사노동 분담, 싱글마더의 삶—든 양성 간에 벌어지는 싸움과 관련된 연구 결과를 다룬 뉴스거리는 요란하게 지면을 장식하고, 내 생각에 대중 독자도 그만큼 열렬하게 읽는다. 학교와 교육적 성과, 사회적 이동성과 엘리트의 형성, 이민과 그에 대한 불만 같은 조사연구에 관해서도 똑같은 일이 벌어진다. 하지만 거의 언제나 몇 가지 사실만이 보도될 뿐 그 사실을 설명하는 이론은 보도되지 않는다.

하지만 엄밀한 의미의 이론이 항상 퇴짜를 맞는 것은 아니다. 전후 독일은 아니더라도 지난 10년간 독일의 비소설 분야 베스트셀러는 틸로 자라친Thilo Sarrazin이라는 사람이 쓴 『독일이 사라지고 있다Deutschland schafft sich ab』다. 2010년에 출간된 이 책은 몇 마디 언급할 가치가 있다. 자라친은 사회민주당 정치인으로 2002년부터 2009년까지 베를린 주州

재무장관을 지낸 뒤 분데스방크 이사가 되었다. 그러다가 독일연방공화국에 대한 국제적 책임의 일환으로 해임되었다. 자라친은 이른바 걸출한 '이슬람 비평가Islamkritiker'로 유명하다. 간략히 말해 책에서 그는 이슬람 나라들에서 유입되는 이민과 독일계의 교육받은 중간계급 여성들의 낮은 출산율이 결합되어 특히 평균 IQ가 낮아짐으로써 독일의 유전자 기반이 약해지며, 이 때문에 장기적으로 독일 경제의 경쟁력이 손상될 것이라고 주장한다. 자라친은 학문적으로 훈련을 받은 경제학자지만, 이 책은 심리학과 인구학 연구에 광범위하게 의존하며 또 종종 과감하게 사회학의 영역까지 진출한다. 가령 한편으로 지능·종교와 다른 한편으로 경제적·사회적 성취 사이의 관계를 논하기도 한다. 이 책을 글로벌 경제에서 정치와 사회의 효율성 이론에 한 층위로 내장된, 생물학적 세계관을 바탕으로 강한 인종주의적 함의(아랍인 확대가족 사이의 근친상간 때문에 아이들의 지능이 떨어진다)가 담긴 신新우생학 선언으로 규정해도 아마 과장이 아닐 것이다. 사회민주당은 원래 자라친을 당원에서 제명하는 것을 고려했지만, 나중에 그의 책이 대중적으로 엄청난 반향을 얻자 생각을 바꿔서 온전한 사회민주당원 자격을 유지하게 했다.

이 에피소드는 몇 가지 면에서 인상적이다. 우선 각종 통계와 연구 저널에 실린 논문의 길고 장황한 논의들이 여기저기 흩어져 있는데도 사회 문제를 다루는 학문적 저서를 읽는 대중적 독자가, 그것도 결코 적지 않은 수가 독일에 존재한다는 것이다. 하지만 학계의 사회학자들은 이 영역에 열을 내지 않는다. **자신들이** 자료에서 끌어내는 결론에 사람들이 별로 흥분하지 않을 것이라고 생각하기 때문이다. 사회학자들은 또한 자라친의 책을 읽는 독자들이 아무리 독일 중간계급의 중요한 한 부분을 구성한다 할지라도 그들을 상대로 이야기하는 데 관심이 없을 수도 있다. 자라친에 관해 진지한 대중적 토론을 벌인 것은 거의 전적으로 『프랑크푸르터 알게마이네 차이퉁』이나 『쥐트도이체 차이퉁』 같은 정론지에서 일하는 언론인들이었다. 몇몇 발달심리학자는 지능이 전적으로 유전의 문제가 아닐 수 있다고 나서서 의견을 표명했고, 종교 일반과 특히 이슬람을 연구하는 학자들은 실제로 이슬람 안에도 여러 다른 이슬람 종교가 있다고 지적했다. 사회학자들은 거의 공헌한 게 없었는데, 예상한 것처럼, 이 책에 횡행하는 경제주의 때문에 자연스럽게 관심을 기울일 법한 경제학자들도 아무런 공헌을 하지 않았다.

왜 사회학은 이런 유의 대중적 논쟁에 가세하지 않을까? 또 이런 질문도 던질 수 있다. 왜 사회학자들은 자신들의 연구에 그토록 확신이 없어서 세상 전체를 상대하지 않고 자기들끼리만 대화를 하는 걸까? 한 가지 답은 그들은 자기들이 좋지 않은 카드를 들고 있음을 안다는 것이다. 경제와 사회의 기계 모델을 손에 쥔 우리 시대의 사회적 스승인 경제학자들은 소수점 한 자리까지 정확한 예측을 제시할 정도로 대담하다. 게다가 모든 사람을 잘살게 만들려면 어떤 레버를 당겨야 하는지를 말해주는 부 창출 기술을 보유하고 있는 듯이 행세한다. 도대체 누가 관심을 기울이지 않겠는가? 더욱이 학문으로서의 경제학은 과학에 대한 지배적인 과학적 이해 또는 오해에 이상적으로 순응한다. 대다수 사람에게 과학이란 호모 에코노미쿠스 모델이나 진화생물학(새들도 타당한 이유에서 짝짓기를 한다), '자유의지'에 관한 신경학의 논의 등에서처럼 기술적 노하우나 도덕적 정당화 또는 둘 다로 변환될 수 있는 간략한 인과 설명을 낳는 일반법칙을 발견하는 것이다. 이와 대조적으로 사회학은 한 가지 이상의 인과 요인들이 작동하는 역사적으로 독특한 상황을 다루며, 만약 사회학자들이 과감하게 예측을 한다 할지라도 대체로 갖가지 안전장치가 덧붙는다. 심리학이나 자연과학과 달리, 사회학은 눈에 보이는 세계에서 벌어지는 움직임의 밑바탕에 존재하면서 그것을 통제하는 비밀스러운 물질적 힘을 밝힌다고 약속할 수 없다. 일반적으로 사회학의 연구 결과에는 일반화를 조심하라는 광범위한 경고가 붙어 있다. 인과관계에 간섭해서 변경을 가하는 사회적이거나 경제적·문화적인 맥락상의 조건이 있다는 것이다. 우리 중 일부는 사회학이 아직 진정으로 '과학적인' 것이 되어야 하는 젊은 학문이기 때문에 그렇다고 생각하는 반면, 다른 이들은 사회세계의 독특한 존재론이 반영된 결과라고 생각한다. 이 문제는 그렇다 치고 중요한 것은 현재 통용되는 사회학이 대체로 **과학적인 표준적 과학 모델**에 필적하지 못하며, 따라서 이 모델을 신봉하는 대중에게 실망을 안겨줄 수밖에 없고, 또 사회학자들은 사회학의 결함에 대해 제대로 교육하지 못하고 있다는 것이다.

적어도 독일에서 사회학이 직면하는 또 다른 문제는 1970년대까지 거슬러 올라가는 대중적 이미지다. 요컨대 많은 사람이 사회학을 하나의 과학으로서만이 아니라 정치적으로도 여전히 '연성인soft' 것으로 여기는데, 이런 연성은 경성의 시대에 유행에 뒤처진다. 많은 이가 사회학자들이 연구 대상과 지나치게 공감한다고 의심의 눈으로 본다. 사회학이 주로 연구 대상으로 삼는 것은 장기 실업자, 범죄자, 그리고 한층 더 벅찬 요구를 하는 **성과사회**Leistungsgesellschaft에서 배제된 잉여 인구와 이민자들의 '평행사회' 같은 주변집단이다. 사회학은 종종 그들이 자신과 세계에 부여하는 **의미**Sinn를 해석함으로써 그들의 삶의 방식을 '설명한다.' 막스 베버와 함께 우리는 이것을 독일어로 '해석사회학verstehende Soziologie'이라고 한다. 하지만 "모든 것을 이해한다는 것은 모든 것을 용서한다는 것이다Alles verstehen heißt alles verzeihen"라고 말하는 속담이 널리 알려진 사회에서 이해verstehen의 진가가 언제나 인정되는 것은 아니다. 오늘날 공감compassion은 대개 유행에서 멀어졌고, 사람들이 어떤 행동을 하는 이유를, 왜 그렇게 행동하는 게 타당하다고 생각하는지를 지적함으로써 과감하게 설명하려고 하는 사회학은 과학이라는 겉치레에 대한 지지나 동정심을 과장하는 태도Gutmenschentum로 쉽게 간주된다. 이런 태도는 현실적인 상식으로 무장한 자라친 공동체의 으뜸가는 적이다.

그리하여 나는 혁신된 공공사회학이 말을 걸 수 있는 공중의 문제로 관심을 돌린다. 어느 쪽인가 하면, 사회학자들은 공공영역이 단순한 군중이 아니라 사회적·제도적 구조임을 안다. 그렇다면 거기에는 여전히 계몽된 시민집단, 즉 사회 전체적인 '여론'을 형성할 의지와 능력을 갖춘 **교양시민층**Bildungsbürgertum이 존재할까? 세계에 관해 진지하게 배우는 데 관심이 있는 정당이나 자신들의 대의에 도움이 될 수 있는 통찰과 주장을 탐색하는 노동조합이 있을까? 많은 연구를 하지 않아도 우리 모두는 이 모든 것이 몇십 년 전에 비해 훨씬 적어졌으며, 또한 특히 사회학에서 예전에 비해 관심이 덜하다는 것을 상당히 확신할 수 있다. 그리고 사회학이 대중화되어야 하는 통로인 언론은 어떤가? 인쇄 매체는 쇠퇴하는 한편 텔레비전, 그리고 최근에는 인터넷이 부상하는 중이다. 아마 미국보다는 한결 덜할 테지만 그래도 엄연한 사실이다. 전혀 끝나지 않은 '회화적 전환pictorial turn'[미술사학자 W. J. T. 미첼이 언어적 전환linguistic turn에 이어 20세기 말에는 모든 지식이 시각 이미지로 집중된다는 의미에서 만들어낸 표현]은 사진으로 포착할 수 없는 대상을 주로 다루는 사회학에는 좋은 게 아니다. 신경학과 천문학은 신문 편집부와 텔레비전 방송국에 형형색색의 이미지를 전달하는 데 비교할 수 없을 정도로 유리하다. 게다가 언론이 더욱 전문화되면서 '공적인 것'이 어느 때보다도 더 파편화되고 있다. 지난 30~40년 동안 공적인 것의 구조 변형Strukturwandel der Öffentlichkeit이 있었다면, 그것은 현대적인 틈새시장의 방향으로 이루어졌다. 오늘날 상품화된 정보의 소비자들은 자세히 들여다보지 않고서도 마음에 들 것이라고 기대되는 정보를 골라잡고 지루할 것으로 보이는 정보를 피할 수 있다. 물론 인터넷 기반의 최신 미디어 이용자들은 마음대로 직접 뉴스를 완전히 구성할 수 있다. 선량한 시민이라면 무엇에 관심을 가져야 하는지를 결정할 권한을 가진 누구의 간섭도 받을 필요가 없다. 불과 몇 년 전만 해도 공영방송은 바로 이런 일을 할 수 있었고 실제로 했다. 오늘날의 정보 소비자들은 배우고 싶은 것만 배우며 다른 것은 전혀 배우지 않는다. 공중과 공동체가 점차 파편화되는 세계에서 공공사회학은 어떤 특이한 이유에서든 우연히 공공사회학에 관심을 갖게 된 이들에게만 발언을 하게 될까?

자본주의 없는 사회학: 공급의 문제?

공공사회학은 충분히 가능한데 그 **공급 측면**에 문제, 그것도 아주 심각한 문제가 있다고 해서 **수요 측면**에는 모든 것이 좋은 상태라는 말은 아니다.

하나의 사회과학으로서 사회학은 과연 실제로 시민과 그 정치적 대표자들에게 필독서로 지정할 만한 가치가 있는 통찰을 제공하는가? 유감스럽게도 나는 사회학의 전체 범위를 훑어보고 확신 있게 새로운 방향을 가리킨다고 주장할 수 있는 원로 정치인이 아니며 절대 그렇게 될 일도 없다. 이 문제라면 내가 실제로 관심을 기울이는 주제는 너무 절충적이고 학문적 정체성은 대단히 박약하다. 굳이 변명을 하자면, 사회학은 너무 다양해서 간단한 동일시를 자청할 수 없다는 것이다. 또한 다른 많은 이와 마찬가지로 나 또한 우연히 현재 연구하는 주제에 몰두하는 경향이 있으며, 이 때문에 쉽게 이 주제의 중요성을 과대평가한다. 하지만 온갖 합당한 단서를 붙이면서도 나는 한 가지 주장을 할 수 있다고 보며, 아래에서 이 주장을 펴고자 한다. 지금까지 수년 동안 세계를 사로잡고 있는 정치경제적 위기는 역사적 전환점을 나타낸다는 것이다. 무엇보다도 이 전환점은 사회학을 다시 한번 진정으로 공적인 문제와 관련 있는 사회과학으로 만들 수 있는 독특한 기회를 제공한다. 그러려면 사회학은 오늘날 우리 시대의 결정적인 문제들로 나타나는 것들에 다시 초점을 맞춰야 한다. **이 문제들은 모두 경제와 사회의 급속하게 변화하는 관계와 관련된다.**

위기 직후에 경제학자들은 위기가 다가오는 것을 보지 못했다는 이유로 특히 사회학자들에게 질책을 받았다. 그로부터 3년 뒤 주류 경제학이 경제를 설명하고 경제관리를 도울 수 있는 능력이 있는지에 관한 대중의 신뢰는 낮은 수준이다. 많은 사람이 독일의 기업가이자 자유주의 정치인인 발터 라테나우Walther Rathenau의 말처럼 "우리의 운명은 경제에 달려 있다Die Wirtschaft ist unser Schicksal"는 사실을 깨닫는 시대에 말이다. 하지만 놀랍게도 위기를 계기로 사회학자들 역시 대개가 주류 경제학자들만큼이나 준비가 되어 있지 않았다는 점이 드러났다. 주류 경제학자들은 분명 피상적인 수정은 가하더라도 스스로 안정화하는 자유시장이라는 동어반복 모델을 계속 고수할 수밖에 없지만, 사회학자들은 수십 년 동안 경제를 아예 연구 의제에서 빼버렸다. 1950년대에 다름 아닌 탈콧 파슨스 자신이 체결한 역사적 강화조약 아래서 경제학에 이 문제를 양도한 것이다. 2008년 위기를 계기로 현대 사회에서 경제의 중심적 성격에 관한 새로운 인식이 생겼다면, 현대 사회학은 여기에 대응하기에 좋지 않은 위치에 있었다. 현대 사회학은 오랫동안 사실상 **경제를 뺀 사회**를 주제로 생각했기 때문이다. 이 과정에서 중요한 학문적 전통들이 주변 또는 완전히 외부로 밀려났다. 특히 정치경제학은 효율성 이론 중심의 경제학의 수중으로 떨어졌는데, 오늘날 경제학이 이 주제를 지배하는 것에 대해 소수의 정치학자들만이 이의를 제기한다. '경제사회학'을 새로운 분과 학문으로 확립함으로써 경제를 다시 끌어들이려는 최근의 시도는 너무도 자주 가령 '네트워크'로 시장을 보완하는 식으로 경제 거래의 효율성을 높이기 위한 대안적 처방을 제시하는 데만 몰두한다.

나는 만약 우리가 2008년 사태 당시와 그 이후에 예전처럼 우리 시대의 주요한 사회적 쟁점에 대해 꿀 먹은 벙어리처럼 가만히 있는 데 만족하지 않는다면, 현재의 위기가 우리 학문에 경제를 없애버리고 사회에만 초점을 맞추는 이론적 프로그램은 지속 불가능하다고 말해주는 강한 신호라고 본다. 오늘날 많은 이가 현재의 금융·재정위기는 단순히 경제적 문제가 아니라 근본적으로 사회적 문제이며, 현대 사회에 대한 새로운 해석을 요구하는 중대한 문제라고 느낀다. 현대 사회가 팽창하는 시장에 의해 지속적으로 변혁된다는 점, 그 결과로 나타나는 사회구조와 정치제도의 취약성, 시장이 점차 사회적 통제에서 벗어남에 따라 각국 정부와 시민들이 직면하는 불확실성의 증대, 사회통합의 장소이자 사회질서의 토대로서 시장에 고유한 한계 등을 체계적으로 인식하는 새로운 해석이 필요한 것이다. 원칙적으로 근대에 대한 비판 이론이라는 역사를 가진 사회학은 이런 요구를 채우는 한편, '공중'에게 오직 위험을 무릅써야만 거부할 수 있는 통찰을 제공할 능력이 있다. 하지만 그러기 위해서 사회학은 그 이름에 걸맞은 모든 **사회** 이론의 중심 주제로 **경제**를 복원해야 한다. 여기서 말하는 경제는 단지 비밀스러운 자연법칙에 의해 지배되고 과학 지식으로 무장한 기술자들에 의해 관리되는 부 창출의 중립적 메커니즘이 아니다. 하나의 학문으로서 사회학이 경제학과 체결한 학문 간 평화협정 없이도 유지되고, 또 초창기에는 자신과 동격이었으나 후에 '사회'를 전문으로 다루기 위해 포기한 정치경제학을 재발견하지 않는 한 이런 복원은 가능하지 않을 것이다. 위기의 당연한 결과로 대중 사이에서 표준 경제학의 평판이 역사상 가장 밑바닥까지 떨어진 지금보다 이런 복원을 위해 더 적절한 순간은 없다.

애초에 사회학이 경제학자들에게 경제를 양보한 이유는 무엇일까? 우리는 어떻게 경제를 뺀 사회가 연구 주제로 가치가 있고, 또 거시경제학 없는 거시사회학이 현대 사회를 이해하기 위한 실행 가능한 접근법일 수 있다고 믿게 된 걸까? 사회적인 것을 경제적인 것에서—그리고 종종 정치적인 것에서도—분리하면 사회학에 도대체 무엇이 남을까? 흥미롭게도 사회학의 영역에서 경제를 배제한 것은 미국보다 독일에서 먼저 이루어졌는데, 내가 잘못 아는 게 아니라면, 단지 또는 주로 학문적인 이유에서만이 아니라 분명한 정치적 이유도 크게 작용했다. 이 이야기는 아주 조금 뒤틀린 정도를 넘어선다. 우리가 기억하는 대로 막스 베버는 경제학(국민경제학Volkswirtschaftslehre) 교수였고 원래 경제학자들의 학회인 사회정책학회Verein für Sozialpolitik 회원이었다. 그가 사회정책학회를 나와 독일사회학회Deutsche Gesellschaft für Soziologie: DGS를 설립한 것은 정치적인 행위였다. 왜냐하면 그는 당대의 경제학이 개혁주의적 사회정책을 공개적으로 옹호하는 것을 강하게 반대했기 때문이다. 독일사회학회 덕분에 베버는 혐오하는 강단사회주의Kathedersozialisten와 대면하지 않아도 되었다. 이런 이유로 독일사회학회는 가치중립적 탐구Wertfreiheit에 충실할 것을 약속해야 했다.[2] 하지만 이런 입장은 강요할 수 없는 것으로 드러났으며, 독일사회학회 회의에서 **사회문제**soziale Frage가 거듭 등장하자 베버는 이 주제를 억누르려고 했지만 실패했고, 결국 조직적 사회학에서도 손을 뗐다. 그리고 그로부터 몇 년 뒤 세상을 떠났다.

베버 이후 독일 사회학이 오늘날 우리가 그의 이름과 연결시키는 경제와 사회Wirtschaft und Gesellschaft라는 거대한 주제를 전혀 받아들이지 않은 사실은 주목할 만하다. 경제와 사회라는 주제는 사실상 베르너 좀바르트 같은 역사학파의 제도경제학자들 몫으로 남겨졌다. 좀바르트 같은 경우는 바이마르 시대의 사회학에서 아무런 역할도 하지 못했다.

---

2 베버 자신이 연구한 사회과학은 결코 **가치중립적**wertfrei이지 않았다. 당대 경제학자들이 사회정책을 옹호하는 것을 열정적으로 거부한 그의 태도는, 특히 영국을 상대로 국가의 생존과 국제적 패권을 둘러싸고 등장하는 투쟁이 무엇보다 중요하다고 생각하는 자유주의 민족주의자의 태도였다. 사회정책은 민주주의와 마찬가지로 사람들을 행복하게 만들기 위한 게 아니라 새롭게 형성된 독일제국이 무정부적이고 갈등으로 점철된 국제 세계에 대비하도록 도와주어야 했다. 베버가 자신의 입장을 **가치중립적**이라고 간주할 수 있었던 것은 **현실정치**Realpolitik가 객관적 사실이고 자유롭게 선택할 수 있는 게 아니라는 확신 때문이었다.

1933년 나치가 권력을 장악한 이후 이 학자들이 소멸되자, 특히 그들이 독일 민족주의와 친선관계를 맺으려고 노력하자 전후에 역사적 경제학과 반대되는 의미의 '이론'경제학이 진전되는 기반이 닦였다. 한편 사회학자들은 1920년대에 독일 대학에서 자리를 잡으려고 노력하면서 사회주의자, 또는 당시에는 아직 대동소이한 입장이던 마르크스주의자로 간주되지 않으려고 상당히 조심했다. 실제로 호르크하이머와 프랑크푸르트 사회조사연구소Institut für Sozialforschung in Frankfurt는 결코 자신들이 사회학자라고 생각하지 않았고 독일사회학회에 가입할 생각도 없었다. 바이마르 시대의 이론사회학은 기본적으로 모든 것을 포괄하는 사회관계에 관한 모종의 형식주의적 이론을 추구한 것으로 보인다(레오폴트 폰 비제Leopold von Wiese의 관계교의Beziehungslehre). 경험사회학은 주로 인구학 연구, 특히 정주 연구Siedlungsforschung라는 이름 아래 독일, 그리고 점차 중유럽과 동유럽의 정주양상에 관한 연구에 분주했다. 사회학이 전후에 퍼뜨린 신화와 달리, 경험사회학은 제3제국 시기에 꽃을 피웠고, 특히 동방에서 곧 병합될 영토에 관한 도시계획·농촌계획과 관련해 국가와 당으로부터 존중받았다. 물론 자본주의는 특정한 형태의 유기체적 공공사회학이라고 마땅한 이름을 붙일 수 있는 것에 절대 관여하지 않았다.[3]

전후 독일에서 사회학은 계속 경제와 거리를 두었다. 그와 무관하게 경제학 역시 동시에 한층 더 모델플라톤주의modellplatonistisch(신고전파)[신고전파 경제학을 모델플라톤주의라고 지칭하는 것은 경제학 모델을 플라톤의 이데아처럼 순수한 본질로 보기 때문이다]의 성격이 강해지면서 역사학파의 전통과 철저하게 단절했다. 제도경제학은 모습을 감췄다가 먼 훗날에 '현대적인' 효율성 이론의 후원을 받으면서 복귀했다. 역사경제학은 역사계량경제학 또는 '계량경제사'의 형태로도 주변으로 밀려났다. 사회학의 자격이 있는지 여부는 점차 미국에서 결정되었고, 바이마르와 나치 세대가 세상을 떠나거나 은퇴함에 따라 사회학은 미국으로부터 재수입되었다. 전후의 성장이 최고조에 달한 1960년대에 경제는 이제 사회학이나 이 점에 관한 한 정치학의 관심사가 아닌 것처럼 보였다. 케인스가 그로서는 다소 낙관적인 순간에 예상한 것처럼, 많은 이가 이제 경제학은 치과 같은 분야가 되었다고 생각했다. 고쳐야 할 곳이 어디든 통증 없이 고쳐주는 입증된 기술을 갖추고 있어서 문제가 생기면 의지해야 하는 숙련 직종이 된 것이다. 1960년대 말에 내가 학생이던 프랑크푸르트에서 자본주의는 아도르노에 의해 교환경제사회로 명칭이 바뀌었고, 소비에트 공산주의 분파주의자 학생 몇몇을 제외하고는 아무도 '체계'가 다시 **경제** 위기에 노출될 것이라고 예상하지 않았다. (물론 당시의 위기는 **정당성**의 위기였다.) 이미 경제가 사실상 기술적인 문제가 되었고, 마침내 영원히 길

---

3 약간 운이 나쁘게도 바이마르공화국의 끝 무렵에 발전한 사회학은 공공연하게 인정받는 이 체제의 기둥이 되었을지 모른다. 1934년 독일사회학회는 나치가 정권을 장악한 뒤 처음으로 회의를 열었다. 의제에 오른 문제는 새로운 친나치 지도부 아래서 계속 유지할지, 아니면 그에 항의하는 의미로 해산할지 여부였다. 참석한 많은 회원은 페르디난트 퇴니에스Ferdinand Tönnies의 후임으로 라인하르트 횐Reinhard Höhn을 회장으로 선출하자고 제안했다. 예나에서 사회학자 프란츠 빌헬름 예루살렘Franz Wilhelm Jerusalem의 조수로 일한 변호사 횐은 나중에 공법학 교수이자 나치스친위대SS 본부에서 제국보안국Reichssicherheitshauptamt 국장으로서 중심인물이 되었다. 횐은 충분한 득표를 얻지 못했지만, 회원들은 새 정부의 반감을 사지 않으려고 학회를 해산하는 대신 당분간 활동을 중단하기로 결정했다. 학회가 부활한 것은 1945년 이후의 일이다. 1950년대에 다시 등장한 횐은 서독에서 으뜸가는 경영대학을 설립해 1970년대까지 운영했다.

들여졌다는 견해는 결코 프랑크푸르트학파에 국한된 게 아니라 경제학자들만큼이나 사회학자들에게도 널리 공유되었다. 여러 사례 중 하나만 꼽자면 아미타이 에치오니Amitai Etzioni가 1968년에 출간한 『능동적 사회The Active Society』다. 이 책은 스스로 발전 방향을 결정하면서 자기 운명을 다스리는 현대 민주주의 사회가 처한 조건을 낱낱이 설명하려는 가장 야심 찬 시도였다.[4] 666쪽에 달하는 책에서 경제는 딱 한 번 거론되는데, 그것도 다음과 같은 언급에서 나온다. "서구 각국은 난폭한 인플레이션과 심각한 불황을 방지하고 경제성장을 자극하기 위해 케인스주의를 비롯한 통제방법을 널리 활용해서 사회적 과정을 통제하는 능력에 확신을 갖게 되었다."(10쪽)

앞서 지적한 것처럼, 사회학이 자신은 우리 시대의 커다란 쟁점들과 무관하다고 여길 각오가 되어 있지 않다면, 우리 학문이 경제세계로부터 당당하게 고립되는 것은 더는 지지할 수 없다는 게 나의 생각이다. 위기를 고려할 때, 지금이야말로 사회학이 사회에서 비경제적인 것에 돈을 건 내기가 실패로 끝났음을 인정해야 할 때다. 좋은 소식은 지금이라도 경로를 돌릴 수 있다는 것이다. 사회학은 (아직) 표준 경제학처럼 합리적 선택 이론에 완전히 열광하고 있지 않기 때문에 우리는 개인 이익의 합리적 추구가 안정된 질서를 낳을 수 있는 세계의 이미지로부터 쉽게 단절할 수 있다. 또한 우리는 기능주의적 균형 모델과 영원히 결합한 것도 아니다(원칙적으로 이 모델 덕분에 우리는 현대 사회-겸-경제, 일명 현대 자본주

---

4   Amitai Etzioni, *The Active Society*, New York: The Free Press, 1968.

에 고유한 불안정성과 항구적인 불균형, 지속적인 위기 성향을 이해할 수 있어야 한다). 무엇보다도 우리는 여전히 경제학이나 '자본주의의 다양한 변종'을 다루는 문헌의 경제주의적 분파에서 말하는 것처럼 경제의 이상형이나 시장경제의 동의어가 아니라 역사적인 사회 형성체, 즉 실제로 존재하며 역동적으로 움직이는 사회구조로서의 자본주의에 관한 오래된 개념들을 활용할 수 있다. 1970년대까지도 대니얼 벨 같은 사람이 마르크스, 베버, 좀바르트, 슘페터, 그리고 당연히 케인스 등으로까지 거슬러 올라가는 사회학적 자본주의 이론의 전통을 예민하게 인식하고 대변했다는 사실을 기억하자. 그는 심지어 이데올로기적 경계선을 가로질러 제임스 오코너James O'Connor 같은 네오마르크스주의자에게도 가끔 악수를 제안했다.

정치경제학으로 복귀하는 공공사회학

자신의 정치경제학적 전통을 인식하는 사회학은 현대 자본주의가 어디로 가고 있는지에 관해 과거 오랫동안에 비해 더욱 걱정하는 현대의 대중에게 무슨 말을 해야 할까? 최소한 우리는 현재 벌어지는 위기가 우연한 일이 아니라—즉 미국 모기지 시장의 우연한 관리 부실이 낳은 불행한 결과가 아니라—제2차 세계대전이 끝난 이래 우리가 서구에서 익히 아는 것처럼 민주적 자본주의 체제 내부에 존재하는 아주 기본적인 긴장과 모순들로부터 생겨난다는 점을 대중의 의식에 각인시킬 수 있어야 한다. 1970년대의 인플레이션, 1980년대의 공공부채 증가, 재정 건전화의 첫 번째 물결에 대한 보상으로 1990년대에 사적 신용에 주어진 규제완화, 새로운 글로벌 **큰손금융**의 압력 아래 '건전화폐'를 복원하려는 현재의 시도 등은 모두 시민권의 사회적 권리라는 대중의 **도덕경제**와, 시장 정의에 따른, 그리고 '기업의 신뢰'(칼레츠키) 요건에 부합하는 자원 할당을 고집하는 자본가의 **경제적 경제** 사이에 벌어지는 충돌의 표현이다. 지난 수십 년 동안 단체교섭과 노동시장에서 선거정치를 거쳐 소비자 신용시장으로, 그리고 지금은 공공부채 상환과 차환을 위한 국제 금융시장으로 투쟁의 현장이 바뀌었다. 쟁점은 언제나 동일한—데이비드 록우드의 용어로 하면, 자본주의 사회에서 체계통합과 사회통합의 상충하는 요건을 어떻게 다룰 것인가—한편, 인민의 민주주의와 노동조합이나 정당같은 민주주의의 집단적 조직이 시장을 교정하는 능력은 잇따라 위기를 겪으면서 지속적으로 약해지고 있다. 오늘날 각국과 투자은행들이 민주적 자본주의의 모순을 교섭하는 곳은 다름 아닌 국제 금융 외교무대다. 대중의 압력으로부터 거의 완전히 고립된 이 장의 논리는 경제와 정치 엘리트집단에 고용된 몇몇 전문가를 제외하면 대중은 전혀 알아먹지 못한다.

사회학자들은 건전화폐를 복원하고 경제를 다시 성장시키는 방법에 관해 조언을 해줄 수 있다고 기대받지 못하는데, 그것은 당연하다. 하지만 사회학자들은 이것이 유일한 쟁점이 아니며, 우리가 속한 사회질서의 정당성을 떠받치는 민주적 자본주의의 사회계약을 복원하는 일이 가장 전문적인 경제 관리자들의 권한을 넘어선다는 점을 대중에게 이해시킬 수 있다. 대다수 경제학자와 달리, 사회학자들은 정치의 임무는 내켜하지 않는 사회에 한계생산성에 따른 분배라는 시장정의를 강요하는 것보다 훨씬 복잡한 것임을 이해한다. 기업의 신뢰를 제공하는 것이 시민 신뢰의 잠식으로 귀결된다면, 결국 사회안정을 위해서는 아무것도 얻지 못할 것이다. 정치와 경제 엘리트들은 이 위기를 활용해서 마지막으로 한 번 더 자본주의를 민주주의에서 격리시키고 싶은 유혹이 들겠지만, 사회학자들은 이런 전략이 불가피하게 수반하는 위험에 대해 대중의 관심을 환기시키기에 좋은 자리에 있고 또 필요한 지식도 갖추고 있다.

지금쯤이면 우리가 실제로 경제만이 아니라 민주주의의 심각한 위기에 직면하고 있다는 사실이 분명해졌을 것이다. 유럽에서는 금융시장의 압력 아래 각국 지도자들이 의사결정권을 체계적으로 국제기구에 이전하면서 국가 의회와 더 나아가 유권자들로부터 권한을 앗아가는 중이다. 채무국들은 채권자의 지시를 수용하는 것 말고는 선택의 여지가 없다. 앞으로 수십 년 동안 국가의 선거가 아무 의미도 갖지 못할 것이기 때문이다. 한편 채권국들은 '시장'의 변동하는 욕구와 변덕스러운 요구에 신속하면서도 유연하게 대응하도록 재촉을 받는데, 따라서 이 나라들의 의회가 민주적인 특권을 행사할 시간이 거의 없다. 긴축정책이 확고하게 제도화된 까닭에 모든 나라에서 정치적 대안의 범위가 크게 축소되었고, 정치적 참여는 점점 중요성을 잃고 있다. 무엇보다도 지역사회에서부터 유럽에 이르기까지 모든 수준에서 선거 투표율이 1980년대 이래 모든 나라에서 꾸준히 하락하고 있으며, 빈곤·이민·가족 해체 등의 비율이 높아서 정치적 결집이 가장 필요한 지역에서 가장 가파르게 하락한다. 우리 사회학자들은 정치적 표현의 정당한 배출구가 막히면 부당한 배출구가 그 자리를 대신하고, 그에 따르는 잠재적인 사회적·경제적 비용이 매우 높다는 사실을 알고 있으며, 또 사람들에게 알려줄 수 있는 능력이 있다.

한 가지만 덧붙이자면, 현재 벌어지는 위기가 대체로 신뢰의 위기라는 점은 거의 상투적인 말이 되었다. 화폐의 가치, 채무자들이 부채를 상환할 의지와 능력, 정치 지도자들이 '시장'의 압력에 저항하는 능력, 시장이 공정한 것은 말할 것도 없고 효율적인 자원 할당을 제공할 능력 등이 죄다 의심받는 것이다. 우리의 정부와 국제기구들이 과연 또 다른 위기를 방지할 능력이 있을지에 대해서도 그다지 신뢰받지 못한다. 또한 시장의 행위자들 자체, 특히 서로에게 차입하는 데 의존하는 은행들 사이에서도 신뢰가 급속하게 떨어지고 있다. 그 결과, 국가와 중앙은행들이 다시 한 번 최종 수탁자로 개입해야 할지 모르는데, 그리하여 악성부채를 인수하고 보증을 확대할 수밖에 없어서 마침내 그들 또한 굴복하게 될 것이다. 거래비용 경제학에서 효율적인 거래관계 속에서 자신의 이익을 추구하는 시장 행위자들이 '아래로부터' 제도를 세우는 게 가장 좋다고 주장한 것이 오래전 일이 아니다. 정치학과 사회학의 합리적 선택 제도주의는 이 메시지를 열광적으로 흡수하고 선례를 따라 국가가 통제하는 공적 정부를 시장 참가자들이 구축하는 사적 거버넌스로 대체했다. 위기를 거치면서 사적 질서유지private ordering에는 한계가 있고 사회질서를 제공하는 임무에 쉽게 과중한 부담이 간다는 사실이 드러났다. 사적 질서유지가 붕괴하면, 보수작업을 위해 다시 공적 권력을 세울 필요가 있다. 자유주의적 제도 이론이 명백하게 파산했다는 점, 그리고 덧붙여 말하자면 뒤르켐식 사회학이 남긴 유산이 완전히 확증된다는 점에 대중적 관심을 환기시키지 않을 이유가 없다.

이런 사회학의 전통에 의지해서 우리는 현재 우리가 처한 곤경의 밑바탕에는 자본주의 사회 형성체에 고유한 잘 알려진 경향, 즉 사회적 삶의 다른 영역들로 역동적으로 팽창하면서 그 흐름을 깨뜨리고 종종 혼란을 남기는 경향이 있음을 알 수 있다. 오늘날 글로벌 자본이 지방·지역·

국가의 사회구조와 생활방식을 온통 뒤덮어버리려 하는 역사적 시기에 이 경향은 시장화에 맞서는 사회적 대항운동—진보적-재구성주의의 경향이든 보호적-보수주의의 경향이든—의 장기적인 약화와 만나고 있다. 오늘날의 경제학자들과 달리, 특히 좀바르트나 슘페터 같은 과거의 몇몇 위대한 경제학자에게 가르침을 받은 사회학자들은 원칙적으로 자본주의가 지속적으로 사회관계를 뒤집어놓는 방식으로 내부로부터 성장하는 체계라는 점을 이해할 수 있는 개념 도구를 갖고 있다. 자본주의의 발전은 나머지 사회와 조화롭게 진행되기는커녕 끊임없이 마찰과 위축을 야기하며, 따라서 경제와 사회 사이에 모종의—불안하나마—균형을 확립함으로써 사회를 안정시키기 위한 한층 새로운 집단적 노력이 요구되고 환기된다.

점점 더 많은 사회학자들에게 영감을 주는 연구를 남긴 칼 폴라니는 1950년대와 1960년대에 사회학계에 가세하려고 하지 않았다. 그는 경제학자이자 경제사학자, 사회인류학자에 만족했다. 신자유주의가 맹위를 떨치고 금융화 때문에 자본주의 경제가 다시 한번 혁명적 변형을 예고하던 1990년대에 이르러서야 사회학이 폴라니를 발견했다는 점은 뭔가 시사하는 바가 있는데, 썩 좋은 의미는 아니다. 나는 화폐·자연·노동이라는 세 가지 허구적 상품과 이것들을 상품화하는 데 고유한 한계에 관한 폴라니의 관념에 의지하는 것보다 현재 우리가 처한 곤경을 간략하게 잘 설명해줄 수 있는 방법은 전혀 없다고 본다. 많은 이가 이제 막 이 한계에 도달하려는 참이며 그와 더불어 자본주의의 추가적인 성장의 한계도 코앞에 닥쳤다고 생각한다. 적어도 실존적인 인간 욕구와 아직 어느 정도 양립 가능하게 만들 수 있는 종류의 성장은 한계에 다다랐다. '금융산업'의 규제가 완화된 결과로 사적 산업이 **화폐**를 제조함에 따라 모든 사회에 전례 없이 불확실성이 가중되었고, 그 결과 각 사회 내부와 사회들 사이에서 분배갈등이 악화되고 아직 전혀 결론이 나지 않은 글로벌 재규제의 문제가 부상하고 있다. **자연** 또는 **토지**와 관련하여 우리는 허구적 상품의 근본적인 특징—그 공급이 수요에 의해 지배받지 않으며 그럴 수도 없다는 점—이 자연에 완벽하게 적용된다는 사실을 서서히 배우고 있다. 실제로 여러 징후를 볼 때, 만약 우리가 계속적인 상품화로부터 우리의 글로벌 공유지를 보호하는 방법을 찾지 못한다면 자본축적의 거침없는 진전을 위해 우리가 아는 지구상의 삶의 토대 자체가 금세 소모될지 모른다. 마지막으로 **노동**시장과 노동조직의 유연성이 계속 높아진 탓에 개인과 가족은 점점 경쟁적인 시장의 예측하기 힘든 요구에 맞춰 삶을 조직하라는 가차 없는 압력에 종속되고 있다. 무엇보다도 그 결과로 가난에 빠진 패배자들의 잉여 인구, 전례 없는 번영을 누리고 있는데도 터무니없이 바쁜 삶을 살면서 점점 더, 어느 때보다도 더 격렬한 노동시간을 쏟아붓는 과로한 중간계급, 끝없는 탐욕을 부리면서 오래전부터 사회 전체에 어떤 유용한 기능도 하지 못하는 가운데 보너스와 배당금만 받아 챙기는 승자독식의 슈퍼리치로 이루어진 소수의 엘리트집단 사이에 양극화가 더욱 커지고 있다.

상품화의 결정적인 한계라는 폴라니의 개념에서 예상된 것과 같은 현대 자본주의의 정치경제가 아니라면, 혁신된 공공사회학은 도대체 무엇을 주제로 삼을 수 있을까? 물론 해야 할 연구는 많이 있다. 게오르크 짐멜에게는 미안한 말이지만, 그리고 흥미롭지만 정치적 관련성은 별로 없는, 월스트리트 거래 데스크에서 일하는 삶에 관한 인류학적 설명 몇 가지, 그것도 재앙이 닥치기 전에 쓰인 것들을 제외하면, 사회학자들은 화폐와 금융에 관해 거의 기여하지 못했다. 자연환경에 관해 보자면, 사회학자들은 사람들이 언제, 그리고 왜 쓰레기를 분리 배출하는 등의 비용이 적게 드는 희생을 기꺼이 하는지에 관해 무수히 많은 연구를 내놓았다. 하지만 경제·자연·인간이라는 토대를 파괴하는 위험을 무릅쓰면서까지 우리 사회가 자본주의의 성장에 왜 그토록 의존하는가라는 문제는 이상하게도 이단적 경제학자들의 몫으로 남겨놓았다. 성장을 강요받는 사회를 어떻게 자연 및 자신과 평화롭게 어울리는 사회로 바꿀 수 있는지에 관한 성찰도 마찬가지다. 사회학이 이런 주제를 그토록 신중하게 회피해왔다는 사실을 감안하면, 경제학자들이 심리학자들에게 인간이 행복을 추구할 수 있는 대안적이고 비경제적인 원천에 관한 조언을 구하는 것을 탓하기는 힘들다. 물론 사회학은 이 문제가 심리학적인 게 아니라 사회적·정치적인 문제라고 정당하게 주장할 수 있었을 것이다. 마지막으로 사회학자로서 우리는 노동시장과 가족구조에 관해, 그리고 소득과 소비증대를 둘러싸고 격화되는 무한경쟁과 자녀 양육을 비롯한 사회적 삶 사이의 갈등에 관해서는 비교적 잘 해내고 있다. 알리 혹실드Arlie Hochschild나 리처드 세넷 같은 훌륭한 공공사회학자들의 설명이 대표적인 예다.

다시 수요 측면으로

여기서 오래된 질문이 다시 떠오른다. 과연 누가 들으려 할까? 물론 요즘에는 낙관적이어선 안 된다. 하지만 지금이 정상적인 시대는 아니며, 또는 아마 정상적인 시대는 종언을 고할 것처럼 보인다. 분명 시민들뿐만 아니라 엘리트들 사이에서도, 특히 학계에서도 수십 년 동안 우리가 목도한 수준을 훌쩍 뛰어넘는 위기감이 쌓이고 있다. 아마 우리는 또 다른 **안착기**Sattelzeit(라인하르트 코젤렉Reinhard Koselleck)로 다가가고 있는 중일 것이다. 이 시기는 앞으로 오랫동안 세계를 형성하는 데 중요한 의미를 가질 불확실한 사태와 더불어 변화가 가속화하는 시기다. 표준 경제학이 2007년 이후 벌어진 글로벌 경제 재앙을 다루는 문제에서 보여준 오리무중에 빠진 모습은 흥미로운 징후다. 세계의 주요 경제학자들이 무엇을 할 것인가의 문제를 놓고서 오늘날처럼 분열된 적은 한 번도 없다. 『이코노미스트』나 『파이낸셜타임스』 같은 경제지조차 분열을 눈치 채지 않을 수가 없다. 설명을 찾아보자면, 자본주의적 민주주의가 이제 기술적 해결책이 동났기 때문에 우리가 아는 경제학 이론이 공적 담론에 대한 장악력을 잃고 있다는 것이다. 대서양 양쪽 모두에서 정치 지도자들은 이미 신념을 잃은 듯 보인다. 경제학 내부에서조차 가령 성장과 번영을 측정하는 방식이라든가 물질적 번영 일반의 지속적인 극대화 전망을 둘러싸고 의구심이 나타나고 있는 것은 흥미로운 일이다.

국가가 마치 자본 투자자들의 신뢰를 얻어야 하는 공기업 같은 존재로 변신하려 하고, 국제기구들이 사적 투자자를 위해 일하는 예금보험이나 채무 징수기관 역할을 하며, 각국 정부가 자본시장의 규율을 받는 노동력으로 바뀐 시민들로부터 '채권자 가치'를 뽑아내도록 압박받는 기업 경영진을 닮아가기 시작하는 오늘날의 세계에서, 경제를 다시 사회 안으로, 더 나아가 사회학 안으로 끌어당기는 프로그램은 동맹자들을 찾을 수 있을 것이다. 이제 더는 정당에 참여하지 않고, 노동조합을 피하며, 선거에 참여하기를 거부하는 젊은이들 사이에서도 혁신된 정치경제 비판 이론에 대한 요구가 있을 것이다. 모든 '기초연구'가 그러하듯, 누가 이 연구를 어떻게 활용할지를 모른다고 해서 그것이 아예 연구를 하지 않을 이유가 될 수는 없다.

사회학이 공공사회학, 정말로 공적인 사회학이 되려면, 뉴딜이나 제2차 세계대전 이후에 그랬던 것처럼 현대 사회의 토대를 재고해보아야 하는 순간을 준비할 수 있어야 한다고 생각한다. 나는 그 순간이 다가오고 있다고 확신하며, 바로 지금 그 순간이 닥칠 때 사회학자들은 사회가 당면한 문제를 이해할 수 있도록 바로 써먹을 수 있는 지적 도구를 갖추고 있어야 한다. 처음에는 우리의 말에 귀를 기울이는 청중이 학계에만 있다 할지라도 우리의 노력이 무익한 것만은 아니다. 『고용, 이자, 화폐의 일반이론The General Theory of Employment, Interest and Money』의 마지막 장에서 케인스는 "경제학자와 정치철학자들의 사상은 그것이 옳을 때나 그를 때나" 강력하다고 설명했다. 그는 새로운 사상이 곧바로 장악하지는 않을지라도 세계를 지배하는 것은 "달리 별로 없다"고 주장했다.

경제와 정치철학의 분야에서는 스물다섯 살이나 서른 살을 지나서는 새로운 이론에 영향을 받는 사람이 많지 않으며, 따라서 공무원이나 정치인, 심지어 선동가들까지도 현재 벌어지는 사태에 최신의 관념을 적용할 가능성은 높지 않다. 하지만 빠르든 늦든, 좋든 나쁘든 간에 위험한 것은 사상이지 기득권이 아니다.[5]

한시름 놓을 정도로 점진적인 관념의 변화―케인스가 말한 대로 하자면, 적어도 한동안은 그에게 유리하게 꽤 잘 작동했던 '사상의 점진적 침투'―가 일어날 만큼 충분한 시간이 있을 것인지 알 도리는 없으며, 의구심을 품을 만한 이유도 충분하다. 자멸적이지 않은 정치경제의 필요성이 더욱 시급할 것이다. 하지만 이런 현실은 오늘날 경제와 사회를 이해하는 데서 현대 경제학이 쥔 지적 헤게모니에 도전하려면 아무리 일찍 시작해도 빠른 게 아님을 의미할 뿐이다. 나는 공공사회학의 첫 번째 공중은 대학이라고 말하고 싶다. 경제학과 경영학을 전공하는 전례 없이 많은 수의 학생이 사회란 본질적으로 가장 합리적인 선택을 할 수 있는 이들이 효용을 극대화하기 위한 거대한 기회로서만 존재할 수 있다고 배우고 있기 때문이다. 만약 우리가 대학에서 의심의 씨앗을 뿌리지 못한다면 도대체 어디서 할 수 있겠는가? 파슨스가 사회학과 경제학 사이에서 강화조약을 이룬 탓에 오늘날 우리가 가장 필요로 하는 곳에서 칸트가 말하는 '학과들 사이의 경쟁Streit der Fakultäten'에 재갈이 물렸다. 사회학자들과 정치학자들은 상이한 부류의 이단적 경제학자들과 제휴해서 새로운 종류의 정치경제학을 연구하기 시작했다. 이 사회경제학 덕분에 우리는 다시 경제적인 것을 사회적인 것에 종속시키게 될 것이다. 처음에는 이론적 기획이겠지만 바라건대 계속해서 정치적 기획으로 나아갈 것이다. 지금이야말로 주류 사회학이 자신의 뿌리를 기억하고 싸움에 가세할 때다. 물론 우리는 현재 모든 곳에서 진행 중인 대학의 자본주의적 재

---

5 John Maynard Keynes, *The General Theory of Employment, Interest and Money*, New York: Harcourt, Brace and Company, 1967[1936], 24장.

편이 특히 경제적 효율성이라는 전능한 목표를 위해 비판적 성찰을 뿌리 뽑으려고 고안된 것임을 잘 안다. 하지만 공공사회학이 이 공중의 이목을 사로잡지 못한다면, 유튜브나 페이스북, 폭스TV나 『빌트-차이퉁』의 세계에서 눈길이라도 끌 수 있으리라고 어찌 기대할 수 있겠는가?

"현대 산업의 발전과 더불어 부르주아지가 생산물을 생산하고 취득하는 토대 자체가 부르주아지의 발밑에서 무너져 내린다. 부르주아지는 무엇보다 자기 자신의 무덤을 파는 일꾼들을 만들어낸 셈이다. 부르주아지의 몰락과 프롤레타리아트의 승리는 둘 다 피할 수 없는 길이다."(카를 마르크스·프리드리히 엥겔스,『공산당 선언』)

"자본의 독점은 그 생산방식의 속박이 된다. 생산수단의 집중과 노동의 사회화는 마침내 그 자본주의적 외피와 양립할 수 없는 지점에 도달한다. 자본주의의 외피는 파열된다. 자본주의적 사적 소유의 조종이 울린다. 수탈자가 수탈당한다."(카를 마르크스,『자본론』1권 32장「자본주의적 축적의 역사적 경향」).

마르크스와 엥겔스 이래로 왼쪽에서 자본주의를 비판하는 이론가들이 숱하게 자본주의의 종언을 선언했다. 실제로 자본주의는 1930년대 대공황을 필두로 여러 차례 심각한 위기에 빠지면서 금세라도 무너질 듯 보였다. 그러나 자본주의는 언제나 위기를 이겨내고 기어이 살아남았고, 그때마다 새롭게 면모를 일신했다. 섣불리 자본주의의 종언을 외친 좌파는 이론적 현실 분석과 소망적 사고를 혼동한 나머지 양치기 소년 같은 습관적 거짓말쟁이로 전락해버렸다. 그리고 20세기 말에 현실

사회주의가 자본주의보다 먼저 종언을 고하면서 '대안은 없다There Is No Alternative: TINA'나 '역사의 종언'이 오히려 진리인 듯 보였다.

볼프강 슈트렉이 이 책에서 압축적으로 설명하는 것처럼, 현대 자본주의는 그것의 존립을 뒤흔드는 심각한 위기가 벌어질 때마다 대항세력의 요구를 흡수하면서 반대파가 주장하는 개혁을 구명줄로 부여잡고 간신히 살아났다. 1930년대 대공황이 벌어졌을 때 프랭클린 루스벨트의 뉴딜은 자유주의적 자본주의를 구해주었다. 그리고 양차 대전을 겪은 뒤로는 민주주의를 받아들이면서 민주적 자본주의로 변신해 **영광의 30년**을 구가했다. 그런데 이 황금기는 독약처럼 작용했다. 이제 40년 넘게 이어진 신자유주의적 자본주의는 승승장구하는 과정에서 반대파를 죄다 죽여버렸다. 지은이는 특히 노동조합의 해체와 민주주의의 형해화에 주목한다. 현대 자본주의의 성장이 느려지고 부가 상층부로만 쏠리게 된 데는 이 두 가지 현상이 가장 크게 기여했다. 원래 자본주의는 강한 민주주의와 노동세력이 끊임없이 견제를 해야 생명력을 유지할 수 있는 경제체계다. 빈익빈 부익부 경향을 억제하고 대중 소비자집단을 계속 유지해야 원활하게 돌아갈 수 있기 때문이다. 어느 정도 부가 재분배되어야 체계의 안정성과 재화와 서비스의 지속적인 소비가 가능하다. 자본주의를 교정해줄 대항세력이 몰락한 탓에 규제와 개혁이라는 자기교정을 통해 새로운 생명을 얻을 수 있는 가능성이 사라졌다.

슈트렉은 아이러니하게도 자본주의는 자신이 거둔 성공 때문에 죽음을 맞이할 수밖에 없는 운명이라고 진단한다. 『공산당 선언』에서 마르크스와 엥겔스가 주장한 것과는 달리, 170년이 지난 지금 슈트렉은 자본가들 스스로가 자기들 무덤을 파버렸다고 진단한다. 일종의 '성공의 역설'

인 셈이다. 그 결과로 나타나는 자본주의의 종언은 순간적인 파국과 새로운 체계의 수립이 아니라 슈트렉이 그람시의 말을 빌려 설명하는 것처럼 기나긴 고통의 과정이다. "'옛것이 사멸하지만 새것은 아직 태어나지 않은 채…… 온갖 종류의 병리적 현상이 존재하는 공위기간'을 예고하면서 불확실하게 지속되는 역사적 시대 속에서―무질서 또는 엔트로피로 귀결될 것이며, 사회는 구성원들의 삶을 정상화하고 갖가지 사고와 지독한 사태로부터 그들을 보호해줄 수 있는, 합리적 일관성과 최소한의 안정을 갖춘 제도를 상실할 것이다. 이런 사회에서 살기 위해서는 계속적인 임기응변이 필요하기 때문에 개인들은 구조 대신 전략에 의존해야 하고, 또 이런 사회는 과두지배자들과 군벌들에게는 풍부한 기회를 제공하는 반면 다른 모든 이에게는 불확실성과 불안감을 강요한다. 서기 5세기에 시작되어 지금은 암흑시대라고 불리는 긴 공위기간과 비슷한 시대가 열리는 것이다."(69~70쪽) 트럼프의 당선과 유럽을 필두로 한 극우 포퓰리즘의 창궐은 이런 '병리적 현상'의 대표적 사례다. 그리고 "국가, 정부, 국경, 노동조합, 기타 조절세력들을 일소한 신자유주의적 자본주의에 이어 등장한 포스트자본주의 공위기간의 사회세계는 통치와 관리가 부족한 가운데 언제든 재앙에 직면"(32~33쪽)할 수 있는데, 이 기나긴 시기 동안 가장 크게 고통받는 것은 노동자를 비롯한 하위 90퍼센트 대중일 것이다.

슈트렉은 2008년 대불황을 계기로 좌파의 다양한 위기 이론을 종합하면서 1945년 이후 현대 자본주의가 걸어온 역사적 궤적을 좇는다. 자유주의적 자본주의가 세계대전이라는 파국적 위기를 겪은 뒤 자본주의는 마지못해 민주주의와 결합했다. 노동자 계급을 대중 소비자집단으로 창출하고 유지해야 자본주의 스스로의 생존을 보장받을 수 있었기 때문이다. 하지만 이 결합은 행복한 결말을 맺지 못했다. 자본주의는 구조적 약점에서 기인하는 재정위기와 금융위기에 직면해서 인플레이션, 공공부채, 민간부채에 의존하며 계속 시간을 벌었다. 그에 따라 현대 자본주의 국가는 조세국가에서 부채국가로, 다시 건전화 국가로 계속 변신을 꾀하면서 위기를 극복하고자 했으나 성장 감소와 불평등 증대, 공공과 민간의 전반적인 부채 증가라는 세 가지 장기적 경향을 피하지 못했다. 현대 자본주의의 세 묵시록의 기사(스태그네이션, 부채, 불평등)는 과두적 재분배, 공공영역의 약탈, 부패, 글로벌 무정부상태라는 체계적 무질서를 낳았고, 이 요인들이 상호 상승작용을 하면서 점점 위기의 늪으로 빠져들었다. 인플레이션과 공공부채를 거쳐 민간부채에 의존하는 사유화된 케인스주의에 이르기까지 점진적으로 심화된 경제의 금융화는 민주적 자본주의의 죽음을 재촉하는 독약이 되었다. 금융화 덕분에 점점 더 많은 부를 쌓는 최상층계급은 이 부의 기반이 되는 사회의 안녕에 아랑곳할 필요가 없기 때문이다. 결국 사회의 부를 공공서비스로 이전하는 일을 담당하는 민주주의는 무력화된다. 따라서 1945년 이후 황금기를 구가한 민주적 자본주의는 일시적인 현상이었음이 드러났다.

"실제로 현대 자본주의의 역사는 자본주의의 경제적·사회적 제도가 밑바닥에서부터 변형되는 대가를 치르고서야 살아남은 위기의 연속으로 서술할 수 있으며, 이 위기들은 예측할 수 없고 종종 의도치 않은 방식으로 자본주의를 파산에서 구해주었다. 이렇게 보면, 자본주의 질서가 여전히 존재한다는 사실은 그토록 자주 이 질서가 붕괴 직전으로 내몰리고 계속해서 변화해야 했다는 사실만큼 인상적으로 보이지 않는다. 자본주의 질서는 종종 내부에서 동원할 수 없는 지지를 우연히 외부로부터 받으면서 겨우 살아남았을 뿐이다. 지금까지 자본주의는 임박한 죽음에 관한 온갖 예측을 뛰어넘어 생존할 수 있었지만, 그렇다고 해서 영원히 살아남지는 못할 것이다."(14~15쪽)

한편 신자유주의는 노동자와 소비자를 위태롭고 불안정하기 짝이 없는 원자적 개인으로 전락시키고, 시민적 정체성을 소비자 정체성으로 전환시킴으로써 대중의 조직화를 사실상 무력화했다. 정당 같은 전통적인 정치의 통로가 질식되어버리면서 포퓰리즘이 기승을 부린다. "새롭게 등장하는 건전화 국가가 후원하는 가운데 정치화는 바야흐로 정치 스펙트럼의 오른쪽으로 이동하는 중이다. 이 오른쪽에서 반제도권 정당들은 공공서비스에 의존해 살아가는 불만을 품은 시민들을 조직하고 국제시장으로부터 정치적 보호를 요구하는 일에 점점 더 실력을 발휘하고 있다."(252쪽) 브렉시트로 조짐이 보이는 유럽의 해체, 푸틴이나 트럼프 같은 금권정치인-포퓰리스트의 부상, 경제위기를 예상하거나 방지하지 못하는 기술관료 엘리트집단의 무능 등의 현상은 모두 무력해진 정치가 낳은 결과물로 볼 수 있다.

그렇다면 지은이가 제시하는 대안은 무엇일까? 슈트렉은 뚜렷하게 대안을 내놓지 않지만, 민주적 자본주의를 새롭게 재탄생시켜야 한다고 보는 듯하다. 그런데 일국적 국가가 '국가국민'을 위해 재분배와 복지정책을 책임지는 세계로 다시 돌아가는 게 과연 가능할까? 물론 슈트렉이 세계화 자체를 거부하고 그 이전의 사회로 무작정 돌아가자고 주장하는 것은 아니다. 다만 사람과 돈과 재화의 국제적 흐름을 방향성 있고 통치 가능한 방식으로 조정하자는 것이다. 사회를 다시 복원해야 하기 때문이다.

그런 의미에서 오늘날 사회학은 독특한 기회를 맞이하고 있다고 슈트렉은 말한다. 그는 다른 누구보다 지식인, 그리고 동료 사회학자들에게 분발을 촉구한다. 이 장기 위기를 버티면서 현실을 진단하고 해법을 내놓으려면 무엇보다도 사회학이 경제학과 결합해야 한다. 애당초 근대 자본주의 비판으로 출발한 사회학은 1950년대에 기능주의 사회학이 포기했던 경제를 다시 자신의 주제로 부여잡아야 한다. 그래야만 공적인 임무를 붙잡고 비판적 사회이론으로 현실에 개입할 수 있는 사회과학이 다시 등장할 수 있을 것이다.

한국 자본주의는 이 책에서 지은이가 서유럽과 미국을 중심으로 궤적을 그린 현대 자본주의와 똑같은 길을 걷지는 않았다. 우리는 국가 주도 개발주의로 경제성장기를 거친 뒤 1987년 이후 조금씩 싹을 내밀기 시작한 민주적 자본주의와 복지국가를 잠깐, 그것도 아주 조금 맛보았지만 금세 신자유주의의 광풍에 휘말리고 말았다. '헬조선'이라는 자조적 표현은 이 책에서 현대 정치경제의 특징으로 규정한 성장둔화와 불평등과 부채의 늪이 집약되어 나타난 사회 현실을 피부로 체감하면서 자생적으로 생겨난 말이다. 이 책의 논의를 한국 사회에 어떻게 적용할 것인지는 제쳐두고라도, 현대 자본주의가 끊임없이 변신한 과정을 압축적으로 서술한 내용만으로도 이 책을 집어든 보람이 있을 것이다. 콜린 크라우치와 더불어 당대 경제사회학의 쌍벽을 이루는 거장에게 거시적 안목을 배울 수 있을 테니까.

2018년 10월 유강은

조종弔鐘이 울린다

―자본주의라는 난파선에 관하여

2018년 11월 30일 초판 1쇄 발행

지은이 | 볼프강 슈트렉
옮긴이 | 유강은
펴낸곳 | 여문책
펴낸이 | 소은주
등록 | 제25100-2017-000053호
주소 | (03482) 서울시 은평구 응암로 142-32, 101-605호
전화 | (070) 5035-0756
팩스 | (02) 338-0750
전자우편 | yeomoonchaek@gmail.com
페이스북 | www.facebook.com/yeomoonchaek

ISBN 979-11-87700-26-5 (93330)

이 도서의 국립중앙도서관 출판시도서목록(cip)은 e-CIP 홈페이지(http://www.nl.go.kr/ecip)에서
이용하실 수 있습니다(CIP 제어번호: 2018035325).

여문책은 잘 익은 가을벼처럼 속이 알찬 책을 만듭니다.